U0103067

徐復觀著

三版改名

兩漢思想史 卷一

周秦漢政治社會結構之研究

臺灣學生書局印行

三版改名自序

我研究中國思想史所得的結論是：中國思想，雖有時帶有形上學的意味，但歸根到底，它是安住於現實世界，對現實世界負責；而不是安住於觀念世界，在觀念世界中觀想。所以我開始寫兩漢思想史時，先想把握漢代政治社會結構的大綱維，將形成兩漢思想的大背景弄清楚。而兩漢政治社會結構的特色，需要安放在歷史的發展中始易著明；因材料及我研究所及的限制，便從周代的政治社會結構開始，寫成了六篇文章，彙印爲一九七二年三月由新亞研究所出版的周秦漢政治社會結構之研究。這實是兩漢思想史的開端，應如我在兩漢思想史卷二自序中所說，可稱爲兩漢思想史卷一。我當時所以不用兩漢思想卷一的名稱，是因爲生活播遷，年齡老大，對能否繼續寫下去，完全沒有信心。及一九七五年有印出第二册的機會時，便在自序中首先說明，一九七二年出版的「可稱爲兩漢思想史卷一，此處所彙印的七篇專論，便稱爲兩漢思想史卷二」。但卷二出版後，很快便追問「卷一」的下落的，我記得是香港大學的一位先生。學生書局的朋友，大概也受到這種困擾。此書由新亞研究所印行時是第一版；由學生書局發行臺灣版時是第二版；現時重印則是第三版。學生書局的朋友，當重印之際，提議乾脆改名為兩漢思想史卷一，我覺得這是很適當的，所以現在便標題為「三版改名」兩漢思想史卷一，而以周秦漢政治社會結構之研究為副標題。

我認為郭沫若在學術上最大的汚點，除了揣摩毛澤東的意旨，特寫李白與杜甫，存心誣衊杜甫外，莫過於一口咬定西周是奴隸社會。此說因得到毛澤東的支持，遂成為今日大陸學術界的定論。問題本身，乃是研究的態度是否客觀，舉出的證據是否堅確的問題，與政治立場並沒有關係。不過我曾再三指出過，不顧客觀證據，存心誣衊沒有直接利害關係的古人的人，斷乎沒有不誣衊有直接利害關係的今人之理。四人幫及其相關人物，即是眼前的顯證。我除寫了西周政治社會的結構性格問題一文，在第一節中，檢討了西周奴隸社會論者的論證外，後來看到郭沫若以人牲、殉葬與曶鼎銘文為主的新論證，便又寫了一篇有關中國殷周社會性格問題的補充意見，以作為此書臺灣版的代序，對這兩點加以反駁。我在補充意見中，舉出中外有關材料，證明人牲及殉葬，「乃出於古代野蠻的信仰，再加上王權的橫暴」；二者中有的用的是奴隸，但有的並不是奴隸，所以「與奴隸社會，沒有必然的關係」。並且更進一步指出「郭沫若們若以人牲和殉葬兩件事，與奴隸社會有必然的關係，則進入周代，即沒有出現這兩件事，豈不恰好證明周代不是奴隸社會嗎？」但近幾年來，大陸學人，一看到墓中有殉葬的情形，不論規模的大小，和殉葬者的身份，以及在當時是特殊性的現象，還是普遍性的現象，便一律指爲這是奴隸社會的確證。我在這裏，應再補充若干證據，以供有學術誠意者的參考。希望讀者和我的原文合在一起看。

㈠史記卷五秦本紀「二十年，武公卒，葬雍平陽，初以人殉死，從死者六十六人。」按秦武公二十年，乃魯莊公十六年。

㈡又：「三十九年，繆公卒，葬雍，從死者百七十七人。秦之良臣子輿氏三人，名曰奄息，仲行，鍼虎，亦在從死之中。秦人哀之，爲作歌黃鳥之詩。君子曰，秦繆公廣地益國，東服彊晉，西霸戎夷，然不爲諸侯盟主，亦宜哉。死而棄民，收其良臣從死。且先王崩，尙猶遺德垂法。況奪之善人良臣，百姓所哀者乎。是以知秦不能復東征也」。按秦繆公三十九年，爲魯文公六年。

㈢春秋左氏傳魯宣公十五年，「初，魏武子有嬖妾，無子，武子疾，命顆曰，必嫁是。疾病則曰，必以爲殉。及卒，顆嫁之，曰，疾病則亂，吾從其治也。及輔氏之役，顆見老人結草以亢杜回（秦之力士），杜回躓而顚，故獲之。夜夢之曰，余而（汝）所嫁婦人之父也。爾用先人之治命，余是以報」。

㈣禮記檀弓下「陳子車死於衞，其妻與其家大夫（宰）謀曰，夫子疾，莫養於下（地下），請以殉葬。定而後陳子亢（子車之弟）至，以告曰，夫子疾，莫養於下，請以殉葬。子亢曰，以殉葬，非禮也。雖然，則彼疾當養者孰若妻與宰。得已（能不以殉葬），則吾欲已。不得已，則吾欲以二子（妻與宰）者之爲之也。於是弗果用」。

㈤又：陳乾昔寢疾，屬其兄弟而命其子尊已曰，如我死，則必大爲我棺，使吾二婢子（鄭注：婢子，妾也）夾我。陳乾昔死，其子曰，以殉葬非禮也，況又同棺乎，弗果殺」。

㈥史記卷一百十匈奴列傳「其（匈奴）送死有棺槨金銀衣裘，而無封樹喪服。近幸臣妾從死者多至數千百人」。

從上面㈠㈡的材料看，說明當中原早無殉葬習俗時，而秦因漸染西戎野蠻之俗，卻出現有兩次大規模的殉葬，深爲「君子」所譏。㈠用個「初」字，以說明此爲秦以前所未有。而由良臣子輿氏三人在內的情形推之，可斷言其用以殉葬者中，必非全爲奴隸。㈢與㈤的情形相近，所欲以爲殉的都是有燕婉之私的妾侍，妾侍不能說是構成「奴隸社會」的奴隸。且與㈣合在一起，都被當時很流行的禮的觀念所抑制，這卽可證明周禮是反對殉葬的，㈣中陳子亢抵抗此事的方法是認爲死人在地下若要人服事，最好是用死者的妻與其妾，由此可知，殉葬者當用與死者最爲親近之人，可與㈥的情形相印證。凡此事實，都是加強我的論點，而成爲郭論點的反證。大陸的史學家們，應當面對歷史事實，作全面性的反省。

我有一個經驗，凡考證某一問題，不可能把所有有關的材料，一次搜羅盡淨，勢必有所遺漏。但若引導的方向錯了，便常繼續發現與自己結論相反的材料，此時只有對自己的結論，重加考慮，加以改正或放棄，而應以近百年來一些「權威者」所經常採取的文過飾非的態度爲大戒。在學問上，能發現某些權威犯有錯誤的，僅有極少數人才可以做到；一般人，只能在權威圈子裏打觔斗；這些年來，國內外對王充、戴東原、章實齋等人的渲染、騰播，即是最顯著的例子。首先立說的權威，假定繼續做學問，則對自己立說的漏洞，必能有所發現。假使由立說者自己把漏洞親口親筆表達出來，這該可以減少一般人少走許多枉寃路。但近百年來的風氣決不如此，不僅絕少自己發現自己錯誤之事，並且對他人所指出的錯誤，要便是「概不答辯」，以保持自己的身分。要便是運用以「游辭」爲「遁辭」等方法，使問題更陷入魔瘴。甚至促使受到卵翼的幫派後生出來爲他吶喊，或運用政治力量給對方以打擊；這是中國在傳統歷史文化的研究上，經常陷於泥淖之中的重大原因之一。

若在起步時引導的方向對了，則繼續遇到的有關材料，便常會爲自己的論點補充證據。例如我在漢代一人專制政治下的官制演變一文中，說漢代光祿大夫一職的地位「可高可下」，「當時亦可能視爲九卿」（見二一四頁）。後來留意到漢書敍傳中下面的一段話，可斷言光祿大夫因皇帝的意旨，其地位的確是九卿中的重要一環。漢書敍傳：

「是時（成帝時）許商爲少府，師丹爲光祿勳。上（成帝）於是引商丹入爲光祿大夫，伯（班伯）遷水衡都尉，與兩師（許商、師丹）並侍中，皆秩中二千石」。

按許商爲少府，師丹爲光祿勳，少府、光祿勳，皆位列九卿，這是沒有疑問的。由少府光祿勳「引」爲光祿大夫，最低限度不是降級，所以在當時亦必視光祿大夫爲九卿，而且較少府光祿勳更爲重要，也是沒有疑問的。這樣一來，九卿當在十三、四個以上，所以我說「九卿」一詞，在西漢只是象徵的性質，並非實指九個官位，同樣沒有疑問。

我在中國姓氏的演變與社會形式的形成一文中，根據國語晉語四司空季子的一段話，認爲姓的原始意義，乃是一個「部落的符號。惟此符號，僅能由其統治者一人所代表，故符號卽含有政治權力的意義，不是被統治的人民所得而有」（頁三〇四）。史記卷二夏本紀贊「太史公曰，禹爲姒姓。（指禹之先祖）。其後分封，用國爲姓。故有夏后氏，有扈氏，有男氏，斟尋氏，彤城氏，褒氏，費氏，杞氏，繒氏，辛氏，冥氏，斟氏，戈氏」。按「以國爲姓」，是指以其所封之國爲姓，所以姓是國的符號，亦卽是我所說的一個部落的符號。姓與國不分，國由統治者所代表，姓卽由統治者所代表。這可以補足原文所引國語晉語的材料。

在上文中我指出「由春秋之末，以迄西漢之世，所發展普及的姓氏，乃中國所獨有，而爲四圍的異族所無」（頁三四〇），除已引用了若干材料作證明外，尚應補充下面的材料：

一、史記卷一百十匈奴列傳「其俗有名不諱，而無姓字」。

二、後漢書卷七六循吏列傳任延傳「建武（光武年號）初……詔徵爲九眞（今越南河內以南，順化以北之地）太守……九眞俗以射獵爲業，不知牛耕，民常告糴交阯，每至困乏。延乃令鑄作田器，敎之墾闢田疇，歲歲開廣，百姓充給。又駱越之民，無嫁娶禮法，各因淫好，無適對匹；不識父子之性，夫婦之道。延乃移書屬縣，各使男年二十五至五十，女年十五至四十，皆以年齒相匹。其貧無禮聘，令長吏以下，各省奉祿以賑助之。同時相娶者二千餘人。是歲風雨順節，穀稼豐衍。其產子者，皆知種姓咸曰，使我有是子者任君也，多名子爲任。於是徼外蠻夷夜郎等，慕義保塞。延遂止罷偵候戍卒」。

三、魏書卷一百一十三官氏志「太和十九年（魏孝文帝年號）詔曰，代人諸冑，先無姓族。雖功賢之胤，混然未分。故宦達者位極公卿，其功衰之親，仍居猥任。比欲制定姓族，事多未就。且宜甄擢，隨時漸銓……」

四、宋書卷五十九張暢傳「暢問虜使姓，答曰，我是鮮卑，無姓」。

我因對時代的感憤，在進入到暮年時，才開始了對自己歷史文化的反省，在反省中寫出了若干文章。每當一書付印時，從未動念要請有地位的名流學者爲我寫序。因爲自己的用心所在，很難取得他人的了解；而許多文章中談到關鍵性的問題時，必然是忘掉了自身的利害，否則不能下筆；更何有於假借他人之筆，來揄揚滄海一粟中的個人的浮名。但當我去年讀到李幼椿（璜）先生隨意寫給我的一封信時，他以八十三歲的高齡，一生未曾離開學術崗位，對一個在學術上應當算是後輩的區區無名之輩，流露了他的熱情、坦率，反映出他對學術上的眞誠與自信，令我當時極爲感動。所以在這裏特附印在後面。一九七八年七月二十五日徐復觀序於九龍寓所。

附李先生來信

復觀先生：大著「周秦漢政治社會結構之硏究」，前週始得於本所所長室書櫃中始得借閱之，初覺有味道。歸來細讀一過，大爲欣賞。先生眼光之銳敏，斷案之明確，處處足見智慧過人，無任傾佩。玆舉數點之大獲我心者：

一九至六九頁，對中國封建制度之基點說明，有「此一封建制度……卽是根據宗法制度……按照宗法以建立一個以血統爲紐帶的統治集團……因是親親尊尊之禮制之所從出……這個禮制之『分』及其精神一經破壞，封建的政治秩序，便完全瓦解。」弟對中國封建之基因，亦嘗及於宗法社會一點，不過不及先生言之明透。弟又嘗以此基因駁斥馬派封建論，卽以西歐中世紀查理曼大帝之封建，除分封其三子與諸將外，其他皆就豪強據地者封之，並非以經濟利害為主也。——毛派學馬派而將封建基因歸於大地主，乃膠柱鼓瑟。

一〇一頁末行「當然這裏有一大問題，即是上述的轉變與轉移，在儒家觀念上，並不曾出現顯著的否定的一面，而使人容易誤會儒家是封建的繼承者」——此點足見著者眼光。不過在孟子書中，已有「否定」之義（按李先生所見者甚確，且不僅孟子書中如此）。

一八二與一八六頁所引史記衞青列傳司馬氏之言與史記裴駰集解中杜業之奏，（以）這兩個引證來說明專制帝王不喜知識分子，至為精當。眞所謂讀書得間也。

四〇九頁：「研究工作，必須建立在問題自身的基本資料之探索……」一段，此論為治史論史之重要指導，確切之至。我昨在講堂，已向學生言之。

此外可圈可點之處尚多，先生可否簽名贈我此書一部。問好。

弟　李璜　十二日

（按李先生信款有日期而無月期，大概兩人都不能追記了。）

有關中國殷周社會性格問題的補充意見

臺灣版代序

當我這部小著發行臺灣版之際，對殷、周的社會性格問題，應當補充說幾句話。

一年以來，大陸上對過去曾經長期爭論的歷史分期問題，已經達到了定於一尊的結論，即是殷代是奴隸社會，周代一直到春秋之末，也是奴隸社會。這個定於一尊的結論，大概是由郭沫若在一九七二年考古五期上所刋出的中國古代史的分期問題一文所奠定的。在我這部小著中，沒有提殷代的社會性格問題，因我對此一問題，不能直接掌握到足夠的資料；而對他人所提出的論證，有如李亞農、郭沫若等從甲骨文中所提出的論證，其解釋的正確性及其份量的重要性，都覺得頗有問題，不够支持他們的結論。對於周代，我便根據可以直接掌握到的資料，作過詳細的考查；針對他們的說法作了相當地批判；更從資料中抽出我的結論；這便是在這本小著裡的第一篇第二篇文章。當我看到郭氏的上述文章後，其中決定性的論證，是在我的兩篇文章中所未曾論及的，所以在這裡提出，略加討論。

郭氏在上述文章中說：

「殷代以前的夏代，尚有待於發掘物的確切證明；但殷代是典型的奴隸社會，已經沒有問題了。殷代祭祀，還大量地以人爲犧牲，有時竟用到一千人以上。殷王或者高等貴族的墳墓，也有不少的生殉和殺殉，一墓的殉葬者，往往多至四百人（按郭氏的數字，都近於誇張）。這樣的現象，不是奴隸社會，是不能想像的。」

我認爲以人爲犧牲及以人殉葬，乃出於古代野蠻的信仰，再加上王權的横暴。僅有野蠻的信仰，而沒有王權的横暴，不會以大規模出現；僅有王權的横暴，而沒有這種野蠻的信仰，則横暴可以發洩到旁的方面去，有如漢代幾次大寃獄，每次殺戮三數萬人；黨錮之禍，一網打盡了天下的善類；高洋却喜歡把女人的腿砍下來堆積得高高地。如此之類，歷史中不可勝數。但與奴隸社會，沒有必然的關係。例如在阿西里亞，認爲是德赫•卡拉酉長之墓裡面，發現了作犧牲之用的一批小孩尸首。這些作爲犧牲用的小孩，很難推斷都是奴隸的兒女。春秋時代記有三次用人作犧牲的事。一是左傳僖公十九年「夏，宋公使邾文公用鄫子於次睢之社，欲以屬東夷」。這次用的是一位小國之君，而不是奴隸。左傳昭公十年「秋七月，平子伐莒，取郠，獻俘，始用人於亳社」。這次用的是一般性的俘虜，而不是奴隸。左傳哀公七年「（魯季康子伐邾），師宵掠，以邾子益來，獻於亳社」。這次也是用的小國之君，而不是奴隸。有名的魏西河河伯聚婦的故事（見史記滑稽列傳），實際也是變相的人牲。歷史上這類的事還不少。臺灣近代還有吳鳳自爲人牲以感悟高山族的眞實故事。這類野蠻信仰的被抑制，是來自人道地嚴厲批評。例如春秋時代的三個故事，都嘗遇到嚴厲的批評，而不是來自社會生產關係的變革。殷墟小屯村C區的地下建築基址上，有七個墓坑，藏十九副人骨；另有十九個土坑，藏二十三副牛、羊、狗等骨；據推測，這是奠基禮節中所用的人牲。在此基址前面，南北約八十公尺，東西約五十公尺的範圍內，發現了一六八個（推定數）土坑，其中有八三三（推定數）副的人骨，斬了首以後埋下去的有一二五人。此外有五個馬車坑。全體好像是一個戰車隊葬在這裡一樣。這種人牲墓坑，在王者的墓裡也可以看到。例如同地武官村大墓，在墓南五三公尺的地點，排有四列的十七個墓坑，裡面有十副無頭的人骨，據推測，這不是殉葬的，而是年年祭祀時所用的人牲（以上皆見日本創元社考古學辭典頁二一五）。在上面材料中，一次有八三三個人牲及五個馬車坑，合理的推測，這是一次戰役後所殺的俘虜。上引的春秋時代的三個例子有一個是俘虜，有兩個也是俘虜的性質。古代奴隸，雖然是由俘虜而來，但必須使用於勞役，始可稱爲奴隸。一次殺掉八百三十三個從事勞役的奴隸，這對奴隸主而言，是損失太大了。小規模的人牲中，可能用的是奴隸，但不一定奴隸社會才有奴隸。在久里可的新石器時代遺跡中，也發現有兩個男性人牲（仝上）；新石器時代，很難說是奴隸社會。

一九五六年所發掘的武官村犬墓，做得有木槨，四面四隅，有八個長方坑，各收葬有跪坐執戈的人和犬。木槨下面，也收得有人和犬。小墓是殉葬於大墓（王的墓）的，有方形長方形二種；例如某一方形坑有人頭十個，次一長方坑便收有十個人的身體，還具備有刀子、斧頭、礪石；也有全身殉葬的；還有馬車坑、象坑及鳥獸坑，並收有兵器禮器等等（考古學辭典頁三一四）。但問題是在：這些殉葬的都是奴隸嗎？跪坐執戈的殉葬者，乃是守衞的武士，斷然不是奴隸。在殉葬者的骨羣中，發現有女人的首飾；能用首飾的女人，恐怕也不是奴隸。埃及第一王朝拿米爾（Narmer）王墓，有妾侍、侍臣、從僕、工人等三三人的殉葬。環繞責爾（Zer）王墓的陪葬墓，有宮女二七五人，侍臣四三人殉葬。米索波達米亞的烏爾（Ur）王墓，有五九人殉葬，其中有六個穿甲冑的武人，有九個戴有寶石的盛裝婦人（仝上頁四四八）。武官村大墓的殉葬者中，身首異處的應當是奴隸。但由古代殉葬的全般情況看，決不可一口斷定都是奴隸。秦穆公以三良殉葬，詩人為之賦黃鳥，三良斷然不是奴隸。秦始皇死，二世以大量無子的後宮宮人殉葬，這也不是一般所說的奴隸。古希臘羅馬，都是典型的奴隸社會，未聞有以人殉葬之事。而以俑代人，起於殷代之末，這只說明文化的進步，不一定代表生產關係的變更。由此我們可以斷言，殉葬和人牲一樣是出於古代野蠻的信仰，加上王權的橫暴；這二者與奴隸社會沒有必然的關係；不能以二者來論定殷代卽是奴隸社會。

郭沫若們若以人牲和殉葬兩件事與奴隸社會有必然的關係，則進入周代，卽沒有出現這兩件事，豈不恰好證明周代不是奴隸社會嗎？但郭氏却另有說法。他在上文中說：

「我自己曾經從周代的青銅器銘文中找到了不少以奴隸和土田爲賞賜品的記載，而且還找到了西周中葉的奴隸價格。五名奴隸等於一匹馬加一束絲（原注：孝王時代曶鼎銘文），故我認爲西周也是奴隸社會」。

按西周分封建國，必錫土田及在土田上耕作的人民；並於分封之初，尙須賜若干臣工，以形成建國的骨幹。郭氏便把這一起稱爲奴隸，連把「王人」「庶人」也說是奴隸，在我這本小著裡，對他這些說法，已經批判過了，此處只談曶鼎的問題。玆據吳闓生吉金文集釋卷一將曶鼎銘文錄下：

「唯王四月既生霸。辰在丁酉。井叔在異。翼或云冀爲□。□曶使厥小子㪤散以限訟于井叔。吳佩叔云限券也。我既賣贖女五□夫□效父用匹馬束絲限訟訏曶曶從效父請贖五夫，效父責令出匹馬束絲而後諾許。比則俾我賞償馬。效□父□則俾復厥絲□于比比又責曶償馬效父乃令曶復厥絲于比。效父乃訟㪤□此字本作𨑳，舊釋曰誤、疑當爲廷，猶言朝也。于王參門。孫云參門疑臯門內庫門外。□□木榜。用賃延賣贖絲茲五夫用百寽鍰○效夫約㪤會于王參門，責贖茲五夫，當用百鍰。非之五夫□贖□則罰。迺比又罰衆鼓金。孫云鼓量名。小爾雅鈞四謂之石，石四謂之鼓。○案啓貯敦象子鼓𦉢鑄旅敦，此象鼓二字，疑與彼文同。又案此數語尤難解，今詁亦未盡碻，罰字亦未是，姑且存之。○以上皆曶使小子㪤訟效父與比之詞。井叔曰。在王人迺賣贖□用□。不逆付曶。毋俾成于比。邢叔責效父以此五夫逆付于曶。逆付云者贖金未具先付還之。以其不逆付，曶則無由俾其成好于比也。曶則拜稽首。受玆五夫。曰𡨦曰恒曰龍曰彝曰省。吏寽以告比。既成訟令吏告于比迺俾□㪤以曶酒及羊玆三寽。用到玆人。到劉心源讀致是也。以曶酒羊致茲人者以其贖金未付故也。茲人卽茲五夫。曶廼每（謀）于比。□□舍㪤大五秉。舍猶予也。大讀夫。曶謀于比，請使散給此五夫，每人五秉。曰。在尙俾處厥邑田□厥田。言此者冀使還其故處勿虐待之。比則俾□復命曰諾。此文奧衍難讀。今以意貫之，大略如此。以上爲第二節。羊茲三爰與師旅鼎罰古三百爰，疑皆貨貝名。

此銘文中的比，到底與曶向效父贖五夫之事，有何關係？因比揷上一脚，以致用匹馬束絲贖回五夫之事告吹，且要搞曶的竹槓，遂使曶不得不使他的兒子散告到邢叔名下，其中的曲折，都無法明瞭。邢叔判決先把五夫交還給曶；到底付了多少代價，銘文也沒記載清楚。我這裡只提出一點，此鼎所稱的「五夫」，郭氏說是五個奴隸，在整個周代，會把奴隸稱爲「夫」嗎？詩經上有三十五個夫字，其中有七個「大夫」，固然不是奴隸；此外有三個「武夫」，七個「征夫」，三個「百夫」，一個「射夫」，都不是奴隸；五個農夫，兩個僕夫，兩個「膳夫」，從上下文看，都不是奴隸。「狂夫瞿瞿」，「夫也不良」，「謀夫孔多」，「老夫灌灌」，「哲夫成城」，無一可稱爲奴隸。左傳宣公十二年「非夫也」；昭公元年「抑子南，夫也」，這是以「夫」字形容男人的勇敢。幾乎可以這樣說，所有出現於周代文獻中及金文中的「夫」字，無一可作奴隸解，獨曶鼎上的夫字，可作奴隸解嗎？並且先送五夫以酒及羊，又每人送五秉粟，使他們能安住（處）在他們的邑田，這是對奴隸的態度嗎？合理的推測，這名字記得清清楚楚的五夫，應當是曶手下的武夫這一類的人，不知爲了什麼，被效父扣留了，才發生這一場糾葛。

即使如郭氏之說，曶鼎所記的，是五名奴隸買賣的事情，則只要有奴隸，便會有買賣，問題乃在於即使有奴隸，有奴隸買賣，並不足以構成一個「奴隸社會」。史記貨殖列傳，「僰僮」，即是僰地出產的僮，此處僮乃年輕的奴隸；既以出產僮著稱，即有大量買賣。又齊地刁閒以「收取」（買入）「桀黠奴」致鉅富。南北朝時代，南北互掠良民爲奴而從事買賣的規模相當大。爲什麼郭氏不認秦漢南北朝是奴隸社會，而以西周貴族間五個奴隸的買賣，便可證明周代是奴隸社會呢？

我上面只指出郭氏們認定殷代是奴隸社會的論證很難成立；而對殷代社會的性格，我不能提出積極的論斷，所以寧願採取保留的態度。但周代，則有尚書、詩經、左傳、國語以及由孔子到先秦諸子百家的許多典籍。由這些典籍的相關資料來作客觀的理解，他是中國本土型的封建社會，至春秋中期後漸次解體，這是可以斷定而毫無可疑的。有人把封建社會中保有參與政治權利的「國人」也說成是奴隸，把國人對國君貴族們的反抗，說成是奴隸起義，說孔子頑强擁護奴隸主的利益，這完全是橫心說「渾話」，便不値得一辯了。

玆當我這本小著發行臺灣版之際，我誠懇地希望海內外的學者們，以客觀而謹嚴、謙虛的態度，面對這類重大地學術問題，勤勉地提出貢獻。我因爲研究工作的忙碌，除了增入一篇附錄外，沒有把這本小著好好地重新細看一遍，匆匆由學生書局的朋友出版，非常感到歉疚。

舊曆癸丑年十月四日於九龍寓所

又中國姓氏的演變與社會形式之形成一文中在頁三二五討論一家的人口數字，應參考逸周書職方第六十二。其所述九州一家人數，雖屬於推測，然亦必有若干根據。與我所說的「五口之家，不能代表家庭人口常態」的話相合。頁三四〇討論異族無姓氏時，應補入後魏太和十九年，孝文帝制定代人姓族詔曰「代人諸胄，先無姓族」的重要資料。

自序

江藩著漢學師承記，以「各信師承，嗣守章句」，爲兩漢學術的特色。以乾嘉時代聲音訓詁考訂的學風，爲「漢學昌明；千載沈霾，一朝復旦」。自是以後，謬說相承，積非成是；而兩漢學術的精神面貌，遂隱沒於濃煙瘴霧之中，一任今日不學之徒，任意塗傅。所以我在六年以前，發憤要寫一部兩漢思想史。

兩漢思想，對先秦思想而言，實係一種大的演變。演變的根源，應當求之於政治、社會。尤以大一統的一人專制政治的確立，及平民氏姓的完成，爲我國爾後歷史演變的重大關鍵；亦爲把握我國兩千年歷史問題的重大關鍵。所以我在動筆寫思想史以前，想借助於當代史學名家的著作，以解答兩漢思想的背景問題。但經過一番搜尋後，發現能進入到自己所研究的「歷史世界」，以通古今之變，握樞密之機的，可以說是渺不可得。沒有辦法，只好自己動手，寫了這裏所收集的幾篇文章；得新亞研究所之助，先把它印出來，作爲兩漢思想史的背景篇。三年前，受到東海大學一位「以說謊爲業者」的迫害，離開在裏面研求寫作了十四年的書屋，客食香江，使寫書工作，受到莫大的困擾；以致對漢代社會，在本書裏只能算開其端。許多重要問題還壓著未及動筆，深以爲恨。但在我的餘年中，會繼續完成預定計劃的。書中有關漢代的兩篇文章，承友人祁樂同教授細心校閱，改正了不少錯誤；付印時又由杜君天心代負校對之勞，俱可感念。

舊曆辛亥十一月二十日徐復觀自序於臺北市寓廬。

兩漢思想史卷一目錄

三版改名自序
有關中國殷周社會性格問題的補充意見臺灣版代序
自序
西周政治社會的結構性格問題
一、對西周奴隸社會論者的檢討……一
二、周室宗法制度……一三
三、周室之封建制度及其基本精神……一八
四、「國人」的性格、地位問題……三三
五、土田制度與農民……四一

六、農民的地位與生活狀況……五〇

封建政治社會的崩潰及典型專制政治的成立

一、封建政治秩序的崩潰……六三
(1)周室封建領導地位之喪失及其原因……六四
(2)封建政治的全面崩潰……六九
二、封建社會在賦稅重壓下的解體……七三
三、在封建社會解體中，國人階層的發展與轉變……七九
(1)「商」義探源……八〇
(2)春秋末期的商業發展……八四
(3)士義探源……八六
(4)士在春秋末期發展中的轉變……八八
(5)國人階層發展轉變對政權的影響……九二
四、封建道德的傳承問題及宗法由政治向社會的移轉……九三

(1)孔子所傳承的封建道德的價值問題……九四
(2)禮在傳承中的轉變……九八
(3)宗法向社會的移轉……一〇〇
五、開放的過渡時代……一〇二
(1)國家性格的改變……一〇三
(2)工商業的發展……一〇五
(3)士集團的擴大……一〇八
(4)政治思想的大分野……一一〇
(5)在觀念上政治社會的開放與封閉……一一四
六、商鞅變法與秦之統一及典型專制政治出現的關係……一一六
(1)在流動社會中孟子言「保民而王」的根據……一一六
(2)在流動社會下，商鞅變法的消極意義……一一八
(3)商鞅變法的積極意義……一二〇

(4)呂不韋的插曲……一二五
七、典型專制政體的成立……一二八
(1)中西專制的不同……一二八
(2)中央專制……一三〇
(3)一人專制……一三四
八、一人專制的五種特性……一三五
九、專制政治的社會基礎問題……一四七

漢代專制政治下的封建問題

一、問題的限定……一六三
二、封建與楚漢興亡之關係……一六四
三、漢代封建的三大演變……一六八
四、專制對付封建的尅制過程……一七四

五、在尅制過程中對學術發展的重大影響……一八一
六、學術史中董仲舒的冤獄……一九一
七、東漢專制政治的繼續壓迫……一九四

漢代一人專制政治下的官制演變

一、官制係以宰相制度為骨幹……二〇三
二、三公九卿在歷史官制中的澄清……二〇六
三、漢代官制的一般特性……二一六
四、武帝在官制演變中的關鍵性的地位……二二〇
五、武帝對宰相制度的破壞……二二五
六、尚書、中書的問題……二三三
七、中（內）朝問題的澄清……二四一

八、尚書在西漢非內朝臣……二五一
九、武帝以後的宰相地位與三公在官制中之出現……二五四
十、光武對宰相制度進一步的破壞及爾後在專制下官制演變的格局……二六二
十一、光武對地方軍制的破壞及其嚴重後果……二七一

西漢知識分子對專制政治的壓力感

中國姓氏的演變與社會形式的形成

一、引　言……二九五
二、氏義探源……二九七
三、姓義探源……三〇一

四、周初姓氏內容的演變……三〇六
五、氏在春秋時代的演變……三一四
六、古代平民的姓氏問題……三一七
七、姓氏向平民的普及……三二〇
八、姓氏普及後社會結構的變化……三二四
九、以孝為中心的倫理觀念的普及與宗族的功能……三二九
十、專制政治對宗族勢力的摧殘……三三四
十一、姓氏在對異族同化中的力量……三三九
十二、結　語……三四四
附錄一：有關周初若干史實的問題……三五一
附錄二：釋「版本」的「本」及士禮居本國語辨名……四〇一

附錄三：與陳夢家屈萬里兩先生商討周公旦曾否踐阼稱王的問題……四二〇
附錄四：有關周公踐阼稱王問題的申復……四五七

西周政治社會的結構性格問題

一、對西周奴隸社會論者的檢討

我國大一統的專制政治，是在封建政治、封建社會瓦解之後所出現的。為了對大一統的專制政治有較為確切的了解，應當從周初的封建了解開起。

西周是奴隸社會？或者是封建社會？這是討論了很久的問題。此一問題的解決，是把握中國古代史的關鍵。但下述兩種態度，我認為在作學術性的討論時，首應加以避免。

(一)把西方社會的歷史發展階段作為一定的模型，或者以若干原始部落的情況作為一定的模型，而將我國古代社會的發展，一一加以比擬，由此以得出簡捷的結論，這種方法是非常值得懷疑的。我不否認西方古代社會及原始部落社會的情形，對我國古代社會的研究，有其啓發性；但這只是一種啓發性而已。若超過啓發性的限度，必求比而同之，卽會走上牽強附會之路。

(二)拿定一二人的著作，當作永遠不刋的經典；研究結論的價值，必以與此種經典的說法是否相符作判斷，這種方法更值得懷疑。我們首先得承認任何人的知識，都要受到時代及環境的限制。其知識可以應用的範圍，也自然有一種限制，而有待於後人的修補。有通貫古今中外的道德精神；但決沒有通貫古今中外的行爲格式。有通貫古今中外的求知精神，也決沒有通貫古今中外的知識結論。尤其是對於一個由具有自由意志的人類所形成的社會，一個含有許多動機動力，互相影響激蕩的非常複雜的社會，誰人能根據局部的一時的現象，以規定出有普遍性、永恆性的發展規律呢？

我國歷史發展到了西周初年，已有不少的典册和金文及從地下掘出來的資料。一切問題，必決定於資料；研究者的責任，在於合理的處理資料；不僅不可使資料的眞贋夾雜，並且也不可使每一資料的輕重位置失宜。

當我看了若干近代人士有關這一方面的研究論文後，使我首先否定西周是任何形態的奴隸社會的說法（註一）。

主張西周是奴隸制度的，大體上是以金文的材料爲根據；茲將常被援引者簡錄如下：

(1)大盂鼎「粵我其遹相先王，受民受疆土，易（錫）女（汝）鬯一卣、冂衣，市舄，輚（車）馬，……易女邦嗣（司）四白（伯）人鬲自馭（御）至於庶人六百又五十又九夫。易尸（夷）嗣王臣十又三白（伯）人鬲千又二十夫。」

(2)矢令毁「隹九月既死霸丁丑，乍（作）册矢令隫俎於王姜，姜商（賞）令貝十朋，臣十家，鬲百人。」

(3)不𡢁毁「女（汝）以我車宕伐𢀛允（玁狁）於高陵，女多折首埶（執）𠭯（訊）……易（錫）女弓一矢束，臣五家，田十田，用迖乃事。」

(4)虢季子白盤「折首五百，埶𠭯五十，是以先行，𧻚𧻚子白，獻聝於王。」

(5)井侯彝（周公彝）「王𠬝令𠦪內史曰，䒭（與）井侯服，易（錫）臣三品、州人、重人、庸人。」

(6)矢毁「隹四月辰在丁未，□□珷王成王伐商圖，遂省東國圖，王立於𡨄宗土（社）南鄉（向），王令虞侯矢曰，𨑬侯於𡨄（宜），錫𩰫一卣……錫土厥川三百□，厥□百又廿，厥□邑卅又五，（厥）□百又卅，錫在宜王人□又七生（姓），錫奠七伯，厥□又五十夫，錫𡨄庶人六百又六（十）夫。」

(7)頌鼎「王曰，頌，命女官𤔲成周貯廿家，監𤔲新𢍈（造）貯，用宮御。」

(8)大克鼎「……王曰克……錫女田于埜，錫女田于渒，錫女井家𨻰田於𡵉，以厥臣妾……錫女史小臣霝龠鼓鐘。」

(9)伊簋「隹王廿又七年正月既望丁亥，王才（在）周康宮……王乎命尹封册命伊𢆶官𤔲康宮王臣妾百工……」

⑽師𣪕𣪘「隹王元年正月初吉丁亥，白龢父若曰師𣪕……余令女𠘧（尸）我家𤔲𤔲我西隔東隔僕馭百工牧臣妾……」

有關同樣性質的金文材料很多，這裏只簡抄西周奴隸社會論者所應用得較多的若干例子。在西周奴隸社會論者中，大概可分爲兩型：一型以郭沫若爲代表，認爲當時奴隸之範圍甚大，上引金文材料中，凡被「錫」與之人，皆是奴隸。「人鬲」是奴隸，「庶人乃人鬲中之最下一等」，矢𣪘中之「王人」、「甸人」與「𠩺」，也是奴隸（註二）。如郭氏之說，則西周誠不愧爲奴隸社會。另一型則認當時奴隸之範圍較小，姑以楊寬爲代表。不以「庶人」爲奴隸，而以「人鬲」、「醜」、「訊」、「臣」及手工業之百工等爲奴隸，其來源皆爲戰爭之俘虜。並還有「部族奴隸」（註三）。在上述兩型主張中，有一共同之點，即是都引詩經周頌載芟上的「千耦其耘」，及周頌噫嘻的「十千維耦」的詩，以作西周是奴隸社會的證明。因爲他們認爲若非使用奴隸以從事於農業，便不會有這樣大規模的勞動。由金文研究，可以補證典册記載之所不足，誠爲治古史者所必須之工作。然「周時文字，點畫自由，略無定律」（註四）。以金文中之文字爲尤甚。故對金文之解讀，必以在典册中可以得到互證旁證者爲能近於眞實。又其文字簡質，在解釋時若無典册上之互證旁證，即不應隨意加以聯想擴充。

按古代奴隸的主要來源是由戰爭所得的俘虜，這是歷史的事實。西周有戰爭，西周便有俘虜，便有由俘虜而來的奴隸，這是無可置疑的。尚書牧誓「弗迓克奔，以役西土」。這很顯明地指出了俘虜的用途。但「人鬲」、「鬲」，是否卽由俘虜而來的奴隸，便非常可疑。鬲是鼎屬的器具，在典冊中絲毫找不出是俘虜、奴隸的痕跡。且鬲尊「鬲錫貝于王」，鬲在此處是人名，其非奴隸，甚爲顯著。絕對多數的金文學者，都以鬲爲「獻」之省。「人鬲」卽「民獻」或「獻民」。於是李劍農卽以人獻爲奴隸。但書大誥「民獻有十夫」，洛誥「其大惇典殷獻民」。逸周書商誓「及百官里居獻民」，「天王其有命爾百姓獻民」，度邑「九牧之師，見王於殷郊，乃徵厥獻民」，作洛「俘虜獻民，遷于九畢」。被俘而遷於九畢的殷獻民可能成爲奴隸；但獻民之本義乃指人民中特有材能者而言，無法解釋爲奴隸。於是有人主張「鬲」卽是逸周書世俘篇的「磿」，由此以證明其爲由俘虜而來的奴隸；這從文字訓詁的觀點說，未免太牽強了（註五）。最低限度，此說是非常可疑的。卽使承認此一說法，其人數也不足以構成一個「奴隸社會」。

至於古籍中「臣妾」連詞，如尚書費誓的「臣妾逋逃」，此處(8)「以（與）厥臣妾」，那確指的是奴隸。但這乃是家庭奴隸。單說一個「臣」字的，其本義雖爲囚俘（註六），可轉爲奴隸；但周初典冊中的「臣」字，「只是一種供人使令或給役於人的人，身份可上可下。」（註七）雖下至與「臣妾」

相等，亦依然是家庭奴隸的性質。若相信「只有家庭奴隸不成爲奴隸」的說法，則亦與奴隸社會無關。西周金文中，有錫臣幾夫或幾家的記載，我認爲與詩大雅嵩高詩中之所謂「王命傅御，遷其私人」的「私人」同一意義，毛傳「私人，家臣也。」家臣一面是「私人」，但一面仍爲「王臣」，故在形式上仍待錫與，所以有待於「王命傅御」的賜與，不能一概作奴隸解釋。詩小雅大東「私人之子，百僚是試」，其非奴隸，更爲顯然。

並且西周封建，除授土授人之外，還要授予以車服，旂弓、樂器及祝卜樂工之類。若不錫臣若干家，上面所錫予的東西，便無法活動起來。故所錫予之臣，絕對多數，乃與上、中、下士同科，形成封君貴族在政治與生活上的骨幹；其中可以爲其管理生產勞動之事，沒有以奴隸身份從事生產勞動的痕跡。

當時在戰場被俘虜而成爲奴隸，大概是事實。但對被征服的氏族，是否作爲奴隸而加以錫予？前引井侯彝的「臣三品」是否卽是「部族奴隸」？更須愼重硏究。左定四年，衞子魚述周成王封魯、衞、晉的情形是；封魯以「殷民六族」，「因商奄之民」；分衞以「殷民七族」。分唐以「懷性九宗」。上面三國立國的基幹，皆是被征服或被懷柔的其他氏族，部族。詩大雅韓奕追述韓受封之始的「以先祖受命，因時百蠻」的情形，也是一樣的。從「帥其宗氏，輯其分族」，「啓以商政，疆以周索」，「啓以夏政，疆以戎索」的情形看，不可能把他們變成奴隸。左閔二年成季之繇曰「間於兩社，爲公室輔。」是魯除周社之外，因有商奄之民，故又立有亳社，卽等於殷社。左定六年魯國的「陽虎又盟公及三桓於周社，盟國人於亳社」。由此可知，「國人」主要是殷的遺民。而「國人」在周代是保有政治權利的自由民。又左哀七年「以邾子益來獻于亳社」，哀四年春秋經也特書「亳社災」，由此可知，魯之亳社，較周社更爲顯赫。又左隱六年「翼九宗五正須父之子嘉父逆晉侯于隨，納諸鄂，晉人謂之鄂侯」，杜注「翼，晉舊都也。唐叔始封，受懷姓九宗，職官五正，遂世爲晉強家」。按分封的「懷姓九宗」，可以擁立晉侯，其非奴隸，亦甚爲明顯。春秋時代，楚滅國最多，決無以被滅之氏族或部族作奴隸之事。左僖廿八年晉楚城濮之戰，楚令尹子玉敗後，楚成王「使謂之曰，大夫若入，其若申息之老何？」申息被滅爲楚之二縣，其子弟多從子玉戰死，故楚王有是言；則其未以滅國爲奴隸，並與以楚民平等的地位，尤爲明顯。則井（邢）侯㚘「易（錫）臣三品，州人，重人，墉人。」正與「分殷之六族」，「分殷之七族」，同一意義，未可斷定其爲部族奴隸。左宣十五年晉滅赤狄而賞「桓子狄臣十家」；及齊滅萊夷後賞叔夷以「釐（萊）僕三百又五家」，這由左成二年下面的故事可加以解答。左傳成公二年六月晉伐齊，及齊師戰於鞌，齊師敗績。

「晉侯使鞏朔獻齊捷于周，王弗見。使單襄公辭焉，曰，蠻夷戎狄，不式王命，淫湎毀常，王命伐之，則有獻捷。……兄弟甥舅，侵敗王略，王命伐之，告事而已，不獻其功。所以敬親暱，禁淫慝也」。

單襄公所說的，乃周的「先王之禮」（單襄公語）。由此禮推之，同樣是戰爭，但對內與對外夷的戰爭，在性質與處置上有顯明的區別。對外夷的戰爭，會將俘虜作奴隸；且隨文化的進步，而這種情形也漸成爲特例。至對內的戰爭，既不准獻捷，卽不承認俘虜爲正當的行爲，自不許可轉變爲奴隸。赤狄萊夷是外族，故有作爲奴隸，以賞賜有功的情形。不可視爲一般戰爭後的結果。

左宣十二年楚國克鄭，「鄭伯肉袒牽羊以逆曰：其俘諸江南，以實海濱，亦唯命。其翦以賜諸侯，使臣妾之，亦唯命。」乃乞哀之詞。若當時係奴隸社會，而戰爭又爲奴隸的主要來源，則楚國克鄭以後，俘鄭人爲奴隸，乃事所當然，何待鄭伯的乞哀？而楚王更會因此竟「退三十里而許之平」呢？且進入春秋時代，戰爭之頻度增加，規模日大，各國互相兼倂；至戰國時期，而僅餘七國；若如奴隸社會論者的主張，則這些滅國的戰爭，應當成爲奴隸的爭奪戰；並且每滅一國，卽補充一次奴隸。何以滅國者相繼不絕，而竟無以被滅者夷爲奴隸的痕跡？且秦以利誘三晉之農民爲其耕作，而長平四十萬趙卒，寧坑之亦不以爲奴隸，這說明當時並無大量奴隸生產的傳統。僅戰場上的俘虜成爲奴隸，而被征服之氏族、民族，未成爲奴隸，則奴隸的數目有限，卽不足以構成奴隸社會。

至於民、庶民、庶人之非奴隸，更爲顯然。我在中國人性論史先秦篇第二章第四節中，由尙書周初的幾篇可信的文獻，加以歸納，而了解周初的統治者（主要是周公），把所謂「民」的地位，「抬高到與天命同等的地位。人民的意志，成爲天命的代言人。」（註八）詩經上大約出現了九十個左右的民字，絕對多數是出現在西周時代的詩，如小雅大雅周頌之類。十月之交謂「民莫不逸」，小旻之詩謂「民雖靡膴（鄭箋：膴，法也）或哲或謀，或肅或艾」；小弁，大東、四月各詩，皆稱「民莫不穀」；生民之詩「厥初生民」，指的是后稷。其中有許多是呼籲民的疾苦的，但無一個民字可以解釋爲奴隸。詩經中出現有五個「庶民」，皆牽涉不到奴隸身份上去。出現有兩個「庶人」，和「庶民」的意義並無分別。大雅卷阿之七章說「媚于天子」，八章便說「媚于庶人」，這可解釋爲奴隸嗎？

金文中的「甿」，與周禮遂人之所謂「甿」相應，指的是專以耕種爲業的農民，同於孟子之所謂「野人」。遂人中有謂「凡治野，以下劑，（鄭注：及會之以下劑爲率，謂家可出二人。）以田里安甿。以樂昏擾（順）甿。以土宜教甿。以興耡利甿。以時器勸甿。以彊予任甿。以土均平政」。這裏所說的不是奴隸的情形。說文十三下「甿，田民也。」這是甿字意義的一面。周禮鄭注「變民言甿，異外內也。甿猶懵懵無知貌也。」這又是甿字意義的一面。由這一意義說，故甿即氓。淮南脩務訓高誘注「野民曰氓」。說文十二下「氓，民也。」一切經音義一「案氓，冥昧貌也；言衆庶無知也，漢書氓氓羣黎也。」是「氓」乃野民因地位低下，無有知識之特稱。但並不因此而成爲奴隸。詩衞風氓（註九）：

「氓之蚩蚩（註一〇），抱布貿絲，匪來貿絲，來卽我謀。匪我愆期，子無良謀。將子無怒，秋以爲期。乘彼垝垣。以望復關。不見復關，泣涕漣漣。既見復關，載笑載言。以爾車來，以我賄遷……。」

這是一位年老愛衰的婦人，追述那位抱布貿絲的氓，開始追求她的情形。這裏所描寫的氓，有一點奴隸氣息嗎？

至郭沫若以矢段中的「王人今亦轉化爲奴」，尤爲橫決。他的證據引尚書君奭「殷禮陟配天……百姓王人，罔不秉德明卹」，他以「此爲周初稱殷代貴族的王人之證」，他以矢段中「王人之在宜者卽殷王之人」（以上皆見于矢段銘考釋）。

此處有兩個問題：第一、周初既稱殷貴族爲「王人」，卽可證明周並未將殷貴族轉爲奴隸，這在詩書有關的資料中亦皆是如此，郭引君奭中之「王人」，很明顯地不是奴隸；何以在矢段中的殷王人便會轉爲奴隸？第二、矢被改封爲宜侯，在今日之江蘇丹徒，殷是否在此有王人？從銘文開首兩句話看，封矢之王，不可能是成王，而應當是康王。時代經過了這麼久，是否還會稱殷貴族爲王人？合理的推測：周可封矢為宜侯，則泰伯、仲雍，（周本紀稱虞仲），因太王欲立其弟季歷而入吳之說為可信；矢毀中的「王人」，或為隨泰伯入吳的周的同姓，或係矢由宗周率領前往之人；不可能是奴隸。

頌鼎「貯廿家」的貯，阮元、王國維、楊樹達各立異說；但以楊寬作奴隸的解釋，似最為無據。楊寬在引金文材料(9)(10)中的「臣妾百工」及「僕御百工牧臣妾」，而斷定當時從事手工業的都是奴隸，也有問題。在周室及其貴族的手工業中，可能有用奴隸作助手；但當時奴隸的來源是由戰爭而來的夷狄；當時手工業中有許多作品已極精巧；則手工業的技術，不可能是掌握在奴隸手上；而所謂「百工」，決非對手工奴隸的稱呼。周初百工的範圍，包括甚廣，低級的樂人，也包括在裡面。金文中稱為「師」的有時也指的是百工。楊樹達在師望鼎跋中說「大師小師之外，又別有典同磬師、鍾師、笙師、鎛師、韎師、旄人、籥師諸職」（積微居金文說頁八五）。師艅鼎「……錫師艅金，艅則對揚氒德，其乍（作）氒文考寶鼎」。師害毀「師害乍（作）文考障毀。」艅和害即是製器的百工，不可能是奴隸。書洛誥「予齊百工，伻（使）從王于周」，此處之百工，當然不是奴隸。國語周語召公告厲王不可防民之口的話中有「百工諫，庶人傳語」的話，此與左襄十四年「工誦箴諫」，「工執藝事以諫」之語相合，所以是可信的。若百工是奴隸，便不可能有向王進諫的資格。左桓二年「庶人工商，各有分親」，左閔二年「通商惠工」，左宣十二年「商農工賈，不敗其業」，左成二年「農工皆有職以事上」；就這些材料看，手工業中縱有一部份「臣妾」當助手，但正式稱爲「工」或「師」的不可能是奴隸。(9)(10)兩金文中將百工與臣妾分別稱謂，即可證明百工與臣妾有別而不是奴隸。奴隸論者所犯的最大毛病，在於把金文中的人物，皆簡化爲奴隸主與奴隸兩個階級。

至於以詩經的「十千維耦」這類的話來證明當時是大量的奴隸生產，更是一個誤解。現在先把有關的材料抄在下面：

詩周頌噫嘻

「噫嘻成王，既昭假爾。率時農夫，播厥百穀。駿（鄭箋：駿，疾也）發爾私（毛傳：私，民田也）。終三十里（鄭箋：周禮曰，凡治野，田夫間有遂，遂上有徑。十夫有溝，溝上有畛。百夫有洫，洫上有涂。千夫有澮，澮上有道。萬夫有川，川上有路。計此萬夫之地，方三十三里少半里也，詩言三十里者，舉其成數。）亦服爾耕，十千維耦（鄭箋：輩作者千耦，言趨時也）。」

詩周頌載芟

「載芟載柞（毛傳：除草曰芟，除木曰柞。）其耕澤澤。千耦其耘（鄭箋：言趨時也。）徂隰（鄭箋：隰謂新發田也。）徂畛（鄭箋：畛謂舊田有徑路者）。侯（維）主（正義：維爲主之家長）侯伯，（正義：維爲伯之長子）。侯亞（正義：維次長之仲叔。）侯旅（正義：維衆之子弟）；侯彊（正義：維強力之兼士）侯以。（正義：維所以傭賃之人）；有嗿（毛傳：衆貌）其饁，思媚其婦。有依（鄭箋：依依言愛也）其士（毛傳：士，子弟也。）」

誤解的發生，因爲根本不知道，或故意抹煞農業的「趣時性」，即是農業中的重要工作，必須搶在季節中的短短幾天內完成。此時全體的農人，都必須同時出動，全力以赴；於是在關中平原，黃河平原中，自然出現「十千維耦」，「千耦其耘」的盛況。噫嘻詩分明說這是「駿發爾私」，是由成王帶著農夫急於開發農夫的私田，在廣大平原中，一口氣便耕種萬夫的三十里，而有「十千其耦」；何能解釋爲奴隸勞動？奴隸怎能有私田？載芟的詩，因爲後面說到豐收後的祭祀，所以詩序誤會這是「春籍田而祈社稷」；「籍」則種的是公田。但詩中並無籍田的痕跡，所以正義說這是「經序有異」。若此詩所說的是奴隸勞動，則會出現「有嗿其饁，思媚其婦」的情景嗎（註一一）？

總之，我不是說周代沒有奴隸；周初以後的三千多年中，中國社會都有奴隸。也不是說沒有農奴；國語晉語鄭偃謂「其猶隸農也。雖獲沃田而勤易之，將不克饗，爲人而已。」這分明說隸農無私田。而周代絕大多數的農夫不是隸農，因其有私田。周代雖有奴隸，但從全般的情形看，奴隸不是周代政權的基礎，也不是當時社會生產的主要成份；稱周代爲奴隸社會，是違反歷史事實的（註一二）。

二、周室宗法制度

西周的政治制度，是傳統所說的封建政治制度。此種封建政治制度，與當時的土地制度不可分；所以當時的社會，也可以稱爲是封建社會的性格。

西周的封建，與西方歷史中之所謂封建的最大不同之點，在於西周的封建政治，是以西周的宗法爲骨幹所形成的；甚至可以說，這是宗法社會的政治形態。西周宗法的起點是嫡長的傳子制。殷代殷墟前半期，除武丁外，前後三代，是兄弟繼承。後期武乙以下的五王，則係父子繼承（註一三）。但殷代無嫡庶之分；周之太王、王季、文王，在繼承上亦無嫡庶之分。故殷末之父子相傳，並未形成一個客觀的制度。因之，假使殷代也有宗法，與周的宗法制度，不會是相同的。

周代宗法的詳細情形，不可得而詳考。後人只能憑禮記的喪服小記，及大傳的幾句話來加以推論。

喪服小記「別子爲祖，繼別爲宗。繼禰者爲小宗。有五世而遷之宗，其繼高祖者也。是故祖遷於上，宗易於下。尊祖故敬宗，敬宗所以尊祖禰也。庶子不祭祖者，明其宗也。」「親之尊之長之，男女之有別，人道之大者也。」

大傳「上治祖禰，尊尊也。下治子孫，親親也。旁治兄弟，合族以食，序以昭穆，別之以禮義，人道竭矣。」「君有合族之道。族人不得以其戚戚君位也。」「庶子不祭，明其宗也。……別子爲祖，繼別爲宗。繼禰者爲小宗。有百世不遷之宗，有五世則遷之宗。百世不遷者別子之後也。宗其繼別子之所自出者（朱元晦曰『之所自出』衍文），百世不遷者也。宗其繼高祖者，五世則遷者也。尊祖故敬宗。敬宗，尊祖之義也。」「是故人道，親親也。親親故尊祖。尊祖故敬宗。敬宗故收族（收猶今所云「團結」）收族故宗廟嚴。宗廟嚴故重社稷。重社稷故愛百姓。愛百姓故刑罰中。刑罰中則庶民安。庶民安故財用足。財用足故百志成。百志成故禮俗刑。（正義：刑亦成也。）禮俗刑，然後樂。」

說文七下「宗、尊。祖廟也」。段注「凡言大宗小宗，皆謂同所出之兄弟所尊也」。在許多兄弟中，以長嫡子主祭，此主祭的嫡長子卽是祖宗一脈相承而不亂的象徵，乃至可以說是代表，故卽爲其他兄弟之所尊。旣爲其他兄弟之所尊，便須有保育其他兄弟的責任。這一套規定，卽謂之宗法。程瑤田謂「宗之道，兄道也。」（註一四）這是對的。所謂五世則遷之宗，是凡共父親共祖父共曾祖共高祖的弟兄，皆以之爲宗。過此以往，則不以之爲宗，此之謂小宗。所謂百世不遷之宗，是凡共始祖的，皆以之爲宗，此之謂大宗。「別子爲祖」的別子，乃對周王室的嫡長子而言。周王室的嫡長子主祭其生之所自出而爲全姓的總宗，這一點在喪服小記和大傳中都略過了，常爲後儒所忽。周王室的嫡長子以外的別子，分封出去，則在其國另開一支，而爲此國之祖。繼別爲宗，是繼承此國的嫡長子，卽爲此一國百世不遷之大宗。繼禰爲小宗者，此大宗之弟及庶出兄弟所生之嫡長子，卽爲其弟及庶出兄弟所宗，此乃五世則遷之小宗。禰是親廟，大宗之弟及庶兄弟所生之嫡長子，於其父親死而入廟後，祭祀時爲主祭，這卽是「繼禰爲小宗」。朱駿聲說文通訓定聲宗字下謂「按大宗一，爲始祖後也。小宗四，高曾祖父後也」。大宗所以保持此一氏族血統的傳承於不亂不斷。他是始祖的代表，所以只有一個。小宗是大宗此一氏族血統的蕃衍流派。高祖、曾祖、祖、父四代，各有其大宗以外所生之嫡長子，卽各有一小宗，故小宗同時有四。大宗包含小宗，而大宗爲之本，小宗爲其枝。小宗包含許多五服以內的族人，由小宗率領以捍衞大宗。小宗五世不遷，則大小宗無所別，而氏族血統之本幹不顯。大宗之上又有一總的大宗，這卽是天子。詩大雅板毛傳「王者天下之大宗」，卽指此而言。王爲天下之大宗，諸侯爲一國之大宗。被封出去的諸侯是別子。而天子對別子而言則是「元子」。書召誥「嗚呼有王雖小，元子哉」。由大宗小宗之收族而言，每一組成份子皆由血統所連貫，以形成感情的團結，此之謂「親親」。由每一組成份子有所尊，有所主，以形成統屬的系統而言，此之謂「尊尊」、「長長」。

這裡有由大傳「君有合族之道，族人不得以戚戚君位也」而引起漢儒以來的一種誤解，認爲宗法乃由大夫以下達於庶人；而天子諸侯，乃在宗法之外（註一五）。毛奇齡更引穀梁傳「諸侯之尊，兄弟不敢以屬通」以實之（註一六）。近人王國維對此謂：

「故由尊之統言，則天子諸侯絕宗，王子公子無宗可也。由親之統言，則天子諸侯之子，身爲別子，而其後世爲大宗者，無不奉天子以爲最大之大宗。特以尊卑旣殊，不敢加以宗名，而其實則仍在也。故大傳曰，君有合族之道，其在……大雅之行葦序曰，周家能內睦九族也。……是天子之收族也。文王世子曰，公與族人燕則以齒。……是諸侯之收族也。……是故天子諸侯，雖無大宗之名，而有大宗之實。篤公劉之詩曰，飲之食之，君之宗之。傳曰，爲之君，爲之大宗也。板之詩曰，大宗維翰。傳曰，王者天下之大宗。又曰，宗子維城，箋曰，王者之嫡子謂之宗子。是禮家之大宗，限於大夫以下者，詩人直以稱天子諸侯。惟在天子諸侯則宗統與君統合，故不必以宗名。大夫士以下皆以賢才運，不必身是嫡子，故宗法乃成一獨立之統系。」（註一七）

王氏之論，已接觸到問題的本身，但仍有誤解之處。他所指的「禮家」，是漢代的禮家；而所謂「詩人」，則係西周的詩人。詩人就西周政治實際的情形而分明說是「君之宗之」，說是「大宗維翰，宗子維屛」，分明說西周的天子、諸侯，乃一宗法的結合。並且大雅文王的詩說「文王孫子，本支百世」，這是說周室的政治機構，是由宗法中的「本」與「支」連結起來的。周人稱豐鎬爲「宗周」，正因其爲宗廟之所在，亦卽爲「天下大宗」之象徵。大傳「族人不得以其戚戚君位也」，上戚字應作親屬解。下戚字應作「近」義解，近有狎侮之意。此句話只是說君雖有合族之道，但族人不可以人君是自己的親屬而便存狎侮之心；這是一種防微杜漸的意思，即是不可因親親而忘了尊尊的一面。若人君不在宗法之內，則何由而合族？何由而可稱爲「戚」？毛傳在上引詩的解釋中，尙保持原義；其他漢儒，則常以漢時的君臣關係，推論秦漢以前的君臣關係；並以當時宗法的狀況，推論周初的宗法狀況；便把西周的宗法，斬斷了上半截，而認爲只實用於大夫以下。實際，則周的宗法，開始乃與封建同時實行於周天子與諸侯之間，再擴及於各國的貴族之間。周以外的氏族，也同樣受此一宗法的規定。因爲宗法本是以氏族社會爲基礎所發展起來的。至戰國而在政治上中斷的宗法，因民間家族之日趨強大，乃轉而保持某一程度於社會之中。即在西周，其組織也是逐漸發展而漸增完備的。甚至可以說「別子爲祖，繼別爲宗」，只適用於天子與諸侯的關係，而不適用於大夫；因爲大夫應以諸侯之大宗爲大宗，而不應自立其大宗。即諸侯以下之大夫，只有小宗而不另立大宗。後來禮家的混亂，都因在這種地方弄顚倒了。至王國維說「大夫士以下皆以賢才進，不必身是嫡子」，亦即說諸侯以下的貴族，宗法與政治地位不一致，故宗法成一獨立統系。其不合歷史事實，更爲顯然。

三、周室之封建制度及其基本精神

把宗法說淸楚了，現在可以談到封建制度的問題。

在西周以前，當然有若干分封建國的情形。詩商頌殷武「命於下國，封建厥福」，卽其證。但在規模上，尤其是在制度上，依然應以西周的封建爲封建制度的代表。周人滅商後，當然還有許多歷史悠久的氏族國家，由相互的承認而繼續存在。呂氏春秋觀世篇謂「周封國四百餘，服國八百餘」。所謂「服國」，卽指非由周人封建而來的國家。但作爲西周立國特性的，還是他的封建制度。此一封建制度，先簡單的說一句，卽是根據宗法制度，把文王、武王、成王、康王等未繼承王位的別子（武王不是嫡長子），有計劃的分封到舊有的政治勢力中去，作爲自己勢力擴張的據點，以連絡、監督、同化舊有的政治勢力，由此而逐漸達到「率天之下，莫非王土」的目的。被封的別子，卽成爲封國之祖；他的嫡長子，卽成爲封國的百世不祧之宗。按照宗法以建立一個以血統爲紐帶的統治集團。封國與宗周的關係，政治上是天子與諸侯的關係；宗族上卻是「別子」與「元子」的血統關係；是由昭穆排列下來的兄弟伯叔的大家族的關係。各侯國內的政治組織，也是如此。爲了便於統治的從屬關係能夠鞏固，以血統的嫡庶及親疏長幼等定下貴賤尊卑的身份，使每人的爵位及權利義務，各與其身份相稱；這在當時稱之爲「分」；「定分」卽所以建立當時的政治秩序。分是以身份作根據所劃分的；通過各種不同的禮數，把分彰顯出來，且使之神聖化。其分封異姓時，也必以婚姻連繫起來，使成爲姻婭甥舅的關係，這依然是以血統爲統治組成的骨幹。在以宗法血統形成政治骨幹的制度下，一面必須某一氏族（如周），經過長期的生存鬭爭發展，以蓄積此一血統在人口上所形成的力量。所以司馬遷在史記秦楚之際月表序中謂「湯武之王，乃由契后稷脩仁行義十餘世」，未嘗不可由此一角度去加以解釋。其另一面當然要求子孫衆多（註一八）。所以當時婚姻制度中的媵，即是特殊的多妻制。而嚴格的同姓不婚，除了防止「其生不蕃」的原因以外，也和政治勢力向異姓的擴張，有不可分的關係。分封了一定的土地，及附著於土地上的人民，以形成統治所必要的軍事與經濟的基礎，此之謂「有土此有人，有人此有財」（註一九）。爲了對周人封建容易得到明確的印象，所以把若干有關的資料撮錄在下面：

(1)周禮封人「凡封國，設其社稷之壝，封其四國」（註二〇）。

(2)詩大雅嵩高序「嵩高、尹吉甫美宣王也。天下復平，能建國親諸侯，褒賞諸侯焉。」「嵩高維嶽，駿極於天。維嶽降神，生甫及申。維申及甫，維周之翰。四國于蕃，四方于宣」。「亹亹申伯，王纘之事。于邑于謝，南國是式。王命召伯，定申伯之宅。登是南邦，世執其功。王命申伯，式是南邦。因是謝人，以作爾庸」（城）。「王命召伯，徹申伯土田；王命傅御，遷其私人」。「申伯之功，召伯是營；有俶其城，寢廟既成。既成藐藐。（美貌）王錫申伯，四牡蹻蹻。鉤膺濯濯」，「王遣申伯，路車乘馬。我圖爾居，莫如南土。錫爾介圭，以作爾寶。往近王舅，南土是保」。「申伯信邁，王餞于郿。申伯還南，謝于誠歸。王命召伯，徹申伯土疆。以峙其粻，式遄其行」。「申伯番番，既入于謝，徒御嘽嘽，周邦咸喜，戎有良翰。不顯申伯，王之元舅，文武是憲。……」

(3)詩大雅韓奕序、尹吉甫美宣王「能錫命諸侯。」「奕奕梁山，維禹甸之。有倬其道，韓侯受命。……」，「韓侯取妻，汾王（箋，厲王也）之甥，蹶父（傳：卿士也）之子……」。「溥彼韓城，燕師所完。以先祖受命，因時百蠻。王錫韓侯，其追其貊（傳：追、貊，戎狄國也），奄受北國，因以其伯。實墉實壑，實畝實藉。獻其貔皮，赤豹黃羆。」

(4)詩魯頌閟宮「王曰叔父，建爾元子，俾侯于魯，大啓爾宇。乃命魯公，俾侯于東。錫之山川，土田附庸。」

(5)左僖二十四年周王將以狄伐鄭。「富辰諫曰不可。臣聞之，大上以德撫民。其次親親，以相及也。昔周公弔二叔之不咸，故封建親戚，以藩屏周室。管、蔡、郕、霍、魯、衞、毛、聃、郜、雍、曹、滕、畢、原、豐、郇，文之昭也。邘、晉、應、韓，武之穆也。凡、蔣、邢、茅、胙、祭，周公之胤也。召穆公思周德之不類，故糾合宗族于成周而作詩曰，棠棣之華，鄂不韡韡。凡今之人，莫如兄弟。其四章曰，兄弟鬩於牆，外禦其侮（註二二）。如是，則兄弟雖有小忿，不廢懿親……周之有懿德也，猶曰莫如兄弟，故封建之。其懷柔天下也，猶懼有外侮。捍禦侮者莫如親親，故以親屏周。

召穆公亦云。」

(6)左昭二十六年周王子朝奪取王位失敗後，他「及召氏之族，毛伯得、尹氏固、南宮嚚，奉周之典籍以奔楚……使告於諸侯曰，昔武王克殷，成王靖四方，康王靖民，並建母弟，以蕃屏周，亦曰吾無專享文武之功……至於夷王，王愆於厥身，諸侯莫不並走其望，以祈王身。至於厲王，王心戾虐，萬民弗忍，居王于彘。諸侯釋位，以間（參與）王政。宣王有志（年長有知識）而後效官。至於幽王，天不弔周，王昏不若，用愆厥位。携王（杜注：幽王少子伯服也）奸命（犯立嫡之命），諸侯替之，而建王嗣，用遷郟鄏。則是兄弟之能用力於王室也。……今王室亂……茲不穀震盪橫越，竄在荆蠻……敢盡布其腹心，及先王之經，而諸侯實深圖之。昔先王之命曰，王后無嫡，則擇立長。年鈞以德，德鈞則以卜。王不立愛，公卿無私，古之制也……。」

(7)左定四年周劉文公合諸侯於召陵，將長蔡於衞。因蔡始封之蔡叔，於衞始封之康叔爲兄，故衞侯使祝佗（子魚）私於萇弘曰「以先王觀之，則尚德也。昔武王克商，成王定之，選建明德，以屏藩周。故周公相王室以尹（杜注：正也）天下，於周爲睦。分魯公以大路大旂，封父之繁弱（大弓名），殷民六族，條氏、徐氏、蕭氏、索氏、長勺氏、尾勺氏，使帥其宗氏，輯其分族，將其類醜（杜注：醜衆也）以法則周公，用即命于周，是以使之職事于魯，以昭周公之明德。分之土田陪敦（註二三）。

祝宗卜史，備物典策，官司彝器，因商奄之民，命以伯禽，而封於少皞之虛。分康叔以大路、少帛（杜注：雜帛），綪茷（杜注：大赤）旃（杜注：通帛為旃）旌（杜注：析羽為旌）大呂（杜注：鐘名），殷民七族，陶氏、施氏、繁氏、錡氏、樊氏、饑氏、終葵氏。封畛土略，自武父以南，及圃田之北竟。取於有閻之土，以供王職。取於相土之東都，以會王之東蒐。聃季授土，陶叔授民，命以康誥，而封於殷虛；皆啓以商政，疆以周索（杜注：疆理土地以周法）。分唐叔以大路密須之鼓，闕鞏（杜注：甲名）沽洗（杜注：鐘名）。懷姓九宗（杜注：唐之餘民。按下文當為夏之餘民），職官五正（註一三）；命以唐誥而封於夏虛（杜注：今太原晉陽）啓以夏政，疆以戎索……。」

(8)國語周語上「穆王將征犬戎，祭公謀父諫曰，夫先王之制，邦內甸服（韋注：甸、王田也，服其職業也）。邦外侯服（韋注：侯圻也，言諸侯之近者，歲一來見）。侯衞（韋注：言自侯圻至衞圻，其間凡五圻，圻五百里，五五二千五百里，中國之界也）賓服（韋注：常以服見賓貢於王）。蠻夷要服（韋注：要結信好而服從之）。戎翟荒服（韋注：荒忽無常之言也。）甸服者祭（韋注：供日祭）。侯服者祀（韋注：供月祀）。賓服者享。（韋注：供時享）要服者貢（韋注：供歲貢也。要服六歲一見）。荒服者王（按王者，僅承認其為共主，他無所事）。日祭（韋注：祭於祖考，謂上食也），月祀（韋注：月祀於高祖），時享（時享於二祧），歲貢，終王（韋注：終謂垂終也。按謂弔已死之王，並賀新王）先王之訓也。」

(9)國語周語上周襄王十七年，以翟伐鄭，將以其女爲后。「富辰諫曰不可……昔摯、疇（二國名，任姓）之國也，由太任（文王之母）。杞、繒（二國姒姓，夏禹之後）由大姒（文王之妃）。齊、許、申、呂、四國皆姜姓，由大姜（大王之妃）。陳（嬀姓舜後）由大姬（武王之女，配虞胡公封於陳）。是皆能內利親之者也。」

⑽國語周語上，「晉文公既定襄王于郟，王勞之以地，辭。請隧焉（王喪時闕地通道），王弗許曰，昔我先王之有天下也，規方千里，以爲甸服，以供上帝山川百神之祀，以備百姓兆民之用，以待不庭不虞之患；其餘以均分公侯伯子男，使各有寧宇。」

⑾國語周語中，「晉侯使隨會聘於諸侯，定王享之殽烝（韋注：升折俎之殽）。原公相禮，范子私於原公曰，吾聞王室之禮無毀折，今此何禮也？王……召士季曰，子弗聞乎？禘郊之事，則有全烝。王公立飫（韋注：禮之立成者爲飫），則有房（大俎也）烝。親戚宴饗，則有殽烝。今女非它也。而叔父使士季實來修舊德以獎王室……女今我王室之一二兄弟，以時相見，將和協典禮以示民訓則，無亦擇其柔嘉……以示容合好。……」

左昭二十八年晉成鱄對魏獻子謂「武王克商，光有天下，其兄弟之國者十有五人，姬姓之國者四十人。皆舉親也」。荀子儒效篇謂「周公兼制天下，立七十一國，姬姓獨居五十三人焉」。封國的詳數雖難斷定，但其封建係以宗法爲主，由這兩條材料也可以看得非常清楚。再把上述材料加以總結，可以看出以下的幾條結論。

一、在上述材料中，對封建始於何人，說法不一。史記周本紀，以封建始於武王。然(6)「昔武王克殷，成王靖四方」；(7)「昔武王克商，成王定之」。封建諸侯，是「靖四方」，「定之」的事。武王「克商」，沒有時間及力量實行封建。其封管蔡相祿父治殷，乃安定殷民的權宜措施，與封建之本質無關。而成王的靖四方，實始於周公的東征。經營洛邑，以作向東向南發展的根據地，也是周公。宗法的基礎在傳子立嫡立長；成王以前的太王，王季，文王，都與商季傳位的情形相同，無立嫡立長的觀念（註二四）。周公以周室傳位的習慣及其特殊功績，實曾卽位爲王。傳嫡長子制的奠定，亦卽宗法的奠定，實自周公把王位讓給成王始。綜合上述三種原因，則(5)以封建始於周公，爲能得其實。又根據周初許多金文的記載及上引資料(2)，可知自周公以後，迄宣王爲止，皆曾繼續封建。由一九五四年江蘇丹徒烟墩山屬於康王時代的宜侯夨簋的發現，知道夨原封於畿內爲虞侯，後改封於宜爲宜侯。同時，遼寧凌源縣馬廠溝發現了匽侯盂等一組銅器，知道遼寧在西周初年已屬於由周所封的燕國的疆域；由此可知周初封建所到達的區域甚爲廣大。封建的實行，乃由於周政治勢力的擴張；封建的停止，乃由於周政治勢力的衰落。

二、(4)「大上以德撫民，其次親親以相及也」二語，從來泛泛看過。實際，「以德撫民」與「親親以相及」，是對舉的；消極的意思，說明遠古沒有以親親爲骨幹的封建。傳說中的唐虞及以前的時代，只是由各漸次形成的許多氏族所承認或推戴的共主。到夏禹而始進入一姓相傳。各氏族間當然時有倂吞興廢；但夏商兩代，依然是以各有歷史，各有傳承的許多氏族，構成各地政治的主體。夏商的王者，只爭取各氏族承認其爲天命所寄的共主。當時政治的統一性是相當鬆弛的。至周公乃以宗法的親親制度，有計劃的封建親戚，以爲王室的屏藩，擴大王室政治的控制面，加強王室政治的統一性。每一封國，皆負有某一地區的政治特別任務。如韓的任務在「奄受北國」；魯衞的任務在同化殷之遺民；齊之任務在鎭壓並同化萊夷；申的任務在加強對南方楚國的捍衞等。可以說古代政治的統一性，至周的封建而大爲加強。

三、從全般的材料看，封建所到之處，皆以當地的氏族爲基礎；如燕是「因時百蠻」，魯是「因商奄之民」，申是「因是謝人」等。其所以能作得到，這一方面是周克商以後，取得了由天所命的共同承認的共主的地位；另一方面，還是以武力爲其後盾。宣王能重封韓侯，是因爲韓城乃「燕師所完」。封申伯則需要「召伯是營」，需要「王命召伯，徹申伯土田」，召伯實際是以王室的力量做好申伯可以前往履封的基礎。一九五六年在陝西郿縣李家村出土的一組西周銅器中，有盠方彝和盠尊，據其銘文，知道周王除了命盠掌管宗周的六師外，還要他兼管「殷八師」（註二五）。金文中的陵貯簋及南宮柳鼎，皆提到六自（師）（註二六）。舀壺則稱「成周八師」。小克鼎「成周」與「八師」雖未連在一起，但也可斷言說的是成周八師。競卣的「成師」，可視為「成周八師」的簡稱。小臣謎毀銘文中有謂「叡！東夷大反，白懋父以殷八自（師）征東夷」。禹鼎則將「西六師」、「殷八師」並舉。「西六師」即「宗周六師」，這是鞏衞西周首都豐鎬的。我以為「殷八師」即「成周八師」（註二七）。這是周公在洛陽所建的龐大兵力。並且從上面有關的金文看，這八師都是用來作東征南討之用的（註二八）。我們不難想見，這一龐大兵團，正是周公及成康們由西向東向南以封建伸張勢力的武裝力量。並且在封建時的一件大事，即是由王室的力量為被封者築一個堅固的城，以作封國的根據地。這是由前面的材料中很容易看出來的。

四、材料的大部份都說明封建的是周室的兄弟子侄。而(5)中提出「文之昭」、「武之穆」，這分明是按照宗法的排列次序以為封建的根據。對周公諸子的受封，而只稱「周公之胤」，因昭穆是廟裏繼承王位的大宗的次序；周公奉還王位後，不能在周廟中序昭穆。封建的目的便在屏藩周室。封建的紐帶便是宗法的親親。在被封各國中，以魯最為優渥；這固然因周公曾居王位，且功勳最大；但「於周爲睦」⑺，也是重大的因素。⑼說明了分封異姓的情形。由此可以了解異姓之所以受封，皆係姻婭（後代之所謂外戚）的關係，依然是順着親親的精神，將宗法加以擴大。異性受封各國的內部，也會按照宗法以樹立統治的骨幹。周因政治道德的要求而存唐虞夏商之後的「三恪」，裡面還是加上了一層姻婭關係。由宗法所封建的國家，與周王室的關係，一面是君臣，一面是兄弟伯叔甥舅。而在其基本意義上，伯叔兄弟甥舅的觀念，重於君臣的觀念。左僖九年會於葵丘，周王使宰孔賜齊桓公胙（祭肉），宰孔致辭說「天子有事于文武，使孔賜伯舅胙」，這是以舅稱齊桓公。左僖二十八年冬，晉文公朝王于河陽，王命晉侯爲「侯伯」，其命辭中謂「王謂叔父，敬服王命」，這是以叔父稱晉文公。周的封建，便是由分封的伯叔兄弟甥舅各國，構成了當時的所謂「中國」。書梓材「皇天旣付中國民」，蕩「女炰休於中國」，「內奰於中國」，桑柔「哀恫中國」，當時的所謂「中國」，是有具體內容的。夾在「中國」中間的若干夷狄戎狄，到春秋之末，大體都被消滅、同化了。其中當然還有只奉周室正朔，而其立國遠在武王克殷之前，並非出於周室封建的古國；但在「中國」範圍之內，也漸爲周室封建的國家消滅了。從⑹的材料看，封建實盡到了屏藩周室的責任。並且到了春秋之末，與封建無關的國家，只有越國。由此不難想見周公以宗法親親所建立的封建政治秩序，實際發生了很大很久的影響。王室權威的失墜，可以說主要是因爲女寵或因一時之忿，用戎狄以伐同姓，自己破壞了作爲政治團結的基本要素——親親的關係，因而失掉了自己的屏藩，瓦解了由宗法而來的向心力。

五、分封時由周王鄭重賜予三樣東西，一是土田，二是人民，三是適合於受封者身份（名位）的車服器物。「王命諸侯，名位不同，禮亦異數」（註二九）。由各種身份以確定每一組成份子在整個封建的，亦卽在整個宗法的大構造運行中所應盡的義務與所應享受的權利，使能互相調和配合而不互相衝突，這是禮的最大功用，這是封建秩序的神經系統。此一由血統的身份所構成的神經系統，亦卽所謂「禮」，由王室的中樞，一直伸向諸侯卿大夫士以及庶人（註三〇）。孔子說「周監於二代，郁郁乎文哉，吾從周（論語）」，這是說禮至周而最爲完備；此不能僅從文化自身發展的角度去看，而亦實爲宗法、封建之所要求。應當從這種地方了解所謂「周文」的意義。而車服器物等等不同的禮數，實卽此一神經系統的徵表。所以分封乃至平日賞賜的這一類的東西，不是實用的意義，而是賦予以神聖意義的寶物。

六、分封土田的大小，隨爵位，亦卽隨受封者的身份而有等差。在各種不同的說法中，孟子和禮記王制的說法是一致的（註三一）。左襄二十五年鄭子產答晉人「何故侵小」之問中有謂「……且昔天子之地一圻（杜注：方千里也），列國一同（杜注：方百里也）；自是以衰（杜注：差降也）。今大國多數圻矣；若無侵小，何以至大焉。」由此可知孟子之言可信。當然這只是原則性的規定。禮記大學稱「有土此有人，有人此有財」，此二語可能承古代封建的情形而來的。「人」，主要是指農民而言。在理論上，土地是屬於王的，耕種土地的人民，也是屬於王的（註三二）。所以授土同時即授民。從前面的資料看，所授的民，即是當地的人民。從「啓以商政」，「啓以夏政」，「啓以戎政」的因俗爲治的情形看，決無把所授之民變爲集體奴隸之理，且亦無此力量。前面已經提到，魯國因殷民六族而立亳社，團結在亳社周圍的是「國人」，而非奴隸。周公以殷餘民封康叔于衞，因爲對殷餘民統治的成敗，即關係於周業的成敗，所以特爲之作康誥，酒誥，梓材。在康誥中敎康叔應「往敷求于殷先哲王」，及「商耇成人」；勉以「應保殷民」，而結之以「殷民世享」。酒誥對周人羣飲者「予其殺」，對殷臣工之沉湎於酒者則「勿庸殺之，姑惟敎之」，這是把殷人變成集體奴隸嗎？由康誥的「罰蔽殷彝」的話來看，則(7)之所謂「啓以商政」是可信的。除魯因周公特殊德望以外，一切封建，皆因其舊政故俗以爲治，即絕對不是將其奴隸化。周以洛陽爲中心所成立的八師，有時稱「成周八師」，有時稱「殷八師」，可以推想組成八師的骨幹是殷之遺民，即可斷其絕非奴隸。對有直接敵對性的殷民是如此，對其他種族氏族亦應莫不如此。

七、封建諸侯對周室的義務，除了奉正朔及按時朝聘述職之外，在非常時固然有爲王室征伐城成等義務；但如(8)所說，平時只供應四時祭祀之需，可以說是負擔很輕的。王室與各封建侯國的關係，雖然較周以前的王朝加緊了；但若以「集權」與「分權」爲權力分配的標準的話，封建政治可以說是兩級分權的政治。王室把某一土地人民分封出去了，統治的權力也便分出去了，連對王畿之內的采邑，也是一樣。諸侯把受封的土地人民，按照宗法的要求，分給卿大夫以作食邑之後，被分的食邑的統治權，也便分給卿大夫了，所以卿大夫也有家臣，有邑宰，便是這種原因。當然諸侯對外可以成爲獨立的政治單位，卿大夫則否。所以王室內的卿大夫及諸侯內的卿大夫，常與王室及所屬的諸侯，作爲一個政治單位而活動。因此，諸侯對其卿大夫的權力，遠超過天子對諸侯的權力。

八、因爲封建的骨幹是宗法，宗法雖然要由嫡庶親疏長幼以決定身份的尊卑貴賤，但它的基本精神還是親親。所以由天子以下逮於大夫士的上下關係，不是直接通過政治的權威來控制，而是以「禮樂」來加以維持。禮所定的「分」雖然很嚴，但是由禮所發出的要求，是通過行爲的藝術化，亦即通過所謂「文飾」，加以實現，這便大大緩和了政治上下關係的尖銳對立的性格。春秋時代，朝聘會同之間，彼此意志的溝通，及某種要求的表達，常不訴之語言的直接陳述，而只通過歌詩的方式以微見其意，即漢書藝文志詩賦略序所謂「古者諸侯卿大夫交接鄰國，以微言相感」者，也應由這種宗法所結成的政治特性去加以了解。同時，禮得以成立的基本條件是「敬」與「節」，所以荀子常常說「禮之敬文也」或「禮之節文也」。敬與節（節制、謙讓）是對兩面的要求，並非片面的要求，這便也抑制了每一統治者的統治欲望。孔子答魯定公「君使臣，臣事君，如之何？」的問答以「君使臣以禮」（論語八佾），正是這種意思。所以禮是定上下之分，同時也可以通上下之情；必須從這兩方面來把握，始能把握到禮在政治上的基本意義。由周初到春秋時代，禮樂是並行的。禮以別異，樂以和同。在禮樂中可以保持伯叔兄弟甥舅間的血統感情，所以在上面的材料中，他們相互間的集會，都實現或要求一種親族間所流露出的情感的氣氛。統治階級相互間的要求是如此，統治階級對於被統治的人民，也是希望在禮樂之教中達成統治的目的。孔子主張「齊之以禮」（論語），是有歷史的根源的。左昭六年三月，鄭人鑄刑書，叔向使詒子產書曰「……昔先王議事以制，不為刑辟，……是故閑之以義，糾之以政，行之以禮……嚴斷刑罰，以威其淫……民於是乎可任使也……民知有辟（公佈的刑法條文）則不忌於上，並有爭心，以徵於書，而徼幸以成之，弗可為矣。夏有亂政而作禹刑。商有亂政而作湯刑。周有亂政而作九刑。三辟之興，皆叔世也。今吾子相鄭國……鑄刑書，將以靖民，不亦難乎……將棄禮而徵于書，錐刀之末，將盡爭之，鄭其敗乎……（子產）復書曰，若吾子之言，僑不才，不能及子孫，吾以救世也。」左昭二十九年，「冬，晉趙鞅荀寅帥師城池灌，遂賦晉國一鼓鐵，以鑄刑鼎，著范宣子所為刑書焉。仲尼曰，晉其亡乎，失其度矣。夫晉國將守唐叔之所受法度，以經緯其民……民是以能尊其貴，今棄是度也，而為刑鼎，民在鼎矣……貴賤無序，何以為國。且夫宣子之刑，夷之蒐也，晉國之亂制也……。」上面兩個故事，實係歷史轉變的一大關鍵。周制中未嘗不用刑，但其重點則是禮。晉鑄刑鼎後未嘗不尊貴，但這不是由宗法禮制中的尊貴。平日之民，乃受宗法禮制中的規範，民的休戚，在貴族手上的禮。今鑄刑鼎，民的休戚，在刑法條文所鑄上的鼎。不從這種歷史根源的地方，便不能了解叔向和孔子爲什麼有這種反對的意見。周初時的原始宗教已開始衰退，但西周時對祖宗的祭祀，在政治行事中，始終保持非常重要的地位。而一切重大的政治行爲及貴賓的宴饗，都是在宗廟中實行。甚至貴重的客人，也使其住在宗廟之內；這不是宗教的意義，而是要使大家在祭祀與宗廟中，保持住宗法的「本支百世」的感覺，以維持精神團結，政治團結的意識。周天子的所居地稱爲「宗周」；諸侯的所居地稱爲「宗國」，卿大夫的所居地稱爲「宗邑」；皆由此而來。總結一句，宗法的親親，是周的封建政治的骨髓。以孝弟禮讓仁愛爲基底的道德要求，都是由此發展出來的。周的政治，較之後世特富於人道的意味，也是以「親親」爲根源所發展出來的。考古上所發掘的殷貴族的墓葬，常有大批的殉葬者。但近年大量發掘出的周代墓葬，便幾乎可以說沒有這種現象，也正是證明了殷周之際的精神上的大轉變。此一骨髓的枯竭，便使封建精神歸於破滅。

四、「國人」的性格、地位問題

形成宗法貴族統治的直接支柱，形成封建政治的武力基礎，並有力量對宗法貴族發生反抗、制約的，則有不容忽視的所謂「國人」階級的存在。以下對此試加以探索。

「或」、「國」，在周時爲古今字（此段玉裁說）。然朱駿聲說文通訓定聲謂「或者，竟內之封；國者郊內之都也。」考工匠人『國中九經九緯』注，『城內也』……。國語齊語『參其國而伍其鄙』注，『郊以內也』。」由此可知當時的所謂「國人」，乃住在都邑之內，及都邑近郊之人。在左傳、國語，稱爲「國人」的，乃所以別於居於鄙野的農民。左傳稱「國人」者約有八十次左右；此外，有的只稱「國」，有的只稱「人」，有的只稱「衆」，而實皆指的是「國人」。「民」的範圍，較「國人」爲廣；然有的稱「民」時，亦指的是「國人」。凡稱到國人時，不僅都與政治、軍事直接有關；而且對政治軍事，在最後常有決定性的作用，因而使當時的統治者，不能不時時考慮到對國人的爭取。「國人」的自身，也時時發生主動性的作用。國語周語一、「厲王虐，國人謗王。」左襄三年，「鄭人遊於鄉校，以論執政。」是國人可以直接批評政治。甚至可以這樣的說：春秋二百四十二年間，政治上層的激烈活動是諸侯、卿大夫；而在上層的下面，激蕩著一股強大的激流的則是國人。

現簡抄若干材料如下：

(1)左文二年「冬十二月，狄人伐衞，衞懿公好鶴，鶴有乘軒者。將戰，國人受甲者皆曰使鶴；鶴實有祿位，余焉能戰。……及狄人戰于熒澤，衞師敗績，遂滅衞。」

(2)左僖十五年十月一日壬戌，晉侯及秦伯戰于韓，晉侯被俘後，「使郤乞告瑕呂飴甥，且召之。子金教之曰，朝國人而以君命賞；且告之(按指國人)曰，孤雖歸，辱社稷矣，其卜貳圉也。衆皆哭。晉於是乎始作爰田」(左氏會箋：服虔孔晁皆云爰、易也……晉語作轅田。賈侍中云、轅，易也。爲易田之法。賞衆以田，易疆界也。)

(3)左僖二十四年，頹叔桃子以狄師攻王，「王遂出；及坎欿，國人納之。」

(4)左僖二十八年，晉人伐衞，「衞侯請盟，晉人弗許。衞侯欲與楚，國人不欲；故出其君以說于晉。衞侯出居于襄中」。「六月，晉人復衞侯。寧武子與衞人盟于宛濮曰『……不有居者，誰守社稷。不有行者，誰扞牧圉……行者無保其力，居者無懼其罪……』國人聞此盟也，而後不貳」。

(5)左文七年，宋「明公將去羣公子……穆襄之族，率國人以攻公，殺公孫固公孫鄭于公宮。六卿和公室。」

(6)左文十六年「宋公子鮑禮於國人……昭公無道，國人奉公子鮑以因夫人……夫人將使公田孟諸而殺之。公知之，盡以寶行。蕩意諸曰，盍適諸侯？公曰，不能其大夫，至於君祖母，以及國人，諸侯誰納我？……冬十一月甲寅，宋昭公將田孟諸，未至，夫人王姬使帥甸攻而殺之……文公即位。」

(7)左文十八年「莒紀公生太子僕，又生季佗。愛季佗而黜僕，且多行無禮於國。僕因國人以弒紀公。」

(8)左宣十二年「春、楚子圍鄭，旬有七日……國人大臨，守陴者皆哭，楚子退師……」

(9)左成十三年，曹宣公隨晉侯伐秦，卒于師。「曹人使公子負芻守，使公子欣時逆曹伯之喪。秋，負芻殺其太子而自立……冬，葬曹宣公。既葬，子臧（杜注：子臧公子欣時）將亡，國人皆將從之。成公（杜注成公，負芻）乃懼，告罪，且請焉，乃反而致其邑。」

(10)左成十五年，宋華元出奔晉，「魚石將止華元。魚府曰，右師反，必討；是無桓氏也。魚石曰、右師……且多大功，國人與之；不反，懼桓氏之無祀於宋也。……魚石自止華元於河上；請討，許之，乃反。使華喜公孫師率國人攻蕩氏，殺子山。……樂裔爲司寇，以靖國人。」（按左傳記「以靖國人」者凡五見）

(11)左襄十年「……故（鄭）五族聚羣不逞之人，因公子之徒以作亂……子產聞盜……完守備，成列而後出，兵車十七乘，尸而攻盜於北宮；子蟜帥國人助之……盜衆盡死。」

(12)左襄十六年宋「……十一月甲午，國人逐瘈狗，瘈狗入於華臣氏，國人從之。華臣懼，遂奔陳。」

(13)左襄十九年「鄭子孔之爲政也專，國人患之。……甲辰，子展子西率國人伐之，殺子孔。」

⒁左襄二十六年「三月庚寅，寗喜右宰穀伐孫氏，不克……寗子出居於郊……國人召寗子，寗子復攻孫氏，克之。」

⒂左襄二十七年，慶封「使盧蒲嫳率甲以攻崔氏……弗克。使國人助之，遂滅崔氏。」

⒃左襄二十九年「鄭子展卒，子皮卽位。於是鄭饑而未及麥，民病。子皮以子展之命，餼國人粟，戶一鍾，是以得鄭國之民。」

⒄左襄三十一年「莒犂比公生去疾及展輿。既立展輿，又廢之。犂比公虐，國人患之。十一月，展輿因國人以攻莒子，弒之。」

⒅左昭十四年「秋八月，莒著丘公卒，郊公不戚，國人弗順。」「冬十二月……郊公奔齊。」

⒆左昭二十三年「莒子庚輿，虐而好劍。苟鑄劍，必試諸人，國人患之……烏存率國人逐之。」

⒇左定八年，晉師盟衞侯於鄟澤，辱衞侯。「衞侯欲叛晉，而患諸大夫。王孫賈使次於郊。大夫問故，公以晉詬語之，且曰，寡人辱社稷，其改卜嗣，寡人從焉。大夫曰，是衞之禍，豈君之過也。公曰，又有患焉，謂寡人必以而子與大夫之子爲質。……王孫賈曰苟衞國有難，工商未嘗不爲患，使皆行而後可。（杜注：欲以激怒國人也）……公朝國人，使賈問焉曰，若衞叛晉，晉五伐我，病何如矣？皆曰，五伐我，猶可以能戰……乃叛晉。」

(21)左定十三年「冬十一月，晉荀躒、韓不信、魏曼多奉公以伐范氏中行氏、弗克。二子……遂伐公，國人助公，二子敗。」

(22)左哀元年「吳之入楚也，使召陳懷公。懷公朝國人而問焉曰，欲與楚者右，欲與吳者左。陳人從田。無田從黨」（杜注：都邑之人無田者隨黨而立也。不知所與，故直從所居。）

(23)左哀十一年「夏，陳轅頗出奔鄭。初轅頗爲司徒，賦封田以嫁公女（杜注：封內之田悉賦稅之也。）有餘，以爲已大器。國人逐之，故出。」

(24)左哀二十四年，公子荆之母嬖，哀公立以爲夫人，「而以荆爲太子，國人始惡之。」（按此爲魯哀公不沒於魯之張本。）

現在要進一步了解的，住在都邑及近郊的構成分子——國人，是些什麼人呢？首先，國人與統治貴族之間，可能保有由氏族社會下來的疏遠血統；也可能有一部份是由沒落的宗法貴族而來。但決非當時宗法貴族直接結構中的一部份。上引材料(5)的「穆襄之族」和「國人」，是二而非一。(9)將從子臧出亡的國人，若是子臧的族人，便不會使曹成公懼而告罪。(15)盧蒲嫳所率的甲，及助他的國人，也是二而非一。(21)荀躒等三人奉晉公以攻范氏中行氏而不克，這是沒有國人參加戰爭。等到范氏中行氏伐晉公而激起國人「助公」，故得以擊敗范氏中行氏。由此亦可證明國人不是宗法貴族結構中的一部份。

其次，國人是當時軍事力量的基礎。但並非專以戰爭爲業的人。從(1)看，國人作戰時的甲，是臨時授受的。顧楝高春秋大事表十四邱甲田賦論，也堅主張「甲仗兵器，皆出自上」。而當時的貴族，自王、諸侯、以至卿大夫，有經常直接掌握的甲乘，以爲對內自衞，及動員時的軍事的骨幹；(11)子產的兵乘十七乘，卽其一例。因此，不能援國語齊語「士鄉十五」，認定「國人」卽是「士」。也不能認爲士卽是戰士。我把左傳中的所謂士，約略考查過，在用法上大概可分爲四種不同的性質。一是「卿士」連詞時，可以指各種身分的貴族。二是指在貴族中有固定低級職位的人。此一意味的士，可以由國人充任，但並非卽是國人。三是指作戰時的全體戰士。在全體戰士中，有一小部份是貴族平日所養的固定戰士；但在國與國的戰役中，更多的是由動員「國人」而來的戰士。此時的國人皆可稱爲士，但只是戰時的稱呼，不是平時的稱呼。四、據我在封建制度的崩潰及典型專制政治的成立一文中的考查，士原是農民中的精壯分子。但到了春秋中期，漸漸出現了獨立而帶有流動性的士的階級；如左文十四年「公子商人驟施於國而多聚士」；士可以隨驟施而多聚，卽可知此種士不固定於某一卿大夫集團，且亦不再束縛於固定職業之上；而係獨立的，因而也可以隨待遇的好壞而自由流動的士。士在演變過程中當然構成國人的一部份。並且這一部份的地位，在早期是介乎貴族與平民之間。到了晚期，因沒落貴族的流入而不斷擴大，並在性格上漸轉變爲平民知識分子。出現在論語上的所謂「士」，便屬於這種性格。其次：由(2)(22)(23)，而知國人與「田」有密切的關係，可知住在都邑及近郊的農民，是構成國人重要的一部份。(2)的「爰田」，依服，賈的解釋，是「賞衆以田，易疆界也」；可知構成國人的農民，其田土原有一定的疆界。按孟子「國中什一使自賦」，是國人中的農民，不負耕種公田之責，而僅納十一之賦。這是不同於井田制的。又其次：由(20)而可知工商業者是住於國中而構成國人的另一部份。綜括言之，國人是由士、自由農民、及工商業者三部分所構成的；有似於古希臘時代城邦的自由民。

上面有關國人問題的考查，都是春秋時代的材料。春秋時代的國人，是否可通於西周時代呢？我的看法，構成國人一部分的士，西周與春秋時代，在性質上有較大的演變。但國人這一階層的存在，及其在政治上的作用，則春秋時代，正是承自西周，而爲西周開國立國的基礎。國語周語「國人居厲王於彘的故事，卽其顯例。再推而上之，公劉的遷豳，太王的遷岐下，必有「國人」階級隨其俱遷；而文王三分天下有其二，亦必擴大了此一國人階級，因而擴大了他們的武力基礎。這是古代社會中保有政治自由權利的自由民，也是古代社會政治的直接支柱。

五、土田制度與農民

形成西周封建政治骨幹的是宗法制度；形成封建統治直接基礎的是國人。但較國人更有廣大深遠的社會意義的，則是都邑以外的「土田附庸」（註三三），及與此有密切關係的農民。孟子述周室班爵祿之「大略」中有謂「不能五十里，不達於天子，附於諸侯，曰附庸。」按周禮司勳「民功曰庸」。爾雅釋詁，「庸，勞也」。釋訓「庸庸，勞也。」庸的本義，應爲人民的勞動力，即所謂「力役」。附庸的本義，應爲附屬於土田上的人民的勞動力。孟子所說的附庸，乃其引申義。金文召伯虎簋作「僕庸土田」，「僕」「附」古通用。在分封時，賜予受封者以土田及附屬於土田上的勞動力，此即所謂「土田附庸」。然則此附屬於土田上的勞動力，是不是如郭沫若們所說的「耕作奴隸」呢？這便關係於周初的土田制度。然則周初有沒有土田制度呢？左定四年衞子魚說封康叔於衞的情形是「皆啓以商政，疆以周索」。（杜注：疆理土地以周法。索、法也。）說封唐叔的情形是「啓以夏政，疆以戎索」。（杜注：太原近戎而寒，不與中國同，故自以戎法也。）由上面的材料看，康叔雖因殷之遺民而封以衞，而啓以殷政；但對土地，則須疆理以周法。對於魯，因周公特殊的威望，逕自使其「以法則周」，則其對土地之治以周索，是不待言的。僅唐叔僻處北陲，才用異於周索的戎狄之法。由此可以推斷，在當時的「中國」範圍之內，周是有其土田制度的。此土田制度，未必一次就能全面實施；而實施的情形，也不必是完全一致。但隨封建的授土授民而有其土田制度，隨封建之所到而加以推行，以形成封建制度的社會基礎，與封建的政治制度有不可分的關係，則是無可置疑的。詩大雅緜有「乃召司空」，「乃召司徒」的話，司徒由「司土」之音變而來，金文中「𤔲土」與「𤔲徒」之名並用（註三四）。這是上自天子，下至大小諸侯，皆具備的官職，應當卽是主管土田的官職。𣪘彝「命女（汝）作𤔲土，官司耤田」，卽其明證。周禮是眞僞參半的書。「地官司徒第二」，「地官」兩字，也和「天官」、「春官」、「夏官」、「秋官」、「冬官」一樣，是王莽們加上去的；凡其有關「掌邦教」的部份，也是由王莽們按照後來司徒一職的演變所加上去的。但其有關「掌建邦之土地之圖」的部份，應當是周初司徒一職的概略陳述，而後由王莽們加以綴輯飾潤而成（註三五）。

孟子一書，乃先秦典籍中從未發生眞僞問題的書；其言三代田賦制度，雖間雜有理想成份，然必有所本。今先錄其有關之言論如下：

「夏后氏五十而貢，殷人七十而助，周人百畝而徹。其實皆什一也。徹者徹也。助者藉也。龍子曰，治地莫善於助，莫不善於貢……詩云，雨我公田，遂及我私。惟助惟有公田，由此觀之，雖周亦助也。」滕文公上按上段乃孟子述三代之「取於民有制」（同上），乃三代之稅法，而牽涉於治地的田制。

「使畢戰問井地。孟子曰……請野，九一而助，國中什一使自賦。卿以下必有圭田，圭田五十畝；餘夫二十五畝。……方里而井，井九百畝。其中爲公田，八家皆私百畝，同養公田。公事畢，然後敢治私事，所以別野人也。」同上

首先要追問的是，孟子所說的「周人百畝而徹」，是不是事實？論語顏淵「哀公問於有若曰，年饑用不足，如之何？有若對曰，曷徹乎？曰，二、吾猶不足，如之何其徹也？」觀哀公之言，可知有若主張實行徹法，則爲什分取一，與孟子「其實皆什一也」之說相合；而有子「曷徹乎」的口氣，乃指恢復已經行過之徹法而言。左宣十五年「初稅畝，非禮也。穀出不過藉，以豐財也」。按此處之「畝」，指私田而言。「藉」是指藉由民力耕種的「公田」而言。周金文令鼎「王大耤農於諆田，（餳）王射……」，此銘文之意，謂周王出在諆田的地方，大耤（借）農民之力以耕種其公田，並行饗射之禮。此公田係耤民力耕種，故即謂之「耤」；天子親往提倡，並重之以饗射，此即所謂「耤禮」。「稅畝」，是於公田之收入外，又在私田上按畝抽稅。魯宣公已收了公田在全部土田中所佔的什一，又在私田上收什一，這正是後來魯哀公所謂「二吾猶不足」之「二」。左氏謂「穀出不過藉」，即是有若所謂「曷徹乎」的「徹」。「徹」即是「耤」。孟子謂「助者藉也」，「藉」「耤」古通用，可知

魯的田制，是由農民的私田與藉民力耕種的公田所組成的；這正是井田制度。所以孟子謂「雖周亦助也」的話是有根據的。因而謂周的田制是井田制，也是有根據的。國語周語「宣王即位，不藉千畝」，韋注「藉，借也，借民力以為之」。此千畝之藉，天子行禮以親「耕一墢」，乃示提倡農業生產之意；而藉田之得名，仍來自藉（借）民力以耕公田。詩小雅大田「雨我公田，遂及我私」，正說明「徹」係由公田與私田以八與一之比所組成的田制；周之賦稅，即在此田制上成立的。因此，詩大雅公劉之所謂「徹田為糧」，即借民力耕公田而取之以為糧。崧高「徹申伯土田」，「徹申伯土疆」，即當申伯初受封後，以徹法定申之田制，此即所謂「疆以周索」。江漢「徹我疆土」，乃言平定江漢之淮夷後，以徹法改定新收復之疆土。傳箋以「治」釋「徹」，失之太泛。

周之徹，正如孟子所指出，實因襲商之助。但周稱徹而不稱助，以意推之，當然有為現在所不能完全明瞭的改進。方言三「徹，列也」，則所謂徹者，應指「南東其畝」（註三六）之整齊行列而言。又說文三下「徹，通也」，清徐灝說文解字注箋謂「徹从彳，本言道路之通徹。故凡通徹者皆曰徹。百畝為徹者，廣一步，長百步為畝；其間為畛，皆直徹于遂；由遂以徹于溝、洫、澮、川，故阡陌之制得施焉，什一之政得通焉」。按周禮司徒「遂人掌邦之野……凡治野，夫（一夫百畝）間有遂，遂上有徑；十夫有溝，溝上有畛；百夫有洫，洫上有涂；千夫有澮，澮上有道；萬夫有川，川上有路，以達於畿」。鄭注「遂、溝、洫、澮，皆所以通水於川也。」徐氏之說本此。周禮考工記中，對此更有詳細的敍述。考工記中所記鑄造青銅合金的成分，與近人化驗商周銅器的成分相合；故其說應爲可信。則徹與助的區別，可能爲水利與道路設施之更爲完整，且其規模更爲擴大。又周禮大司徒「令五家爲比，使之相保……五州爲鄉」，此乃六鄉之組織；遂人「五家爲鄰……五縣爲遂」，此乃六遂之組織。此種組織，在平日爲便於稽考以實施政令，在戰時卽皆爲軍隊及軍役動員之單位。而徹田制中的溝、洫、澮、川，又可在車戰時代形成對敵之防禦。故左成二年晉國大敗齊師於鞌後，晉對齊允許和好之重要條件之一爲「使齊之封內盡東其畝」，杜注，「使壟畝東西行也」，卽是使溝、洫、澮、川及其路道，皆改爲由東西向，此卽完全撤除了齊對西的防禦，以唯晉的「戎車是利」（齊使賓媚人答復之語），所以齊國寧「背城借一」而不從。商君書賞刑篇，韓非子外儲說右上，呂氏春秋簡選篇，皆謂晉文公征服衞國後「東衞其畝」，卽是壓迫衞國把井田的溝澮，改爲由西向東，以便爾後晉兵車的進出。詩中咏歌周農民的詩常稱「南畝」，南畝是溝洫由北向南開，這主要是對西方東方的防衞。有一處說「南東其畝」（俱見後），由南東向西北的溝洫，這是對北方的防禦。由一九五三——七年所發掘之西安半坡，係新石器時代仰韶文化中的重大發現。發掘出之村落，全面積約五萬平方公尺，其住屋之中心約三萬平方公尺。中心之外圍，繞以深廣各五、六公尺之溝，以作安全之保障；可知以溝洫兼防禦之用，其源甚久。由此可知周的田制，乃政治、經濟、軍事結爲一體的制度；所以封建所及之地，即「徹其土田」的田制所及之地。

然則，徹田的土地分配情形，是不是和孟子所說的井田制一樣呢？首先孟子是把「國中」和「野」分爲兩個區域，「國中」是包括國都和近郊，有如周禮上的所謂「都」「鄉」；在此一區域，不行井田制度。野是近郊以外的土地，有如周禮上的所謂遂，井田制度是在此一區域實行的。此和周禮上的鄉、遂異制的情形，大體相合。上述的田制，因地理環境。國境大小，不能不有所出入；孟子答畢戰問井地，而結之以「若夫潤澤之，則在君與子」。正是這種意思。且須要很強的行政能力加以維持。行政能力低落時，田制亦將因之廢壞。而人口的變動，國與國及貴族與貴族間相互的爭奪，均對這種田制會有某種程度的破壞，而不能維持周初田制所要求的狀態。但：

(1)左襄二十五年「楚蔿掩爲司馬，子木使庀（治）賦（按使人民出甲兵爲賦）數甲兵。甲午，蔿掩書土田，度山林，鳩藪澤，辨京陵，表淳（濆）鹵，數疆潦，規偃豬（杜注：下溼之地），町（田之區劃）原防（水旁之地可種藝者），牧隰皐（杜注爲芻牧之地），井衍沃（衍、廣也。沃、膏腴之地。杜注：如周禮制以爲井田也）。量入修賦，賦車籍馬，賦車兵徒卒甲楯之數。」按蔿掩整理軍事，自整理田制始，可與周禮司徒有關之文字相參閱，以見周禮田制軍制之規定，並非全出自後人僞托，且早已影響到楚國，故蔿掩得從而整理之。「井衍沃」，是規復井田制於廣大肥沃土地之上，這是很自然的解釋。左傳正義只辨賈逵「以九當一」及「以度鳩之等，皆爲九夫之名」，爲與周禮及經傳不合，並未否定此處「井衍沃」之井爲井田制。否則此井字將無法索解。乃李劍農援正義以否定此井爲井田，這是一種成見（註三七）。

(2)左襄十年「初子駟（鄭大夫）爲田洫，司氏、堵氏、侯氏、子師氏，皆喪田焉。故五族（按加尉氏）聚羣不逞之徒以作亂。……」

按井田的溝洫制度，不僅爲古代農業的水利制度，且爲周室田制之經界。四族平日「慢其經界」，以侵漁他人，故子駟以司洫而修理溝洫，同時卽所以正經界，故四族喪田。由此可知鄭之田制原係秉宗周之成法。

(3)左襄三十年，鄭子產爲政，「使都鄙有章（車服有尊卑之等），上下有服（杜注：公卿大夫服不相踰），田有封洫（會箋：周禮大司徒，正其畿疆，而封溝之。鄭注：封起土界也。五溝五塗，井田法也。傳以「封洫」二字包之。據此文，當時鄭國井田之法已壞，十年子駟爲田洫，子產亦因子駟之故，而修之耳）。廬井有伍（詩信南山「中田有廬」。井卽井田，周禮遂人「五家爲鄰」，卽此處所謂「有伍」）。此乃井田制之社會基本組織）。爲政一年，輿人誦之曰，取我衣冠而褚（同貯）之，取我田疇（趙岐孟子注：疇，井也）而伍之：孰殺子產，吾其與之。及三年，又誦之曰，我有子弟，子產誨之（使不奢侈踰制）。我有田疇，子產殖之（井田以水利劃經界，復井田即係修水利，故生產增加。）。子產而死，誰其嗣之。」

按子產爲政的重要內容之一，即在繼子駟以整理井田之制。

⑷國語齊語「桓公曰，吾鄙若何？管子對曰，相地而衰（差）征，則民不移……山澤各致其時，則民不苟。陸阜陵墐，井田疇均，則民不憾。」按在此以前，管子曾說「昔者聖王之治天下也，參其國而伍其鄙」，韋注「謂三分國都以爲三軍，五分其鄙以爲五屬也」。故管子之所謂「國」，略同於周禮之「都」「鄉」；而所謂「鄙」，略同於周禮之所謂「遂」，亦略同於孟子之所謂「野」。其在鄙言及「井田疇均」，與周禮孟子之井田制略同；但他主張「三十家爲邑……」的組織，與周禮及孟子不同，正是他（管子）所謂「脩舊法，擇其善者而業（韋注：業猶創也）用之」。井田是他的「脩舊法」；其組織不完全同於舊法，乃是他的「而業用之」；不能因此否定井田制度在齊國的存在。

⑸國語魯語「季康子欲以田賦，使冉有訪諸仲尼，仲尼不對；私於冉有曰，求來，汝不聞乎？先王制土，藉田以力，而砥平其遠邇，賦里（按周禮遂人「五家爲鄰、五鄰爲里」；論語「與鄰里鄉黨。」）以入，而量其有無。任力以夫而議其老幼，於是乎有鰥寡孤疾。有軍旅之出，則徵之，無則

已（平時僅收藉田之所入而不另有所徵）。其歲（韋注：有軍旅之歲）收，田一井，出稯禾秉芻缶米，不是過也。」

按藉田卽藉田，卽借民力耕種的公田。「藉田以力」，是說公田以民的力役耕種。「任力以夫」，是說使用力役，以受田百畝之夫爲單位。賦是軍賦：「賦里以入」，是說如要在藉田之外收賦，則不以受百畝之夫爲單位，而係以里爲單位。但賦必在有軍旅之出時，始加以徵收。一井之所出者不過是「稯禾秉芻缶米」，而不出甲兵；甲兵出自「都」「鄉」之國人，而不出自野人之農夫。從孔子的話看，魯國分明是行井田制；但因「稅畝」與「田賦」（註三八）的重壓而正在破壞之中。左哀十二年對此事所記孔子的話，與魯語所記的稍有出入。這證明左傳國語，並非出自一人。但內容並無不同。而由左傳「且子季孫若欲行而法，則有周公之典在」之語觀之，尤可證明周公是定有田制和稅法的。漢書食貨志引李悝的話「今一夫挾五口，治田百畝」；孟子屢稱「百畝之田」；荀子大略篇「家五畝宅，百畝田」；呂氏春秋樂成篇述魏襄王時鄴令史起的話「魏之行田以百畝，鄴獨二百畝，是田惡也」；因田惡而增加分配，與周禮大司徒及遂人所說的原則相合。根據洛陽金村出土的戰國銅尺與商鞅量來推算，當時一公尺，合今〇・二三公尺。六尺爲步，百步爲畝；當時的百畝，合今三一・二畝（註三九）。這大概合於當時一家五口或八口的正常生產力，因而成爲田制的標準。若周初無田制，或有田制，而其田制不是以井田制度爲基準，再按地形、人數等情況加以變通運用，則上述的材料，及「百畝」一詞的普遍流行，是無法加以解釋的。

六、農民的地位與生活狀況

最後要追究的是，在以井田制度爲中心的西周土田制度之下，從事耕作的農民，到底是不是農業奴隸呢？首先我得補充說明的，奴隸的最大特色是，可以任憑奴隸主當作物品去買賣。西周金文中記錄有這種情形（註四〇）。但封建的授土授民，決不能視爲是奴隸的買賣。其次，農業奴隸的勞動力，除了奴隸主給他以能維持繼續勞動的食物外，不能有自己的工具，不能有自由支配的財物。薩孟武氏把在封建制度之下，「將農民束縛於土地之上」的情形，視爲農奴制度（註四一），這是把職業上的生活束縛，當作法律上的人身束縛，有如把今日的工人束縛於工廠之內，視作工奴一樣，恐怕不太合理。現在根據比較可靠的材料來看西周農民的生活狀況。

尚書

(1)盤庚：「若農服田力穡，乃亦有秋」；「惰農自安，不昬（勉也）勞作，不服田畝，越其罔有黍稷」（註四二）。

⑵大誥：按此乃周公居攝興師東伐管蔡及淮夷時所作。「厥父菑（反土曰菑），厥子乃弗肯播（播種），矧肯穫（更不肯收穫）。」「若穡夫，予曷敢不終朕畝。」

⑶酒誥：周公教誥康叔之辭。「妹土（紂之故都朝歌）嗣爾股肱，純（專）其藝黍稷，奔走事厥考厥長，肇（敏也）牽車牛遠服賈，用孝養厥父母。」

⑷梓材：同上。「惟曰若稽（考查）田，既勤敷菑，惟其陳修，爲厥疆畎。」

⑸洛誥：周公誥成王。「茲予其明農哉。」

⑹無逸：周公誥成王。「周公曰，君子所其無逸，乃知稼穡之艱難，乃逸，則知小人之依。相小人，厥父母勤勞稼穡，厥子乃不知稼穡之艱難，乃逸。」「自時厥後（殷自祖甲之後），立王生則逸，不知稼穡之艱難，不聞小人之勞，惟耽樂之從；自時厥後，亦罔或克壽。」「太王王季自抑畏。文王卑服，卽康功田功，徽柔懿恭，懷保小民，惠鮮鰥寡。」上引資料⑴及⑹有「力穡」之農，亦有「惰農」，可知商周農人之可以有勤有惰，這不是反映奴隸勞動的情況。從資料⑵看，勤耕的父親，可以有不勤耕的兒子；且所反映的生產關係是父子而不是奴主與奴隸；所以這也不是反映奴隸勞動的情況。資料⑶，僞孔傳將「遠服賈」解釋爲「藝黍稷」的農夫的副業，這當然不是奴隸所能做到的。卽使分作兩類解釋，則此處的農人商人，皆以其所得奉養自己的父母，這反映的也不是奴隸生活的狀

態。資料⑷⑸⑹，乃反映殷商及西周對農業的重視。總之，在尚書以周初爲主的可信資料中，找不出農奴的痕跡。其實，在尚書周初文獻中，如前所述，把「民」的地位抬高到成爲天的代言人的地位；若農夫是包括在「民」的範圍之內，則西周農民之非奴隸，可以說是無可爭論的。

對農人生活有更多描寫的是詩經。而豳風，毛傳說是周公陳王業的詩。據史記劉敬列傳，由劉敬口裏所述的豳，是公劉避桀所居之地，所以此詩所反映的農民生活狀況，乃是夏商之際的狀況；最低限度，是太王遷岐以前的狀況。此詩中所牽涉到的月令問題，馬瑞辰在毛詩箋傳通釋中，有較合理的解釋，這裏暫不涉入。

「七月流火（大火星），九月授衣。一之日觱發（風寒），二之日栗烈。無衣無褐，何以卒歲？」

「三之日于耜。四之日舉趾。同我婦子，饁彼南畝，田畯至喜。」

「春日遲遲，采蘩祁祁。女心傷悲，殆及公子同歸。」

「七月鳴鵙，八月載績，（績麻）載玄載黃。我朱孔陽（深纁），爲公子裳。」

「取彼狐狸，爲公子裘。」

「二之日其同（同出田獵），載纘武功，言私其豵（豕一歲曰豵），獻豜（豕三歲曰豜）于公。」

「十月蟋蟀，入我牀下……嗟我婦子，曰爲改歲，入此室處。」

「六月食鬱及薁……十月穫稻。爲此春酒，以介眉壽……采荼薪樗，食我農夫。」

「嗟我農夫，我稼既同，上入執宮功。晝爾于茅，宵爾索綯。亟其乘屋，其始播百穀。」

「九月肅霜，十月滌場。朋酒斯饗，曰殺羔羊。躋彼公堂，稱彼兕觥，萬壽無疆。」

上詩的口氣，可能是出自一位老農的「勞者自歌其事」，口傳下來，而被周室的統治者，或者卽是周公，採來加以潤飾，以反映農夫的勞苦，作爲政治上教戒之用的。從詩的內容看，「農人」及採桑載績的女子，和「公」及「公子」，在生活上是有很大的差別。但從「九月授衣」，「殆及公子同歸，」「食我農夫，」及「二之日其同。」「上入執宮功，」「躋彼公堂，」這些詞句看來，農民的生活雖苦，但依然有起碼的保障，有起碼的私財，有工作以後的安慰。尤其是在這詩裡，上下的分限尚不很嚴，所以在役使之中，上下還可以有生活與情感上的交通，沒有反映出顯著的階級壓迫。「殆及公子同歸，」有兩種不同的解釋，一是毛傳以爲這是「豳公子躬率其民，同時出，同時歸。」另一是鄭箋則以爲「悲則始有與公子同歸之志欲嫁焉；」朱集傳更明白的說「蓋是時公子猶娶於國中；而貴家大族，連姻公室者，亦無不力於蠶桑之務。」不論那一種解釋，此一傷心的女子與公子之間，尚沒有形成階級意識及階級制度。同時，農夫與貴族共同習兵出獵（「二之日其同」），農夫可以「躋彼公堂」，這都是僅有生活上的差異，而尚未出現嚴格的階級制度的現象。因此，由時代推測，這是氏族社會中農民生活的形態。其生活的辛苦，可能是來自當時生產力的幼稚。而周室的統治者，肯把此時農夫的辛苦，及上下生活與情感上的交流，在統治階層中，有計劃地反映出來，以作重大的政治教材，這更是一件非常有意義的事。

詩小雅大雅周頌中有關農民生活的詩，我以爲是周室隨封建而建立了田制以後的農民生活情形。小雅楚茨及信南山篇所描寫的豐收的情景，及治理田畝的情形，反映的是有分地的貴族的狀況。尤其是在信南山的「我疆我理，南東其畝」，及「中田有廬，疆埸有瓜」詩中，可以反映出「徹其土田」的面影。茲再抄若干資料如下：

(1)甫田：「倬彼甫田，歲取十千。我取其陳，食我農人，自古有年。」「我田旣臧，農夫之慶。」「曾孫來止，以其婦子，饁彼南畝。田畯至喜，攘其左右，嘗其旨否。禾易長畝，終善且有。曾孫不怒，農夫克敏。」

「黍稷稻粱，農夫之慶；報以介福，萬壽無疆。」小雅

(2)大田：「大田多稼，旣種旣戒，旣備乃事。以我覃耜，俶載南畝……曾孫是若。」

「有弇（傳：雲興貌）萋萋（傳：徐也），興雨祈祈；雨我公田，遂及我私。」

「彼有不穫穉，此有不斂穧，彼有遺秉，此有滯穗。伊寡婦之利。」

「曾孫來止，以其婦子，饁彼南畝，田畯至喜。」同上

⑶噫嘻：「噫嘻成王，旣昭假爾，播厥百穀。駿發爾私，終三十里。亦服爾耕，十千維耦。」周頌

⑷載芟：「載芟載柞，其耕澤澤。千耦其耘，徂隰徂畛。」同上

「有嗿（傳：衆貌）其饁，思媚其婦，有依（箋：依之言愛也）其士（箋：士子弟也）。」同上

⑸良耜：「畟畟良耜，俶載南畝。播厥百穀，實函斯活。或來瞻（視）女（汝），載筐及筥（箋：謂婦子來饁者也）。其饟伊黍，其笠伊糾，其鎛斯趙（傳：刺也），以薅荼蓼。」

「荼蓼朽止，黍稷茂止，穫之挃挃（傳：穫聲也），積之栗栗（傳：衆多也。），其崇如墉，其比如櫛，以開百室。」

「百室盈止。婦子寧止。殺時犉牡。有捄其角。以似以續，續古之人。」同上

以上應皆爲周初之詩。詩序對⑴⑵的說明，似不可信。毛傳把⑴⑵中的「曾孫」解釋爲成王，把⑶中的「成王」又解釋爲「成是王事」，皆嫌迂曲。曾孫是分有采地的貴族；成王卽是繼武王在位的成王。在上述五資料中，我們應注意的是㈠，農夫吃的東西，已由豳風農民有時所食的「荼」，進而爲⑴的「陳」及⑸的「黍」。陳是陳舊的黍稷。在豳詩中農民有時所吃的荼，在這裏把它割掉了。㈡，在⑵與⑶中，農夫分明有了私田。㈢，曾孫與農夫，當然是兩個階級；但相互間有一種感情的流

通。並且除田畯外，曾孫和成王隨着婦女的「饁耕」而親自來看耕種的情形；對農夫慰勞之情，遠過於督責之意。㈣，農夫在耕種時及耕種後皆有一種室家之樂，並且能延續自己的家室。㈤，在⑸中出現了鎛，在前一篇的臣工中，出現了「錢」、「鎛」、「銚」(註四三)。這說明周初在農具方面，已開始由木製而進入到小規模地金屬製造的階段(註四四)。而這種金屬，可能卽是鐵。當然上引的資料都經過了詩人的潤飾；但決不可能把耕種的奴隸，潤飾成爲上引材料中的和樂而有生氣的形相。且耕種奴隸，在統治者的歌詠、祭祀中，也決不可能有如上引材料中的分量，和上下交流著的感情。因此，在封建的土田制度下的農民特徵，應當是：

一、無土地所有權，但有定額分配到的使用權。在狩獵時，雖然要把獵獲物獻一部份給有關的貴族，但自己依然可以保留一部份。禮記曲禮下「問國君之富，數地以對，山海之所出。問大夫之富，有宰(邑宰)食力，祭器衣服不假。問士之富，以車數對。問庶人之富，數畜以對，」這幾句話裏所反映的依然是封建時代的情況；而家畜則完全爲庶人所私有的。

二、對統治階級的負擔，在平時是爲其耕種公田；私田與公田之比爲八比一，在農隙還服若干的力役；在戰時增加軍事上的負擔。在都邑與近郊，未行井田制的，以軍賦爲主。但也不會超過十分之一。

三、農民與土地連結在一起，從好的方面說，生活有保障；從壞的方面說，生活受到政治通過土地分配的束縛。但如前所述，這不能解釋爲農奴性的束縛。

四、在歷史上農民沒有不受剝削的。周代農民受剝削的程度，也和其他時代一樣，與統治者的人格、行爲，有不可分的關係。歷史上政治清明的時候，總是比較少；但詩小雅苕之華「人可以食，鮮可以飽」的兩句話，應當是政治衰亂時的一般情況。並且在西周的封建制度上，對農民的剝削是有限制的，如力役不過三日之類。而在理論上，他們既承認人民是政治的決定力量，即不能不加以重視，不能不加以愛護。並且由宗法中的親親精神，也容易引發出人道的觀念，以流注於農民之中。因而周代的統治，較之商代要溫和、人道得多。這是先秦文獻可以找到很多證明的。

上述的農民生活情形，在積極方面，我一時想不出一個適當的名詞來加以概括，或者可以稱爲「半自耕農制度」。但在消極方面，則決不是郭沫若們所說的農業奴隸；因之周代也決不是奴隸社會，則是可以斷定的。

左昭七年楚芋尹無宇謂「天有十日（杜注：甲至癸也），人有十等。下所以事上，上所以共神也。故王臣公，公臣大夫，大夫臣士，士臣皂，皂臣輿，輿臣隸，隸臣僚，僚臣僕，僕臣臺。」後人每以此言春秋時代的社會階級結構，因而以此推及西周。實則這正如左傳會箋所說：「十等俱就王公言之，爲在官者」。這不是說的一般地社會的情形。從西周到春秋時代，構成政治社會構造者，大概言之，一是以宗法爲中心的貴族。二是住在都邑及近郊的國人。三則是在鄙野的農民。奴隸則不過在宗法貴族中擔任一種役使及享受工具的角色。

附註

註一：主此一說者有古代東方型奴隸制論，及西周典型奴隸制論之分。前一說主張當時只有家內奴隸，主要來源是債務奴隸，數量無多，不從事主要生產。此說的錯誤，是當時交換經濟不發達，由債務成爲奴隸之數目性甚少。此一說法，實際是否定西周是奴隸社會的。兩者俱略見於楊寬著古史新探五四——六一頁。

註二：郭沫若此一主張之文字甚多，此處係根據其矢毀銘考釋。見考古學報一九五六年第一期。又據楊向奎中國古代社會與古代思想研究頁三八所引周谷城的主張也是如此。

註三：見楊寬論西周時代的奴隸制生產關係，收入古史新探（頁七三）。

註四：見楊樹達積微居金文說頁七八。

註五：見楊寬釋「臣」和「鬲」，及「人鬲」「訊」「臣」是否即是奴隸兩文，皆收入古史新探。

註六：禮記少儀「臣則左之」，鄭注：「臣謂囚俘」。

註　七：見學術月刊一九六〇年十二月號金兆梓關於西周社會形態討論中的幾個問題。

註　八：可參閱拙著中國人性論史先秦篇頁二九——三〇。

註　九：唐石經作毗，可知伾毗亦通用。

註一〇：馬瑞辰毛詩傳箋通釋「至釋文引韓詩云，伾，美貌，蓋以伾貔一聲之轉……爾雅，貔貔美也。然以伾爲美，與蚩蚩義不相貫，蚩蚩蓋極狀其痴昧之貌」。

註一一：楊向奎不贊成西周是奴隸社會的說法，他乃另立一說，「我認爲千耦其耘，十千其耦的千字不是指人數或耜數說，這就是千畝的千，是專名詞，等於耤田……等於說公田在耕種了」。見中國古代社會與古代思想研究頁四六，此種解釋，只是牽強。

註一二：楊寬的古史新探，作了深刻細密的研究，應算是難得的一部書：他一方面認爲西周的庶人不是奴隸，並承認庶人在當時佔有重要的地位：但依然要說西周是「中國奴隸制社會」，這是輕重倒置的結論。也是不自然的結論。

註一三：貝塚茂樹中國古代史學之發展頁六四。

註一四：程瑤田宗法小記。

註一五：同上。鄭康成大傳注「公子不得宗臣」。

註一六：毛奇齡大小宗通釋。

註一七：觀堂集林卷十殷周制度論。

註一八：詩螽斯序「后妃子孫衆多也」。思齊「大姒嗣徽音，則百斯男」，此外詩人歌詠子孫衆多者甚多，皆當時政治要求之反映。

註一九：禮記大學。

註二〇：逸周書作雒解謂諸侯受命於周，乃建大社於國，其土色皆合於其方位，此乃附入了鄒衍五行思想，似不可信爲西周之事實。

註二一：此處之召穆公，乃召康公十六世孫名虎。周語富辰引常棣以爲周文公之詩，則此處作詩之作乃修復之意，參閱國語周語中韋注。

註二二：杜注：「陪，增也。敦，厚也」。蓋以此爲膏腴之地。惟近人則有以此即附庸二字之轉音變形，不知確否？

註二三：按五正或係指夏之五行之官，即主管金木水火土五材之官。

註二四：史記周本紀所謂「我世當有興者，其在昌（文王）乎？長子太伯虞仲知古公立季歷以傳昌。」云云，乃後來周人根據宗法制度加以文飾之辭，非其實。

註二五：新中國的考古收獲頁五七。

註二六：西周金文「師」皆作「𠂤」。

註二七：有人以爲這是兩個兵團。但當時的兵制與土地制度連在一起，不可能在洛陽（成周）有了成周八師，而另外又能成立殷八師；成周八師是在殷遺民中成立的，故又稱殷八師。

註二八：楊寬在古史新探中作了較詳細的研究。各金文原文，楊著頁一五六引有全文。

註二九：左莊十二年。

註三〇：曲禮上「禮不下庶人」。鄭注：「爲其遽於事，且不能備物，」故各種禮之實行自士始；然庶人在政治及社會上之權利義務，實仍規定於禮的系統之中，此卽孔子所謂「齊之以禮」。

註三一：孟子萬章下「天子制地方千里，公侯皆方百里，伯七十里，子男五十里，凡四等。不能五十里，不達於天子，附於諸侯，曰附庸」。禮記王制「天子之田方千里，公侯田方百里，伯七十里，子男五十里。不能五十里者不合於天子，附於諸侯曰附庸」。

註三二：詩小雅北山「率天之下，莫非王土；率土之濱，莫非王臣。」此二語爲左昭七年及孟子萬章上所引。

註三三：詩魯頌閟宮。

註三四：例如宂簋「命宂作𤔲（司）土」。曶壺「命曶更乃祖作冢𤔲土於成周」。𢼸彝「命女作𤔲土，官司耤田。」𩁹段「𤔲徒官白」。無叀鼎「𤔲徒南中」。散氏盤亦有𤔲土之名。其他尙有稱𤔲土或𤔲徒者。

註三五：漢書王莽傳上，劉歆與博士諸儒七十八人功顯君（王莽之母）喪服議中有云「攝皇帝遂開秘府，會羣儒……發得周禮，以明因監」。按劉向劉歆父子校錄秘書，未見周禮，而特爲莽所「發得」，其出於莽歆等之手，決無可疑；然其中必有所本，此將另以專文論究。

註三六：詩小雅信南山。

註三七：見李著先秦兩漢經濟史稿頁一一三。

註三八：先秦之「賦」與「稅」，性質不同。凡言賦，皆指軍役及出征所用之兵甲車馬等。

註三九：此一推算，轉引自楊寬古史新探頁一一四。

註四〇：奴隸買賣，據曶鼎「我既賣女五夫，用匹馬束絲。」又「用償征賣茲五夫，用百寽」。楊樹達以「銘文賣字作贖字用」。此二語之意爲「曶初以匹馬束絲贖五夫。今改（征）以百寽贖之」。見積微居金文說頁五十八。但楊寬卽以爲當時奴隸買賣之證。見古史新探頁七五。

註四一：見薩氏著中國社會政治史頁一一五。

註四二：尚書用皮錫瑞今文尚書考證本。

註四三：詩周頌臣工「命我衆人，庤（傳：庤具）乃錢鎛，奄觀銍艾」。

註四四：參閱楊寬古史新探頁五—八。

封建政治社會的崩潰及典型專制政治的成立

一、封建政治秩序的崩潰

封建政治、社會的成立，是經過長期氏族社會的積累，並經過周公根據自己的理想，作政治勢力的加強控制與擴張的努力，所逐漸形成的。由近代地下材料的發現，知道西周初年的政治勢力，北及遼寧，南及江蘇，東漸於海，「其範圍不是很小而是很大的」(註一)。範圍內的許多邦國，乃前代之遺；而種族氏族，也極其錯綜複雜；所以周公的政治理想，未必曾完全實現。甚至一面在形成，一面已開始了某一程度的崩壞。但此一封建制度，曾在歷史某一階段上發生了重大的功用；而其崩壞，在意識與無意識的兩種動力之下，是經過了長期的演變；則是無可置疑的。封建制度漸漸崩壞的過程，卽是專制政治漸漸形成的過程。我這裡所說的「典型專制政治」，乃指秦代的短期專制政治而言。因爲秦代的專制政治，一方面固然是憑着封建制度在崩壞中所形成的許多條件；但另一方面，則是根據法家長期所追求的政治型態，再加上秦政(始皇)李斯們所要求達到的政治目的，以「政治的創意」，所建立起來的。他們統一六國後，「夷郡縣城，銷其兵刃，示不復用」(史記李斯列傳)，正證明他們是抱着一種政治理想來建立此種政治制度。自秦以後的專制，一方面是把它作爲既成事實而繼承下來；一方面又不斷加入了許多更壞的和較好的因素到裡面去。雖然一直到辛亥革命，政治的形式都是專制；但對於秦所建立的專制而言，已經有若干地方走了樣，變得更壞或較好。爲了對歷史事實的把握，在觀念中不致混淆，所以我便對秦以後的專制政治而言，稱秦爲「典型專制政治」。在封建與專制漸次交替的長期過程中，出現了一個特別地歷史的過渡階段，這卽是七雄對立爭雄的階段。一般史家稱之爲戰國時代。本文的目的，是要把兩種制度交替的情形，陳述淸楚；以便能把握專制政治之何以能成立？及什麼是專制政治的特性？並解答我國社會何以長期停滯不前等問題。戰國時代，正是交替的大關鍵，所以也成爲研究的主要對象之一。同時，戰國時代，乃處於封建制度已經崩壞，專制政治尚未定型，因之，也可以說這是一個政治壓力的空隙最大的開放時代。在這個開放時代，不僅出現了思想上的百家爭鳴；並在政治社會的發展上，也具有專制以外，向其他方向發展的可能性。所以對此一時代較詳細的描述，更有其重要的意義。

（1）周室封建領導地位之喪失及其原因

封建政治秩序的維持，需要一個「禮樂征伐自天子出」的共主。封建政治的崩壞，必然地，先從作爲共主的周室，失掉其領導的地位開始。其原因可概括爲下列四點。

一、我在西周政治社會的結構性格問題一文中，已經說過，西周的封建政治，是以宗法制度為中心所建立起來的。而宗法中的「親親」，是維繫封建政治的精神紐帶。封建政治的崩壞，首先是由王室與諸侯之間的這種精神紐帶的解紐而開始的。左僖二十四年記富辰諫周襄王將以狄伐鄭的一段話中有謂「召穆公思周德之不類，故糾合宗族於成周而作詩曰『常棣之華，鄂不韡韡。凡今之人，莫如兄弟』。其四章曰，『兄弟鬩於牆，外禦其侮。』」國語周語中記富辰此事，則以常棣為「周文公之詩」；周文公即周公，此與詩序「閔管蔡之失道，故作常棣焉」之語，兩相符合。則左氏所謂召穆公「作詩」之「作」，乃修復之義（註二）。由此可知周公經管蔡之亂，益知培養、發揮兄弟間親親精神之重要，故特作此詩。「厲王無道，周室親親之義衰」（詩序）。召穆公糾合於成周之宗族，即周公以宗法所封建之諸侯；召穆公欲將諸侯重新團結於王室之周圍，最基本的方法，惟有使親親精神，得以復活。

詩大雅角弓詩序「角弓，父兄刺幽王也。不親九族，而好讒佞，骨肉相怨，故作是詩也」。詩末兩句是「如蠻如髦，我是用憂。」西周亡於幽王，骨肉相怨，應當是一個最基本的原因。然幽王被殺後，平王東遷（西紀前七七〇年），晉鄭是依；依然是靠着與晉鄭的親親的作用。齊桓、晉文的霸業，還有親親的精神在裡面。桓、文以後，周室與諸侯間的親親精神，日遠日薄，而周室在封建制度中的領導作用，也便陵替無餘了。

二、封建政治，王室的賦與稅的範圍甚小。所以在權力、兵力、財力的使用上，是一種需要能自我節制的儉約政治。西周穆王的侈心遠伐，已經削弱了周室的力量。而周室的衰微沒落，厲王更是一個決定的大關鍵。因為住在都內及近郊的「國人」階層，是政治的直接支持力量，也是武力編成的骨幹。王及幫助王統治的貴族，對國人的賦稅及其他要求，皆有一定的限制；而國人與王及統治貴族之間的關係，也是相當密切；國人並能把自己的意見反映在政治上發生重大作用的（註三）。國語周語上「厲王虐，國人謗王，邵公告曰，民不堪命矣。王怒，得衛巫，使監謗者，以告，則殺之。國人莫敢言，道路以目」。又謂「厲王說（悅）榮夷公。芮良夫曰，王室其將卑乎。夫榮夷公好專利而不知大難……今王學專利，其可乎」。這兩件事，實際是一件事的分別敘述；而其結果乃是國人「流王於彘」，「諸侯不享」。厲王與國人的兩相背反，破壞了周室政治直接地支持力量，也削弱了武力的基礎。詩經上有關宣王中興的詩歌，可能是出自作詩者的誇大。農業是此時經濟的基幹；其生產方式，有賴於上下一體的協同勞動精神（註四）。國語周語上「宣王即位，不籍千畝」，即是此種精神之破壞。虢文公對籍田的意義謂「民之大事在農。上帝之粢盛於是乎出；民之蕃庶於是乎生；事之供給於是乎在；和協輯睦於是乎興；財用蕃殖於是乎始；敦厖純固於是乎成。」而以宣王之不修籍禮為「棄其大功」。結果，「三十九年戰於千畝，王師敗於姜氏之戎」。韋注以爲「宣不納諫務農，無以事神使民，以致弱敗之咎」；這是封建經濟開始破壞的一端。並且宣王在「喪南國之師」後；又「料民於太原」（國語周語上）這是對民力的過分榨取，也爲國人所不堪。所以「王卒料之，及幽王乃廢滅」。（同上）

三、立嫡立長，這是周公所定宗法制度中以大宗爲中心的安定力量，在封建政治的秩序中，居於首要的地位；但周宣王也開始加以破壞。國語周語上：

「魯武公以括與戲見王。王立戲。樊仲山父諫曰，不可立也，不順必犯。（韋注：不順，立少也。犯，魯必犯王命而不從也），犯王命必誅……夫下事上，少事長，所以爲順也。今天子立諸侯而建其少，是敎逆也。」

結果是「魯人殺懿公（韋注：懿公，戲也。）而立伯御」（韋注：「伯御，括也」。又史紀魯世家：懿公兄括之子伯御」二說不同。）。這是以天子的力量破壞由宗法而來的封建政治秩序。至幽王因寵褒姒，竟廢申后及太子，以褒姒爲后，立褒姒所生之伯服爲太子。結果申侯與繒、西夷、犬戎，攻殺幽王於驪山之下，西周遂因之以亡（註五）。

四、由宗法所建立的封建制度，係以宗法中的親親達到尊尊的目的；以尊尊建立統治的體制，奠定政治的秩序。親親、尊尊，乃一事的兩面，並都客觀化爲各種禮制以實現。親親精神，原於血統的宗支關係。宗支關係日益疏遠，宗法制度縱然不遭到敗德亂行的破壞，親親的精神，在無現實利害支持之下，其勢原就不能持久。但尊尊的實際內容，是一種統治體制。此種統制體制，又是通過禮的各種重要規定，以培養其觀念，習染其行爲，有如冠昏喪祭，及車服器用等，皆按照政治地位所定下的各種等差，亦即按照禮以「明分」的「分」，以維護封建中尊卑上下的秩序於無形。於是宗法制度中，在尊尊的一方面，只要不與現實的重大政治利害發生衝突，則藉禮在觀念上與行爲上之力，尚能維持一個相當長的時期。東遷以後的周室，通過春秋時代，依然能維持一個名義上的共主地位；而周室自周王以及其卿大夫，在不得已時，寧願犧牲土田等的現實利益，卻盡一切方法，守住他們所把握的禮制，不肯放鬆，其原因皆應於此等處求了解（註六）。並且由維護尊尊觀念中的禮制，以維持當時的政治秩序，也直通於各國。左成二年，衛與齊戰於新築，衛師敗績。「新築人仲叔于奚救孫桓子，桓子是以免。旣，衛人賞之以邑，辭。請曲縣（杜注：軒縣也。會箋：諸侯軒懸闕南方。形如車輿，是曲也），繁纓（杜注：馬飾。皆諸侯之服）以朝，許之。仲尼聞之曰，惜也，不如多與之邑。惟器與名，不可以假人，君之所司也。……若以假人，與人政也。政亡，則國家從之，弗可止也已」。孔子的話，正應當從這種地方去了解。在禮的「明分」作用達到極限，或受到人爲的破壞盡淨時，封建的政治秩序，便完全瓦解。司馬光修資治通鑑，始於周威烈王二十三年（西紀前四〇三年）命晉大夫魏斯趙籍韓虔爲諸侯，而哀其「先王之禮，於斯盡矣」，於是周室名義上的共主地位也無法維持了。

（2）封建政治的全面崩潰

春秋時代，可以說是封建政治全面崩壞的一大過程。其最顯著的，無過於各國併吞之禍。

從封建政治的觀點來說，凡是周室所封的，或是前代遺留下來，被周室所承認的各國，也應當流注着親親的精神；並各安於封建中的地位和國土，以維護相互間的和平關係。禮中的聘禮，及會同之禮，乃至在這些禮中的歌詩與音樂，都是適應這一要求所規定、發展出來的。但通過春秋時代，不僅上述禮儀中的親親精神，一天一天的稀薄，並演變向權謀術數，凌弱暴寡的方向；甚至在封建政治秩序中爵位相等的諸侯，因國勢的懸殊，弱國卻不能不朝貢於強國。即使是如此，還不能抑制互相兼併之禍。顧棟高春秋大事表四，列國疆域表謂「魯在春秋，實兼有九國之地。」「齊在春秋，兼併十國之地。」「晉所滅十八國。又衞滅之邢，秦滅之滑，皆歸於晉。景公時剪滅眾狄，……又東得衞之殷墟，鄭之虎牢。」「楚在春秋，吞併諸國，凡四十有二。」「宋在春秋，兼有六國之地。」各國併吞凌虐，惟力是視；周初封建屏藩之意，早蕩焉無存。司馬遷慨嘆於「文武所褒大封，皆威而服焉」，於是史記十二諸侯年表中的十二諸侯（實際是十三諸侯），便代表了春秋時代。而十二國中的陳蔡曹三國，皆微不足道，且亦未能保存到春秋末期。燕國僻處北陲，在春秋時代，亦未發生重大作用（註七）。是由封建所建立的中國形勢，畢春秋之世，已一步一步地改變得面貌全非。尤其重要的是，在這些侵凌吞併的行爲中，戰爭的破壞殘酷，有的可以說達到了語言道斷的程度（註八）。秦晉互相攻伐之戰凡十八。晉楚大戰者三。吳楚相攻者二十三。吳越相攻者八。齊魯相攻者三十四。宋鄭交兵者凡三十九（註九）。晉悼之世，宋鄭兩國十年而十三戰。若把二百四十二年所有的戰爭加以統計，或就魯衞宋鄭中每一國所經過的戰爭加以統計，將更易發現戰爭的頻度，尤爲驚人。難怪顧棟高在春秋魯邾莒交兵表敍中一開首便說「嗚呼，余觀春秋之世，而知封建之爲禍烈也」。又在宋鄭交兵表敍中說「乃吾統觀春秋宋鄭之故，而知天下不可一日而無伯也。」由封建中親親精神失墜後的相互不斷地戰爭形勢，便已清楚指出，分裂的天下，於理於勢，非要求一個大一統的出現不可。

其次，各國內部，因封建貴族自身之必然腐敗，於是封建禮制並不足以長期維持上下貴賤之分；所以春秋時代，乃是政權逐漸下移的時代。從人君的地位說，「春秋之中，弒君三十六，亡國五十二，諸侯奔走不得保其社稷者不可勝數」（註一〇），此即政權下移的強烈信號。「孔子曰，天下有道，則禮樂征伐自天子出。天下無道，則禮樂征伐自諸侯出。自諸侯出，蓋十世，希不失矣。自大夫出，五世希不失矣。陪臣執國命，三世希不失矣」（註一一）。孔子在這裏舉出的數字雖然是概略性的，但也是根據他的歷史知識所導出的政權下移的情形。劉逢祿論語述何篇「齊自僖公小霸，桓公合諸侯，歷孝昭懿惠頃靈莊景凡十世，而陳氏專國。晉自獻公啓疆，歷惠懷文而代齊霸，襄靈成景厲悼平昭頃，而公族復爲強臣所滅，凡十世。魯自隱公僭禮樂滅極，至昭公出奔，凡十世。魯自季友專政，歷文武平桓子，爲陽虎所執。齊陳氏，晉三家亦專政，而無陪臣之禍，終竊國者，皆異姓公侯之後；其本國亡滅，故移於他國也。」又曰「南蒯，公山不擾，陽虎，皆及身而失，計其相接，故曰三世。」馮季驊春秋三變說謂「隱、桓以下，政在諸侯。僖文以下，政在大夫。定哀以下，政在陪臣。」此種情形，乃封建中的固定身分制度，使統治者必自上而下的趨於腐爛的必然結果。並爲遊士卿相局面開其先路。陪臣執國命，而欲自躋於世卿之列，因其並無宗法上的根據，無傳統的政治基礎，所以多及身而絕。但這正是新舊相推的關鍵，我們不必與孔子同其嘆息。

在政權下移的過程中，首先是由國君移向世卿；但由宗法封建而來的世卿，其自身亦非漸趨於破滅不可。春秋書諸侯殺大夫者四十七。書大夫之爲他國所執者十四。書放其大夫者二。書卿士大夫公子出奔者共五十七(註一二)。卿大夫的自相殺者，春秋中期以後，更不可勝數。由上述的情形，自然要發生階級上的變動。國語周語下周靈王二十二年（左襄二十三年，西紀前五五七年）太子晉已經說「天所崇之子孫，或在畎畝，由欲亂民也。畎畝之人或在社稷，由欲靖民也。」是此時已有顯著地上下貴賤易位的情形。左昭三年，晉叔向對齊晏子謂「欒、郤、胥、原、狐、續、慶、伯（杜注：「八姓，晉舊臣之族」），降在皂隸，政在家門」。又謂「晉之公族盡矣。肸（叔向之名）聞之，公室將卑，其宗族枝葉先落，則公從之。肸之宗十一族，惟羊舌氏（叔向之族）在而已。」由宗法血統的身份所形成的固定地統治集團，事實上必由淫暴而歸於動搖消滅，乃必然之勢。此一趨向，到春秋之末，已發展而成為普遍的現象。於是以宗法為骨幹的封建統治，至春秋之末，大體上已經瓦解了。

我在西周政治社會的結構性格問題一文中，已經指出維繫封建政治秩序的工具，主要是禮而不是刑。春秋時代，因為政治社會的主幹，依然是封建制度，所以我在中國人性論史中指出春秋世紀，是禮的世紀。但春秋世紀又是封建制度開始破壞的時代；破壞到了春秋的後期，封建制度已經崩壞得差不多了，於是統治的工具，自然由禮轉移到刑的上面。左昭六年三月鄭人鑄刑書；左昭二十九年冬，晉人賦一鼓鐵以鑄刑鼎；這是時代轉變的大標誌。鄭子產對晉叔向的答復是「吾以救世也」，正是為此種轉變所作的答覆。由此可知申商的法術，為什麼代表了此後的時代精神。

最後在封建制度崩壞的過程中，封建的封國、采邑，因併吞而轉變為縣郡（註一三），也是說明由封建分權統治的形式，轉向國君集權，因而為秦以郡縣代封建，作了開路的工作。廣韻謂「楚莊王滅陳為縣，縣名自此始。」按楚滅陳在哀公十六年；而左僖三十三年，晉襄公「以再命命先茅之縣賞胥臣。左昭三年「初、州縣、欒豹之邑也。及欒氏亡，范宣子，趙文子，韓宣子，皆欲之。文子曰，溫吾縣也（杜注：州本屬溫）。二宣子曰：晉之別縣不唯州，誰獲治之」。是春秋時代，晉已先楚而有縣。後人多據周禮以縣爲周制。果爾，亦與春秋時代所出現之縣，內容亦有演變。席世昌讀說文記「縣師專主公邑之地……本六遂中小都大都之餘。小都大都，屬大夫爲采地；而公邑則遙屬王官。故謂之縣者，如縣物然，有繫屬之義焉。」而春秋時代之縣，乃由弱國爲強國所滅而來（註一四）。顧棟高春秋大事表五列國爵姓及存滅表敍謂「封建之裂爲郡縣，蓋不自秦始也。自莊公之世，而楚文王已縣申、息，封畛於汝。逮後而晉有四十縣。哀公二年，趙鞅爲銕之師，誓曰，克敵者上大夫受縣，下大夫受郡。終春秋之世，而國之滅爲縣邑者強半天下。」縣郡與侯國、采邑的分別是：侯國對天子固爲分權而治，成爲世襲；采邑的卿大夫，亦爲分權而治，成爲世襲。縣則由前期之賜予，演變而直屬於國君，國君可以作直接而自由的處置；於是封建貴族，對土地的定著性、傳襲性，逐漸被推翻了。這在說明封建制度中的土地制度的崩潰，有重大的意義。

二、封建社會在賦稅重壓下的解體

隨著封建政治結構的瓦解，封建的社會結構也自然走向瓦解之途。促成瓦解的基本原因，首先由於統治貴族，不斷加重賦稅的重壓，壓垮了徹法下的井田制度。也壓走了封建諸侯始封時所授的土地與人民。這才是前面封建政權崩潰的更基本地原因。關於這一方面的材料，現時只能憑春秋有關魯國的記載，以略窺二百四十二年中的概略趨向。因爲孔子重視這種事實；而此種事實出現在魯國的，他可得而記載；出現在他國的，因沒有赴告的材料，他便無從記載。

魯國第一次破壞徹（助）法的，是宣公十五年的「初稅畝」；左氏對此的解釋是「非禮也。穀出不過藉。」藉是藉（借）民力所耕的公田。由此可知此處的「畝」，乃指私田而言。左氏之意，周的田制有公田私田之分；稅收僅取人民爲公家所耕的公田物產，而私田不再出稅。初稅畝，是開始在收取公田的物產以外，更履私田之畝以收稅；所以杜注以爲這是「什而取二」，這與論語哀公對有若所說的「二，吾猶不足」的話相合；亦與孟子「耕者助而不稅，則天下之農皆悅，而願耕於其野矣」（註一五）之言相合；應當是正當的解釋。而公、穀兩傳，皆以此爲「稅而十分取一」，但廢古之助法」，是不確實的。

由宣公十五年到成公元年，才經過三年。春秋經書曰「三月作丘甲」。杜預對此的解釋是「丘十六井，出戎馬一匹，牛三頭。四丘爲甸，甸六十四井，出長轂一乘，戎馬四匹，牛十二頭，甲士三人，步卒七十二人。此甸所賦，今魯使丘出之，譏重斂，故書。」按杜注係以司馬法釋周代兵制；後人多疑司馬法乃戰國時作品；其所言兵制，多出於傅益、想像，與春秋時代所可考見之軍事活動情形，不相符合。其次，丘出甸賦，一舉而增加四倍，亦不近情理。所以胡安國謂「今作丘甲者，即丘出一甲，其數皆增三之一耳。」(註一六) 李廉本此說以申之謂「作丘甲者，每丘出一甲士，而甸出甲士四人也。往者三人，而今增其一」(註一七)。此一解釋，較爲合理。然兵役由此增加三分之一，也是增加人民的很大負擔。

由成公元年，至襄公十一年，凡三十八年。春秋經書曰「十有一年春王正月，作三軍」；左氏傳謂「正月作三軍，三分公室，而各有其一（孟孫叔孫季孫三家各有其一）。三子各毀其乘（三子毀其原有私邑之私乘；因已各專一軍之故）。季氏使其乘之人（謂隸於軍籍者）以其役邑入者（謂臣於季氏若私邑）無征（無平日力役之征）。不入者倍征。孟氏使半爲臣，若子若弟（使子弟之半臣於己）。叔孫使盡爲臣，不然不舍（杜注：盡取子弟，父兄歸公也）。正義謂「三家所得，各以父兄子弟，分爲四；三家得七，公得五」。此一發展，爲魯君已失其人民十分之七。

由襄公十一年至昭公五年，凡二十五年；春秋經書曰「五年春王正月，舍中軍」。左氏傳謂「初作中軍也。三分公室而各有其一。季氏盡征之。叔孫氏臣其子弟。孟氏取其半焉。及其舍之也，四分公室，季氏擇其二，二子各一，而貢於公。」至此，由授土授民，封爲魯侯的大宗，已名存實亡了。

由昭公五年至哀公十二年凡五十四年，春秋經書曰「十有二年春，用田賦」。前一年，哀公十一年，左氏傳記有「季孫欲以田爲賦，使冉有訪諸仲尼，仲尼曰，丘不識也……而私於冉有曰，君子之行也，度於禮。施取其厚，事舉其中，斂從其薄。如是，則以丘亦足矣。若不足於禮，而貪冒無厭，則雖以田賦，將又不足。」春秋胡氏傳卷三十「魯自宣公初稅畝，後世遂以爲常……至是二猶不足，故又以田賦也。夫先王制土，籍田以力，而砥其遠邇。賦里（原注：里纏也，謂商賈所居之區域）以入，而量其有無（按胡之說，應稍加變通。實則「國人」任賦，「野人」任稅）。……田以出粟爲主而足食；賦以出軍爲主而足兵。……今二猶不足，而用田賦，是重困農民而削其本。」按胡氏之意，國人原只擔任兵賦，而野人只擔任耕種公田以供稅。「用田賦」，是要野人（邑郊以外的農民）也擔任兵賦。此種解釋，與國語魯語對此事所記孔子之言相合。此事之意義有二：一爲重困農民。另一則爲兵役之普及，兵源之擴大。此爲戰國時代，戰爭之規模，遠較春秋時代爲大的主要原因之一。

總結上面的演變：（一）不斷加重稅收。齊晏嬰謂「民參其力，二入於公，而衣食其一」（見後），由此可以類推。（二）擴大賦役——卽擴大兵役。將原有以「國人」爲主的兵役，推廣及於一般農民。（三）卿大夫與國君爭土地、人民；土地人民，多脫離國君而入於卿大夫之手，以開魯君守府，陳氏代齊，三家分晉的新局面。不過由孟子「故明君制民之產……」「今也制民之產」（註一八）

等語觀之，一直到戰國中期，土地還是在國君及執政的貴族手上。但因政治的混亂，恐怕早已不能按照規定授田，而慢慢產生自流性的私有土地。

在上述演變過程中，有兩種值得注意的現象。

（一）是在封建制度未破壞時，人民是定著於土地之上，形成一種靜態的凝固的社會。有人把農民定著於土地之上，作爲當時農民係農奴的證明（註一九）。這是把由經濟條件的限制，和由法律條件的限制，混同了起來。照這一說法，工人定著於機器之上，便是工奴。而老子孟子爲人民所追求的「老死不相往來」，「死徙無出鄉」的生活，卻是一種農奴生活；大概不太合理吧。這種靜態社會，自稅苛賦重以後，人民開始棄其土地，離其鄉里，在逃亡中求生存；於是靜態的社會，開始演變爲流動的社會。左昭二十五年魯子家子向昭公說「政自之（按指季孫氏）出久矣，隱民多取食焉，爲之徒者衆矣」。杜注以「隱約窮困者也」釋「隱民」，實嫌迂曲。說文十四下「隱、蔽也。」隱民乃逃亡隱蔽之民。國語周語上惠王十五年（魯莊公三十二年），內史過答惠王「有神降於莘」之問中有「其刑矯誣，百姓攜貳，明神不蠲，而民有遠志」之語。周語下「景王二十一年（魯昭公十八年）將鑄大錢，單穆公曰不可」的一段話中，有「乏則將厚取於民，民不給，將有遠志，是離民也」之語。所謂「遠志」，當然指的是向遠方逃亡之志。到了戰國，此一趨勢更大大地加強。這在後面還要提到。

其二，當時的人民，尤其是其中的「國人」，並不是完全沒有政治的自主性。顧棟高在春秋秦晉交兵表敍中說「春秋當日，雖天子所賜，苟其民不服，則亦不得而有。隱十一年，王以盟、向易蔿邘之田於鄭；未幾，盟、向叛鄭歸王，王遷盟向之民於郟。襄王錫晉以南陽，而溫原之民不服晉。」正因爲如此，所以卿大夫向國君奪取土地人民，除了前述魯季孫氏對不邑入者加以「倍征」的威脅外，同時對人民還要採用利誘的方法。如前面提到左昭二十五年，昭公伐季氏不克，出奔於乾侯之役，子家子謂隱民多得食於季氏。左昭二十七年秋，會於扈，謀納昭公。晉范獻子謂季氏甚得其民，遂作罷論。左昭三十二年十二月，昭公死於乾侯，史墨答趙簡子之問，以爲「天生季氏，以貳魯侯……民之服焉，不亦宜乎。魯君世從其失，季氏世修其勤，民忘君矣……社稷無常奉，君臣無常位，自古以然。」可知季氏在人民方面做了一段長期的工作，才可與魯君相抗。左昭三年，齊晏子與晉叔向相語，晏子答叔向「齊其如何」之問謂「齊其爲陳氏矣。公棄其民而歸於陳氏」。因爲陳氏的量器較公量大三分之一。陳氏平日「以家量貸，而以公量收入。山木如（往）市，弗加於山（陳氏運到市上的木價，與在山的木價一樣，不加運費。下同）。魚鹽蜃蛤，弗加於海。民參其力，二入於公，而衣食其一。公聚朽蠹，而三老凍餒。國之諸市，屨賤踊（刖足者所穿之履）貴；民人痛疾，而或燠休之（指陳氏）；其愛之如父母，而歸之如流水，欲無獲民，將焉辟（避）之。」以恩惠爭取人民，成爲當時野心家的重要手段；其結果，則爲人民在痛苦中依然可以提高政治上的地位。

三、在封建社會解體中，國人階層的發展與轉變

封建社會解體的另一意義，也可以說是人民從封建束縛中的解放。一般農民，雖然很少得到這些解放的好處，但在解放中得到發展的，應當是國人階層。我在西周政治社會的結構性格問題一文中，曾指出「國人」階層的特別意義，及其內容；它主要係由住在都邑之內及近郊的保有政治權力的農、工、商、和士，所構成的。隨着封建制度的崩壞，國人中的工、商、士，尤其是商與士，得到了特別的發展。國人中的農民，因受剝削最重，自然會向工、商、士，及作爲野人的農民分化。商鞅生年，如後所述，與孟子約略相同；此正諸子百家盛事著作之時。所以商君書中的來民篇、弱民篇中雖然夾有商鞅死後的材料，此乃先秦諸子中所常見的現象；其主要部份，仍係出於商鞅之手，足以反映商鞅變法時的情況，及商鞅的政治意見。農戰第三：一則曰「是故豪傑皆可變業，務學詩書；要靡事商賈，爲技藝，皆以避農戰。」再則曰「豪傑務學詩書，隨從外權。要靡事商賈，爲技藝，皆以避農戰。」三則曰「故其境內之民皆化而好辯，樂學，事商賈，爲技藝，避農戰。」四則曰「夫民之不可用也，見言談游士事君之可以尊身也，商賈之可以富家也，技藝之足以糊口也……則必避農戰」。這

裡可反應出進入到戰國時代，工、商、士，成爲社會中的趨向，因而成爲當時活躍於社會中的強大力量。這是直承春秋之末以來的大發展。而這種大發展，也可以說是「國人」階層的大發展。

有關工人發展的情形，可以看到的材料很少。左成二年，楚侵魯及陽橋，「孟孫請往賂之以執斲，執鍼、織紝，皆百人；公衡爲質，以請盟。楚人許之平。」此一故事，一面可知當時的「中國」，手工業較楚爲發達，且係爲魯國的公室所有。一面也可見楚對工人的重視。由這種重視亦可推見他們的生活比較有保障，可以吸收生活最苦的農民。根據新的考古資料，春秋末期，發明了鑄鐵的技術；雖未在武器上引起革命（註二〇），可是引起了農業工具方面的革命。加以戰爭日益擴大，宮室服飾日益奢侈，更因生產力提高而引起消費品的增加，這都會增大從事於工的人口比率。

（1）「商」義探源

商業的發展，較工業特爲顯著。要了解這一問題，首須打破兩種謬說。一是一切經音義卷六引「賈，坐賣也；商，行賣也」的傳統說法。從可靠的文獻上考查，西周末期及其以前，皆謂之「賈」。到西周之末，尤其是春秋時代，始把商字作「商業行爲」及「商業行爲者」用；但商與賈常多互用，並無行商坐賈之分。史記貨殖列傳，用商字者五，用賈字者二十一，商賈連用者四，其中如「西賈秦翟，北賈種代」；「東賈齊魯，南賈梁楚」。「故南陽行賈」，「賈貸行賈徧天下」；豈有所謂「坐賈」之說。

另一謬說是徐中舒根據左昭十六年，鄭子產告訴晉宣子的一段話中提到的「商人」，而說「此商人卽殷人之後而爲商賈者。」又說「賈商之名，疑卽由殷人而起。」並謂漢代賤商，正由此而來。（註二二）此說爲胡適所信服。日人鎌田重雄在他所著的漢代社會裡大暢其說謂「商人的商，本來用作地名和國號。殷王朝先置都於商，因謂之商……周亡殷後……這些散在諸侯國的殷遺民，習慣上稱爲商人。此商人卽從殷商民中的行商發生的。」鎌田氏也引了左昭十六年的材料後，接着說，「隨着鄭始祖桓公來往的商人，是殷的遺民集團，他們很快地成爲行商集團」（註二三）。並且徐氏之說，在今日幾已成爲定論。而引用此說者，除徐氏所引的一條根據外，更沒有再加上一條證據。現在將左昭十六年的材料簡錄如下：

三月晉韓起（宣子）聘於鄭……宣子有環，其一在鄭商。宣子請諸鄭伯，子產弗與……韓子買諸賈人；旣成賈矣；商人曰，必告君大夫。韓子請諸子產曰……今買諸商人，商人曰，必以聞，敢以爲請。子產對曰，昔我先君桓公，與商人，皆出自周（杜注：鄭本在周畿內。桓公東遷，並與商人俱。）……世有盟誓，以相信也，曰爾無我叛，我無強賈……恃此盟誓，故能相保，以至於今。今吾子以好來辱，而謂敝邑強奪商人，是教敝邑背盟誓也。

按：(一)鄭桓公始立於周宣王二十二年；子產之所謂「昔我先君桓公與商人皆出自周」，此周乃都於鎬的宗周，而非東遷洛陽的成周或東周；宗周沒有殷遺民集團的商人。(二)商朝自盤庚遷殷後，雖亦有時稱「殷商」、稱「商」、稱「商人」；但更多的是稱「殷」、稱「殷人」、稱「殷民」。例如孔子自稱「丘、殷人也」(註二三)。若商賈之商與商人，係由商朝之商，及商朝遺民而來，則何以不將商賈之商稱為殷或殷人？(三)若殷亡國之後，其遺民因受遷徙或壓迫而多改事商賈，因以商代之商，為其行業之稱；則商賈之商的名稱，應大行於西周時代；且商業應大行於殷遺民最多的成周(洛陽)及魯衞宋諸國。但實際，西周時代很少看到稱商賈為商或商人。詩經中十七個商字：無一字與商業之商有關。但兩個「賈」字，一為商賈之賈(「如賈三倍」)，一與商賈有關(賈用不售)。而最先以商業圖富強的，乃是沒有分到殷遺民的齊國，這將作何解釋？(四)若商賈之商，係由商朝之商而來，則齊有「公子商人」，楚有「公子商臣」，孔子有學生名「商」，這是否與商朝有關係？(五)在上項材料中，「商人」分明亦稱「賈人」。左成三年「晉荀罃之在楚也(被俘)，鄭賈人有將寘諸褚中以出，既謀之未行，而楚人歸之。賈人如晉，荀罃善視之」，此賈人即商人。若「商人」一詞，係因殷遺民經營商業而來，則「賈人」一詞，又從何而來呢？尤其是亡國之民，在古代只能流浪於勝利者所能控制的範圍之外，決不能流浪於勝利者所能控制的範圍之內；因之，只有保有相當自由權利的「國人」，才能得到商業活動的便利。因亡國而反能壟斷商業活動，這完全是不了解歷史內情的幻想。徐中舒之說，正出自望文生義的幻想，爲考證工作中的大忌。今人喜新好異，而疎於徵實，此亦其一例。

從子產上面的一段話中，隨鄭桓公東徙於鄭的商人（當時大概只稱「賈人」），正是有政治權利的宗周國人中的構成分子。由此可知商人在西周時，已有相當重要的地位。同時，從國語鄭語「桓公爲司徒，甚得周衆與東土之人。問於史伯曰，王室多故，余懼及焉，其何所可以逃死」的一個故事看來，他的東封於鄭，是經過史伯爲他作過一番詳細研究後所決定的。史伯說「其濟洛河潁之間乎」；這是內可以固守，外便於通達四方之地。鄭桓公要宗周的商人隨封來此，並與之立休戚與共的盟誓，可能是了解鄭乃適於商賈之地，需要發展商賈的力量，以作爲其國力的一部份。果然，在僖三十三年秦師襲鄭及滑的時候，「鄭商人弦高，將市於周，遇之，以乘韋先牛十二犒師，且使遽告於鄭」，於是鄭得及早爲備，使秦師知難而退。可見鄭商人實際是與鄭國同休戚。子產不肯將就晉韓宣子以強迫商人，實有保護商人，使得自由貿易的重大經濟政策在裡面。在春秋時代，以個人資格出現的三個商人，皆是鄭國的商人；且不僅交易範圍之廣，南及於楚，東及於齊（想救荀罃的賈人後來往齊國），北及於晉；秦地爲其所自出，自不待言。且直接與卿大夫相來往，與本國的政治密切相關連；更涉及國際間的政治活動；這裡面，實含有經濟勢力，代替封建下以宗法中的身分來決定地位的重大意義。鄭因地理關係，商業活動特爲顯著；其他各國，當然同樣有商業上的發展。徐中舒的說法，不僅在考據上毫無根據，而且昧於人類經濟發展到某一階段時，任何民族、氏族，都自然會發生商業行爲，而絕非限於某一特定民族、氏族。特其中發展的程度，會受到地理、物產的制約而已。

然則賈，賈人，何以到後來又稱商，稱商人呢？說文三上「商，從外知內也，從冏章省聲」。漢人喜「聞聲生義」，以附會當時之說，如「王者往也」；「君之爲言羣也」皆是。漢書律歷志「商之爲言章也」，也是這種情形。許愼以爲商從章省，乃受了律歷志的影響。實則應如朱駿聲說文通訓定聲之說：「按此字（商）疑從言省，從內會意……古文從言不省」。易兌卦九四「商兌來寧」注：「商量裁度之也。」此蓋其本義。殷先祖之世封於商，或其地曾爲氏族集合商度之所，因以爲名。又金文中多以「商」爲「賞」，或此處乃始封時所賞賜之地，因以爲名，亦有其可能。商賈行爲，須講價還價。與商之本義相合。隨商業之發達，愈感到在商業行爲中，彼此商量之重要，因而稱之爲商，爲商人，豈非很自然的情形嗎？

（2）春秋末期的商業發展

有不少的人，以爲在封建制度之下，對商人的發展是一種束縛，這是沒有根據的想像之談。齊太公立國，卽以商業爲主（見史記齊世家）；管仲以農工商並重而霸；衞文公於狄難之後，以「通商惠工」爲復興的要圖；鄭在始封時卽與商人互盟合作。國人階層的自由民中，商人乃重要構成份子之一。商業發展的程度，是與整個經濟發展的條件相適應；而整個經濟發展的程度，是決定於生產的進步性。農耕鐵器及牛耕的應用，我認爲在春秋中期以後已經開始與擴大；這便提高了生產的能力，促進了商業的發展。所以商業發展，到了春秋末期，已達到顯著的程度。史記貨殖列傳記計然敎越王勾踐「以物相貿易」之術，「修之十年，國富厚……遂報強吳」；這雖然說的是國家經營的貿易；但計然以「農末俱利」爲目標，提出對物價的調劑，貨幣的流通等意見，皆極具經濟學上的意義；由此可知計然已積累有豐富的商業知識，足以反映出當時商業活動的情形，足以提供經濟上的理論基礎。貨殖列傳記計然的學生范蠡，助勾踐破吳後，「喟然而嘆曰，計然之策七，越用其五而得意。旣已施於國，吾欲用之家。於是先往齊，再往陶，以爲陶（山東定陶縣），天下之中。諸侯四通，貨物所交易也。乃治產積居與時逐，而不責於人……十九年之中，三致千金」。按所謂「積居與時逐而不責於人」，是說屯積貨物以爭取出進有利的時機；賺有利時機的錢，而不直接以高利貸的方式，剝削於人；這當然是種高級的商業活動。

論語先進「子曰，回也其庶乎，屢空。賜不受命，而貨殖焉。」子貢同樣爲孔門高弟；孔子雖以他不及顏淵；但並無輕貶之意。孔子死後，子貢獨廬墓六年（註二四）。由此可知孔門的學問，與子貢的貨殖，兩者之間，並無衝突。又貨殖列傳「子貢既學於仲尼，退而仕於衞，廢著鬻財於曹魯之間。七十子之徒，賜最爲饒益……結駟連騎，束帛之幣，以聘享諸侯。所至，國君無不分庭與之抗禮。夫使孔子名布揚於天下者，子貢先後之也。」按子貢以貨殖關係，可與國君分庭抗禮，可知此時由商業而來的經濟力量，徹底打破了封建制度中的身分地位。商業的財貨，是由自由活動而來的財貨。商業的發展，一方面在政治勢力之外，社會出現了新的經濟勢力。同時，商人活動範圍的擴大，也是社會活動自由的擴大。這正反映出由封建制度崩潰而來的社會解放，並反轉去更促成封建制度的崩壞。

（3）士義探源

楊樹達積微居小學述林卷三釋士：

「說文：『士，事也』。士古以稱男子；事謂耕作也。漢書蒯通傳曰『不敢事刃於公之腹者』。李奇注『東方人以物臿地中爲事』。事字又作菑。漢書溝洫志注云『菑亦臿也……』蓋作始於立苗，所謂臿物地中也。士、事、菑，古音並同。男字從力田，依形得義。士則以聲得義。」

按楊氏之說，在文字學上能否成立，難作斷定。同時士是否與耒耜同音通義；而士之形，是否係像古代臿土之器的原始形態，有如西安半坡中所復原的新石器時代的耕具一樣（見新中國的考古收獲），因而卽以形得義，都値得研究。郭沫若以甲骨文中之士字乃牡器之象形，由此所滋生的各種說法，我覺得是非常可疑的。由楊氏之說的啓發，可以解決詩經中許多士字的問題；因而對士之歷史演變，提出了新的啓示。現在我試提一種假設：卽是，士本是「國人」中的農民。在未使用鐵以前，以器插土，必須農民中之精壯者，故士原係農民中之特爲精壯者之稱。當時常選擇此種精壯之農民爲甲士，故亦稱甲士爲士。但其平時職業依然是以農耕爲主。再由甲士中被選擇而爲貴族的下級臣屬，卽所謂上士、中士、下士，始漸與農耕脫離，但依然爲軍隊組成的基層骨幹；且服務於貴族中而脫離農耕者仍爲士中的一小部份。士的大部份及其家屬，仍與農耕連結在一起。不過因甲士而稱士，因下級臣僚而稱士，於是士之一名，漸掩其本係精壯農夫之稱的本義。到了春秋末期，始出現專門追求各種治術，作爲政治的預備軍，與農耕游離，但與戰鬬尚未完全游離的士。史記蘇秦列傳，蘇秦說魏襄王「今竊聞大王之卒，武士二十萬，蒼頭二十萬，奮擊二十萬，廝徒十萬，車六百乘，騎五千匹。」荀子議兵篇謂「魏氏之武卒，以度取之，衣三屬之甲，操十二石之弩……中試則復其戶，利其田宅。」可知由農民中選擇精壯者爲甲士，魏尙如此；則我上面對西周時代，士本爲國人中的精壯農民；因精壯而被選爲甲士，但並不脫離農耕的說法，應當是可以成立的。

禮記一書，雜採了古今的材料。下面三個材料，應當可以說明士演變的三階段：

「問士之子長幼，長則曰能耕矣；幼則曰能負薪，未能負薪。」（少儀）

按上述材料，是士尚未脫離農耕階段的記錄。

「地廣大荒而不治，此亦士之辱也。」（曲禮）

按上述材料，乃士有的脫離農耕，但脫離尚未久的階段的記錄。因爲有的脫離了農耕，故地廣大荒而不治。因脫離未久，故仍得以此加士以責備。

「問士之子，長，曰能典謁矣。幼，曰未能典謁也。問庶人之子，長，曰能負薪矣。幼，曰未能負薪也。」（曲禮）

按上述材料，已反映出士已成爲書香門第；並與庶人的生活情態完全不同。又曲禮「君使士射，不能，則辭以疾。」則是士在脫離戰爭階段的反映。

（4）士在春秋末期發展中的轉變

當士演變成爲參與政治的預備軍的時候，也正是貴族階層已經腐爛，需要倚賴士的能力以維持其統治的時候。於是士勢必起而追求政治上的各種知識；這使士開始過渡到「古代知識分子」的性格。更因春秋中葉以後，大批貴族的沒落，把貴族手上所保持的知識，解放向社會，所以孔子便能以原在貴族手上的詩書禮樂來作爲教育他學生的教材；這更助長了社會上，以政治知識爲專業的士的成長。孔子便是此大轉變階段的最偉大地關鍵人物。他本身是宋國貴族的後裔；他以平民身分，號召了新的士的集團，要使他們由政治預備軍的地位，更將其轉變而成爲人生價值、人類命運的擔當者，及學問知識的傳播者。在論語中，仍可以看出他這種努力的足印。論語「子曰……人（指當時之卿大夫）不知而不慍，不亦君子乎」（學而），可見他的學生中，人不知而慍的還是佔多數。「子張學干祿」（爲政）。「子曰，三年學不志於穀（祿），不易得也」（泰伯）。這都是士開始轉變爲下級官吏預備軍的這一階段的反映。但此時的士，還常和甲士的性格連在一起。左哀八年吳伐魯，次於泗上。「微虎（杜注：魯大夫）欲宵攻王舍，私屬（集也）徒七百人。三踊於幕庭，卒三百人，有若與焉。及稷門之內。或謂季孫曰，不足以害吳，而多殺國士，不如已也。乃止之。吳子聞之，一夕三遷。吳人行成」。所謂「私屬徒」，是私人集合徒衆，非秉命於執政者。所集合的徒衆，即是所謂「國人」，有若正是以國人中的士的地位參加在裡面的。左哀十一年，齊人伐魯，魯「孟孺子泄帥右師……冉求率左師……樊遲爲右。季孫曰，須（樊遲之名）也弱。有子（冉求之字）曰，就用命焉」。結果冉求和樊遲獲得了很好的戰果。墨子曾特譏笑子夏之徒言鬬（註二五），孟子稱子夏曾子之勇（註二六），韓非記漆雕開之勇（註二七）。子路特以勇聞，更是不待說的。可知孔門弟子，殆無一不能戰。而樊遲問學稼學圃，孔子答以「吾不如老農」，「吾不如老圃」（註二八）。這正可反映出在這過渡時期的士，離農耕也尚未太遠的性格。把士轉變成爲人格上文化上的擔負者，因而完全擺脫了封建身份的束縛，成爲文化上的自由人，我以爲這是孔門教化集團的一種努力，一種成就。「君子」「小人」，本是貴族與平民之稱；但論語上的「君子」，多半指的是「成德之人」；而小人則多指的是「無德之人」；這便是以人格代替身份的顯明證據。孔子對樊遲問學稼學圃之答，並不一定是輕視稼圃，而是意識到在政治昏亂榨壓之下，須要有一批人出來擔負人格及人類命運與知識的責任，以適應羣體生活中的需要；換言之，他要以文化轉移政治，代替政治，爲人類的命運負責。這種意義，在司馬遷史記的十二諸侯年表敘及自敘中，說得淸淸楚楚。因此，孔子要順著當時士的傾向，而有意的促成此一轉變。論語「子張問士何如斯可謂之達矣？子曰，何哉爾所謂達者？子張對曰，在邦必聞，在家必聞。子曰，是聞也，非達也。夫達也者，質直而好義，察言而觀色，慮以下人。在邦必達，在家必達。夫聞也者，色取仁，而行違，居之不疑；在邦必聞，在家必聞。」（顏淵）。按子張之問，乃順承當時的士，以求知見用爲目的的風氣；而孔子則在「質直而好義」上加以轉回。又論語子路章：

「子貢問曰，何如斯可謂之士矣？子曰，行已有恥。使於四方，不辱君命。可謂士矣。曰，敢問其次。曰，宗族稱孝焉，鄉黨稱弟焉。曰，敢問其次。曰，言必信，行必果，硜硜然，小人哉。

曰，今之從政者何如？子曰，噫，斗筲之人，何足算也。」子貢之問，表示在士的轉換時期，對士自身存在意義的迷惘。並實際以當時能向政治昇進的人卽可作爲士的標準。孔子的答覆，是完全要使這一新轉變出來的階層，在人格行爲知識上站起來；卽以此爲其新的基本性格。孔子對「士」的性格的轉換，和對「君子」性格的轉換，完全是同樣的。論語上，孔子又說「士志於道。而恥惡衣惡食者，未足與議也」（里仁）。「士而懷居，不足以爲士矣」（憲問）。「志士仁人；無求生以害仁，有殺身以成仁」（衞靈公）。曾子謂「士不可不弘毅，任重而道遠」（泰伯）。這都是在士的新地位，新性格的形成中所作的轉換的努力。

士脫離他原有的農耕和戰鬬的固有職業，而成爲農工商以外的另一型態的人；若不了解孔子的基本用心，若不了解在社會因進步而分工時，文化也是分工中的重要一環，則士的這一型態的人，他的存在意義到底如何？不僅孔子曾受荷蕢丈人「四體不勤，五穀不分」之誚讓（論語、微子）；一直到戰國中期，還成爲一個很大的問題。按孟子「士庶人曰，何以利吾身」（梁惠王上）。「士庶人不仁，不保四體」（離婁上）。這還是把士和庶人連在一起。「惟士無田，則亦不祭」（滕文公下）；這反映出有的士是有田；有的則已失掉了田。又「子之執戟之士」（公孫丑下），這還是以武士稱士。以上還反映出在過渡期所殘存的舊有型態。但如「士之仕也，猶農夫之耕也」（滕文公下）；

「士之失位也，猶諸侯之失國家也」（同上）。這一類的話，已清楚反映出倚賴仕以爲生的士的新型態。孟子的學生彭更，對孟子說「士無事而食，不可也」（滕文公下）；「王子墊問曰，士何事？」（盡心上）。這都是對士的新型態的懷疑，而孟子對前一疑問的答覆是「子不通功易事，以羨補不足，則農有餘粟，女有餘布：於此有人焉，入則孝，出則悌；守先王之道，以待後之學者，而不得食於子；子何尊梓匠輪輿而輕爲仁義者哉」。這是以社會分工來說明士的新地位；而士所分的工，乃是文化的擔當者。對王子墊所作的「尙志」的答覆也是如此。但尙志不能吃飯；吃飯還得倚賴政治；終不是妥當的辦法；所以出現在春秋之末，及戰國時期的隱士，多數是從事於躬耕的人；而「有爲神農之言者許行」，主張「賢者與民並耕而食」（孟子滕文公上），所以特有歷史和社會的意義。但由士的這一蛻變，把封建政治中由宗法的身分關係所決定的政治結構，更從根本上加以動搖；也可以說，封建的以身分爲主的政治結構已經崩壞；大大的開啓了憑士的身分走入政治的門。把歷史中，由士進入到高層政治的特例，漸漸成爲仕進中的通例。

（5）國人階層發展轉變對政權的影響

上述的「國人」階層的發展，對當時的政權，自然發生了大影響。過去的國人階層，是凝結於其國君政權的周圍，成爲支持政權存在的骨幹。在春秋之末，國人階層，已經不以其原屬國家政權的利益爲中心，而各自追求其自身的利益與理想。封建的靜的社會，由此進入到一種競爭的動的社會。商人的流動性是很顯然的。士人則以孔子爲時代新趨向的標誌，在他的弟子三千人，身通六藝者七十二人（註二九）中，已經是來自貴族的極少，其中絕對多數是屬於「國人」的階層。其屬籍則除魯國佔絕對多數外，今日就史記仲尼弟子列傳之可考而無歧說者計：端木賜（子貢），卜商（子夏），高柴（子羔），勾井疆，廉絜（康），衞人；言偃（子游），吳人；顓孫師（子張），公良孺（子正），陳人；公治長，公皙哀（季次），步叔乘，（子車）齊人；司馬耕（子牛），宋人；公孫龍（子石），任不齊（選），楚人；秦祖（子南），壤駟赤（子徒），秦人；叔仲會（子期），晉人。「有朋自遠方來，不亦樂乎」（論語學而），孔子一人的門徒，今日可考見的已是來自九個國家，打破了封建國家的界限。並且孔子自魯定公十二年秋冬之際適衞後，周遊列國者前後約十三、四年。在孔子心目中，若能爲任何一國所見用，則「吾其爲東周」（註三〇）之志，都無分於彼此。這在士的現實活動上，完全破除了封建的束縛，爲戰國時代打開了士的自由活動的天地。

四、封建道德的傳承問題及宗法由政治向社會的移轉

總結上面的分析，封建制度，因爲形成封建制度骨幹的宗法，隨親親與尊尊兩大精神在政治上的

消失而完全崩潰了。但宗法的格架及封建中的若干道德觀念，依然由孔子建立的儒家所肯定，所傳承；於是說儒家的道德，乃是封建的道德；儒家思想，乃是維護封建的思想；似乎不能不加以承認。一問題並沒有這樣簡單。下面我將解答這一問題。

（1）孔子所傳承的封建道德的價值問題

首先我們應當注意到，實行以宗法爲封建的周公，在政治上提出的原則，對封建貴族所努力的教養，及由這種原則、教養所導出的道德觀念，不能不承認其中有許多是突破了封建的限制，而賦予了普遍性的價值，值得孔子加以肯定，傳承。周公在立教中的典型是文王。固然文王是周室的大宗之所自出；但通過周公口中的文王，實表現爲一偉大地道德者的存在。孔子「祖述堯舜，憲章文武」（中庸）；但使孔子說「周鑒於二代，郁郁乎文哉，吾從周」（論語八佾）的這種話的，主要還是文王和周公。所以他說「文王既沒，文不在茲乎」（論語子罕）；「甚矣，吾衰也，久矣，吾不復夢見周公」（論語述而）。現在試簡單把詩書中提到文王的材料鈔一點在下面：

「穆穆文王，於緝熙（傳：緝熙，光明也）敬止」（箋：文王能敬止其光明之德。）（詩大雅文王）

「無念爾祖（文王），聿（述）修厥德。永言配命，自求多福。」（同上）「維此文王，小心翼

翼……厥德不回（邪），以受方國。」（同上大明）「帝謂文王，予懷明德，不大聲以色……不識不知，順帝之則。」（同上皇矣）

「維天之命，於穆不已，於乎不顯，文王之德之純。」（同上周頌維天之命）

「爾惟舊人，爾丕克遠省，爾知寧王（文王）勤哉。」（書大誥）

「惟乃丕顯考文王，克明德愼罰，不敢侮鰥寡；庸庸（勤勞）、祇祇（敬謹），威威（畏天之威），顯民（顯揚人民的地位與意志）。」（同上康誥）「尙克用文王敎，不腆於酒」（同上酒誥）

「文王卑服（按服，事也。卑服，作小民之事），卽（就也）康功（功，事也。按伊簋，康宮乃周室「臣妾百工」作工之宮，則所謂「卽康功」者，乃指文王親自到康宮，作康宮中工人之事。）田功（親農事）。徽柔懿恭，懷保小民，惠鮮（此）鰥寡，自朝至於日中昃，不遑暇食，用咸和萬民。」（同上無逸）

「及我周文王……厥或告之曰，小人怨汝詈汝，則皇（遑）自敬德。厥愆，曰，朕之愆，允若時（是）。不啻不敢含怒。」（同上）

由上面簡錄的材料，可以了解周公及周初詩人所提出作爲敎誨之資的文王，是：（一）很敬謹於自己的生活行爲。(二)非常勤勞，並自己參加工人製器，農人種田的工作。(三)用刑很謹愼，愛撫人民，惠及鰥寡。(四)承當人民怨詈之言，以人民怨詈之言策勵自己。這四點非常平實的精神，如何應當隨封建制度的崩壞而加以埋葬呢？至於以周公爲中心對周室貴族所作的教養，試簡錄尚書中可信的資料如下：

「王曰嗚呼小子封(康叔之名)，恫瘝乃身(言如病痛之在汝身)，敬哉。天畏(威)棐(匪)忱(信)，民情大可見，小人難保。往盡乃心，無康好逸豫，乃其乂(治)民。…亦惟助王宅天命，作新民。」「王曰，封，敬明乃罰。」「若保赤子，惟民其康。非汝封刑人殺人，無或刑人殺人…用其義刑義殺」。「王曰嗚呼！肆汝小子封，惟命不于常，汝念哉。」(康誥)「王曰、封、我聞惟曰，在昔殷先哲王，迪畏天，顯小民，經德秉哲」。「古人有言曰，人無於水監，當於民監」。(酒誥)「曰：惟王受命，無疆惟休，亦無疆惟恤(憂)。嗚呼！曷其奈何弗敬……嗚呼，天亦哀於四方民，其眷命用懋，王其疾敬德……其丕能諴(和)於小民……用顧畏於民碞(多言也；卽今之所謂輿論)。」「節性，惟日其邁(勉)；王敬作所，不可不敬德。」(召誥)

「周公曰，嗚呼，君子所其所無逸。先知稼穡之艱難，乃逸，則知小人之依(依、隱痛也)。」

（無逸）

上面簡錄的康誥，酒誥，是周公教誥康叔的。康誥是要康叔「明德」「愼罰」，愛民。全篇直接說到愛民的有十二次之多。說到愼罰的有六、七次之多；並且都是從「痌瘝乃身」的深刻反省精神中說出的。酒誥中並提出「當於民監」的正確觀念，而對周人沈湎於酒的懲罰，遠超過殷的遺民。召誥，無逸，是周公教誡成王的。「天亦哀於四方民」，卽在今日讀來，亦可感受到周公這類的話，無不自深厚的仁心發出。並要成王敬畏人民的輿論。無逸則是要成王通過自己所體認到的稼穡之艱難，以深切了解農民的痛苦。從詩經有關西周初年的詩來看，周室的統治者，多以深厚的感情，把自己和農業、農民，融和在一起；所以無逸的精神，是眞正貫注下去的。周初在得到大位以後，以戒愼恐懼的精神，整飭自己的行爲；把政治的目的，安置於愛民之上；並使自己經常與生產勞作，保持直接的連繫。我不了解，由周公所提出的這一類的規範、教訓，爲什麼不能突出於封建政治局格之外，而不應爲孔子立教的基點呢？據我了解，孔子所說的仁，是把修己與治人，融合在一起的無限自覺向上的努力，這卽是文王周公「明德」「愛民」的觀念，在生命中生根的進一步的發展。孔子的仁，是能由封建制度加以限制的嗎？實際可以說，正因爲孔子的仁心而促使孔子修春秋，「貶天子，退諸侯，討大夫，」（史記自叙）作了對封建統治的大批判。我認爲孔子在對文王周公的傳承中，把西周初年的勞動精神，轉化爲「發憤忘食，樂以忘憂，不知老之將至」（論語述而）的學問精神，而無意中使後人忽視了孔子的執御執射，也是一種體力勞動，以爲孔子是不注重生產中的體力勞動的，這在中國知識份子的塑造上，發生了無可彌補的弱點，是非常可惜的。

（2）禮在傳承中的轉變

孔子繼承文王周公明德愛民的精神，而特別發展出仁的精神，爲人道建立一個普遍而永恆的原則，這是不應當有問題的（註三一）。但若是不了解隨着封建制度的崩壞，而維持封建制度的禮，亦隨之而轉變；而孔子及其學徒，在人的因素上來說，正是促成此種轉變的大關鍵，便依然不能完全解答儒家所說的道德，是否即是封建道德的問題。首先我覺得維持封建秩序的禮，其中含有許多合理的成分在裡面，此即春秋末期及莊子所說的「禮意」（註三二）。禮意是藏在禮的形式後面的精神。「林放問禮之本」，「本」即指的是禮意，指的是禮的精神。所以孔子便稱讚他爲「大哉問」（論語八佾）。當時所以會從禮的形式的後面去發掘禮的精神，這是出於感到某些被限定的形式已經僵化，要在僵化中作根源性質的反省，以希望導出一般性的原則，與適應時代的新形式。試以禮記曲禮爲例，裡面記錄有很多代表封建制度中的禮節。但從一開始的「曲禮曰，勿不敬」起，到「貧賤而知好禮，則志不懾」止，凡四百零五字，可以說都是從禮中導出的一般性的原則，而是不受封建中的身分制度的限制的。尤其孔子是以仁爲禮的精神（註三三）。仁對階級的突破，卽禮對階級的突破。孟子則從中特別抽出辭讓與恭敬的原則。荀子則以禮來定政治、社會上各盡所能，各取所需的「分」（詳見拙著學術與政治之間甲集，荀子政治思想的解析）。這都是把禮作了突破性的大回轉。

至於禮乃維持封建政治的尊卑貴賤的秩序，而儒家亦主張以禮爲維持政治中尊卑貴賤的秩序，好像儒家所主張的政治，與封建政治沒有分別。但大家忽視了決定封建政治中的尊卑貴賤的是宗法的身分制度。而儒家心目中的尊卑貴賤，乃是由「尊賢，使能，俊傑在位」所構成的。了解此一本質的轉變，便應當了解儒家主張以禮來維持政治中的秩序，不應與封建政治混淆在一起，而應與法家主張以刑來維持政治秩序的情形，兩相比較，卽容易發現其實有重大的意義。禮是從宗法中的伯叔兄弟甥舅的親親關係中所規定出來的，所以在周旋進退之間，還有一種感情流注於尊卑上下之間，以緩和政治中的壓制關係。親親的精神消失了，但由親親精神所客觀化出來的禮，其所定的君臣上下間的分位，遠沒有由術由法所定出來的懸隔而冷酷。鄭康成曾說「古者君臣如朋友」，正說的是禮制下的君臣關係。大家應從這種根源的地方來了解孔子所說的「君使臣以禮」，及「齊之以禮」的用心所在。宗法中的「尊尊」，是尊血統中的尊；所以禮記大傳「上治祖禰，尊尊也」。這應用到政治上當然會引起嚴重的弊害。但中庸上說「親親之殺，尊賢之等，禮所生也」，這是在政治上把尊血統中的尊，轉而爲尊賢之尊；把由血統而來的親親尊尊的禮的骨幹，轉變在親親之中，卻限制之以尊賢，以作爲禮之所由生起的根據。又如儀禮一開始是士冠禮。在士冠禮後面的記冠義，引用了孔子的一段話，其中有謂「天子之元子，猶士也。天下無生而貴者也。繼世以立諸侯，象賢也（此乃以賢爲繼世之條件）。以官爵人，德之殺也（鄭注：德大者爵以大官，德小者爵以小官）也」。這分明孔子承認由這些儀節象徵出了人生重要生活中的某種意義；但把封建政治中的身分制度，都徹底抽掉了。孔子此意，應貫通於儒家所說的一切禮節之中。禮在儒家手中，適應時代的要求所作的這種本質的轉變，被後世言禮者完全忽略過了，所以今後應以發展轉變的觀點與方法，開闢研究禮的新方向。

（3）宗法向社會的移轉

形成封建制度骨幹的是宗法制度；促成封建制度由腐爛而崩潰的，也是宗法制度。封建制度中的身分制度與世卿制度，都是由宗法制度來的。但封建制度崩潰以後，隨封建貴族的沒落，「平民家族」的逐漸擴大，宗法制度，卻逐漸下逮於社會，擴大於社會。漢儒以宗法僅適用於大夫以下，而不適用於諸侯、天子，此一誤解，一方面是來自秦的專制政治出現以後，君臣之分，過於懸殊；另一方面正反映出宗法制度下逮於社會的實況。普遍通行的族譜、宗祠、祖產等結構，皆由此發展而來。這是中國社會結構的原則與骨幹。但由這種社會結構，便不免形成中國歷史上的強宗大族。於是有的人便以這種情形爲社會的封建勢力，非徹底加以摧毀不可。卻忽略了同一事物，同一行爲，在統治階層手上，與在社會大衆手上，其意義，其結果，常常是相反的。因爲面對的對象，發生作用的對象，是兩不相同的原故。南唐後主的詞，宋徽宗的畫，若出之於一般文人，意義便會完全兩樣。今日美國資本家蓄股票以圖利，是正當的行爲；但限制此種行爲進入到政府之內。宗法制度，是以固定地貴族身分來統治人民的制度。於是其親親、尊尊，亦皆以統治人民爲目的。政治上不可有固定的貴族；政治中的地位尤不可決定於固定貴族中的固定身分；否則必成爲政治中的大罪惡，這是很易明瞭的。但宗法由政治轉移到社會，統治的關係沒有了，憑藉統治而來的罪惡也便沒有了；於是宗法中的親親精神，乃成爲我國兩千多年來，社會組成的堅韌的紐帶；也成爲我國能渡過歷史苦難的眞實力量。永嘉之難，能渡江南去的，或渡隴西去的，多是強宗大族。能立足中原，保持中國文化於夷狄之中的，依然是強宗大族。強宗大族是專制政治的敵人；但卻是民族動力的保持、推進者；豈能因其中所含的流弊，便抹煞它在歷史中所發生的功用。此一由宗法精神所形成的社會結構，當然會由經濟的變化而日趨於瓦解，以形成新的結構。但在衡論歷史時，豈能忽視宗法由政治轉移於社會所發生的不同意義與結果，而一概以「封建」兩字斷定其罪案？我特於此發千古之覆。當然這裏有一個大問題：即是上述的轉變與轉移，在儒家的觀念上，並不曾出現顯著地否定的一面，而使人容易誤會儒家只是封建的繼承者，這不僅容易忽視上述的轉變與轉移；而且容易爲小儒及阿世之士，傅會、墜落到原有的封建泥沼中去，以增加我們清理的困難。

五、開放的過渡時代

封建政治社會的崩潰，在春秋末期，已經一落到底了。若以歷史上之所謂戰國時代開始於史記六國年表之周元王元年（前四七五年），則下距秦政二十六年（前二二一年）之統一天下，正式成立專制政體，中間相隔二百五十四年。若以資治通鑑始於周威烈王二十三年（前四〇三年），初命晉大夫魏斯趙籍韓虔爲諸侯，卽定此爲戰國時代的開始，則下距秦政二十六年，中間相隔凡一百七十二年。這是由封建過渡到專制的過渡時代。過渡時代的特性，我想假借孟子上梁襄王問孟子「天下烏乎定」（梁惠王上）的話來加以界定，卽是這一切是變動激烈而「未定」的時代。正因爲是未定的時代，封建的束縛已經解除，大統一的專制的壓制尙未開始；七雄相互間的競爭激烈，人類各種智能的活動，皆可得到嘗試與鼓勵。所以這又是一個大自由，大開放，民族的生命力，得到空前發展的時代。所以我稱之爲開放的過渡時代。在此開放而未定的時代中，由封建而來的靜態的社會，及在靜態社會中所需要的觀念，皆在激流中消失或轉變；而出現空前盛況的新的觀念與新的局面。但在此演變中，活躍在社會上的各種力量，皆不足以與集中的政治力量相抵抗，於是諸子百家及商業者與農民的命運，最後還是由現實政治的力量所決定，而使其在歷史上，僅成爲過渡的角色。

（1）國家性格的改變

首先我們應了解，進入到戰國，不僅因長期兼併的關係，由周初封建而來的國家，所餘無幾，且終於形成七雄並立的局面。更應注意到此時形成國家骨幹的，已和原有的封建國家大不相同。形成封建國家的是由宗法而來的世襲貴族。此一政治特性，一因采邑制度而形成貴族的割據，以致國家的權力分散。另一因貴族必然會一步一步的走向墮落，以致政治毫無效率可言。進入戰國時代，各國政治，都擺脫了舊時封建貴族的羈絆，權力都向國王、國君集中。爲了應付劇變的情勢，以追求富強爲目的，政治上的效率也便隨之提高了。周威烈王二十三年（西紀前四〇三年）命魏斯趙籍韓虔爲諸侯。周安王十六年（西紀前三八五年）命齊田和爲諸侯。所以韓、趙、魏、齊，是以「新國家」的姿態進入戰國的。秦之立國，貴族的影響，本來較弱；且可能未曾受到周室封建禮制的重大影響。根據近年來考古上的發現，自西周之末，到戰國之初，墓葬的有槨無槨；葬器中禮器的等差，都與禮書上所說的，隨死者身份不同，而葬禮有差異的情形，兩相吻合。進入到戰國後，這種由身份而來的差異，開始混淆；並漸以日用器具代替禮器；這說明了財富觀念，已漸代替了身分觀念。但被發掘的秦墓中，則一般都不用木槨；且無禮器作隨葬品；這正證明秦國貴族勢力，或者因受西戎之俗的影響，不曾完全接受周室宗法封建的身份制度；或者雖接受了，而沒有得到普遍地發展（註三四）。再加以周顯王八年，秦孝公用商鞅，至顯王十年（西紀前三五八年）實行變法，秦更遠離貴族政治的影響，而向權力集中、效率第一的方向猛進，奠定了統一天下的基礎。楚雖貴族政治的基礎相承未變；但在實際政治的運行上，對貴族的程事責功，與各國任用客卿的情形亦無異致。「楚之令尹，俱以親公子爲之。一有過，則必誅不赦。所以權不下替，而國本盛彊」。顧棟高特舉此以爲春秋楚國與其他各國在政權運用上的大分別（註三五）。燕僻處北陲，春秋時代及戰國之初，很少參與中原的活動。可以說是長期處於閉關狀態。自燕昭王卑躬厚幣以招賢，而其立國的情形稍變。然在七國中「最爲弱小，幾滅者數」（註三六）。總之，由封建國家的崩潰，貴族政治的變質，戰國時代國家的權力，較之春秋時代，遠爲集中。國家的性格，因而爲之一變。

在春秋中期以前，貴族有固定采邑，報功報庸，率以土田行之。及春秋末期，始漸出現貴族用粟供給家臣，作爲俸給的情形；及進到戰國，除極少數之特殊貴族與封爵者外，賜遺問便多以金爲幣；而國君對臣屬之給與，皆採以粟爲祿之制度。墨子貴義篇稱他仕其弟子於魏，魏許之千盆而與之五百盆。韓非子定法篇：「商君之法曰，斬一首者爵一級，欲爲官者爲五十石之官。斬二首者爵二級，欲爲官者爲百石之官。」又外儲說下記燕王噲收吏璽，令自三百石以上皆效予之。此一俸給制度之出現，在政治上說明兩種意義；一爲土田向國君手上的集中。二爲「粟祿」制度之運用，較土田制度之運用遠爲自由，使人君有經常進用遊士之機會，以適應政治上之需要。這樣便由權力之集中，新進人才之選用，而國家的政治效率，必較春秋時代大爲提高。並且自魏國李悝盡地力起，各國幾皆有適應於此一變化的政治改革，而以秦國商鞅最爲徹底；這便決定了七雄的最後結局。此一國家性格的改變，實爲專制制度之成立，準備好了先行的條件。

（2）工商業的發展

春秋時代，住在「國中」的工商業者，進入到戰國，得到更大的發展。

近年來出土的戰國中、晚期的鐵農器，計有遼寧、河北、山東、山西、河南、陝西、湖南、四川等八省的二十多個地方以上。由各處出土的數量，可知鐵農具已在生產中居於主導的地位（註三七）。從技術方面說，據判斷，出土的春秋、戰國之際的小型農器，還是用的「固體還原法」；但在石家莊趙國遺址出土的兩件鐵斧，及在興隆古洞溝燕國遺址出土的一個鐵範，經金相學和化學的考查，都是用「高溫液體還原法」所製造的。由「固體還原法」到使用「高溫液體還原法」的鑄鐵，這是冶鐵技術上的一次革命。鑄造鐵器，一般使用「陶範」；但燕國遺址卻發現了一批鐵範；在形式上出現了複合範和雙型範。範的外型設計了保證鑄造時各部份的溫度均勻。同時還採用了防止鑄件變形的加強結構和金屬型蕊，這是在現代也不太容易處理的工作。在石家莊趙國遺址出土的兩件鐵斧，經過考查，他的中心部份是鑄鐵的白口組織；但邊緣層都經過柔和處理，可以克服一般鑄鐵的脆裂性。而在鍛鐵技術方面，西安半坡九十八號秦墓出土的一件鐵鑿，經考查，是經過多次加熱鍛打，由表層至內部，逐漸改變其含炭量而製成的(註三八)。從上述冶鐵技術的進步及使用的普遍情形來看，鐵的使用經驗，必業已經過了長期的積累和發展；所以我國對鐵器的使用，不可能和新中國的考古收穫的編者所說的，是起於春秋、戰國之際，而應以詩經中出現的「錢」、「鎛」等農器為其早期試用時期。章鴻釗石雅附錄中國銅器鐵器時代沿革考中有謂「考諸地質，銅與鐵每並生。因銅得鐵，理宜有之。予嘗以此叩之上虞羅叔韞(振玉)先生，先生遺以書曰，吾家藏古銅刀，觀其形製，乃三代物。柄中空處，中實以鐵。又藏古矢鏃，其鋒刃以銅為之，而挺則用鐵。惟完全鐵器則不可得。」此亦可為旁證。鐵器的使用，若沒有長期的經驗，便不可能出現如上所述的技術上的大發展。同時由冶鐵的大大發展，一方面會全面地推進了戰國時代的農業生產能力；另一方面，則開闢了工商的結合，而大大提高了商業財富的積累。史記貨殖列傳所記錄的以工商致富的八人中，冶鐵業者便佔了四個。

戰國時代，手工業的種類、技術、組織(分工)、規模，都有飛躍的進展。但主要是屬於官手工業。並由大量出品的工藝品上標出「相邦」「守相」等官職所代表的當時中央政權；及標出「郡」「郡守」「縣」「縣令」等所代表的地方政權；因而知道當時官手工業是按照當時的國、郡、縣的三級政權所組織起來的。但因一九五六年在武安午汲趙城內發掘了一處包括十座陶窰的戰國晚期窰址，在許多陶器、陶片上，印記着「文牛陶」、「栗疾巳」、「陳陲」、「韓口」、「史口」、「孫口」，等姓名，而斷定這些不是官工業的印記，乃是一羣小手工業者所作的私工業的印記。又在山東臨淄調査中，發現有「某里人某」印記的陶片；這種陶片也常見於著錄。印記的地名，有「陶里」「豆里」等名稱；由此可以推知，在戰國時代，臨淄的城郊，實分佈著許多獨立的小工業者（註三九）。綜合上述兩種資料，在戰國時代，可以斷定已經出現了私人手工業。

至於此時商業的活躍，可由此時錢幣流通的情形反映出來。代表戰國中期的，在鄭州杜嶺第一一二韓墓，及輝縣固圍村第一號魏墓，發現了平首布；上面還記着地名和幣值單位。它不僅已脫離了農具樣式；並且幣值的標明，說明這些貨幣，早已從商品貨幣，變爲符號貨幣。一九五六年在芮城發現的窖藏，出土了四百六十塊金幣；鑄造地名有魏、韓、趙等二十多處。一九五七年，在北京呼家樓發現的窖藏，出土的布幣，其鑄地達五十多處（註四〇）。據馬昻的貨布文字考「範銅爲貨，乃創自商民；民以爲便，便則通行，國家未有禁令，鑄不爲私。」由貨幣自身效用的演進及鑄幣地域的普遍，不難想見戰國時期商業的高度發達。史記貨殖列傳，記「當魏文侯時」（西紀前四二四——三八五年）白圭治生之術頗詳；而結之以白圭之言謂「吾治生產，猶伊尹呂尙之謀（按言能有遠見），孫吳用兵（按言能制機先），商鞅行法（按言能有信用）是也。」由白圭之言所反映出的當時商業經營情形，已與現代商業競爭之條件相合。而秦併天下後，遷天下豪富十二萬家於各地。此皆可以說明戰國時代商業發展之情形。

戰國時代工商業的發展，也可反映到都邑的發展上。論語上所說到的邑，是由「十室之邑」，說到「千室之邑」。戰國策趙策三馬服君謂「且古者……城雖大，無過三百丈者；人雖衆，無過三千家者。」但戰國策趙策一記有韓康子魏宣子俱致「萬家之邑」於知伯的事實。趙策三馬服君謂「今千丈之城，萬家之邑相望也。」又趙策四虞卿有「令王能以百里之地，若萬戶之都，請殺范座於魏」之語。楚策亦有「效萬戶之都」之語。齊策一蘇秦說齊王謂「臨淄之中七萬戶」。東周策謂韓之宜陽「城八里，材士十萬。」這種都邑的發展，一方面反映人口的增加；另一方面是說明由工商業發展而來的人口向都市的集中。其中也有各國常備兵力增加的因素在裡面。

（3）士集團的擴大

至於士的階層，進入到戰國，在數量上更爲擴大；並且有的以思想文化爲中心，形成了許多集團的活動。孔子的一個教化集團，在他死後，還由他的弟子，分別繼承下來；其中爲後世所能知道的，子夏之在西河，曾子之在武城，商瞿傳易而遠及楚人馯臂子弓；我們可以推見這都是士的集團。墨子公輸篇謂墨子弟子禽滑釐三百人，皆可赴湯蹈火；其後學更有以「鉅子」爲中心的集團。孟子的「後車數十乘，從者數百人」，這也是一個集團。由孟子中所帶出的「陳良之徒陳相」的故事，可見南方也有此種集團。而許行「其徒數十人，皆衣褐」，當然是一個集團（孟子滕文公上）。莊子德充符說，魯有兀者王駘，「從之遊者與夫子（孔子）中分魯；立不教，坐不議。」這雖然是寓言，但也可以反映莊子當時的士集團的情勢；並且莊子心目中的王駘，是屬於道家型的人物，則承老子之流的，當然也會形成若干集團。莊子天下篇說到宋鈃尹文是「以此周行天下，上說下教；」這當然是一個集團。戰國策齊四記有田駢「學於彭蒙」、「貲養千鍾，徒百人」；這自然是一個集團。天下篇謂「惠施以此爲大觀於天下，而曉辯者，天下之辯者相與樂之」，是辯者又各有其集團。張儀「始嘗與蘇秦俱事鬼谷先生學術」（註四一），又是一種集團。可以說，每一學派中的大師，都會形成或大或小的集團，以與當時的人主及權貴，相倚爲重。最突出的是齊的稷下，及燕的碣石宮（註四二）；和孟嘗，平原，信陵、春申四君，與稍稍後起的呂不韋，皆各集客數千人；其中以呂不韋使其賓客積極向文化上發揮爲最有意義。當時不以思想相號召的遊說之士，似乎都是個人活動；但觀蘇秦之說，得行於趙時，趙王資以「飾車百乘，黃金千溢……以約諸侯」(註四三)；是他們一旦得勢，卽集聚士徒，張大聲勢。上述以學術思想爲中心所形成的集團，當然亦與當時士脫離農耕以求祿有關係。呂氏春秋博志篇，記有寧越因以耕爲苦，轉而勤學以求聞達的故事，乃當時許多棄農而從學的風氣之一例。故墨子勸人以「姑學乎，吾將仕子」(公孟篇)；且他實曾仕勝綽於齊(魯問篇)，仕公尙過於越(同上)，仕曹公子於宋(同上)；耕柱魏越之徒，亦皆因墨子而得祿(分見於耕柱篇及魯問篇)；齊宣王亦欲養墨子之弟子以萬鍾(孟子公孫丑下)。這種集團的活動，僅在東漢末期，因州牧的形成，稍可彷彿於一二；但旋爲宦豎所屠戮；可知這種現象只能出現於此一開放的過渡時代。

(4) 政治思想的大分野

上述由士所形成的諸子百家，若僅就政治方面而言，在思想上可以分爲三大類型。第一、是爲人民求解救，以仁義爲政治最高規範的類型。儒、道、墨、陰陽家皆屬之。道家反對世俗上之所謂仁義，而追求其「大仁」「大義」(註四四)，故亦可列入於此類型之內。二是爲統治者爭權勢，以富強爲最高目的類型，齊魯系統及衞晉系統的法家皆屬之；而衞晉系統法家特爲嚴酷。第三是不涉及政治的基本方向問題，而只論各國相互攻取的策術長短的陰謀家類型，縱橫家屬之。第一的類型，從大體上說，主張政治的基本權力應保存在人民手上，而不應集中在人君手上；儒家要求將生殺賞罰的大權操之於國人（註四五），主張「民之所好好之，民之所惡惡之」（註四六），固然是要把政治的基本權力保存在人民手上。老子「聖人無常心，以百姓之心爲心」，用意亦是如此。墨子的「尙同」思想，有人以爲是極權思想，這是就其流弊所至，發生的誤解。墨子的尙同，極其究，是諸侯上同於天子，則諸侯無權；天子上同於天，則天子亦無權。天對人民乃是「兼而愛之，兼而利之」，則天子諸侯奉承天志，亦只能爲人民服務。且墨子主張自天子以至諸官吏，皆由選舉產生，則政治權力，自然操持在選舉者的人民手上（見尙同上下）。法家——尤其是商鞅韓非，則要求把政治權力澈底集中在人君手上，要「獨制四海之內」（註四七）。人臣而能得民心，乃法家所大忌，這在商君書韓非子中，再三再四的引爲大戒。儒家以各種說法，要把人君的地位向下降；要使君臣的關係建立於互信之上。所以韓非說「卑主危國之必以仁義智能」（註四八）。孟子認爲「君之視臣如手足，則臣視君如腹心」（註四九），君臣的關係，是相對的關係。而法家則特須把人君神聖化，神秘化；使君臣之關係特爲懸隔。所以韓非特別強調「道不同於萬物……君不同於羣臣……是故明君貴獨道之容，君臣不同道」（註五〇）。又說「主上不神，下將有因」（註五一）。神之之術是「掩其跡，匿其端，下不能原。去其智，絕其能，下不能意」（註五二）。何以要如此，因爲「上下一日百戰」，人臣隨時可以簒弒。「臣之所不殺其君者，黨與不具也」。所以「有道之君，不貴其臣」（註五三），而盡量把人臣當狗看待，不使狗能變成虎。所以說「主失其神，虎（指臣）隨其後。主上不知，虎將爲狗（言人君將誤以虎爲狗）……虎成其羣，以殺其母。……主施其法，大虎將怯。主施其刑，大虎自寧。法刑狗（苟）信，虎化爲人」（註五四）。韓非子二柄篇謂「明主之導制其臣者，二柄而已矣。二柄者，刑德也。何謂刑德，曰，殺戮之謂刑，慶賞之謂德」，這中間沒有一點道德和情感的因素。此卽所謂法術之術。千言萬語，不外人君把自己神秘化，絕對化起來，以刑賞刧制其臣；臣與民不是人格的存在，而只是絕對者的工具。

儒家要求統一，但統一是人民自然歸向的結果，不贊成以戰爭爲統一的手段。統一以後的政治型態，孟、荀沒有明白的說出；但由中庸主張「繼絕世，舉廢國」；及後來儒家常常主張政治上的封建看來，在先秦時代，可能是主張有共主的聯邦政治。而後世則可能是主張負責的地方分權政治。因爲一直到顧亭林爲止，後來儒家所說的封建，乃是在觀念上大大轉化了的地方分權政治的性格。道家墨家反戰爭，道家更反對權力，當然更反對權力的集中。縱横家實際是主張對立中的均勢。惟有法家是徹底主張武力統一；而且統一後的政治型態，是徹底地中央集權。卽所謂「事在四方，要在中央。聖人執要，四方來效」（註五五）。

在經濟政策方面，墨家主張強本節用。儒家的孟子主張「制民之產」，使民有恒產，而後要求有恒心。但孟子是農工商並重。荀子主張「養與欲相持而長」；而稍有抑商的傾向。但他們對生產的重視，都是以解決人民生活爲目的。法家則自商鞅主張出於「一孔」，卽抑工壓商，使人民出於農耕一途；而農耕與戰鬬，又緊密的連結在一起。儒家重視文化，重視教化，重視人格的培養。法家則徹底反文化，反教化，反人格價値；因爲不如此，人民便會顯露出自由意志而不會成爲人君澈底地工具。儒家雖由道德的要求而主張孝弟，主張親親；但「春秋譏世卿」。孔子已很明白的反對由身分的封建制度所建立的政治結構；他抱着「爲東周」之志，周遊列國；並謂他的學生仲雍「可使南面」；這都不是承認封建的身分制度的情形。孟子主張「國君進賢，如不得已…國人皆曰賢，然後察之，見賢焉，然後用之」（孟子梁惠王下），用人以國人的意見爲基準，這不可能承認政治上的身份制度。他之向齊宣王提出「世臣」，是因爲當時統治集團裏的流動情形太嚴重，並且齊宣王用人又太輕率，「昔者所進，今日不知其亡也」（同上），所以勸其用人應特別愼重。他向滕文公提到「世祿」，實際是在「制民之產」以外，主張應制士之產，以安定士的生活。禮記禮運「天下爲公」，「選賢擧能」的政治思想，正是儒家政治思想的集中的表現。簡言之，儒家及其他諸子百家，皆承認政治上由職位而來的尊卑；但決沒有人承認由固定身份而來的貴賤。此種身分上的大解放，廣大影響於當時知識分子（士）的階層；甚至對於由政治地位而來的尊榮，亦加以反抗蔑視。由此而出現許由，務光等視天下爲不屑受之物的故事。顏斶在齊宣王面前，居然說「生王之頭，曾不若死士之壟」；結果宣王無可奈何，「願請受爲弟子」（註五六），這眞是在觀念上，由諸子百家對封建的身分制度大加掃蕩的時代。而這種觀念上的掃蕩，也可說是封建社會崩潰的正常反映。

法家在政治上對封建制的身分掃蕩，更爲澈底；因爲他們直接指向殘餘的貴族勢力。商鞅治秦變法，太子犯法，刑其傅公子虔，是有名的故事。但商鞅掃蕩了封建由血統所形成的身分制度，卻另外建立了鼓勵戰功的身分制度；此卽爲漢所繼承的「爵二十等」。爵二十等的基本意義，乃是表示在一般人民之上，自「公士」起，到「徹侯」止，有不同的二十等身分。史記商君列傳「有軍功者各以率受上爵」，卽指此而言。並且法家是「政治的絕對論者」，不許人生存於統治權力之外；所以他們都反對巖穴之士。

（5）在觀念上政治社會的開放與封閉

把上面所概略描述的情形，可以作如下的概括：凡是站在爲人民而政治的，是從已經崩潰的封建政治社會制度中，導向更爲開放的政治社會；而野心的縱橫之士，也助長了這一氣勢。此一開放的影響，在秦統一天下以後，依然成爲深入到社會的一股力量。項梁避仇吳中，陰以兵法部勒大繇役及喪事中的賓客子弟。項羽觀秦始皇東遊，謂「彼可取而代」。這還可以說是由於他叔姪家庭的世爲楚將而來的報仇心理。但東陽少年欲立故東陽令史陳嬰便爲王（註五七），可知當時一般少年們的心理中，視平民爲王，乃極尋常之事。劉邦「繇咸陽，縱觀秦皇帝，喟然大息曰，嗚呼，大丈夫當如此也」；且有計劃地爲自己造作各種神異，以爲起事張本（註五八）。陳勝爲人傭耕，曾向他的同伴說「苟富貴，無相忘」；卒與吳廣有計劃地造成舉大事的情勢；問卜時，卜者一見卽窺見他們的野心。舉事不久，「陳中豪傑父老」，卽勸陳涉自立爲王；他且能作全面之策動部署，秦卒因此而亡（註五九）。彭越漁鉅野澤中，少年勸其效諸豪傑叛秦（註六〇）。鯨布爲布衣，「有客相之曰，當刑而王」（註六一）。韓信受飯於漂母，而謂「吾必有以重報母」（註六二）。凡秦楚之際，所出現的野心家，都有野心的社會羣衆作背景。而野心羣衆之所以出現，在這段歷史以前，並沒有可以援引的事例。因爲西周的國人雖放逐了厲王；而春秋時代，出現更多的國人左右政治的現象；但國人中尙無取國君貴族而代之的野心。這完全是諸子百家，在觀念上把政治、社會，從過去的封建，推向開放之途的結果。司馬遷在秦楚之際月表序中，旣驚嘆於「五年之中，號令三嬗」；又對劉邦之以平民爲天子，驚嘆爲「豈非天哉，豈非天哉」。依然是忽視了由戰國這一過渡時期的政治觀念大開放的鉅大影響。

凡是站在統治者的立場以言政治的法家，一方面順從封建制度崩潰之勢，而澈底拋棄了封建制度，並拋棄在封建制度中所發展出的文化，以至拋棄任何文化。另一方面，則企圖建立一個以神聖化的君權爲中心的更閉鎖的政治社會制度。申不害在韓，吳起在楚，都曾作過政治改革的短期努力，但終爲封建的殘餘貴族所破壞。唯有秦國立國，封建貴族勢力，本不若東方諸國的深厚。加以雜西戎之俗，禮制尙未深入人心，故以刑治代禮治，所遇之阻碍力特少；故自商鞅變法以後，法家思想，成爲秦國的立國精神。於是秦與六國的鬭爭，在政治，社會上，乃成爲法家型的政治社會，與殘餘的上層封建政治，及流動而未定型的社會之間的鬭爭；其結果當然是秦的統一，而並且是專制政治的統一。專制政治成立的條件及其結果，都是更爲封閉的政治與社會，這在後面要詳細的說到。秦的成功，不能看作是法家與儒家或其他諸子百家鬭爭的結果。儒家思想及其他諸子百家，在戰國這一過渡時期，其影響乃在社會而不在政治；因爲除滕文公外，沒有任何國家，曾如秦國對法家樣，貫澈至以某一家思想爲中心的政治。

六、商鞅變法與秦之統一及典型專制政治出現的關係

(1)在流動社會中孟子言「保民而王」的根據

秦的統一，雖然得力於張儀的連橫，范雎的遠交近攻，及白起王翦們的戰勝攻取；但國家的力量及政治的性格，當然是由商鞅變法所奠定的基礎。不過，若僅了解由宗法所形成的貴族階級，隨着歷

史時間的經過，而愈成爲荒淫無知的情形；而不曾了解隨封建制度的崩潰，自春秋之末起，各國社會，已成爲非常流動的社會；此種流動社會，對於一個國家的政治權力而言，是一種莫大損害的情形，依然不能完全把握到商鞅變法的背景。今僅就孟子一書來看當時流動社會的情形。

「梁惠王曰，寡人之於國也，盡心焉耳矣。河內凶，則移其民於河東，移其粟於河內；河東凶亦然。察鄰國之政，無如寡人之用心者。鄰國之民不加少，寡人之民不加多，何也。」（梁惠王上）

按從上述梁惠王的口中，不僅反映出當時的統治者也知道政治的基本力量係來自人民；並反映出各國的人民，正在大流動之中，因而可隨各國政治的善否，可來可去。孟子說：

「彼奪其民時，使不得耕耨，以養其父母，父母凍餓，兄弟妻子離散。彼陷溺其民，王往而征之，夫誰與王敵。故曰仁者無敵，王請勿疑。」（同上）

「……如有不嗜殺人者……民歸之，由水之就下，沛然誰能禦之。」（同上）

「……今王發政施仁，使天下仕者，皆欲立於王之朝；耕者皆欲耕於王之野；商賈皆欲藏於王之市；行旅皆欲出於王之途；天下之欲疾其君者，皆欲赴愬於王；其若是，孰能禦之。」（同上）

「……舉疾首蹙頞而相告曰……父子不相見，兄弟妻子離散……」。（梁惠王下）

「鄒與魯鬨，穆公問曰，吾有司死者三十三人，而民莫之死也。誅之則不可勝誅；不誅，則疾視

其長上之死而不救，如之何則可也？孟子對曰，凶年饑歲，君之民，老弱轉乎溝壑，壯者散而之四方者幾千人矣……」（同上）

孟子所說的與上面意義相同的話還很多；在孟子的話裡面，很明顯地反映出農民被壓迫得四出逃生；而實也在選擇關市不太煩苛的空間去活動。孟子在這種大流動的社會背景之下言王道、仁政，認爲只要推行使人民有恒產而不苛暴的仁政，一方面可以招來更多的人民，選擇最好的人材；並把他們安定下來，使「人民死徙無出鄉；鄉里同井，出入相友，守望相助，疾病相扶持」（註六三）。另一方面，他國受壓迫的人民，不會起而爲暴君去抵抗能帶給他們以福利的軍隊，有如燕民開始歡迎齊軍（註六四），及鄒與魯鬨中鄒民採取觀望的情形。則「仁者無敵」的話，在大流動的社會背景下，並不是沒有現實的根據。否則孟子不會在齊、梁之君及其學生面前，強調毫無實現可能的政治主張。過去對孟子的政治思想，總以爲不過是站在人民立場所產生的理論，乃是沒有弄清楚當時的社會背景。當時人君以爲「迂闊而遠於事情」，主要是若如孟子的主張，則人君完全成爲人民服務的工具，並且可由人民加以變更，這是與人君的權力意志相衝突的。

（2）在流動社會下，商鞅變法的消極意義

商鞅在上述大流動的社會背景之下，採取了另一條路線。他變法的情形是：

「令民爲什伍，而相牧司（索隱：牧司謂相糾發也）連坐。不告奸者腰斬；告奸者與斬敵首同賞；匿奸者與降敵同罰。民有二男以上不分異者，倍其賦。有軍功者，各以率受上爵。爲私鬬者各以輕重被刑。大小僇力本業耕織，致粟帛多者復其身。事末利，及怠而貧者，擧以爲收孥。宗室非有軍功論，不得爲屬籍。明尊卑爵秩等級，各以差次。名田宅臣妾衣服，以家次。有功者顯榮，無功者雖富無所紛華。」「令民父子兄弟同室內息者爲禁。而集小都鄉邑聚爲縣，置令丞，凡三十一縣。爲田開阡陌封疆而賦稅平。平斗桶權衡丈尺。」「商君曰，始秦戎翟之敎，父子無別，同室而居。今我更制其敎，而爲其男女之別。大築冀闕，營如魯衞矣。」（史記商君列傳）

又：

「夫商君爲秦孝公明法令，禁奸本；尊爵必賞，有罪必罰。平權衡，調輕重。決裂阡陌，以靜生民之業，而一其俗。勸民耕田利土，一室無二事。力田稸積，習戰陣之事。」（史記范雎蔡澤列傳中蔡澤說范雎之語）

在上述商鞅變法中，有消極與積極兩方面的意義；而積極方面的意義，是以消極的意義爲前提條件的。所謂消極方面的意義，卽蔡澤口中所說出的「以靜生民之業」的靜。在當時，生民之業是流動的。因爲是流動的，人民無久長之計，不安心於壟畝，土地必歸於荒蕪；所以商君書一再強調「去萊」、「墾草」、「田不荒」。因為人民是流動的，國力也因之不能凝聚起來，立國的基礎便無法鞏固。所以商鞅第一個着眼，便是要把流動的社會，使其在職業上穩定安靜下來。此卽所謂「以靜生民之業」。當時的商業資本，尚無流入土地兼併的形跡；而商人蓄積財富的能力，遠大過於農民；由商業而來的財富，同樣是國家的財富。管仲治齊，因商而致富；衞文公中興，實行通商惠工；鄭以保護商人為其立國條件之一；越王勾踐用計然之策，提倡商業以致富強；然則商鞅何以要抑商如此之甚？蓋春秋時代之商，雖活動於四方，卻定籍於一國。至商鞅時代，在流動的社會中，流動性最大的莫如商人；商人的財富，也因之是流動的，非某一國所得而有。且商人因流動而得利，卽會影響到其他農民。商鞅為了要把流動的社會安靜下來，所以特別要打擊此一流動性最大的商人階級，及遊士的活動。商君書常常是把商人和游士，貶責在一起的。再加以相司連坐之法，把人民都釘住在鄉土之上。所以自商鞅變法後，秦可以誘三晉之民入秦耕種；但未聞有秦國的人民向外流出；亦未見有秦士活動於山東諸國之間。這在立國的現實基礎上，顯較六國為鞏固。由此可知，同樣的抑末（商），商鞅的抑商，與西漢初年的抑商，實有不同的背景與內容。

（3）商鞅變法的積極意義

現對商鞅變法的積極意義，稍加條理。

第一、商鞅變法的所謂法，是規定對人臣及人民的嚴格要求，及爲了達到此種嚴格要求，所使用的信賞必罰的手段。在信賞必罰中，實際是罰遠超過於賞。這是由封建制度下以禮爲達到政治目的之手段，轉變到以刑爲達到政治目的之手段的政治性格的大轉變。而在刑罰中，尤以相牧司（伺）連坐，及以戰時在敵前所用的刑法，普遍使用到人民尋常過失之上，最爲特出，最爲殘酷。軍法中的相司連坐，在商鞅是用以禁奸的。而當時的所謂奸，最重要者莫如逃亡。所以這裡面含有秦民不得輕離鄉土，而必定住於一地的重大意義在裏面。本來由禮治轉到刑治，在春秋末期，鄭人鑄刑書（註六五），晉鑄刑鼎（註六六），已開其端；但當時刑書刑鼎上所規定的，以左傳記載此兩故事的上下文字推測，只是限於人民某些犯罪行爲；商鞅則將臣民的整個生活，都控制於連坐及戰時軍法之下。這是商鞅政治的基本動力，及秦國政權的基本保障。這也是形成專制政治的最基本內容。

第二、徹底拋棄了封建制度中由身分而來的統治結構，代之以耕戰爲中心的統治結構。實際這是當時應當有的大改革；吳起相楚，「明法審令，捐不急之官，廢公族疏遠者，以撫養戰鬪之士」。（註六七）這對當時各國在強弱興亡的競爭上，有重大的意義。

第三、整理前後出現參差不齊的地方政治機構，使成爲單一的以縣爲單位的政治組織，以便於政令的推行。

第四、以軍事組織爲社會組織，這是管子治齊已經實行過的。但商鞅的「令民爲什伍」，除了便於戰時動員外，更爲了平時便於「相牧司連坐。」換言之，這一方面是軍事組織，軍事控制；同時又是刑法組織，刑法控制。並強制抑壓家庭生活，只准有父子單一相承的家庭。一方面是防止家庭中的依賴性；一方面也是爲了人民的易於控制。李劍農對此的解釋，謂爲由此「產生無數獨立的自由小地主，完全脫出領主佃民的關係」（註六八）。按若農民原爲領主之佃農，則一父，二子，三子同居，固然爲佃農；分析而爲一父一子同居，仍爲領主之佃農。因爲並不能因家庭之特小化而改變所有權之關係。且就全般情形看，當時對土地之侵漁獨占，主要是來自暴君汚吏。在戰國中期，尙無商業資本侵入土地之顯著現象，所以商君書，及孟子等書，皆未反映出領主佃農的問題。李劍農的說法，是假定先有領主佃農的關係；又把「民有二男以上不分家者倍其賦」的措施，解釋爲所有權轉移的措施，可以說是完全沒有根據的。

第五、使人民的職業出於耕織之一途。並開阡陌封疆，一方面是爲了擴大耕種面積；一面是讓生產能力強的，因不受傳統的經界限制而可盡量發展。這是對生產的鼓勵。由開阡陌而可以擴大耕地，亦可證明周代井田溝洫經劃之制，確爲歷史上的事實。周代爲了規劃他們的田制，並把農民固定於分配土地之上，曾在人口稀少的條件下，不惜使用不少的土地以作道路、水利、軍事防禦、和分別經界之用。隨人口的增加，賦稅剝削的加重，政治的無能，井田制在春秋時代，已開始破壞。井田制破壞後，由井田制而來的阡陌，反成爲農業生產發展的障碍。並且自左昭元年，晉魏舒「毀車以爲行（步陳）」，「敗無終及羣狄於太原」後，一般地趨勢，由車戰進而採用步騎作戰的方式，阡陌在軍事上的交通意義也完全失掉，無保存的必要。從孟子「是故暴君汚吏，必慢其經界」（孟子滕文公上）的話來看，土地的私有兼併，首先乃起於政治性的侵漁。同時，因農民的大量逃亡，授田的政令廢缺；對逃亡荒廢的土地，會有人加以佔領使用；使用久了，便自然而然地出現了社會性的土地私有。所以土地私有，並非先有政令的規定；而是因社會先有此種事實，然後再由政治加以承認。同時，對於井田制的阡陌，各國也皆在自流性的非計劃性的情況下，都在開闢；只有魏文侯時的李悝（註六九），及稍後的商鞅，才從政治上意識到此一問題，乃進行以政治之力，作有計劃的開闢。這可以助長由人民生產力之不同所形成的私有土地間的貧富之差；但並非如傳統的說法，商鞅開阡陌而井田廢；乃是井田廢而李悝、商鞅開阡陌。同時，在商鞅以嚴峻的方法監理商人和公族及官吏的情形下，社會雖有貧富之差，但尚不致發生兼併現象。並且因公族及官吏沒有特殊地位，便取消了使賦稅負擔不平均，權衡不統一的根本原因。這都可以發生鼓勵農民生產的作用。

第六、人民平時生活的組織，卽採用的是軍事組織；而耕與戰，又完全結合在一起；甚至鼓勵秦民的戰爭勇氣，更過於農耕。商君書徠民篇以「利其田宅而復之三世」的優厚條件，引誘山東之民無不西，此不僅在增加農民人口，且在使秦固有的農民多服兵役，而以新來之農民從事耕作。然李劍農遂以此爲「兵農分道，農民免去封建式之兵役負擔」(註七〇)；此證以蔡澤謂商鞅治秦，「是以兵動而國廣，兵休而國富」之二語；李氏的推斷，完全是錯誤的。

第七、從商君書看，他是反對人民有人格獨立的教養，與信奉法令以外的知識的。因爲這樣的人，將和商賈一樣，會逃避農與戰。農戰第三：

「今境內之民皆曰：農耕可避，而官爵可得也。是故豪傑皆可變業，務學詩書，隨從外權（按指游仕於他國而言）。要靡事商賈，爲技藝；皆以避農戰。具備（按指上述兩者皆有於國中），國之危也。」「善爲國者官法明，故不任知焉。上作壹，故民不偸（偷）營，則國力摶聚也。國力摶者疆。國好言談者削。故曰農戰之民千人，而有詩書辯慧者一人焉，千人者皆怠於農戰矣。農戰之民百人，而有技藝者一人焉，百人皆怠於農戰矣」。

「詩書禮樂善修仁廉辯慧，國有十者，上無使守戰」。

在史記商君列傳趙良向商鞅進言中，有「勸秦王顯巖穴之士」之語，則商鞅的抑壓隱士，也是必然的。因爲隱士是不完全服從政令的人。但商鞅爲了建立適合於富國強兵的社會秩序，在刑罰之外，也曾以某種道德強要於人民，使能形成較爲合理的風俗，以補刑罰之所不及。在商鞅答復趙良的話裡面說「始秦戎翟之教，父子無別，同室而居。今我更制其教，而爲其男女之別。」父子間的男女關係混亂，可給社會秩序以最壞的影響，所以商鞅要加以禁止。這只是在儒家的五倫中，他採用了夫婦一倫；其他皆爲商鞅及其他法家所不取。

商鞅於秦孝公元年入秦（西紀前三六一年），是年爲周顯王八年，梁惠王十年。孝公卒於周顯王三十一年（西紀前三三八年）。孝公卒後，商鞅卽爲秦惠王所殺。孝公卒後之三年（西紀前三三五年），梁惠王卒，其子襄王卽位。孟子曾見梁惠王與梁襄王；卽是孟子與商鞅約略同時。但孟子未嘗得一行其道，「雖由此霸王，不異矣」（註七一）的構想，徒托空言；而秦國則守商鞅之業，有明確的政治目標，有堅決的政治作法，有可以程日計功的效果；以此對付經常在混亂中的山東諸侯，則商鞅死後，經一百一十七年（西紀前二二一年）而秦統一天下，並建立專制政體，無寧是當然之事。

（4）呂不韋的插曲

秦自孝公以後，一直沿着商鞅變法所定的基線發展。尤以秦政陰鷙狠戾，是法家型的性格。再加李斯以不世出之才，懷偸合苟容之志（註七二），承順秦政法家的性格，以完成法家所追求的理想，這便是他們所成就的大一統的專制政治。但這中間我們不能忽略呂不韋的出現。史記呂不韋列傳：

當是時，魏有信陵君，楚有春申君，趙有平原君，齊有孟嘗君，皆下士，喜賓客，以相傾。呂不韋以秦之強，羞不如，亦招致士，厚遇之，至食客三千人。是時諸侯多辯士。如荀卿之徒，著書布天下。呂不韋乃使其客人人著所聞，集論以爲八覽六論十二紀，二十餘萬言，以爲備天地萬物古今之書，號爲呂氏春秋。」

呂氏春秋乃是爲了秦統一天下後所用以治理天下的一部寶典。這部書，根據一種特別假定，構成一種特別系統；取諸家之長，合一鑪而冶之，給漢代思想界以很大的影響，這將另作進一步的研究，此處都不講它。而只提出裏面的政治思想，乃是以儒家爲主，並可謂擷取了儒家政治思想的精華。而在泛採諸子百家之說中，獨沒有採用法家思想；這一點是特別值得我們注意的。因此，在呂不韋的三千門客中，實際是以儒、道，陰陽三家爲主幹；並且是由儒家總其成的一部著作。與秦政母親私通的嫪毒，被戮於秦政九年；呂不韋免相國是十年（西紀前二三七年），他飲酖而死是十二年（西紀前二三五年）。呂不韋與嫪毒的地位，及兩人與秦政的關係，不可同日而語。呂不韋死後，秦政皆「復歸嫪毒舍人遷蜀者」（註七三）。但呂不韋死時，「其舍人臨者晉人也，逐出之。秦人六百石以上，奪爵遷。五百石以下，不臨遷，勿奪爵」（註七四）。是對呂不韋死後的處置，遠較嫪毒爲嚴苛。蓋秦政與呂不韋的衝突，不僅在權勢而實在思想。李斯「從荀卿學帝王之術」，入秦爲呂不韋舍人，不韋任以爲郎

（註七五），是其思想本與呂氏春秋所表現的大方向相合。及不韋以鴆死，而李斯乃完全順承秦政之意，發展法家在秦已有的基礎，遂決定了統一天下後的專制型態。但呂氏春秋中記有六國滅亡之事（註七六）。是呂不韋死後，其書仍在繼續修補之中；則呂氏門客，在秦仍繼續發生影響；亦卽儒家陰陽家，由呂不韋的招致，對秦的政治意識，亦未嘗不發生若干的作用。陰陽家與神仙之說相結合，其在當時的影響力，是顯而易見的。我以爲儒家大小戴記中所收各篇章，亦多成於呂氏得勢，及秦政統一宇內的這一段時間。並且在戰國時代，各國文化，雖然各有其地方特性，也都有其時代的共同趨向。例如秦雖抑商，而商業依然繼續發展，連秦也不例外；劉邦初入關所遇到的秦將，居然是賈人（註七七），由此可以窺見賈人勢力在咸陽之大。這點後面還要提到。秦反對游士，而秦廷依然爲游士角逐之場。秦政因呂不韋事件，議逐客，卒因李斯諫逐客書而作罷（註七八）。秦國官制，多受山東諸國影響，因而與山東諸國大體相同（註七九）。而山東諸國官制，乃由周制長期發展演變而來。丞相或宰相之相，當自相禮之相，衍變而出；「相國」當由係動詞衍變而爲名詞；並且此重要官制，首見於呂氏春秋擧難篇及韓詩外傳卷三所記的故事；及史記魏世家所記魏文侯擇相事。亦分別出現於韓，齊諸國。至秦惠文王十年，以張儀爲相；秦本紀記武王二年初置丞相；此皆受山東諸國的影響，而後爲秦所採用。「博士」更先見於山東諸國（註八〇）。並從李斯諫逐客書中證明始皇及其宮廷的生活、服飾、音樂等，都受到各國的影響，大大改變了秦的故俗。而說苑至公篇載秦政與博士議「五帝禪，三王繼世，孰賢？」而有「吾將官天下」之語；雖出自一時的矯情，但彼亦未嘗不是受了呂氏春秋中的政治思想的影響。秦統一六國後，還做了先溶合，再整理的工作。始皇本紀「秦西破諸侯，寫放其宮室，作咸陽北阪上。」又獨斷載秦謁者的高冠是齊冠；法吏的法冠是楚冠；侍中的武冠係趙靈王效胡服之冠；此雖細事，亦可由此類推其餘。史記禮書謂「至秦有天下，悉內（納）六國禮儀，采擇其善。」這雖然不完全是由呂不韋門客的關係；但秦統一後的立國規模，亦未嘗不因呂不韋的門客而也受到儒家及其他各家思想的影響。不過，在立國精神上，實係以法家精神爲骨幹；實係以商鞅所奠定的法家政治結構爲基礎；則是毫無可疑的。離開了法家思想的線索，便無法了解專制政治出現的根源及其基本性格。

七、典型專制政體的成立

（1）中西專制的不同

專制一詞，在先秦已出現。國語楚語上「既得道，猶不敢專制。」大戴禮本命「婦人者伏於人者也，是故無專制之義。」韓非子亡徵「大臣專制，樹羈族以爲黨。」史記穰侯列傳記范雎入秦，謂太后專制。專制即不受他人牽制而獨作決斷的意思。但兩千年中，似乎沒有把秦政統一天下後所建立的政體稱爲專制政體的。把秦政所建立的政體稱爲專制，其意義乃來自與立憲政體相對立的 Despotism 一詞的翻譯，或係由 Absolute Monarch 一詞的翻譯。與我國傳統所用的專制一詞，實大有出入。此一譯名的引用，當由清末的維新運動而來，目前我不能判斷始於何人何書。清光緒二十五年（西紀一八九九年）清議報中有梁啓超各國憲法異同論一文，開首卽謂『凡屬國家之大典，無論其爲專制政體（原注：舊譯爲君主之國），爲立憲政體（原注：舊譯爲君民共主之國），爲共和政體（原注：舊譯爲民主之國），似皆可稱爲憲法』。又光緒二十六年梁氏在立憲法議一文中謂「世界之政體有三種：一曰君主專制政體，二曰君主立憲政體，三曰民主立憲政體」。此段有小字注謂「三種政體，舊譯爲君主，民主、君民共主，名義不合，故更定今名」。觀此，則專制政體一名之使用或卽始於梁氏；而其取義則係來自西方，殆無可疑（註八二）。但若因此一名詞，實際是來自西方，因而將西方所謂專制政體的具體情形，輕率地和中國歷史中的專制政體兩相比附，而不考慮歷史條件有很大的不同，便會陷於極大的錯誤。古巴比倫和埃及的專制政治，是立基於殘酷地奴隸制度之上；而且一般的社會生活狀態，幾乎沒有自由可言；這顯然與秦代專制政體成立的情況，幾乎可以說是天壤懸隔。西方近代的專制政體之出現，一方面因爲民族國家的形成，發生了國家統一的積極作用。另一方面，專制君主在對付貴族階級上，得到新興的市民階級——在當時是商業資本家爲主——的支持。貴族的勢力推翻後，新興的市民階級又起而推翻了君主專制。這與中國的專制情形相去很遠。有人把中國的專制政體的出現，和商業資本之發達，連在一起，在後文裡便會了解，這是由比附而來的誤解。也有人把中國的專制，和水利的開發連在一起；殊不知中國水利制度，以周代的溝洫制度最爲完備；而戰國時期，首先講求水利的乃起於三晉，再由鄭國而啓發於秦地；此皆在統一專制未出現之前。所以這更是一種猜測誇大之詞。

（2）中央專制

爲了把專制分疏清楚，首先應了解秦政所建立的專制政體，應分作兩方面加以把握。一方面指的是對封建政治下的諸侯分權政治而言的中央專制。卽是一般所謂之廢封建爲郡縣。秦在位日淺，對他的郡縣政治設施，缺少直接地材料。但若承認西漢郡縣的情形是繼承秦制，則可以了解秦的郡與縣的政治組織，是朝廷官制的具體而微；並且較之朝廷的政治組織，去掉了許多爲了維護皇帝特殊地位所設立的不合理的部份，因之較朝廷的官制，遠爲合於實際需要，在事實與權責上，可以發揮很大地政治功能。這是與唐以後的情形大爲不同的。郡縣的守、令和封君不同之點在於：（一）對郡守縣令的人選，直接操於朝廷，隨時可以任免。（二）賦稅收入，皆屬朝廷；郡縣的支出，等於朝廷支出的一部份。（三）秦的郡縣，有主管武力的尉；但似乎實際上沒有武力，更不能直接發兵。（四）職與爵分途：有職的不必有爵；有爵的不必有職。這可以說是通朝廷以至地方而言，乃廢除封建後的一大特色。此事發端頗早，如管仲地位低於國、高兩氏，而實執齊國之政；這也可以說是職與爵分途的見端。但在過去是特例，至此而爲通例。(五)由朝廷派遣監御史，負對地方官守監督之責。從上面這些特點說，與其稱爲專制，無寧稱爲大一統的中央集權。這應當是中國歷史發展的一大進步。

上述的進步，或者可以說是合於當時大多數的社會組成份子的要求，但不能拘於西方近代民族國家成立時的社會背景，而認定是由社會某種特定勢力所促成，所決定的。甚至秦的君臣，作廢封建爲郡縣的決定時，只泛泛的反映了當時社會一般的要求，決非反映社會某一特定階層的意志；甚至也非完全出自秦政的自私。雖大一統以後，許多知識分子感到失掉了活動的自由；但在戰爭擾攘不休的時候，法家固然要求一統，儒家也同樣要求一統；孟子早就說「定於一」(註八二)，所謂「定於一」，是說天下安定於「一統」。孔子修春秋，一面是「貶天子」(註八三)，一面是尊周尊王，也是爲了要求能有「禮樂征伐，自天子出」(註八四)的有力共主，也是爲了一統。呂氏春秋的作者是贊成繼續封建制度的，但同樣也要求一統。始覽謹聽篇謂「亂莫大於無天子」，即是這種意思。但當時的儒家贊成一統而不贊成中央集權，這是與法家不同之點。

再從社會階層來說，農民是戰爭的直接負擔者，痛苦最大，當然要求一統；但當時的農民，還沒有主動的表示意見的能力與機會，因此我們很難說秦的一統，是由農民的意見意識所促成的。戰國是商業大為發達的時代；史記貨殖列傳已經很明顯的說出了在政治勢力以外，還有財富的勢力。並且從孟子「古之為關也，將以禦暴；今之為關也，將以為暴」（盡心下），及荀子「苛關市之征以難其事」（富國篇）的情形看，列國併立，關稅煩苛，當時的商人階層，當然也以一統的天下為有利。但秦統一六國的是武力；武力的組成份子，主要是農民而非商人。越王勾踐曾用計然之計，振興商業，以致富強（註八五）；但秦自孝公以來，一貫實行的是抑商政策。並且出身商人而在政治上發生大影響的無如呂不韋。但在呂氏春秋中，依然是「上農」思想，並未特別反映出商人意識。所以把商人和秦之統一連在一起的說法，根本不能成立。總之，促成大一統的，不是社會的什麼特定階級，而只是由長期戰爭所造成的政治上的理由。史記始皇本紀：

「二十六年……丞相綰（王綰）等言，諸侯初破，燕齊荊地遠，不為置王，無以塡之。請立諸子，唯上幸許。始皇下其議於羣臣，羣臣皆以為便。廷尉李斯議曰，周文武所封子弟同姓甚衆，然後屬疏遠，相攻擊如仇讎，諸侯更相誅伐，周天子弗能禁止。今海內賴陛下神靈，一統皆為郡縣。諸子功臣，以公賦稅重賞賜之，甚足、易制；天下無異意，則安寧之術也。置諸侯不便。始皇曰，天下共苦戰鬭不休，以有侯王。賴宗廟，天下初定；又復立國，是樹兵也。而求其寧息，豈不難哉？廷尉議是。分天下以為三十六郡；郡置守、尉、監。」

造成大一統的中央集權的，乃是「天下共苦戰鬪不休」的這一重大教訓。此一重大教訓，可以說是反映當時一般的要求，而非反映某一特定階級的要求。賈誼過秦論中謂「秦併海內，兼諸侯，南面稱帝，以養四海。天下之士，斐然鄉風，若是者何也？曰近古之無王者久矣。周室衰微，五霸既沒，令不行於天下。是以諸侯力攻，彊侵弱，衆暴寡，兵革不休，士民罷敝。今秦南面而王天下，是上有天子也。既元元之民，冀得安其性命，莫不虛心而仰上。」正說出了當時都希望能由統一以得到安定的大傾向。但當時的儒生，卻繼續泥古拘虛，卒以此導至三十四年焚書之禍。史記李斯列傳：

「始皇三十四年，置酒咸陽宮，博士僕射周青臣等，頌稱始皇威德。齊人淳于越進諫曰，臣聞之，殷周之王千餘歲，封子弟功臣，自爲支輔。今陛下有海內，而子弟爲匹夫，卒（猝）有田常六卿之患，臣無輔弼，何以相救哉。事不師古而能長久者，非所聞也……丞相（李斯）謬其說，絀其辭，乃上書曰……今陛下並有天下，辨白黑而定一尊。而私學乃相與非法敎之制；聞令下，卽各以其私學議之……如此不禁，則主勢降乎上，黨與成乎下，禁之便。臣請諸有文學詩書百家語者，蠲除去之……。」

因爲淳于越繼續主張封建而導至焚書，可見這在當時是最嚴重的爭論。此一爭論的本質，是政治權力應如何安排而始能把政權維持得長久，因而社會能得到安定的問題。此一問題，成爲中國歷史上無法打開的死結，乃係專制的另一事實所形成的。即是，如後所述，決定性的政治權力，遠離開人民社會，而一層一層的安放在皇帝一個人的身上，其勢眞有如以一絲而懸千鈞之重。在此一意義的專制之下，若把權力集中於朝廷，就必定有外戚宦官之禍。若分寄於地方，則不論是封建的形式，或者是州牧的形式，就必定有互相劫奪之禍。所以這一爭論，是永遠沒有結果的。

（3）一人專制

另一方面的所謂專制，指的是就朝廷的政權運用上，最後的決定權，乃操在皇帝一個人的手上；皇帝的權力，沒有任何立法的根據及具體的制度可加以限制而言。人臣可以個別的或集體的向皇帝提出意見；但接受不接受，依然是決定於皇帝的意志；無任何力量可對皇帝的意志能加以強制。這才是我國所謂專制的眞實內容。而郡縣制的成立，加強了皇帝一人專制的程度，由此而掩沒了它的進步的意義。在一人專制之下，所建立的中央制度，有丞相總庶政之成；有御史大夫作爲丞相的副貳；有太尉主管軍事。在丞相之下，有合理的分工；遇有國家大事時，朝廷有大小規模的會議加以討論；並且作爲知識分子的代表者的博士，職位雖低，但能參加會議，並有隨時向皇帝提供意見的機會；這都是在他們所建立的政制中所含的合理的成份。甚至可以說，就秦的官制的分工本身而言，可以認爲並非完全是專制的。可是這套官制機構的總發動機，不在官制的自身，而實操之於皇帝一人之手。皇帝一念之差，及其見聞知識的限制，便可使整個機構的活動爲之狂亂。而在尊無與上，富無與敵的環境中，不可能教養出一個好皇帝。所以在一人專制之下，天下的「治」都是偶然的，「亂」倒是當然的。這便不是從官制本身能得到解答。而且官制中的合理部分，也勢必被其糟蹋、破壞。

八、一人專制的五種特性

爲得了解一人專制的特性，便應該舉出下列各點。

一、專制皇帝的地位，是至高無上，幾乎可以說是人間的至高神。但在我國，秦以前的王，及西方的專制者，他們的這種地位，是靠與神的關係建立起來的。只要大家承認他是天之所命，他便有這種崇高的地位。由秦始皇所代表的皇帝地位，不僅在秦以前的王者，不能比擬其崇高；即西方古代與近代的專制主，在規模上也不能比擬其偉大。由周初所胎動的人文精神，到了戰國時期，已經把宗教性的天、帝解消盡淨了。由陰陽家所重新建立起來的五帝，只可滿足統治者誇張的心理，並非通過眞實的信仰所肯定的；所以皇帝的地位，並非靠神權建立起來的，而是靠法家的人工的法與術所建立起來的。以人工的法與術來建立這種地位，其歷程較假託於神意的更爲嚴酷。史記始皇本紀琅邪刻石「古之五帝三王，知教不同，法度不明，假威鬼神，以欺遠方。實不稱名，故不久長。」在這幾句話裏，卽反映出始皇並無所假借於鬼神。術倡於申不害，是人君所用以控制人臣的方法。其內容是「因任而授官，循名而責實；操生殺之柄，課羣臣之能」（註八六）。此一基本內容，當然由法家一直承傳下去。但到了韓非，更把這種控制術，向上昇進，使人君成爲老子所說的道的權化。韓非子的主道第五，並非泛泛說人主之道；乃是說人主如何而能與老子之所謂道，合而爲一。這在他，稱之爲「體道」。他開始說，「道者萬物之始，是非之紀也。是以明君守始以知萬物之源，治紀以知善敗之端」；這種話，不能輕易看過。明君的「守始」「治紀」，卽是明君的體道。道是萬物的創造者，是形而上的存在。明君的體道，卽是明君超越於萬物之上，而成爲萬物的最初和最後的決定者。琅邪刻石之所謂「皇帝作始，端平法度，萬物之紀」，正由韓非的思想而來。老子所說的道，是虛靜無爲的性格；在韓非手上，卻成爲人君隱秘自己，伺察人臣的最高權術的神秘殿堂；所以他說「寂乎其無位而處，漻乎莫得其所（按此二句言人君的威嚴，不能爲人臣所測度），明君無爲於上，羣臣竦懼乎下」（註八七）。這樣一來，由術所建立的人君崇高的地位，不是由神所授，而是由術的人工所製造出來的現世上的神。由商鞅所定的法，是「憲令著於官府，刑罰必於民心，賞存乎愼法，而罰加乎姦令」（註八八）；臣民在法令賞罰驅策之下，本已完全處於被動的地位。發展到了韓非，法與術相合，對臣民的防制愈嚴，通過法中的嚴刑峻罰以抑制挫折臣民的意味更重；於是皇帝的崇高不可測度的地位，更由臣民的微末渺小而愈益在對比中彰著。法家中的上述發展，完全由秦政李斯所繼承下來。史記秦始皇本紀：

「丞相綰，御史大夫刼，廷尉斯等皆曰……今陛下興義兵，誅殘賊，平定天下，海內爲郡縣，法令由一統，自上古以來未嘗有，五帝所不及。臣等謹與博士議曰，古有天皇地皇泰皇，泰皇最貴。臣等昧死上尊號，王爲泰皇，命爲制，令爲詔，天子自稱爲朕。王曰，去泰著皇；號曰皇帝。制曰可。」

又：

「制曰，朕聞太古有號毋謚。中古有號，死而以行爲謚。如此，則子議父，臣議君也。甚無謂，朕弗取焉。自今已來除謚法，朕爲始皇帝。」

又：

「趙高說二世曰……『天子稱朕，固不聞聲』」。又李斯列傳記趙高之言謂：「天子所以貴者，但以聲聞，羣臣莫得見其面，故號曰朕。」

按趙高的話，雖是玩弄胡亥，但也是來自他所學的法家思想。而由趙高的話，一直可以貫通到建立皇帝稱號時的用心的。爲了把皇帝和人臣的地位懸絕起來，除了把「古者尊卑共之」（獨斷）的「朕」，定爲皇帝的專稱以外，更把皇帝的命稱爲制，令稱爲詔；而將人臣所通用之書改爲奏（御覽五九四引漢書雜事）。此種稱呼上的峻別，乃秦以前之所無。此皆出自要把皇帝盡可能的向上捧，把人臣盡可能的向下抑的心理所定下來的。李斯受誣後，「囚就五刑」，其殘酷亘古無比，眞所謂「視臣如草芥」。也正是以人工建立的至高無上的一人專制的結果。這可以說是新建立起來的絕對化的身分制。

二、秦代建立專制政治制度，也和周初建立封建政治制度一樣，一方面是憑藉歷史上已經成熟的若干條件；另一方面則是根據他們所抱的一種理想而加以意識的努力。秦政與李斯所抱的理想，用簡單的話表達出來，乃是繼承由商鞅所要求的「則民樸壹」（註八九）的「樸」與「壹」。樸是質樸，誠樸。「壹」是商君書上所再三強調的觀念；不過在商君書之所謂壹，指的是壹於農戰。而秦政所要求的，是人民根據皇帝的法，在生活行爲上能整齊劃一。因爲能這樣，便不會因人民個性與特殊利益的發展，影響到社會的安定。並且這種社會安定的性格，實際是皇帝意志在客觀世界中作普遍性的伸展。這才是專制權力的徹底實現。因儒家所提倡的孝悌思想，隨戰國時代的「社會家族」的逐漸出現（註九〇），在社會上大爲流行，秦政也不能不受影響。同時，在事實上，欲求社會的安定而不把它安放在某種道德規範之內，幾乎是不可能的。所以在有關的秦刻石中，隨着時間的經過，愈益把法的整齊劃一，和道德的規範，連結在一起。如：

二十八年泰山刻石：「皇帝臨位，作制明法，臣下脩飭。……治道運行，諸產得宜，皆有法式。大義休明，垂於後世，順承勿革。皇帝躬聖，既平天下，不解於治。夙興夜寐，建設長利，專隆教誨。訓經宣達，遠近畢理，咸承聖志。貴賤分明，男女理順，愼遵職事……」（史記秦始皇紀本）

琅邪刻石：「維二十八年，皇帝作始。端平法度，萬物之紀。以明人事，合同父子。聖智仁義，顯白道理……上農除末，黔首是富。普天之下，摶心壹志。器械一量，同書文字。……應時動事，是維皇帝。匡飭異俗，陵（作凌，歷也）水經地。除疑定法，咸知所辟（避）。方伯分職，諸治輕易。舉錯必當，莫不如畫。皇帝之明，臨察四方。尊卑貴賤，不踰次行。姦邪不容，皆務貞良。細大盡力，莫敢怠荒……六親相保，終無寇賊。歡欣奉教，盡知法式。六合之內，皇帝之土。人跡所至，無不臣者。」（同上）

二十九年之罘刻石：「……作立大義，昭設備器，咸有章旗。職臣遵分，各知所行，事無嫌疑。黔首改化，遠邇同度，臨古絕尤。……」（同上）

上面刻石裡的詞句，當然因歌功頌德而有誇張；但在這種誇張中，正可反映出他們所追求的目的；及在這種目的中對皇帝的專制欲望的滿足。當然他們所要達到的目的，並不應一概加以抹煞，而含有某種合理性。所以我便稱他們所建立的專制是典型的專制。

三、在上述的社會統制中，雖亦含有儒家道德思想之要素；但他們所用以達到目的之手段，則完全靠作爲法家思想主要內容的刑，這是秦立國的基本精神，也是專制政治的最大特色。古今中外，凡專以刑來實現道德，道德成爲刑治的工具時，道德便變爲刑治的幫兇。關於秦的刑治的殘酷，在西漢凡是有思想的知識份子，幾乎每一個人都提到。現在僅引兩件直接材料：

始皇推終始五德之傳，以爲周得火德。秦代周，德從所不勝。方今水德之始，改年始朝賀，皆自十月朔。……更名河曰德水。以爲水德之始（南本始作治），剛毅戾深，事皆決於法。刻削毋仁恩和義，然後合五德之數。於是急法，久者不赦。（史記秦始皇本紀）

按鄒衍五德終始之說（註九一），經過呂不韋門客的推演（註九二），而給秦政以很大地影響。所以根據呂氏春秋的應同篇，認定秦爲水德之始，由此而來一套改正朔，易服色，以與水德相應，這是新的迷信，本不足論。但儒家自孔子說了「逝者如斯夫，不舍晝夜」（註九三）之後，孟子則以水比擬爲道德之有本源（註九四）；荀子則以其有似於九種德行（註九五）。老子則以「上善若水」，蓋特取其「善利萬物而不爭，處衆人之所惡，故幾於道」（註九六）。至莊子秋水篇，則特賦與以藝術的意味。而秦的君臣所看出的水德，則成爲刑的象徵，成爲秦政性格的象徵；特別成爲專制政治基本性格的永恒象徵。此一水的形象的創造，眞是意味深長的一件事。

侯生盧生相與謀曰，始皇爲人天性剛戾自用；起諸侯，並天下，意得欲從，以爲自古莫及己。專任獄吏，獄吏得親幸。博士雖七十人，特備員弗用。丞相諸大臣皆受成事，倚辦於上。上樂以刑殺爲威。天下畏罪持祿，莫敢盡忠。上不聞過而日驕，下懾伏謾欺以取容……天下之事，無小大皆決於上，上至以衡石量書；日夜有呈；不中呈不得休息。貪於權勢至如此，未可爲求仙藥。於是乃亡去。（史記秦始皇本紀）

按侯生盧生，把當時的任刑自專的情形，歸到秦政個人的性格上面，固然不錯。但秦政的性格，已客觀化而爲專制政治制度，於是秦政個人的性格，也卽是專制政治制度自身的性格。在此制度之下，縱使皇帝不似秦政一樣的剛戾自用，但由此制度必然產生的外戚、宦官、權臣，也必剛戾自用。因爲順着此一機構活動的自然結果，只能是如此。除非滲入儒家更多的因素。不過，後來剛戾自用的人，不能如始皇這樣的精能吧了。

以刑法整齊臣民，臣民勢必無所措手足。所以當時犯罪者之多，可以說到了駭人聽聞的程度。據史記秦始皇本紀：二十八年，始皇出巡「至湘山祠，逢大風，幾不得渡。……於是始皇大怒，使刑徒三千人，皆伐山樹，赭其山。」「三十三年發諸嘗逋亡人，贅婿、賈人，略取陸梁地，爲桂林、象郡、南海、以謫遣戍。西北斥逐匈奴，自榆中並河，以東屬之陰山，以爲三十四縣……築亭障以逐戎人，徙謫，實之初縣。」據資治通鑑卷七「以謫徙民五十萬人戍五嶺，與越雜處。」據文獻通考一「是時北築長城四十餘萬」；皆係上述史記上所謂罪謫之人。而徙罪謫實初縣三十四縣，其數目亦當在數十萬人。本紀「作阿房宮……隱宮徒刑者七十餘萬人」。就上述情形估計，始皇所動用之罪人，當在二百萬至三百萬之間。賈山至言說秦時「赭衣半道，羣盜滿山」，殆非過言。何以如此，一方面固然因侈泰之心，賦苛稅重；另一方面則是來自以嚴刑要人民行動的劃一。陳涉起事的藉口是「公等遇雨，皆已失期，失期當斬」(註九七)。劉邦起事的原因是「爲縣送徒酈山，徒多道亡，自度比至，皆亡之。」卽是這種情形的反映。

四：在專制政治之下，因爲一切人民，皆處於服從之地位，不允許在皇帝支配之外，保有獨立乃至反抗性的社會勢力。所以秦政二十六年統一天下後，立卽「徙天下豪富十二萬戶」，據史記貨殖列傳所保存之紀錄，豪富經過一徙，便立變爲貧窮；這並非完全出於抑商政策；因豪富中並非都是商人。乃是因爲財富的力量，常常可以抗衡政治的力量。史記貨殖列傳「蜀卓氏之先，趙人也，用冶鐵富。秦破趙，遷卓氏，卓氏見虜略，獨夫妻推輦詣遷處……乃求遠遷；致之臨邛，大喜；傾滇濁之民，卽鐵山鼓鑄，運籌策，富至僮千人。……程鄭，山東遷虜也，亦冶鐵。……富埒卓氏，俱居臨邛。宛孔氏之先，梁人也；用鐵冶爲業。秦伐魏，遷孔氏南陽，大鼓鑄……家致富數千金，」上面三人是被徙十二萬戶中，貧而再富的僥倖者。三人中，沒有一個人直接與六國的政治有關係。由此，亦可見其非爲防止六國政治餘燼而出此。此一政策，後遂爲專制政治所常行的社會政策。至史記貨殖列傳中，所記秦政對以畜牧致富的烏氏倮比封君；爲以丹穴致富的寡婦清築懷清臺；乃出於他的邊疆政策，並非表示他的抑商政策有所改變。

五、因爲專制政治，一切決定於皇帝的意志，便不能允許其他的人有自由意志。不能有自律性的學術思想的發展。在當時培養自由意志的是詩書及百家之言；因爲詩書及百家之言的內容，可以和現實情況作對照；在對照之下，便可引發對現實情況作批評；這便違反了皇帝的意志。修詩書及百家之學的，是當時廣義的儒生，所以法家自商鞅起，一直是反詩書，反儒生的。專制政治是法家的產物；所以焚書坑儒，不應當看作歷史上的突出事件，而無寧應當視作在專制政治下的必然事件。在專制政治下，必然出現某種形式的焚書坑儒事件，有如「舉業」「八股」。史記秦始皇本紀三十四年：

丞相李斯曰……異時諸侯竝爭，厚招遊學。今天下已定，法令出一。百姓當家，則力農工；士則學習法令辟（避）禁。今諸生不師今而學古，以非當世，惑亂黔首。……今皇帝並有天下，別黑白而定一尊。私學而相與非法教。人聞令下，則各以其學議之；入則心非，出則巷議。夸主以爲名，異取以爲高，率羣下以造謗。如此弗禁，主勢降乎上，黨與成乎天，禁之便。臣請史官非秦記，皆燒之。非博士官所職，天下敢有藏詩書百家語者，悉詣守尉雜燒之。敢有偶語詩書者棄市。以古非今，族。吏見知不舉者同罪。令下三十日不燒，黥爲城旦。所不去者醫藥、卜筮、種樹之書。若欲有學法令，以吏爲師。制曰可。

李斯主張的實現，乃自商鞅以來，法家理想的實現。法令乃皇帝自由意志的客觀化，同時又是完成皇帝意志的唯一手段。去掉了詩書百家之學，則人民只知有法令，亦即只知有皇帝的意志；這是專制政治在精神上必然地措施。賈誼過秦論「於是廢先王之道，焚百家之言，以愚黔首。墮名城，殺豪俊；收天下之兵，聚之咸陽，銷鋒鑄鐻，以爲金人十二，以弱黔首之民。」愚與弱的百姓，正是專制政治所要求的百姓。自此以後，在專制政治能有效運行時，必有某程度的變相的焚書工作，如清的修四庫全書，其原因即在於此。對已有的儒生怎樣呢？前面提到批評過始皇的侯生盧生亡去後：

始皇聞亡，乃大怒曰，吾前收天下書，不中用者盡去之。悉召文學方術士甚衆，欲以興太平；方士欲練以求奇藥。……盧生等吾尊賜之甚厚，今乃誹謗我，以重吾不德也。諸生在咸陽者，吾使人廉問，或爲妖言以亂黔首。於是使御史悉按問諸生，諸生傳相告引以自除。犯禁者四百六十餘人，皆坑之咸陽，使天下知之以懲後。益發謫徙邊。始皇長子扶蘇諫曰：諸生皆誦法孔子。今上皆重法繩之，臣恐天下不安，唯上察之。始皇怒，使扶蘇北監蒙恬於上郡。

按始皇坑儒，後人有的以爲所坑者主要是方士而非眞儒；然觀扶蘇之言，亦可知方士中亦未嘗不受儒家思想的影響。鄭樵以爲「秦時未嘗廢儒；而始皇所坑者，蓋一時議論不合者耳」，其言近似。秦坑儒後，仍徵文學之士，作待詔博士；朝廷中亦問博士以政治；如史記叔孫列傳所記情形，自係事實。然其所坑者，始皇分明謂「或爲妖言以惑黔首」，即是私自批評了政治，批評了始皇的人；其未批評，或批評而未被發現者，當然留下未坑。其目的正在「使天下知之懲後」；使剩下的儒生，完全成爲先意承志的工具。

由秦始皇和李斯繼承商鞅的餘烈，以法家思想爲骨幹，又緣飾以陰陽家和儒家，所建立的專制政治，在像始皇這種英明皇帝統治之下，是可以發揮很高地效果，很快的解決問題的。因爲我們的疆域和人口，對古代而言，可以說是太大太多了。通過一個強有力的政治控制力摶集在一起，當然是一種很偉大的力量。據秦始皇本紀，統一天下之後，即「一法度衡石丈尺，車同軌，書同文字」；這都是了不起的工作。漢書賈山至言「秦爲馳道於天下，東窮燕齊，南極吳楚。江湖之上，瀕海之觀畢至。道廣五十步，三丈而樹，厚築其外，隱以金椎，樹以青松。」這種交通上的開闢，雖然是爲了適應他巡遊的侈心，但爲了鞏固統一，也是偉大地工作，在建國上也有很大的意義。始皇三十二、三十三兩年，在對外的疆土拓張上，正如賈誼過秦論中所說「南取百越之地，以爲桂林象郡。百越之君，俯首係頸，委命下吏。乃使蒙恬北築長城而守藩籬，卻匈奴七百餘里。胡人不敢南下而牧馬，士不敢彎弓而報怨。」此一工作，病在一時，功在萬世。假定始皇晚年不窮奢極侈；又「鄉使二世有庸主之行而任忠賢」，如賈誼過秦論中所說，此一專制政體，是不是就可以安定下去呢？我認爲依然是不可能的。第一、奢侈可以說是專制下的必然產物；由皇帝地位的神化，由神化而又有所作爲時，窮奢極侈，便成爲心理與事實上必然的要求。二千年的專制歷史中，只有極少數的皇帝，在這種地方表現克制的力量。第二、把權力絕對化於一人之身，任何人必有「人所無法避免的弱點」；此弱點稍一暴露，立卽會爲他的最親近者所乘。有如在一個巨大的機器的發動機裏投下一顆小石塊，轉眼之間，便全部失靈，乃至被破壞。並非這一顆小石塊有這麼大的破壞作用；而是它憑藉了全副機器得以運轉的動力中心，才有這大的作用。始皇的病，及由病而死，這是任何人無法能夠避免的。宦官中車府令趙高的政治地位，正如他自己所說；「高固內官之廝役也」；但他可以刼持李斯說「定太子，在君侯與高之口耳。」李斯分明知太子扶蘇之賢，且居嫡居長；始皇臨死時的遺命，是要扶蘇繼承大統；且必如此而秦的基業乃可鞏固。但終於違背自己的良心，聽趙高之計，殺扶蘇、蒙恬而立胡亥(註九八)；這說明李斯以丞相之尊，其一人的禍福利害，亦操在趙高之口。趙高之口何以有這樣大的作用？因爲他是「內官廝役」，與皇帝混在一起；皇帝發生問題，而不能直接開口時，內官廝役之口便是皇帝的口；始皇的遺詔是交在趙高手上，趙高便可利用此一間隙，於是他的口便代替了始皇的口，而成爲此一龐大機器的總發動機。縱然暫時不問人民的死活，這也是專制政治自身所含的無可救藥的致命傷。趙高既利用上此一間隙，輕鬆而自然地盜竊了專制政治的最高統治權；對於皇帝的繼承者，他必然要做最壞的選擇；並爲自己做最後的打算。陳涉未奮起以前，秦的命運，已經決定於趙高之口的一刻了。專制政治，正如呂氏春秋先識篇所說的饕餮一樣，「周鼎饕餮，有首無身；食人未咽，害及其身。」一樣的。

九、專制政治的社會基礎問題

最後要談到爲什麼在封建制度崩潰後，我只提出專制政治，而不涉及社會的性質，不賦予爾後的社會以某種稱呼呢？難道說專制政治，沒有一種社會基礎嗎？下面我將解答這些問題。

第一、我在前面已經提到過，封建制度解體的原因非一；其中「國人」階級在發展中的解紐，當然是一個重要原因。而在國人階級的發展中，當然以商人階級及士人階級的發展爲最速。但秦之所以能併吞六國，是由商鞅變法所扶植起來的自耕農的力量。而廢封建爲郡縣，以完成專制體制的，是長期由對立而來的慘酷戰爭的教訓，而不是根據某一特定的社會階級的階級意識；尤其與商人階級無關。這在前面已經說過了。商鞅變法，根據富強的要求，曾考慮到他們政權的社會基礎問題，這卽是最穩定的耕戰合一的農民。秦始皇李斯們完成了他們的專制構造後，也意識到了他們政權的社會基礎問題；這卽是小所有者的自耕農，加上家庭手工業者。他們不能消滅商人階級；但他們繼續採取抑商的政策。他們重視小所有者的自耕農，因爲這是由商鞅所奠定的立國基礎；同時也是他們併呑六國的武力基礎。但他們比商鞅前進了一步是：商鞅把私人手工業與商人作同樣的看待，而加以抑壓；到了始皇時代，則把工人與農民作同樣的看待。試從刻石中的材料來證明我的上述看法。

二十八年泰山刻石：「治道運行，諸產得宜，皆有法式。」（史記秦始皇本紀。）

瑯邪刻石：「上農除末，黔首是富。」「皇帝之明，臨察四方。尊卑貴賤，不踰次行。姦邪不容，皆務貞良。細大盡力，莫敢怠荒。遠邇辟隱，專務肅莊。端直敦忠，事業有常。……節事以時，諸產繁殖。……六親相保，終無寇賊。……驩欣奉敎，盡知法式，……功蓋五帝，澤及牛馬。莫不受德，民安其宇。」

三十二年碣石刻石：「夷去險阻，地勢既定，黎庶無繇。天下咸撫，男樂其疇。女修其業，事各有序。惠被諸產，久竝來田，莫不安所。」（同上）

上面似乎只提到農，沒有提到工。但由李斯焚書議中「百姓當家則力農工」之言推之，則刻石中屢有

「諸產」一詞，諸產中一定含有工業生產在裡面。從上面刻石的文字中，可以看出他們所希望的社會，是由「端直敦忠」的農民、工人所組成的小所有者的生產社會。始皇併天下，卽移天下豪富十二萬戶於各地，使富者變窮；並於「三十三年發諸嘗逋亡人、贅壻、賈人，略取陸梁地」（秦始皇本紀）；他們的政權，不是要建立在商人及其他豪富的身上，至爲明顯。此時當然有由刑罪及債務而來的奴隸；但在整個社會組織中的地位，乃居於極不重要的地位，也至爲明顯。因爲小所有者的農民工人，不僅只是財賦與力役之所自出，形成國力的骨幹；並且小所有者的農工，是最易馴服，是最缺少反抗力的階級；法家和始皇及李斯們，認爲只有把專制政治建立在這種階級上面，才不會遇到知識與暴力的反抗，可以長治久安下去。但是不是由此而可稱專制下的社會，卽是小所有者的農工社會呢？如後所述，不僅專制政治，在事實上並不能保護小所有者的農工；而且在專制政治之下，小所有者所受的壓迫，較其他階層爲更甚。因此，使小所有者的生存，在專制之下，經常是在動搖之中，無法鞏固自己生存的地位。所以秦因要求社會生活劃一所來的繁刑，因侈泰之心所來的重賦，再加上胡亥趙高的殘毒，把農民逼得無路可走；起而亡秦的，依然是農民而不是商人，也不是奴隸。這不僅是始皇始料所不及；也是專制政權必然的命運。所以專制下的社會，在與全般社會力量的現實對比之下，不能稱爲小所有者的農工社會。

第二、始皇李斯們，雖然很意識地抑壓商人，要以小所有者的農民工人爲他政權的社會基礎。但社會愈進步，分工便愈發達。分工愈發達，商人的商業行爲，便成爲分工社會生活中的紐帶。始皇他們既不可能消滅商業行爲，即不可能消滅從事商業者由物價操縱（註九九）而來的財富積聚。商人操縱物價的主要對象，亦即是剝削取利的主要對象，即是農民與工人。尤其是農民受天災人禍的影響最大。一受到這種影响，農民的生活便赤裸裸地暴露於天災人禍之前，一聽商人操縱。從這一方面，說明了商業資本的興起，乃社會發展中的自然趨向，不是專制政治下的政治力量所能阻止。財富是人類最大的誘惑。商人有了財富，亦即有了機會夤緣各級政府，與各級政府互相勾結。以秦的抑商，而屠者子，居然可以爲秦之將（註一〇〇），即是此一情勢的反映。更加以商人是最長於逃避賦稅力役的；賦稅力役，主要是落在農民身上。商人的財富積累在都市，並可以相機轉移，在戰亂中不僅保存較易，且戰爭常爲商人大量積累財富的溫床。而農民的生計，固定在農村；戰爭所到之地，即農民生活破產之地。這說明專制政治，既不能眞正保護農民，也不能眞正抑制商人。雖以漢武帝的告緡與鹽鐵專賣，使中產以上者之家皆破，但終不能長期抑制商人的復活（註一〇一）。尤其是自秦以後，因儒家思想更多的介入，主張只抑制商人的土地兼併，並不抑制商業的其他活動。這也造成商業活動有利的條件。但是否因此而可稱專制的社會爲商業資本社會呢？何況在長期的歷史中，常常出現商人與官吏相勾結的現象，這似乎可以說明商業活動與專制政治的一致。但為了解此一問題，首先應了解中國歷史上的商業活動，和近代的商業資本，不應互相混同起來。中國歷史上的商業是「土著商業」，土著商業過份的發展，必然對社會發生剝削和腐蝕的作用。他們財富的增加，是由於張三轉到李四的轉移關係，即諺語所說的「東家不窮，西家不富。」近代歐洲的商業，是國際性的商業；他們競爭的對象不是國內的農民，而是異國的財富。所以他們的財富，對其本國而言，是增加而不是單純的轉移；不僅東家不窮，西家也可以富；而且東家西家都可互富起來。因此，他們的商業資本，才有歷史的進步性；並能產生新的觀念以影響社會與政治。我國大約到了唐代，開始有了可觀的海上商業活動；至宋而規模更大。但一直到鴉片戰爭以前，其規模還沒有達到對社會、政治，提供新觀念，形成新勢力的程度。並且在上述情形之下，商業活動，始終附着於官僚地主之間隙中以求生存，未能取得社會中之主導地位；故商業活動之本身，亦始終沾滯不前，未能順着其本身之規律，以向前作質的蛻變。所以我覺得在長期專制下的社會，不能說是商業資本社會。

第三、漢初加入了畸形的政治封建制度以後，雖然由此所造成的政治上層的分裂危機，到漢武帝時已加以克服；但因徹侯制度的擴張，造成政治特權階級，出現大規模的政治性的土地兼併。再加以商業資本進入農村，而出現了商業性的土地兼併。於是由這兩種兼併而來的地主對佃農的剝削，又成為專制政治下極嚴重地問題。在漢代，政治性的土地兼併，大於商業性的土地兼併；這種土地貴族，形成漢代專制政治的一部份，也是促成專制皇朝崩潰的主要原因。但是這種地主對佃農的剝削關係，我依然認爲不應把秦以後的長期專制下的社會，稱爲封建社會。因爲如果如此，首先便與周初所實行的封建制度，引起觀念上的混淆。其次，周式封建的土地制度，是公田與私田的關係，再加上力役的義務；這是後來土地關係中所絕對沒有的。周室「以什一而稅」爲基準，後世地主則常榨取十分之四、五，遠超過井田制的剝削。還有在專制下的自耕農，常淪沒而爲佃農；但佃農也可上升而爲自耕農。這種情形，又是周代的封建制度下所不能出現的。至於地主與佃農，在一般社會構成的比重上，恐怕也不能稱爲封建社會。

第四、基於專制政治是以刑爲骨幹的政治，及上述的各種原因，在兩漢，曾出現了數目相當龐大的刑事奴隸與債務奴隸。但供貴族手上使役的奴隸的數字，可能大過於社會上從事生產的數字。既未形成社會主要的勞動力，且亦不斷爲政府所禁止。所以說漢代是奴隸社會的，根本不能成立。

第五、最主要的一點是，任何社會勢力，一旦直接使專制政治的專制者及其周圍的權貴感到威脅時，將立即受到政治上的毀滅性地打擊。沒有任何社會勢力，可以與專制的政治勢力，作合理地，正面地抗衡乃至抗爭；所以最後只有全面性的農民暴動。專制政治需要的是小所有者的農民工人；但此一政制的本質，並沒有能力保護農民工人；因為農民工人，與最高無上的皇帝、皇室，懸隔太遠，又沒有攀附奔走於統治集團的機會與能力；於是他們經常是窮無所告的人羣，成為層層剝削，而毫無顧忌的對象。再加以政治兼併，商業資本兼併，經常是以小所有者的農工為對象，所以小所有者的農民工人，是不斷地在動蕩沒落之中。但是就各地的小所有者的農民來說，固然是在動蕩中沒落；但若就全般情形來說；則是此滅彼生，此伏彼起；小所有者在歷史中始終佔一重要地位。不過因為農民生活形式的散漫，經濟力量因分散而薄弱；所以在社會上，政治上，不能發生出積極的作用；對專制統治集團，經常負擔賦役的重大責任，而極少能得到社會政治上的權利。但若政治黑暗到由大量的政治地土地兼併（明代鄉紳，也是政治地土地兼併），而使此一中間階級，大部分都動搖崩潰時，他們的力量，便由「農民暴動」的方式表達出來，以徹底摧毀一個王朝。大部分的土地，在大變亂後開始自然性地重新分配。可是農民暴動，能摧毀一個王朝；但缺少新的觀念及集體化的社會力量以另建立新的政治形式；於是一個專制王朝倒下去，另一個新專制王朝又起來。商人活動於統治集團與中間階級之間，他們可依附（勾結）於統治集團以擴大其財富；但同樣不能形成對抗政治的社會力量。他們的生命財產，是操縱在專制集團手上；輿論則是操縱在士人手上；因之，也不能形成他們自己的獨立意識。可以說，商人乃以附隨於專制統治集團之下，或利用，或被利用，以圖其生存的。由商業規模的擴大，可以引起商品生產規模的擴大，也可以刺激生產組織與技術的改進。但中國過去一遇到上述的機運時，便插入專制政治的壓力而歸於夭折。

總結上面的分析，可以了解在專制政治之下，有由政治兼併而來的大地主；有大小商人；有由商業資本兼併而來的大地主；有小所有者的農工階級；有佃農，有奴隸。在專制新王朝建立之初，政治多是傾向於保護小所有者，及佃農奴隸的方向。但專制政權，在延續中必然腐化，於是便自然傾向於政治性的大地主，及附隨於政治性的大地主的商人。此一傾向達到某一極限，便激起農民暴動，改朝換代，重新再來。政治是循環的；經濟社會，也是循環的。在此種情勢之下，不能容許某一特定階級，作直線的發展。因此，兩千年來的歷史，政治家，思想家，只是在專制這副大機器之下，作補偏救弊之圖。補救到要突破此一專制機器時，便立刻會被此一機器軋死。一切人民，只能環繞着這幅機器，作互相糾纏的活動；糾纏到與此一機器直接衝突時，便立刻被這副機器軋死。這副機器，是以法家思想爲根源；以絕對化的身分，絕對化的權力爲中核；以廣大的領土，以廣大的領土上的人民，及人民散漫地生活形式爲營養；以軍事與刑法爲工具；所構造起來的。一切文化、經濟，只能活動於此一機器之內，而不能軼出於此一機器之外，否則只有被毀滅。這是中國社會停滯不前的總根源。研究中國歷史，不把握到這一大關鍵，我覺得很難對中國歷史作正確地理解。

附註

註一　新中國的考古收獲頁五五——五六。

註二　左氏會箋第六頁四九「作字有兩義，一則創造，一則脩復。」此作是脩復之義。

註三　參閱拙文西周政治社會的結構性格問題第四節。

註四　周公作無逸以教成王，謂「文王卑服，即康功田功」；「即田功」，即是與百姓一起種田。藉禮之起，亦即保持此種精神。

註五　見史記周本紀。

註六　左僖二十五年晉文公勤王有大功。「晉侯（文公）朝王……請隧，（杜註：闕地通路曰隧，王之葬禮也。）弗許，曰，王章也；未有代德，而有二王，亦叔父之所惡也。與之陽樊、溫、原、攢、茅之田。晉侯於是乎始啓南陽。」此其顯著之例。

註七　史記十二諸侯年表列有十三國；對這一點，異說甚多；要以傅占衡謂「以魯爲主」，故不數魯，亦猶六國年表以秦爲主，故不數秦之說爲可信。

註八　左宣十五年，楚師圍宋，「華元夜入楚師，登楚子反之床，起之曰，寡君使元以病告曰，敝邑易子而食，析骸以爨；」即其一例。

註九　以上皆請參閱顧棟高春秋大事表三十一至三十七。

註一〇　史記自序。

註一一　論語季氏篇。

註一二　參閱顧棟高春秋大事表十三。

註一三　在秦以前，縣大而郡小；至秦則郡大而縣小。

註一四　按縣之大小，由併吞地之大小而定。初無定制。瞿同祖中國封建社會頁七九，斷定縣的面積是很大的，非通達之論。

註一五　孟子公孫丑上。

註一六　春秋胡氏傳卷十九。

註一七　此由顧棟高春秋大事表郎甲田賦論所轉引。

註一八　見孟子梁惠王上。

註一九　薩孟武中國社會政治史卽據此說。見該書頁十五。

註二〇　中國武器，一直至秦統一六國，還是以青銅器爲主，故銷兵器爲金人十二。但入漢卽以鐵爲主。

註二一　此由胡適文存第四集卷一說儒文中所轉引。（頁十七）。徐原文見國學論叢一卷一號頁一一。楊向奎中國古代社會與古代思想研究上册頁二七亦襲承其說而加以擴大。

註二二　鎌田氏的原著，收在宏文堂雅典文庫。此處所引者見原著五八——五九。

註二三　禮記檀弓。

註二四　見孟子滕文公上。

註二五　墨子耕柱篇。

註二六　孟子公孫丑上。

註二七　韓非子顯學篇。

註二八　論語子路篇。

註二九　此據史記孔子世家。仲尼弟子列傳稱七十有七人。呂氏春秋遇合篇稱委質爲弟子者三千人，達徒七十人。孟子公孫丑篇，韓非子五蠹篇，淮南子泰族訓及要略訓皆言七十；蓋舉成數而言。

註三〇　論語陽貨「如有用我者，吾其爲東周乎。」

註三一　關於仁的內容，請參閱拙文釋論語的仁，收入學術與政治之間乙集。

註三二　莊子大宗師「是惡知禮之意」。書周官疏九「或據禮文，或據禮意。」

註三三　論語八佾「人而不仁如禮何。」

註三四　請參閱新中國的考古收穫頁六九——七十。

註三五　見春秋大事表春秋卿大夫世敘表敘。

註三六　史記燕召公世家贊。

註三七　新中國考古收穫頁六十一。

註三八　同上頁六三——四。

註三九　同上頁六二——三。

註四〇　同上頁六七。

註四一　史記張儀列傳。

註四二　皆見史記孟子荀卿列傳。

註四三　史記蘇秦列傳。

註四四　莊子齊物論「大仁、不仁」；老子五八章「是以聖人方而不割，廉而不劌」，實等於說「大義不義」。

註四五　史記孟子荀卿列傳謂鄒衍「然要其歸，必本於仁義節儉」。

註四六　孟子梁惠王下「國人皆曰賢，然後察之。…國人皆曰可殺，然後察之…故曰國人殺之也。」

註四七　見禮記大學。此爲儒家的通義。

註四八　韓非子有度。

註四九　同上說疑。

註五〇　孟子離婁下。

韓非子揚權。

註五一　同上。

註五二　同上主道。

註五三　皆見韓非子揚權。

註五四　同上。

註五五　同上。

註五六　戰國策齊四。

註五七　以上皆見史記項羽本紀。

註五八　見史記高祖本紀。

註五九　見史記陳涉世家及張耳陳餘列傳。

註六〇　見史記彭越列傳。

註六一　見史記黥布列傳。

註六二　見史記淮陰侯列傳。

註六三　孟子滕文公上。

註六四　孟子梁惠王下齊人伐燕。孟子在兩答齊宣王之問中所反映者，必有事實根據。

註六五　左昭六年。

註六六　左昭二十九年。
註六七　史記孫子吳起列傳。
註六八　見李著先秦兩漢經濟史稿頁一二四。
註六九　史記孟荀列傳謂「魏有李悝盡地力之敎」；貨殖列傳又謂「當魏文侯時，李克務盡地力」，今從索隱，定爲李悝。
註七〇　見李著先秦兩漢經濟史稿頁一二四。
註七一　孟子公孫丑上。
註七二　史記李斯列傳所記「見吏舍中鼠食不絜」的故事。卽係刻畫李斯的這種性格。
註七三　史記呂不韋列傳。
註七四　史記秦始皇本紀。
註七五　史記李斯列傳。
註七六　見呂氏春秋孟冬紀安死篇。
註七七　史記留侯世家。
註七八　史記李斯列傳。
註七九　參閱秦會要卷十三——十五職官。

註八〇　史記循吏列傳，公儀休爲魯博士。龜策列傳，衞平爲宋博士。說苑尊賢篇，淳于髡爲齊博士。漢書賈山傳，賈祛爲魏王博士弟子。按弟子二字，當爲衍文。

註八一　此段資料之查考，乃出於亡友徐高阮先生之手。念及平生，爲之雪涕。

註八二　孟子梁惠王上。

註八三　史記自序。

註八四　論語季氏。

註八五　史記貨殖列傳。

註八六　韓非子定法第四十三。

註八七　同上主道第五。

註八八　同上定法第四十三。

註八九　見商君書農戰第三。

註九〇　此乃對「貴族家族」而言。

註九一　見史記孟荀列傳。

註九二　按形成呂氏春秋十二紀骨幹的，主要由鄒衍的陰陽及五德思想，推演而來。

註九三　論語子罕。

註九四　孟子離婁下，「徐子曰，仲尼亟稱於水曰，水哉，水哉，何取於水也？孟子曰，源泉混混，不舍晝夜，盈科而後進，放乎四海，有本者如是……」

註九五　見荀子宥坐篇「孔子觀於東流之水，子貢問於孔子曰」一節。

註九六　老子第八章。

註九七　史記陳涉世家。

註九八　以上見史記李斯列傳。

註九九　從史記貨殖列傳看，自春秋之末到漢武時代，商人資本的積累，主要來自由屯積以操縱物價。

註一〇〇　史記留侯世家：「沛公……與良俱南攻下宛，西入武關。沛公欲以兵二萬人擊秦嶢下軍。良說曰：臣聞其將屠者子，賈人易動以利。」

註一〇一　見史記平準書。

漢代專制政治下的封建問題

一、問題的限定

在進入到本問題討論之前，首先應說明的一點是，漢代所繼承的秦爵二十等中的列侯（註一），不在此處討論範圍之內。

二十爵中最後一級的列侯，在以一固定的稅收供給被封者的特殊生活——即所食的國、邑——的這一點上；及在以此爲表示其固定的身份地位，而此身份地位，乃表示進到以皇室爲中心的統治集團，與皇室有密切的關係的這一點上（註二），可以說它具備有充分的封建性格。但若就周代封建最重要的意義，乃在於分封建國的分權統治，則列侯對中央政府的朝廷而言，完全沒有分權統治的意義。所以秦代並不是沒有少數因功被封的列侯，但對它的廢封建爲郡縣，沒有一點影響。一般史家說漢初是實行半封建半郡縣的制度；所謂半封建，乃指的是被封爲王的「諸侯王」而言，不是指這種列侯而言。「諸侯王」之不同於列侯，不僅在於它的身分較之列侯要高一等；而係被封爲王的，乃眞正是分封建國，在被封的範圍內，有政治上的統治權，與周代所封建的諸侯相等，故稱之爲「諸侯王」。

史記有高祖功臣侯者年表，又有漢興以來諸侯王年表，本來已把兩者不同的性格都分清楚了。但史記漢書中，對列侯亦常援古代諸侯以相比譬，這便容易引起混亂。

劉邦統一天下（紀前二〇二年），繼承了秦代專制政治的統治機構。但在繼承之中，卻復活了秦政李斯們所廢除掉的封建制度——亦即是出現了上面所說的「諸侯王」，這是專制政治中的一種變局。爲得到了解漢代專制政治在繼承中的特殊性，也爲得了解專制政治自身所包含的難以尅服的矛盾，及其對學術文化所發生的窒息作用，我便首先提出了這一問題來討論。

二、封建與楚漢興亡之關係

周初封建，出於周公對政治的擴張、同化的要求，其中含有政治的理想。所以封建構成周室統治最重要的一環。但漢初封建，首由異姓轉而爲同姓，皆出於一時形勢之所不容已。所以史記漢興以來諸侯王年表敍首述「周封五等」，乃出於「親親之義，襃有德也」。而對漢初封建，則認爲完全出於一時形勢所逼成，自始卽與當時一統專制的政治有極大的矛盾，因而擾攘達百年之久；所以司馬遷在結語中謂「形勢雖強，要之以仁義爲本」，是說明漢初封建，既由形勢所逼成，復以形勢去挽救，完全建立在「力」的控制上，其中沒有一點政治的理想。

漢初封建演變大勢，史記會註考證卷十七引明陳仁錫史記考謂：

「以(漢初)天下大勢言之，如高五年（紀前二〇二年）楚王信、淮南王布、燕王綰、趙王耳（按當爲趙王敖）、梁王越、長沙王芮、韓王信，則天下之勢，異姓強而同姓未封也。如高六年（紀前二〇一年）楚王交、齊王肥、代王喜、淮南、燕、趙、梁、長沙，異姓同姓，強弱略相當也。如高十二年(紀前一九五年)，吳王濞、淮南王長、燕王建、趙王如意、梁王恢、淮陽王友、代王恒、齊、楚、長沙，則天下之勢，同姓強，異姓絕無而僅有。」

要了解劉邦之所以封異姓爲諸侯王，首先應了解起而亡秦的固然是被壓迫的人民；但領導人民的，卻可分爲兩大集團；一是平民中的野心家；一是六國的殘餘貴族。陳勝、吳廣、陳嬰、張耳、陳餘、劉邦們，代表了平民的野心家。而項羽范增們，卻代表着殘餘的貴族。項羽對功臣的刓印不封，乃是只着眼到過去的貴族，而忽視了新起的平民野心家。他在關中戲下時，不是大封諸侯王嗎？但他此後不再考慮到平民野心家的願望。劉邦開始是徘徊於二者之間；但因韓信首先向他提醒，張良繼續促成，他便知道只有滿足新起的平民野心家的願望，才可能取得天下。因爲此種形勢的逼成，所以他在始封之時，即藏有殺戮之意。專制與大一統本不可分，這是必然的演變。

劉邦何以能得天下，他自己既加以誇飾，後人更爲其所愚。當劉邦向他的臣下問「吾所以有天下者何？項氏之所以失天下者何？」的時候，只有王陵講出了最主要的原因：

「陛下慢而侮人，項羽仁而愛人。然陛下使人攻城略地，所降下者，因以與之，與天下同利也。項羽妒賢嫉能；有功者害之，賢者疑之，戰勝而不與人功，得地而不與人利，此所以失天下也。」

（史記卷八高祖本記）

由以下的材料，可以證明王陵的話是眞實可信的。史記卷八九張耳陳餘列傳謂他們是想「因天下之力，而攻無道之君，報父兄之怨，而成割地有土之業。」這說明了平民野心家冒險犯難的動機。史記卷九十二淮陰侯列傳記韓信在漢中答劉邦之問中有謂，「今大王誠能反其（項羽）道，任天下武勇，何所不誅；以天下城邑封功臣，何所不服」；韓信這幾句話，說出了當時平民野心家的心理，給劉邦以很大的啓發。張良阻止劉邦重封六國之後的一段話中有謂：「且天下游士，離其親戚，棄墳墓，去故舊，從陛下游者，徒欲日夜望咫尺之地」（註四）。此便堅定了劉邦的政略戰略的大方向，不再在殘餘貴族身上發生幻想。這對劉邦取天下有決定性的意義。陳平答劉邦之問謂：「項王爲人，恭敬愛人，士之廉節好禮者多歸之。至於行功爵邑重之；士亦以此不附。今大王慢而少禮，士廉節者不來。然大王能饒人以爵邑，士之頑鈍嗜利無聊者多歸漢」（註五）。酈食其說齊王田廣謂劉邦「收天下之兵，立諸侯之後。降城，卽以侯其將。得賂，卽以分其士；與天下共其利」（註六）。都反映出劉邦此一政略戰略的運用。史記卷七項羽本紀：

「漢五年（紀前二〇二年），漢王乃追項羽至陽夏南，止軍。與淮陰侯韓信，建成侯彭越期會而擊楚軍。至固陵，而信越之兵不會。楚擊漢軍，大破之。漢王復入壁，深塹而自守。謂張子房曰，諸侯不從約，爲之奈何？對曰，楚兵且破，信越未有分地，其不至固宜。君王能與其分天下，今可立致也。卽不能，事未可知也……漢王曰善。於是乃發使者告韓信彭越曰，並力擊楚。楚破，自陳以東傅海，與齊王（韓信）。睢陽以北至穀城，與彭相國。使者至，韓信彭越皆報曰，請今進兵。」

這樣便完成了垓下的大會戰的勝利，劉邦遂得有天下。所以諸侯將相在共請劉邦由漢王升爲皇帝時，「大王起微細……有功者輒裂地而封爲王侯」（註七），卽是擁戴劉邦的最大理由。

劉邦卽位後，卽開始揑造「謀叛」的理由以剪除這一批異姓諸侯王，尤其是對韓信更覺得汲汲不可終日。垓下會戰剛一勝利，立卽入韓信壁奪其軍。旋卽由韓信將有三年歷史的齊王改封爲楚王。於次年（六年）僞遊雲夢，擒韓信械至洛陽，降封爲淮陰侯；卒於十五年假手於呂雉，斬信於未央宮，「夷信三族」。被殺的功臣，皆先被五刑；磔尸首爲菹醢。凡此，並沒有其他的政治理由，只因劉邦既以天下爲他一人的產業（註八），則凡有奪其產業的可能性的人，便都是罪大惡極之人；這是專制者，最基本的心理狀態。這批異姓諸侯王，一開始便與大一統的專制政治是勢不兩立的。他們的不旋踵既歸於破滅，乃說明漢代大一統的專制政治，向前進了一大步。史記卷十七漢興以來諸侯王年表敍謂：「高祖末年，非劉氏而王者，若無功，上所不置而侯者，天下共誅之」（註九），這正是家天下的法制化。

三、漢代封建的三大演變

劉邦對異姓諸侯王的剪滅，除無足輕重的長沙王外，到十二年（紀前一九五年）已經完成。初期的同姓諸侯王的封建，至此也告一段落。這是劉邦根據他政權的現實需要，有計劃的建立起來的。因為劉邦直接兵力所及，大體不出今日隴海鐵路河南段的沿線左近，除關中外，廣大的地區，一開始便都直接控制在異姓的諸侯王手上。一旦憑「皇帝」的政治絕對優越性，以運用其詐術，很快地便把異姓的諸侯王剪滅掉了。每剪滅一處，即形成統治上的虛脫地帶。劉邦沒有可以信任的異姓之臣，連蕭何、樊噲等與他有特深私人關係的人，也幾乎不免；而郡縣的地方制度，雖然尚在維持；但其守長的統治威望尚未能建立。換言之，朝廷的神經中樞，還沒有把它的神經末梢伸入到全國，這不能不使劉邦內心有由虛脫而來的恐懼。其封同姓時封域之所以特大，並給以與朝廷相同的制度，也是為了填補此種廣大的政治虛脫地域而來。史記卷十七漢興以來諸侯王年表謂「天下初定，骨肉同姓少；故廣疆庶孽，以鎮撫四海，用承衞天子也。」史公的話，報導了大封同姓的眞實內容，以見劉邦封建的用心，與「周封五等」的「親親之義，褒有德也」的用心，是大不相同的。史記卷五十一荆燕世家贊中說明劉賈之封爲荆王，乃是爲了「塡江淮之間」；卷一百六吳王濞列傳謂「上(劉邦)患吳會稽輕悍，無壯王以塡之；諸子少，乃立濞於沛爲吳王」，卽其顯證。我所以要特別說明這一點，是在指出：一，劉邦的同姓之封，依然是當時的現實政治形勢所逼出來的，與儒家的政治思想沒有任何關係。二，也只有在這種現實形勢之下，才會接受亡秦的敎訓。漢書卷十三異姓諸侯王表序，卷十四諸侯王表序，皆強調秦因廢封建，二世而亡的這一點，以作爲劉邦實行封建的根據，這是被後來所特別渲染過的觀點。史公僅在齊悼惠王世家的贊中，有「以海內初定，子弟少，激秦之無尺土封，故大封同姓，以塡撫萬民之心」的話；而在漢興以來諸侯王年表敍及高祖功臣侯者年表敍中，皆不提到這一觀點，這說明史公了解這一觀點在劉邦心目中所佔的分量並不太大。在有關劉邦的直接資料中，不曾發現此一觀點。此一觀點之出現，我以爲是受了諸呂之亂的影響。我特提破這一點，是爲了說明三，劉邦的大封同姓，係作爲完成大一統專制的一種手段；而不是像周公一樣，「宗周」以居於天下大宗(共主)的地位爲滿足。這便使漢初的封建，在基本上已經生不了根。並不如當時的策士，及後世的史家，把由此種封建所發生的問題，都歸罪到封地太大的上面。

劉邦的大封同姓，不僅不是受了若干儒者把周代封建加以理想化的思想的影響；而且劉邦的自身也根本缺少周初封建的條件。周室經過長期氏族社會的積累，又加以太王、王季、文王三代的經營敎養，他本身形成了一個強有力的宗族集團，及國人階級；這是周公實行封建的本錢。劉邦的情形便完全不同。「高祖子幼，昆弟少，又不賢」（註一〇）。不僅昆弟少，連骨肉同姓也少（註一一）。所以當他於卽皇帝位之次年（六年）「廢楚王信，囚之，分其地爲二國……欲王同姓以鎭天下」時，只好首封「不知其何屬」的劉賈（註一二）。這樣一來，更使漢代封建，完全不曾繼承周代封建的有意義的一方面，有如由親親精神所制出的禮，緩和了君臣間的尅制性。由共主分治的法理化，增大了各地方分別發展的可能性等。而僅繼承了封建的醜惡的　方面，有如身分制度，壓榨、紛爭等，以加強專制政治的罪惡。

漢文帝生四子，竇皇后生景帝，餘皆封爲王。景帝十四子，王皇后生武帝，餘皆封爲王。武帝六子，衞皇后生戾太子据，死於巫蠱之禍。趙婕妤生昭帝。元狩六年(紀前一一七年)同時策封其子閎、旦、胥爲王（註一三）。這三世的建封，皆係「諸侯王」的性質。但與高祖不同者：（一）漢的地方政治已漸有基礎而能直接控制於中央，故無「塡撫天下」的意義。（二）所封者皆爲王子，開爾後天子之子皆封王之局。這種演變的意義是什麼呢？漢書卷十四諸侯王表敍有謂：

「藩國大者夸州兼郡，連城數十。宮室百官，同制京師，可謂矯枉過其正矣。雖然，高祖創業，日不暇給。孝惠享國又淺。高后女主攝位，而海內晏如，亡狂狡之憂，卒折諸呂之難，成太宗（文帝）之業者，亦賴之於諸侯也。然諸侯原本已大，末流濫以致溢，小者荒淫越法，大者睽孤橫逆，以害身喪國。故文帝採賈生之議，分齊趙；景帝用鼂錯之計，削吳楚；武帝施主父之策，下推恩之令。……自此以來，齊分為七，趙分為六，梁分為五，淮南分為三。皇子始立者，大國不過十餘城。長沙、燕、代，雖有舊名，皆亡南北邊矣。」

在上面的概略敍述中，不難了解，文帝景帝，是削滅前帝所封之封土以為己子之封土；既可以弱較疏者之權；又可以張自己之勢。

這裏值得注意的是：文帝景帝封自己的兒子為王，要封便封，沒有任何曲折。但武帝要封自己的三子為王，據史記卷六十三王世家，卻要由大司馬霍去病首先疏請。武帝還不逕行允許，把霍去病的疏請「下御史」，由「丞相臣青翟」等六人表示贊成霍去病的意見，並奏請「所立國名」，但武帝又制詔謙讓，「其更議以列侯家之」。其後再由「丞相臣青翟」等更大的陣容，奏請非立三子為王不可；武帝又謙讓一番，「丞相臣青翟」等又懇切奏請；武帝將他們的奏請「留中不下」。於是「丞相臣青翟」等又「昧死」上奏，才得到「制曰可」。史公（或係褚先生）所記的這種曲折，不僅為漢室過去所無，亦並非周室封建所有；這到底爲了什麼呢？原來元朔二年（紀前一二七年）春已開始採用主父偃的建策，詔諸侯王得分國邑封子弟爲列侯，以澈底削弱由高、文、景三帝所封的諸侯王。漢家舊制，諸侯王的體制與朝廷相準。雖自景帝起已開始「減削其官」（註一四），但諸侯王之母稱太后，諸侯王之妻稱王后，子稱太子，仍與朝廷無異。由元朔二年開始分封諸侯的子弟爲列侯，到封三王的元狩六年，十年之間，以謀反的罪名殺掉了淮南王安、衡山王衡（元狩元年）；主父偃的政策已經完全實現。正逼迫文景所封的諸侯王分國邑給他們的子弟爲列侯，而卻要把自己的兒子封爲王，這使武帝在表面上不能不做作一番。

由這一番做作，而西漢封建的意義，發生了第三次的大演變。如前所述，高祖同姓諸侯王之封，是爲了塡撫異姓諸侯王被剪滅後的政治虛脫；這對異姓諸侯王之封而言，是第一次的演變。文景諸子之封，是爲了排擠削弱前帝之所封，以鞏固自己的地位；這可以說是第二次演變。這兩次演變，都可以說是由客觀的形勢所逼成，所以史公在漢興以來諸侯王年表敍中，特以「形勢」二字貫穿全文。但至武帝，再沒有客觀的形勢，要求他封子爲王；而他仍須封子爲王，乃出於爲了維護皇帝絕對崇高的身份地位。這是第三次的大演變。此一大演變，遂構成爾後專制政治的節目中永不可缺的一部分。

漢書卷十五上王子侯年表序「至於孝武，以諸侯王疆土過制，或僭差失軌；而子弟爲匹夫，輕重不相準。於是制詔御史，諸侯王或欲推私恩分子弟邑者，令各條上，朕且臨定其號名。」這是元朔二年的事。武帝推恩分封的根本動機，當然在於諸侯王的「疆土過制」；所謂「子弟爲匹夫，輕重不相準」，不過是一種藉口。但由此，亦可窺見在他的心目中，「匹夫」的身份，是不應與諸侯王的身份平放在一起。所以議立武帝三子爲王的時候，羣臣反對立三子爲列侯而必立爲王的理由，一則曰「而家皇子爲列侯，則尊卑相踰，列位失序，不可以垂統於萬世。」再則曰「今諸侯支子，封至諸侯王。而家皇子爲列侯……皆以爲尊卑失序，使天下失望；不可。」三則曰「……昧死請立皇子臣閎等爲諸侯王……陛下固辭弗許。家皇子爲列侯，臣靑翟……等二十七人議，皆曰，以爲尊卑失序。高皇帝建天下，爲漢太祖。王子孫，廣支輔。先帝法則弗改，所以宣至尊也。」他們完全是從「身分」上立論，皇帝的子弟若與其他諸侯王的子弟同爲列侯，則無形中影響到皇帝的「至尊」的地位，使天下感到皇帝與諸侯王的地位沒有什麼大分別，致使皇帝「至尊」的身分不顯；而皇帝的身分是「至尊」的這一觀念，在專制政治中，是一個非常重要的基本要求。爲了維護皇帝的「至尊」的身分，便非把皇帝的子弟封爲諸侯王不可；並將此觀念，上推及於高祖的封建；遂使爾後皇子封王，成爲專制政治爲了將皇帝身分加以絕對化的不可缺少的重大條件之一。皇帝的子弟必封王，皇后的父兄便應封侯，侍奉皇帝或女主的宦官，也可以封侯；於是在漢代政治結構中，便有大量「恩澤侯」的出現（註一五）。

這都是由「身分」的觀念演變出來的。班固在諸侯王表敍論中責秦始皇「竊自號爲皇帝，而子弟爲匹夫。」班固所責的，正是秦始皇非常可取的地方。自漢武轉變封建爲維護專制的絕對身分的作用以後，便擴大了專制政治的榨取壓迫的集團，增加了專制政治內部無窮的混亂；把秦政李斯們建立此一政制所含的一點理想性，完全破壞了。

四、專制對封建的尅制過程

漢室封建，在先是爲了完成大一統專制的事實上的需要；最後則爲了維護大一統專制的皇帝身分的需要；所以一方面在演變，另一方面在形式上卻始終加以保持。但儘管如此，封建的存在，尤其屬於諸侯王這一系統的存在，始終對專制政治的自身，成爲一最大的矛盾。因爲專制的最高權力，乃屬於皇帝一人。而誰人能獲得此最高權力，漢代因女寵而皇后的地位並不鞏固的關係，所以一開始便未能守宗法中立嫡立長之制。高祖原想立趙王如意，呂后則立一不知所出的少帝；文帝之得以嗣立，乃因當時大臣鑑於呂后之兇殘，「莫自堅其命」；而文帝「太后家薄氏謹良」，各大臣對其猜嫌較少（註一六）。景帝武帝，皆以「中子」得立。昭帝則以幼子得立。所以有漢一代，在皇位繼承上，因皇帝的愛憎無常，並未能建立一種客觀制度，而係決定於皇帝一念的愛憎，及皇帝死時的形勢。因此，凡是皇子被封為諸侯王的，便都有繼承大統的可能，便都在皇帝的猜嫌之列。這種在權力根源之地的矛盾，當時是借「強幹弱枝」的口號叫了出來的（註一七）。有幹則必有枝；在常情說，幹枝本是一體，幹彊者枝茂，枝茂者亦可增加幹之強；這是周初封建的信念；齊桓晉文的霸業，也證明了這一點。漢代則為了彊幹而必須弱枝；強弱的衡量，全在權力根源之地——皇帝及其左右——的一念，這便難乎為「枝」了。從文帝起，他們所作的強幹弱枝的過程，漢書卷十四諸侯王表敍有簡括的敍述。「故文帝採賈生之議，分齊趙。景帝用鼂錯之計，削吳楚。武帝施主父之策，下推恩之令，使諸侯王得分戶邑以封子弟，不行黜陟而藩國自折……景遭七國之難，抑損諸侯，減黜其官。武有衡山淮南之謀，作左官之律，設附益之法。諸侯惟得衣食稅租，不與政事。至於哀平之際，皆繼體苗裔，親屬疏遠；生於帷牆之中，不為士民所尊，勢與富室亡異。而本朝短世，國統三絕。是故王莽知漢中外殫微，本末俱弱，亡所忌憚，生其奸心……不降階序而運天下……」到了漢武帝，諸侯王已與列侯無異。但他們的際遇，並趕不上列侯。到了哀平之際，他們已與富室無異；但他們更趕不上富室。因為他們沒有列侯所能保有的生活自由；更沒有一般富室所保有的生活自由。

歷史的政治表面，常常是由統治者所編造的材料寫成的。尤其關於最高權力鬭爭中的機微之際，對失敗者不利的材料，必定被誇張；對成功者不利的材料，必定被隱沒。著史和讀史者能不受此種情勢所欺瞞的實在很少。有關兩漢朝廷與諸侯王發生重大關係的材料，使我痛切感到這一點。

首先我得指明，從政治以人民爲主的基本觀點來說，假使高祖安於異姓諸侯王之封；再退一步，假使文帝安於高祖之所封，景帝安於文帝之所封；朝廷只維持紀綱，課責政績；則在互相牽制，互相競爭的情勢下，政治可能比之於把權力集中於朝廷尺寸之地，集中於不肖者絕多而賢者絕少的一人之身，更爲有利。而所謂反叛問題，完全是由猜嫌心理所逼出，甚至是僞造出來的。史記卷一百六吳王濞列傳「會孝惠高后時，天下初定，郡國諸侯，各務自拊循其民。」這幾句話中所透露出的，可以作我上面假設的根據。七國之叛的禍首吳王濞「招致天下亡命者，益鑄錢，煑海水爲鹽，以故無賦，國用富饒」。「然其居國以銅鹽故，百姓無賦。卒、踐、一更，輒與平賈。歲時問茂材，賞賜閭里。」這在政治上不是很有成績嗎？史記這裏所說的「益鑄錢」，漢書上改爲「盜鑄錢」，這是後來故意加上去的罪名，因爲當時無所謂盜鑄（註一八）。其中「招致天下亡命」一語，漢時常以爲大罪，後人更爲所欺。不知所謂「亡命」，指的是無戶籍的人民。當時因征人頭稅（口算），及實行義務兵役制度，窮苦人民因逃避而流亡，以致無名籍者不可勝數。加以懸屬於朝廷的郡縣，據漢書卷四八賈誼傳所載賈誼之言，謂其吏名徭役往來長安者，苦不堪言，「逋逃而歸諸侯者已不少矣。」在正常情形下，郡守縣令的政治清明，常爲流民（亡命）所歸，卽可列爲好的政績。但在諸侯王則視爲圖謀不軌的證據，因爲怕他們的人口增加了。當諸呂之亂時，是諸侯王謀叛的最好機會，而當時最有資格繼承帝位的無過於齊王；且已發兵「幷將之而西」。但大臣卒立代王恒——文帝，而齊兵遂罷。吳王濞與朝廷之隙，起自「皇太子（後爲景帝）引博局，提吳太子殺之」；文帝不僅未讓責自己的皇太子，且不斷繫治吳使。及文帝「赦吳使者歸之，而賜吳王几杖，老不朝，吳得釋其罪，謀亦益解。」是吳王濞原並無反意。景帝削吳兩郡令下，「吳王濞恐削地無已，因此發謀」；可知若削地而與以明令保障，亦無七國之變。漢室君臣，假定不以權力集中於皇帝一人爲推行政治的先行條件，而只以在統一下允許合理的地方分權，則漢初百年間擾攘不安的政治問題，可不致發生；而由秦所建立的專制政體，及由此政體所必然發生的毒害，將會得到若干緩和；對社會的生機，也將會得到培育。但他們完全站在一人專制的立場來處理這一問題，想盡各種方法所達到的目的，只是大一統的專制政治。

首先他們在有關的官制上着實下了一番功夫。

諸侯的官制，據史記卷五十九五宗世家「太史公曰，高祖時，諸侯皆賦，得自除內史以下。漢獨爲置丞相，黃金印。諸侯自除御史、廷尉、宗正、博士，擬於天子。自吳楚反後，五宗王室，漢爲置二千石，去丞相曰相，銀印。諸侯獨得食租稅，奪之權。其後諸侯貧者或乘牛車也。」漢書卷十九上百官公卿表上「諸侯王，高帝初置，金璽盭綬。掌治其國。有太傅輔王，內史治國民，中尉掌武職，丞相統衆官。羣卿大夫都官如漢朝。景帝中五年，令諸侯王不得復治國，天子爲置吏。改丞相曰相，省御史大夫廷尉少府宗正博士官。大夫、謁者、郎、諸官長丞，皆損其員。武帝改漢內史爲京兆尹，中尉爲執金吾，郎中令爲光祿勳。諸王國如故。損其郎中令秩千石。改太僕曰僕，秩亦千石。成帝綏和元年省內史，更令相治民，如郡太守。中尉如郡都尉。」而漢書卷九元帝紀，「初元三年春，令諸侯相位在郡守下」，則是使諸侯儕於郡守。

除了官制上的防制外，更加以人事上的防制。漢初諸侯王的丞相可入朝廷爲丞相，如曹參由齊的丞相而入繼蕭何爲相國。但以後做了諸侯王的官，等於犯了某種罪惡。漢書卷七十二王吉傳「吉坐昌邑王被刑後，戒子孫勿爲王國吏。」又同卷兩龔傳載龔舍曾彼楚王聘爲常侍，固辭去。後「三舉孝廉，以王國人不得宿衞。」卷七十一彭宣傳，載宣以博士「遷東平太傅」。後因張禹推荐而「入爲右扶風，遷廷尉。以王國人出爲太原太守」。（註引李奇曰，「初漢制，王國人不得在（仕）京師。」）「數年復入爲大司農光祿勳右將軍。哀帝卽位徙爲左將軍……乃策宣曰，有司數奏言，諸侯國人不得宿衞將軍，不宜典兵馬，處大位。朕唯將軍任漢將之重，而子又前取淮陽王女，婚姻不絕，非國之制；其上左將軍印綬。」實則武帝晚期之王，已儕於列侯。而哀帝時之王，已儕於富室，做到他們有名無實。但在官制上所應有的官，尙以罪人視之，當然更不許他們交通賓客。又漢書卷八十宣元六王傳載諫大夫王駿諭指淮陽王欽有謂「王幸受詔策，通經術，知諸侯名譽，不當出竟（境）」。這些出乎情理之外的措施，無非要把諸侯王澈底孤立起來，不使其有任何社會關係，而成爲「監獄中的豪富」。

當時防制關東諸侯，實與防制匈奴無異。漢書卷七昭帝紀始元五年（紀前八十二年）「夏，罷天下亭母馬及馬弩關。」孟康曰，「舊馬高五尺六寸，齒未平，弩十石以上，皆不得出關。今不禁也。」漢書補注引「沈欽韓曰，新書壹通篇，禁游宦諸侯，及無得出馬關者，豈不曰諸侯國衆車騎，則力益多。……蘇輿曰，禁馬無出關，在孝景中四年」（紀前一四六年，見景紀）。這種防制，出於心理的因素，遠大於事實的要求。由這種心理因素，造成當時對諸侯王最大的精神虐待。現引兩個例子，以概其餘。

據史記一百十八淮南衡山列傳，淮南厲王長，與文帝爲兄弟，卒以「欲以有爲」的死罪，蒙赦，在徙蜀途中不食而死。「欲以有爲」的罪名，正是「莫須有」的罪名。漢書卷四十四淮南厲王長傳載文帝的母舅薄昭與淮南王長書中有謂「法二千石缺輒言漢補。大王逐漢所置，而請自置相二千石……大王欲屬國爲布衣，守冢眞定（按長母死葬眞定），皇帝不許。……且夫貪讓國士之名，輕廢先帝之業，不可以言孝。父（指高祖）爲之基，而不能守，不賢……言節行以高兄（按指文帝）……無禮。

賤王侯之位，不知……此八者危亡之路也。」在文帝時，除諸侯王的丞相出自朝廷外，其餘秩二千石的，本應由王自置。但漢廷亦數爲罪名。而淮南王長寧願放棄王位，以布衣守冢眞定，由此不難推想文帝所加給他的不能忍受的壓迫。

漢書卷四十七梁懷王揖傳，載哀帝建平中，梁王立因殺人，天子遣廷尉及大鴻臚持節訊問，立對謂「大臣皆尙苛刻，刺求微密。讒臣在其間，左右弄口，積使上下不和，更相眄伺。宮殿之裏，毫氂過失，亡不暴陳……」由此可知諸侯王左右的職官，皆成爲朝廷的特務。此時早已全無實權的諸侯王，仍置於嚴密特務控制之下，連私生活也嚴密監視。因此可以了解一個問題：爲什麼兩漢諸侯王的「禽獸行」特爲昭著（註一九）？因爲（一）在監獄中的富豪，自然容易走上這樣的一條路。（二）如後所述，諸侯王的良好行爲所招來的罪患，遠過於禽獸行所招來的罪患。（三）他們的隱秘都被朝廷所掌握、誇張、宣揚。而皇帝的「禽獸行」，實際較之諸侯王，有過之無不及。但常在由嚴刑峻罰所構成的鐵幕的保護之中。漢書卷五十三景十三王傳載中山王勝聞樂對：

「……今臣心結日久，每聞幼眇之聲，不知涕泣之橫集也。夫衆煦漂山，聚蟁成雷……今羣臣非有葭莩之親，鴻毛之重。羣居黨議，朋友相爲。使夫宗室擯卻，骨肉冰釋，斯伯奇所以流離，比干所以橫分也……」

上面的話，是藉機會說出了他們一般悲慘的心境。

五、在專制過程中對學術發展的重大影響

在專制下對諸侯王的特別猜嫌禁制，不僅足以反映出專制主爲達到一人專制的目的，卽使犧牲其子弟宗支，亦在所不惜的心理狀態；並對知識份子及學術發展，發生了莫大的窒息作用。這才是研究中國思想史者所不能不注意到的問題。

兩漢承先秦餘緒，遊士之風尙盛。此卽諸侯王及富貴者門下的賓客。賓客之品類不齊，多隨主人之所好而類集。但有一共同特點，他們都是社會上比較富有活力的一羣。諸侯王中若有好學自修之人，則其所集者多在學術上有某種成就之士；於是賓客之所集，常成爲某種學術的活動中心，亦爲名譽流佈之聚中點。這對知識分子及學術的發展而言，常可以發生很大的鼓勵作用。但卻觸犯了專制者的大忌。景帝時代，朝廷猜防的重點在諸侯王的領土與職權。至武帝，則諸侯的領土與職權已不成問題；於是猜防的重點特轉向到諸王的賓客上面，尤其是轉向到有學術意義的賓客上面。而能招致才智及在學術上有所成就之士的諸侯王，必其本身也相當地才智，在學術上也有相當地修養；而其生活行爲，也多能奮發向上，可以承受名譽。這更觸犯了專制者的大忌。換言之，專制皇帝，只允許有腐敗

墮落的諸侯王，而決不允許有奮發向上的諸侯王。附麗在專制皇帝的周圍，以反映專制皇帝神聖身分的諸侯王，只准其壞，不准其好；「禽獸行」的罪惡，絕對輕於能束身自好而被人所稱道的罪惡，這是專制政體中的一大特色。

史記卷一百十一衞將軍驃騎列傳贊：

「太史公曰，蘇建語余曰，吾嘗責大將軍衞靑至尊重，而天下之賢士大夫無稱焉。願將軍觀古名將所招，選擇賢者，勉之哉。大將軍曰，自魏其武安之厚賓客，天子常切齒。彼親附士大夫，招賢絀不肖者，人主之柄也。人臣奉法遵職而已，何與招士？驃騎亦放此意，其爲將如此」。

按衞靑霍去病，以佞倖而爲大將，用兵並非其所長；伐匈奴的戰功，實係得不償失；但他們自身可以不受到猜嫌，而又能揣摩武帝的猜嫌心理，因以獵取富貴，此一秘辛，只有司馬遷能看得淸楚，故在史記中以「微言」的方式，反復與以發明；而後世缺乏有識的史學家，故常被歷史的表面所欺騙。此處所記，蓋亦所以揭發當時君臣間的奧秘。魏其武安皆列侯，以外戚的關係，而先後當政，其權勢決非當時的諸侯王可比。但諸侯王因爲血緣關係而有窺伺神器的可能，所以諸侯王足以招致名譽的生活方式，及與其生活方式有關連的賓客，更成爲專制者的大忌諱。

漢初諸侯王大抵皆有賓客；而第一個引起注意的是景帝的同母弟梁孝王武。梁孝王武在七國之變時立有大功，又得其母竇太后的寵愛，驕貴異常。史記卷五十八梁孝王世家「於是孝王築東苑。方三百餘里……招延四方豪傑。自山以東游說之士，莫不畢至。」史記索隱謂方廣三百餘里，「蓋言其奢，非實辭。」正義引括地志云，「兔園在宋州宋城縣東南十里」，蓋即所謂東苑。漢書卷五十一賈鄒枚路傳「是時景帝少弟梁孝王貴盛，亦待士；於是鄒陽、枚乘，嚴忌，知吳不可說，皆去之梁，從孝王游。」此外，羊勝、公孫詭，亦有文采；司馬相如亦曾捨朝廷之郎而爲梁園賓客；這是當時文學活動的中心，其文學氣氛，遠非朝廷所能企及。因景帝對梁孝王是先利用，後猜嫌，卒至不明不白以死，此一文學活動的中心，遂歸於消滅。後來武帝廣招文學之士，我以爲是受了梁孝王的影響。

漢代諸侯王，發生過與學術有密切關連的兩大冤獄，一爲淮南王安，另一爲東漢的楚王英。他們之死，都是因爲賓客與學術、名譽、三者結合在一起所造成的。

漢書卷四十四淮南王傳：

「淮南王安爲人好書，鼓琴，不喜弋獵狗馬馳騁。亦欲以行陰德拊循百姓，流名譽，招致賓客方術之士數千人，作爲內書二十一篇，外書甚衆。又有中篇八卷，言神仙黃白之術，亦二十餘萬言……初安入朝，獻所作內篇，新出，上愛秘之」。

按所謂「作爲內書二十一篇」，即現行的淮南子。作爲淮南子自敍的要略篇謂：

「若劉氏之書，觀天地之象，道古今之事。權事而立制，度形而施宜。原道德之心，合三王之風……棄其畛挈，斟其淑靜，以統天下，理萬物，應變化，通殊類。非循一迹之路，守一隅之指，拘繫牽連之（於）物，而不與世推移也。故置之尋常而不塞，布之天下而不窕。」

淮南王安要他的門客造為內篇二十一篇，蓋受呂氏春秋的影響，欲為漢室的大一統政權提出包羅萬象的政治寶典。書的內容將另文研究。此處只指出由此可以看出，當時的淮南，乃匯合儒道方術的一大學術中心。而其最重要的成果，則獻之皇帝，可見其志只在學術的研究；並想以其研究充實漢家鴻業的內容。但武帝雖表面對這位多才好學的叔父「甚尊重之」，而內心特為忌毒。左右承其意旨，便誣構成一大冤獄。史記漢書兩傳中，充滿了當時誣構的「官文書」。

獄事之起，是因為淮南王劉安的太子劉遷，與其郎中雷被「比劍，誤中太子」。雷被怕太子由此生出誤會，願赴長安，奮擊匈奴，劉安便免了雷被的郎中，這是一件很尋常的措施。但元朔五年（紀前一二五年）雷被到了長安，「上書自明」，「事下廷尉河南，河南治，逮淮南太子。」因為這種細故而逮捕淮南太子，這分明是只要稍能有所藉口，便要實現蓄之已久的預謀。中間穿插淮南門客伍被（註二〇）的供詞，陳述劉安想謀反的經過，把劉安寫成了一個童呆愚稚之輩，其出自嚴刑逼供，再加以緣飾的情形，甚為昭著。而最後由膠西王端議曰「安廢法度、行邪辟，有詐偽心，以亂天下，營惑百姓，背畔宗廟，妄作妖言。春秋曰，臣無將，將而誅。安罪重於將。謀反形已定。臣端所見其書印圖，及它逆亡道，事驗明白，當伏法。」這眞是毫無事實根據的定讞。其所謂「以亂天下」，「妄作妖言」，分明係誣指其賓客的學術活動而言。但這樣的寃獄，除淮南王安自殺外，竟「坐死者數萬人」（註二二）。史記平準書謂其明年（元狩元年。紀前一二二年），淮南、衡山、江都王，謀反迹見，而公卿尋端治之，竟其黨與，而坐死者數萬人。」由「尋端治之、竟其黨與」八字，可知當時的朝廷官吏，順著專制者陰刻之私，竟不惜成爲一個謀殺幾萬人的大陰謀集團；而其根源則來自淮南賓客的學術活動。幾萬人的大屠殺，不僅摧毀了此一學術中心，並且也阻嚇消滅了知識分子在思想上、在生活上一切帶有一點選擇自由的可能性。

當時另一學術中心，是以河間獻王劉德爲中心而展開的。漢書卷五十三景十三王傳（註二三）。「河間獻王德，以孝景前二年（紀前一五五年）立。修學好古，實事求是。從民得善書，必爲好寫與之，留其眞，加金帛賜，以招之。繇是四方道術之人，不遠千里；或有先祖舊書，多奉以奏獻王者，故得書多與漢朝等。是時淮南王安亦好書，所招致率多浮辯。獻王所得書，皆古文先秦舊書，周官（註二三）、尚書、禮、禮記、孟子、老子之屬，皆經、傳、說、記，七十子之徒所論。其學舉六藝。立毛氏詩，左氏春秋博士。修禮樂，被服儒術，造次必於儒者。山東諸儒者（多）

從而游。武帝時，獻王來朝，獻雅樂，對三雍宮，及詔策所問，三十餘事。其對，推道術而言，得事之中，文約指明。立二十六年薨。」(註一四)

這是以儒術爲主的學術活動中心，與淮南王安的學術中心大異其趣。而劉德的生活非常謹敕，也與劉安的才子型的人格不同。所以劉德在學術上及在生活上，應當很適合於漢廷的口味，而不應對他引起危險的感覺的。但史記裴駰集解：

「漢名臣奏，杜業奏曰，河間獻王經術通明，積德累行，天下雄俊衆儒皆歸之。孝武帝時，獻王朝，被服造次，必於仁義。問以五策，獻王輒對無窮。孝武帝艴然難之，謂獻王曰，湯以七十里，文王百里，王其勉之。王知其意，歸卽縱酒聽樂，因以終。」

據漢書卷六十杜周傳：杜周乃武帝時的酷吏，官至御史大夫。杜業乃周之曾孫。周子延年，以助霍光誅上官桀等封爲建平侯；又勸霍光立宣帝，以其功比朱虛侯劉章。延年子緩嗣侯位，官至太常。緩卒，子業嗣；成帝初，尚帝妹潁邑公主。以憂恐發病死於王莽秉政之時。我所以在這裏略述杜業的家世，是想說明杜業是有資格知道漢廷的內幕，故其所言劉德的故事爲可信。但史記會註考證引「何焯曰，漢書云，獻王薨，中尉常麗以聞，曰，王身端行治，溫仁恭儉，篤敬愛下，明知深察，惠於鰥寡。大行令奏諡法曰，聰明睿知曰獻，宜諡曰獻王。褒崇若此，知杜業語爲無稽。」按劉德非以罪死，而係以猜嫌憂憤而死。既死則猜嫌消而猜嫌之跡可泯。死後賜謚，乃當時之常例。而政治上表裏異致，實古今之所同；猜嫌者其裏，死後褒崇者其表。此在今日猶隨處可以舉例。何焯小儒，對政治全無了解，其言至可鄙笑。漢書卷六三記昌邑王賀被廢，宣帝心內忌賀；張敞奏賀「終不見仁義」，遂得保全性命；可作反證。我再引一例，以證明杜業之言，爲能得當時之實。

後漢書卷十四宗室四王三侯列傳，載北海王興死後：

「子敬王睦嗣。睦少好學，博通書傳，光武愛之，數被延納。顯宗（明帝）之在東宮，尤見幸待，入侍諷誦，出則執轡。中興初，禁網尚闊，而睦性謙恭好士，千里交結；自名儒宿德，莫不造門。由是聲價益廣。永平中（西紀五八——七五年），法憲頗峻，睦乃謝絕賓客，放心音樂。然性好讀書，常爲愛翫。歲終，遣中大夫奉璧朝賀，召而問之曰，朝廷設問寡人，大夫將何辭以對？使者曰，大王忠孝慈仁，敬賢樂士。臣雖螻蟻，敢不以實。睦曰，吁！子危我哉！此乃孤幼時進趣之行也。大夫其對以孤襲爵以來，志意衰惰，聲色是娛，犬馬是好。使者受命以行。其能屈申若此。」

東漢諸王，更完全不能與聞地方政治。而劉睦爲明帝之侄，夙見親幸；猶且以個人可延致名譽的行誼爲取禍之源。劉德的河間，乃當時一學術中心之地；而他本人則係其領導人物，其聲勢遠非劉睦所能比擬；則武帝的猜嫌逼迫，乃自然之事，有何可疑。

由此一猜嫌逼迫，而影響到學術上的另一大問題，即是經學中對古文經學的壓迫問題。

一直到武帝時為止，經學上並無今古文之爭。孔安國事魯申公治魯詩為今文學；與魯周霸，雒陽賈嘉等治尚書，亦為今文尚書。然「孔氏有古文尚書，而安國以今文讀之，因以起其家」（註二五），並無害其為博士，即其明證。陸賈新語，韓嬰韓詩外傳，司馬遷史記，劉向新序，說苑，皆廣採左氏傳。而史記中稱「春秋」者，有指經文而言，有指公羊、穀梁二傳言；更多的則是指左氏傳而言。三家詩多傅合時事，而毛詩多傳古義，何以立五經博士而不及左氏傳及毛詩？穀梁傳猶有江公與董仲舒辯論於朝廷；何以竟無一人道及左氏傳與毛詩？若謂無師法，則劉德所立之博士從何而來？我的推測，是因為河間獻王搜集所得的多屬古文，而又特為毛詩及左氏傳立博士，於是古文經學遂為當時的大諱；爾後遂為鄙陋之儒，為保持其學術上之特權所藉口，以專擅利祿之途。漢書卷三十藝文志「漢興，魯申公為詩訓故，而齊轅固，燕韓生，皆為之傳。或取春秋（按指左氏傳而言）、雜說，咸非其本義。與不得已，魯最為近之。三家皆列於學官。又有毛公之學，自謂子夏所傳，而河間獻王好之，未得立。」三家詩「咸非其本義」，比較得其本義者惟毛詩。韓詩在東漢最盛，鄭康成先治韓詩；後由韓詩轉主毛詩，其原因在此。毛詩之所以不得立，劉氏父子已露出一點秘辛，只是因為「河間獻王好之」。

後漢書卷三十六范升列傳載，建武四年（西紀二八年），光武在雲臺召羣臣議爲費氏易與左氏春秋立博士事，范升反對立左氏的最初理由爲「非先帝所存」；這完全是政治上的理由。而漢代經學，各家是否得立博士，除了當時一般學術情勢外，決定於政治的因素甚大。京氏易的得立，是因爲他的再受命的預言，與宣帝的起自民間偶然相合。春秋穀梁傳的得立，是因爲戾太子習穀梁；宣帝乃戾太子之孫，所以在民間時也習穀梁。武帝時立公羊不立穀梁，並非定於董仲舒與江公的爭論，乃係公羊中「人臣無將」四字，可作殺戮大臣的藉口。凡此，我將另有專文討論。言中國學術史而忘記了這一鉅大無比的政治陰影的作用，便很難把握到學術發展的眞實情況。後世鄙陋之儒，盲目自陷於這一政治陷阱中，勇爲今古文之辨，甚至出於誣妄而不辭，此乃學術中上了二千年專制之陰毒而竟不能自覺的一例。

武帝對諸侯王學術活動的忌毒，對他自己親生的兒子也不例外。武帝有五子，長子戾太子受巫蠱之禍，次子齊懷王又早薨；按次序，太子應立三子燕王旦。但「旦爲人辨略；博學經書雜說，好星曆數術，倡優射獵之事，招致遊士。……旦自以次第當立，上書，求入宿衞。上怒，下其使獄。後坐藏匿亡命，削良鄉、安次、文安三縣。武帝由是惡旦。後遂立少子爲太子」（註二六）。星曆數術，在兩漢爲「前科學性」的一大學術系統，非好學深思者不能學。「倡優射獵」，乃漢家的尋常生活；李延年兄妹卽皆出自倡優，値不得提出來渲染。巫蠱之禍，京師死者數萬人，朝廷動搖；「上書求入宿衞」，乃人子應有之義。旦之所以不得立的最深根源，乃在其博學經書雜說及招致遊士而已。

由專制政治所形成的專制心理，爲了保護他們的專制地位，對學術傳播的刻毒，可謂達到了心理變態的程度。漢書卷八十宣元六王傳載東平王來朝，上疏求諸子及太史公書（按卽史記）；成帝問大將軍王鳳，王鳳的答復是「諸子書或反經術，非聖人；或明鬼神，信物怪。太史公書，有戰國縱橫權譎之謀，漢興之初，謀臣奇策，天官災異，地形阨塞。皆不宜在諸侯王，不可予。……」這話很合成帝的心理，遂不與。而此時的諸侯王，正如班固所說，與一個社會的富人沒有分別。由此可知專制者只要感到某種知識有窺破專制黑暗的可能時，卽會神經過敏地加以阻塞。

專制政治及抱專制政治思想的人，在其本質上，和知識與人格是不能相容的。史公在史記中對當時朝廷的提倡儒術，常用一個「飾」字，卽是不過以儒術來作專制政治的裝飾之用，這揭破了武帝對學術的基本用心！也揭破了古今中外一切專制者對學術的用心。由裝飾進一步而加以歪曲利用，乃自然之勢，應有之義。在專制政治之下，不可能容許知識分子有獨立的人格，不可能容許知識分子有自由的學術活動，不可能讓學術作自由的發展；這卽使是屬於專制者的血統，在專制者的一個固定統治集團之內，依然非加以殘酷地消滅不可；還能容許社會上存在有獨立自由的學術勢力嗎？兩漢的民間教授，弟子常多至數千百人，這只有在專制者心目中認爲他們在社會上沒有發生一點積極地反抗性的可能時，才能消極地承認他們的存在。

六、學術史中董仲舒的寃獄

我在這裏應順便爲我國學術史揭破一件寃獄。

漢書卷五十六董仲舒傳「自武帝初立，魏其武安侯爲相，而隆儒矣。及仲舒對策，推明孔氏，抑黜百家，立學校之官，州郡舉茂才孝廉，皆自仲舒發之。」近百年來，一般人認定我國學術的不發達，皆應由董氏將學術定於一尊，負其全責。其實，董氏在對策中說「諸不在六藝之科，孔子之術者，皆絕其道，勿使並進」的話，實際是指當時流行的縱橫家及法家之術而言。他的反縱橫家，是爲了求政治上的安定。他的反法家，是爲了反對當時以嚴刑峻罰爲治。他的推明孔氏，是想以德治轉移當時的刑治，爲政治樹立大經大法。而他的所謂「皆絕其道，勿使並進」，指的是不爲六藝以外的學說立博士而言。漢初承秦之舊，立博士並無標準。漢文時有博士七十餘人，方士亦在其列；而六藝中僅有詩經博士。董氏的意見，並不是要禁止諸子百家在社會上的流通。董氏這一建議，只考慮到當時的政治問題，立論誠然容易被統治者所利用，而發生很大地流弊。但即使在兩漢的經學盛時，也不曾影響到知識分子在學術上的態度。要由此而把兩千年學術不發達的罪過一起加在他身上，這把一個書生所能發生的影響力，估計得太高。有點近於神話了。

要窺兩漢學術的大勢，及當時知識分子對學術的態度，應當由漢書藝文志着眼。藝文志本於劉歆的七略；而劉歆的七略，則來自以劉向爲首的校讎之業，及劉向「每一書已，輒條其篇目，撮其指意，錄而奏之」（註二七）。因此，可以說藝文志乃出自劉氏父子之手，而得到班氏父子的承認，這是久有定論的。劉向的思想趨向保守，劉歆則較爲通達。但他父子都是最推尊董氏的人。漢書董仲舒傳贊，即引了他父子兩人的話以作對仲舒的評價。

> 「贊曰，劉向稱董仲舒有王佐之材，雖伊、呂無以加。管、晏之屬，伯者之佐，殆不及也。至向子歆，以爲伊、呂乃聖人之耦，王者不得則不興。故顏淵死，孔子曰，噫天喪予。唯此一人爲能當之。自宰我子貢子游子夏不與焉。仲舒遭漢承秦滅學之後，六經離析，下帷發憤，潛心大業，令後學者有所統一，爲羣儒首。然考其師友淵源所漸，猶未及乎游夏，而曰管晏弗及，伊呂不加，過矣。至向曾孫龔，篤論君子也，以歆之言爲然。」

劉歆雖以其父推許董氏太過，但依然認其「爲羣儒首」。班氏引之，遂爲漢代對董氏的定論。漢書藝文志，總錄百家，校其長短。其諸子略，不僅將儒家與諸家併列；且總敍謂：

「諸子十家，其可觀者九家而已（按除小說家）。皆起於王道既微，諸侯力政。時君世主，好惡殊方。是以九家之說，蠭出並作。各引一端，崇其所善。以此馳說，取合諸侯。其言雖殊，譬猶水火，相滅亦相生也；仁之與義，敬之與和，相反而皆相成也。易曰，天下同歸而殊途，一致而百慮。今異家者，各推所長，窮知究慮，以明其指；雖有蔽短，合其要歸，亦六經之支與流裔。使其人遭明王聖主，得其所折中，皆股肱之材已。仲尼有言，禮失而求諸野。方今去聖久遠，道術缺廢，無所更索。彼九家者不猶瘉於野乎。若能修六藝之術而觀此九家之言，舍短取長，則可以通萬方之略矣。」

上面對諸子百家的開明態度，與司馬談論六家要指的精神是一致的。而與前面所引王鳳對諸子的觀點，可以形成統治者與學者間的極爲鮮明地對照。縱使此種開明態度，不能直接推其出於董仲舒；但最低限度，劉氏父子及班固等，亦絲毫未因董氏「皆絕其道」的話，而發生誤解；更未因此影響到他們對學術的全般態度。董氏的話，既未曾影響於漢代最崇拜他的人們，而謂其有力量能決定以後兩千年學術發展的趨向，豈非神話？阻礙學術發展的，是專制政治；決定學術發展方向的是專制政治下的社會動態與要求。百年來的學者，不肯深求我國學術發展長期停滯的基本原因，而簡單地歸罪於董氏一人，這未免把董氏一人的力量估計得太高，而把學術上的大問題，作過於輕鬆地交代了。魏晉的思想，以玄學爲主；南北朝及隋唐的思想，以佛學爲主；董仲舒的影響到什麼地方去了呢？學術之弊，極於經義八股，這還是出於專制者的要求？還是出於董氏的推明孔氏的影響呢？

七、東漢專制政治的繼續壓迫

光武（劉秀）是一個精明而陰狠的人物。他在打天下的過程中，懲劉邦大封異姓所引起的問題，一開始便把地方政權的基礎，安放在太守與令長身上。對功臣，大量封侯；先是虛封，以後再斟酌情形實封。即使實封，實際上侯者的地位，並不及太守。封侯而可爲太守的，僅出於暫時的權宜；決不使他的功臣，與地方政權發生關係。對皇子封王，給以非常優厚的俸給。至明帝減爲二千萬（註二八），生活上仍不可不謂爲養尊處優。但不僅不關與實際政治，且在實際政治中也毫無地位。後漢書十四宗室四王三侯列傳載光武建武二年（西紀二六年）封其兄伯升之長子章爲太原王，與爲魯王。「章少孤，光武感伯升功業不就，撫育恩愛甚篤。以其少貴，欲令親吏事，故使試守平陰令。」此足可反映出當時所封之王，全係虛銜；地位上與西漢末期的王亦大異其趣。

西漢末期，「賓客」的這一社會特別階層，遍及於全社會；及王莽之亂，地方豪傑，多憑賓客以起事；這將另作研究。此處所應指出者，養賓客既爲東漢初期的社會風氣，則當時生活富厚的諸王，既與現實政治全不相干，則在人情上追隨時代風氣而養些賓客，以破除生活上的寂寞，這應當沒有什麼關係。後漢書卷四十二光武十王列傳「時禁網尚疏，諸王皆在京師，競修名譽，爭禮四方賓客。」正是這種情形。但馬援便最先看出了這裏面的危機。後漢書卷二十四馬援列傳：

「援謂司馬呂种曰，建武之元，名爲天下重開。自今以往，海內日當安耳。但憂國家諸子並壯，而舊防未立。若多通賓客，則大獄起矣。卿曹戒愼之。及郭后薨，有上書者，以爲肅等受誅之家，客因事生亂，慮致貫高任章之變。帝（光武）怒，乃下郡縣收捕諸王賓客，更相牽引，死者以千數。呂种亦與其禍。臨命嘆曰，馬將軍誠神人也。」

馬援的所謂「舊防未立」的舊防，卒於建武二十四年「詔有司申明舊制阿附蕃王法」，而把它恢復起來了；且實行得更爲嚴酷。

按後漢書卷一下光武帝紀，建武二十八年「夏六月丁卯，沛太后郭氏薨，因詔郡縣捕王侯賓客，坐死者數千人。」集解：「案廣陵思王傳，與東海王彊書曰，太后尸柩在堂，洛陽吏以次捕斬賓客，至有一家三尸伏堂者，痛甚矣。」這些死得不明不白的賓客，眞可謂今古奇寃。

因對諸王的猜嫌心理，東漢把王侯與「妖惡」作一樣的看待。漢官儀記有推薦博士的舉狀，其中有一項是「世六屬，不與妖惡交通，王侯賞賜。」家族一得了王侯的賞賜，便失掉博士候補的資格；

因爲「受王侯賞賜」，是和「與妖惡交通」同科的。這眞是太嚴重了。

在上述的猜妨心理中，便出現了楚王英的大寃獄。後漢書卷四十二光武十王列傳：

「楚王英以建武十五年封爲楚公，十七年進爵爲王。……自顯宗（明帝）爲太子時，英常獨歸附太子，太子特親愛之。及卽位，數受賞賜；英少時好游俠，交通賓客；晚節更喜黃老學，爲浮屠齋戒祭祀。八年（永平八年，西紀六五年），詔令天下死罪皆入縑贖。英遣郎中令奉黃縑白紈三十四，詣國相曰，託在蕃輔，過惡累積；歡喜天恩，奉送縑帛，以贖愆辠。國相以聞。詔報曰，楚王誦黃老之微言，尙浮屠之仁祠；潔齋三月，與神爲誓。何嫌何疑，當有悔吝？其還贖以助伊蒲塞桑門之盛饌。……英後遂大交通方士，作金龜玉鶴，刻文字以爲符瑞。十三年，男子燕廣告英與漁陽王平顏忠等，造作圖書，有逆謀。事下案驗。有司奏英招集姦猾，造作圖讖，擅相官秩，置諸侯王公將軍二千石，大逆不道，請誅之。帝以親親不忍，乃廢英徙丹陽涇縣。明年，英至丹陽自殺。」

楚王英向其相贖罪，可知相卽是平時監督他的特務。說他所招集的「奸猾」，乃當時佛道混合的「信徒」；造作圖書，乃其宗教中的儀式。擅相官秩，英無一兵一卒，豈非兒戲？此皆誣妄之辭。但楚王英自殺後，竟興起殘酷地大獄。同傳：「楚獄遂至累年，其辭語相連，自京師親戚諸侯州郡豪傑，及考察吏阿附相陷，坐死徙者以千數。」後漢書卷四十五袁、張、韓、周列傳「永平十三年（西紀七十年）楚王英謀爲逆，事下郡覆考。明年，三府舉安（袁安）能理劇，拜楚郡太守。是時英辭所連及繫者數千人；顯宗（明帝）怒甚，吏案之急，迫痛自誣死者甚衆。安到郡，不入府，先往案獄，理其無明驗者，條上出之。府丞掾史皆叩頭爭，以爲阿附反虜，法與同罪，不可。安曰，如有不合，太守自當坐之，不以相及也。遂分別具奏。帝感悟，即報許，得出者四百餘家。」但明帝及當時的人臣，並不是不知道這是冤獄。明帝寧願把社會稍有活力的人，如前所謂「州郡豪傑」，藉機鋤殺盡淨，而人臣莫敢爭。後漢書卷二十九申屠剛鮑永郅惲列傳「建初元年（西紀七十六年），大旱穀貴，肅宗（章帝）召昱（鮑昱）問……對曰……臣前在汝南，典理楚事（楚獄之事），繫者千餘人，恐未能盡當其罪。先帝（明帝）詔言，大獄一起，冤者過半。又諸徙者骨肉離分，孤魂不祀。一人呼冤，王政爲虧。宜一切還諸徙家屬，蠲除禁錮，興滅繼絕，死生獲所；如此，和氣可致。帝納其言。」章帝在兩漢諸帝中，是天資最爲敦厚的人；楚獄經過六年，至此乃得稍告一段落。大獄的進行，完全是用酷刑逼供的方法。後漢書卷八十一獨行列傳「是時楚王英謀反，陰疏（通）天下善士。及楚事覺，顯宗（明帝）得其錄，有尹興（時爲會稽太守）名，乃徵興詣廷尉獄。續（陸續）與主簿梁宏、功曹史駟勳，及掾史五百餘人，詣洛陽詔獄就考。諸吏不堪痛楚，死者太半。唯續、宏、勳，掠考五毒，肌肉消爛，終無異辭」。卽此可以推見一般。

但與楚王英爲同父異母兄弟的濟南安王康，被人告上與楚王英相同的罪名，卻得到完全不同的結果。後漢書卷四十二光武十王列傳：

「濟南安王康……在國不循法度，交通賓客。其後，人上書告康招來州郡姦猾漁陽顏忠劉子產等；又多遺其繒帛；案圖書謀議不軌。事下考，有司奏舉之。顯宗以親親故，不忍窮竟其事」。

濟南安王康犯上了同一的罪名，而仍得以保全，以情理推之，殆其人較楚王英爲凡庸，不足以引起明帝的猜忌。並且康後來「多殖財貨，大修宮室，奴婢至千四百人，廐馬千二百匹，私田八百頃，奢侈縱欲，游觀無節。」他的國傅何敞上疏力諫，要他「修恭儉，遵古制……以禮起居」，康置之不理。結果他是「立五十九年薨」。他的荒淫腐化，正是他能「立五十九年薨」的重要條件。

通過專制政治中的封建情形的分析，應當可以了解專制政治的基本性格，及在這種性格下所形成的專制主的心理狀態，是決不能容許社會上存在有使他感到壓力的任何力量；那怕這種壓力，絕對多數只是專制主的心理上的存在，而不是事實上的存在，也必加以殘酷地摧毀。對於與他們血肉相連，並由他們自身的需要所建立起來的「諸侯王」及「諸王」，也毫不例外，更何有於一般社會勢力。專制政治既決不允許出現一種與它兩不相容的進步力量；而歷史上，又不可能有能與專制政治並行不悖的進步力量；於是中國歷史中的學術文化，只有長期在此一死巷中糾纏掙扎，很難打開一條順應學術文化的自律性所要求的康莊坦途，因而一直走的是崎嶇曲折而又艱險的小徑。中國歷史中的知識分子，常常是在生死之間的選擇中來考驗自己的良心，進行自己的學術活動。所以兩千多年來中國的學術情況，除了極少數的特出人物以外，思想的夾雜性，言行的遊離性，成爲一個最大的特色。邏輯的不能發達，此亦爲重要原因之一（註二九）。而知識分子自身，由先秦兩漢的任氣敢死，因在長期專制磨折之下，逐漸變爲輭懦卑怯。一直到現代，即使是在外國學科學而能有所成就的人，一在國內住下以後，絕對多數的，也會變成在行爲上是反科學的鄉愿人物。不能了解此種歷史背景，便很難了解中國文化學術及擔當文化學術的知識分子，何以出現這種獨特的形態。

附註

註一　原稱爲徹侯。避武帝諱改稱列侯或通侯。

註二　列侯原係酬德報功的性質；但外戚恩澤侯之出現，皆原於與皇室關係之特殊身份；於是以封侯顯示與皇室關係之特殊身份之意義，日益昭著。故公孫弘以平民登相位，則先封侯以變更其身份；宣帝由庶人入承大統，亦先封侯以變更其身分。

註三　史記卷八高祖本紀，劉邦自謂「此三人者（張良、蕭何、韓信）皆人傑也，吾能用之，此吾所以取天下也。」後人更加上「仁而愛人」，「常有大度」，「約法三章」等。

註　四　史記卷五十五留侯世家。

註　五　史記卷五十六陳丞相世家。

註　六　史記卷九十酈生列傳。

註　七　史記卷八高祖本紀。

註　八　同上「高祖……起爲太上皇壽曰，始大人常以臣無賴，不能治產業，不如仲力。今某之業所就，孰與仲多？」

註　九　又史記卷九呂后本紀王陵曰「高帝刑白馬盟曰，非劉氏而王，天下共擊之」。

註一〇　史記卷五十一荆燕世家。

註一一　史記卷十七漢興以來諸侯王年表敍。

註一二　以上皆見史記卷五十一荆燕世家。

註一三　詳見漢書卷四十七文三王傳，卷五十三景十三王傳，卷六十三武五子傳。

註一四　史記卷十四諸侯王表敍。

註一五　請參閱漢書卷十八外戚恩澤侯表。

註一六　俱見史記卷九呂后本紀。

註一七　此意當首發於賈誼陳政事疏。自後遂成一固定政策。史記卷十七漢興以來諸侯王年表敍「彊本幹，弱枝葉之勢也。」卷十八高祖功臣侯者年表敍「始未嘗不欲固其根本，而枝葉稍陵夷衰微也。」即指出當時此種政策。

註一八　漢書改爲「盜鑄錢」，將「益」字改爲盜字。漢書卷二十四下食貨志載孝文五年「使民放鑄」，賈誼諫不聽。故鄧通以中大夫之位而得鑄錢。則吳之鑄錢，乃當時法令所許，何盜之有？此即當時朝廷存心誣枉，而班氏爲其所欺之一例。

註一九　可參閱二十二史劄記卷三漢諸王荒亂條。「禽獸行」是稱諸王荒淫的專用名詞。

註二〇　伍被供詞，史記並入淮南王列傳中；漢書則另立有伍被傳。

註二一　見史記卷三十平準書，及漢書卷二十七中之下五行志第七中之下。

註二二　史記在卷五十九五宗世家中，過於簡略。

註二三　此所記有問題。另有專文論究。

註二四　據漢書卷六武帝紀，劉德死於元光五年春正月（紀前一三〇年）。

註二五　以上皆見史記卷百二十一儒林列傳。

註二六　漢書卷六十三武五子傳。

註二七　以上皆見漢書卷三十藝文志。

註二八　後漢書卷十上皇后紀，「帝（明帝）曰，我子豈宜與先帝（光武）子等乎？歲給二千萬足矣」。卷五十孝明八王列傳「明年（永平四年，西紀六十一年）按輿地圖，令諸國戶口皆等；租入歲多八千萬」。據此則明帝之所謂「二千萬」，並未實行。而光武所封之俸給，當更厚於此。

註二九　臺灣大學教授殷海光先生，一九六九年夏，胃癌復發，已無生望，而其求知之欲愈強。一日余往省視於其病榻，偶言及此，則大笑喜以爲得未曾有之卓見，欲余爲此專寫一文，迄今未曾著筆，而殷君骨灰，聞已揚塵滄海。追念一時論學之歡，渺難再得。爲之感慟。

漢代一人專制政治下的官制演變

一、官制係以宰相制度為骨幹

官制是政治運作中的一套機器。從另一角度說，也是知識分子在政治上發揮能力所憑藉的基本條件。它的形成，在理論上說，是適應治理天下的客觀情勢上的需要。因此，它的演變，應當是出於由客觀情勢變化的要求。所以官制的本身，應當具有客觀獨立的性格。但一人專制政治的特質，首須將皇帝個人的身份地位絕對化、神聖化；這一點，除了秦始皇通過禮儀加以實現，並由叔孫通爲漢家制朝儀時所繼承外，且如後所述，也須通過官制而加以實現。其次，一人專制政治，是秦國長期在法家思想培育之下所形成的。法家思想特點之一，是君臣關係的緊張，因而在心理上所引起的非常尖銳地猜防作用。一人專制者的皇帝地位，已如我在封建制度的崩潰及典型專制政治的成立一文中所述，並不借助於神權，而主要是運用法術的箝制與威嚇；這便更助長了法家所提出的君臣間的緊張關係和猜防心理。史記卷五十三蕭相國世家：「於是乃令蕭何賜帶劍履上殿」。會注考證引朱錦綬曰：「案賈子，古者天子二十而冠帶劍，諸侯三十而冠帶劍，大夫四十而冠帶劍，可見有事帶劍，古禮之常。

臣上君殿，其事尤大，當必以帶劍爲禮矣。……見君之禮，立而不坐，恐必不以不履爲敬也。自秦法羣臣侍殿上者，不得持尺寸之兵，適與古制相反。漢沿其法，故特賜蕭何以寵之。其實劍履上殿，秦漢以前，不以爲異，請約舉經傳以證之……。」此卽由猜防心理所引起的君臣關係變化的一例。這種情形，也必然地在官制上發生重大地作用。

一人專制下的官制，是由秦政李斯們所建立起來的。他們正緊接着戰國過渡性的開放時代。由諸子百家，尤其是由其中的儒家所提出的政治理想，也浸透到政治制度的構想中去；甚至將理想僞托爲古代官制之名以求其實現，這不能不漸漸形成一種「觀念的力量」。這種觀念的力量，也會通過呂不韋的門客而給秦的君臣以影響。尤其李斯本是荀卿的學生，也未嘗不深通儒術。所以在他們形成這副大一統的統治大機器時，除了在基本上順應一人專制的要求以外，其勢也必須受到山東諸國的事實上與觀念上的若干影響。於是在他們的官制中，我們應當承認實包含有若干合理的成分；最顯著的是宰相制度的確立（註一）。春秋時代，各國政治的好壞，常隨一個「爲政」、「當政」、「當國」者爲轉移；不過那都是各國封建體制內的貴族。孔子則以平民而抱「吾其爲東周乎」（註二）之志，這實際是假定他可以獲得代替人君行使職權的官位。這一官位，一方面由事實的要求而演變出戰國時的丞相；同時也是抱有政治理想的知識份子，在對官制的構想中所寄託的理想。荀子王霸篇：「相者論列百官之長，要百事之聽，以飾朝廷臣下百吏之分，度其功勞，論其賞慶，歲終奉其成功，以效於君。當則可，不當則廢。」呂氏春秋舉難篇：「相也者，百官之長也。」管子君臣上篇：「是故主畫之，相守之。相畫之，官守之。」（註三）在這類的話裏面，不僅是對相權作現實的描述，而實也含有對相權作理想的期待。宰相的出現，是在戰國鬬爭激烈地現實政治要求中所逐漸形成的。但它在現實要求中，可以容許政治的理想。人君不必皆賢，但宰相則可選天下之大賢；人君可以繼業垂統的不變，但宰相則可因其賢否及成效而變動。御史大夫以監察爲宰相之副；太尉主軍政；由縣尉及郡的都尉與縣令長及郡守的關係，可以推知太尉也是屬於宰相。宰相制度，是整個官制中的領袖與骨幹。宰相地位合理化，則宰相以下的百官皆可以合理化，而將整個地政治機器推向合理的方向；這是家天下、私天下中所含的一點公天下的成分。所以宰相制度，可以說是現實與理想合一的制度；知識分子的政治抱負，在宰相制度之下，應當可以得到合理的機遇與合理的發揮；極其致，也可以躋身相位，取得治天下之實。當然這裏不考慮到用宰相之權，是操在人君手上；宰相的好壞，還是決定於人君的好壞的這一種人的因素。正因爲如此，宰相制度，一方面爲大一統的專制政治所必需；另一方面，卻又爲一人專制下所不容。於是專制政治的發展，在官制上最重要的演變，便是宰相制度的破壞。官制中其他的演變，主要是環繞此一演變所引發出來的。由宰相制度在演變中的破壞，自漢武帝後，中國歷史上便無名實相符的宰相；而擔任變相宰相的人，也常受到最大的挫折與屈辱。這便影響到知識分子整個的命運，並挫折學術的正常發展。

秦享國日淺，它所建立的官制的效用，我們不能完全明瞭。二世胡亥任趙高爲「中丞相」（註四），這是宰相制度破壞的開始。但破壞的情形也不太彰著。大一統的一人專制之局，是由漢所繼承、所穩定下來的。由漢代官制的演變，以了解一人專制的性格及其對漢代政治社會與學術的影響，這應當是一條重要的門徑。

二、三公九卿在歷史官制中的澄清

在未進入到本問題之前，我應當首先指出漢人所流行的三公九卿的官制的說法，不是唐虞三代的政治史上的官制，也不是秦及西漢初年所曾實行過的官制。我要先把這一點澄清，也便可以澄清我國兩千年來官制中的若干糾結。

卜辭中有「三公」一辭，指的是先王先公而非爵位名稱（註五）。傳統的說法，最先出現三公一辭的是尙書中的周官：「立太師太傅太保，茲惟三公，論道經邦，燮理陰陽」的幾句話。按現行尙書中的周官係僞古文，今日已成定論。而「燮理陰陽」的觀念，決非戰國末期以前所有，恐亦不須多論。故此不足爲「三公」之制在周初已有之證。惟鄭志「趙商問曰：按成王周官立大師大傅大保，茲惟三公」云云，遂有以鄭志所引，乃眞古文周官之文（註六），則是以太師太傅太保爲三公，乃周初所固有。但皮錫瑞謂「案鄭君述古文逸書二十四篇目，見於孔沖遠書疏，內無周官。而趙商云云者，惠棟古文尚書考曰：『孔氏逸書無周官。趙商據以爲說，此必見緯書及書大傳，梅氏卽用之以入周官。』其說是也。」（註七）是鄭志趙商所引之周官，仍非眞古文周官，則「茲惟三公」之語，仍爲後出之語。周初有公爵，但並無以三爲限定而稱爲「三公」的官制。尚書中的牧誓、酒誥、立政、顧命，皆出有周初較詳的官制，皆無三公之名。金縢有「二公曰」，傳謂二公乃召公，太公，再加上周公本人，此似爲三公。但此三人乃公侯伯子男五等爵中之公，而非周王左右另成一固定官制的「三公」之公。所以在顧命中又出現有畢公毛公。周代爵位世襲，則其公之不限以三，甚爲明顯。五禮通考卷二百十五引葉氏時曰：「以三公言之，召公爲保，周公爲師，而太傅無有焉，召公實兼之也。周公既沒，召公爲保，而太師太傅無有焉，召公實兼之也。」此乃傅合三公之說而不可得，故以「兼之」作彌縫，而不知本無所謂三公。詩小雅雨無正的「三事大夫」，鄭箋卽以三公釋之。但詩人分明稱爲「大夫」，何得以大夫爲公？是詩書中未見有三公的名辭。春秋左氏、穀梁兩傳，皆無三公的名稱，是春秋二百四十二年中，未出現所謂三公之制。公羊傳有「天子三公」的說法，但這都是由「初獻六羽」

（隱五年）、「祭公來」（桓八年）、「周公出奔晉」（成十二年）等經文傅會而成，這是在景帝時胡毋生等寫定時所傅會上去的（註八）。在經文原文中，沒有可以解釋爲三公的任何根據。正因爲如此，所以二千年來的傳注家對先秦典籍作三公的解釋時，不僅都是採用「拼七巧板」的方式，並且對三公的內容也各不相同。漢書卷十九上百官公卿表七上，既以太師太傅太保爲三公，但又「或說司馬主天，司徒主人，司空主地，是爲三公。」此處之「或說」，蓋出於韓詩外傳八「三公者何，曰司空司馬司徒也。司馬主天，司空主土，司徒主人。」其於古史爲無稽，更不待論。

就我目前所能找到的可靠線索來說，三公這一名辭的出現，應在春秋之末，或即由墨子這一學派的政治理想所造出來的。尚同上「是故選天下之賢可者立以爲天子。天子立，以其力爲未足，又選擇天下之賢可者置立之以爲三公。天下三公既已立，以天下爲博大，遠國異土之民，是非利害之辨，不可一二而明知，故畫分萬國，立諸侯國君。諸侯國君既已立，以其力爲未足，又選擇其國之賢可者置立之以爲正長。」尚同中、尚同下都有這一段大體相同的話；天志裏也有與這相同的政治制度。假定墨子一書的主要部份，乃成立於戰國中期以前，則這應當是在可信的材料中最早提出三公觀念的；最低限度，是最早把三公的觀念很明顯而有力地鑲入到整個的官制中間去，而成爲完整系統中的重要一環的。老子卷六十二也有「置天子、立三公」的話，由這種話所代表的政治意義，在老子一書裏的分量，沒有在墨子一書裏的分量重；而老子一書，若如我所考證，這是由老子這一派的學徒展轉記錄增補而成，其主要部份，也是寫定於戰國中期之前（註九）；則老子一書的這兩句話，是受到墨子一派的直接或間接的影響，是可以講得通的。至於孟子曾說柳下惠「不以三公易其介」（盡心章上）這可證明此一觀念在戰國中期已經傳播開了。

然則何以能說這三公不是歷史的事實，而是出自墨子這一學派的政治理想呢？第一、從天子起，一直到地方的正長，皆出自選舉，這是被過去研究墨子的人所忽略了的偉大政治理想。第二、墨子引作三公職位的歷史證據，都出於歷史的傅會，由此可知在歷史中並不曾眞正出現過三公。尚賢中「傅說被褐帶索……武丁得之，舉以爲三公。」尚賢下「昔伊尹爲莘氏女師僕，使爲庖人，湯得而舉之，以爲三公。」在歷史的傳說中，也沒有傳說伊尹所作的是三公的職位任何痕跡；可知墨子或墨子的學徒，在歷史中找不到三公這一職位。然則何以稱爲三公呢？公的爵位在周初是有的；公而冠以三，或取「數成於三」（註一〇），或取天地人三才之義，則無法確定（註一一）。

在墨子的官制系統中，天子之下是三公，三公之下是諸侯，由此可以推知他們所說的三公，實際指的是卿大夫，最低限度是概括了卿大夫，所以便略去這一環節。周的官制中有卿，這是不容懷疑的。左成三年「晉作六軍，韓厥趙括鞏朔韓穿荀騅趙旃皆爲卿。」是晉有六卿。左襄八年鄭子展謂晉

「八卿和睦」，是晉又有八卿。或八卿之八，乃六字之訛。左襄二十年「公享晉六卿于蒲圃，賜之三命之服。軍尉司馬司空輿尉候奄皆受一命之服。」可知晉之所謂卿，以受命將佐上中下軍爲準；有兼司馬司空諸職的，但司馬司空等並非卿位。左文七年宋國「公子成爲右師，公孫友爲左師，樂豫爲司馬，鱗矔爲司徒，公子蕩爲司城，華御事爲司寇，六卿和公室。」是宋六卿之名位，與晉不同。左僖九年公子目夷「爲左師以聽政」。左魯文時期，華元以右師爲政。左襄九年「樂喜爲司城以爲政」。是六卿中無固定爲政之規定。而司馬司徒司空（註一二）皆卿位而非公位。此外鄭有六卿，而司馬司空司徒皆卿（註一三）。齊楚秦諸大國，則皆無六卿之名。

至於「九卿」，則自周初以迄戰國，未曾發現此一官制的痕跡。獨國語魯語下記公父文伯之母有「是故天子大采朝日，與三公九卿，祖識地德」的話，果爾，則在春秋定哀之際，已有九卿一辭，且與「三公」連在一起。但不特自春秋之末以迄戰國，除下述呂氏春秋外，其他可信賴的文獻，並未見到九卿一辭。並且國語中除此處外，只有六卿的名稱，再找不到九卿的名稱。依我的推測，劉向編列女傳時，三公九卿的名稱，甚爲流行。他將魯語有關公父文伯的材料，改編成列女傳中的魯季敬姜，爲求文字適合當時皇室的要求，便將魯語中此處其他的官制名稱，改爲「三公九卿」。並將下句的「祖識地德」，改爲「組織施德」（此句也可能是傳抄中因字形近似而來的訛誤）；後人再將列女傳中的「三公九卿」，誤校到魯語中去了。因此，我以爲「九卿」一辭，恐以呂氏春秋十二紀爲最早而可信。呂不韋聚門客作呂氏春秋以作秦統一天下後政治的寶典。在十二紀中，開始把三公九卿組合在一起；而九卿的官制，可能卽是他的門客構造出來的。孟春紀：

「立春之日，天子親率三公九卿諸侯大夫，以迎春於東郊。」以後各紀中，大都有三公九卿的出現。他們所以將春秋時代流行的六卿改爲九卿，或者因爲晉宋等國既已有六卿，則作爲大一統的秦帝國，自應比他們要多出一些。而由六升到九，或者是因爲左文七年有「六府三事，謂之九功」的話而來；或者是出自他們特殊的數字衍化，由三公衍化而爲九卿（見後），則不易斷定。呂氏春秋的十二紀，給了漢代思想與政治以可驚的影響，此將另有專文論述。這裏只指出，由漢文帝令博士諸生所作的王制（註一四）中「天子三公九卿，二十七大夫，八十一元士」的幾句話，是承呂氏春秋十二紀的三公九卿演化出來的。這種以三的倍數所形成的官制，或者與宋書律志「黃鐘之律長九寸，物以三生。三三見九，三九二十七，故幅廣二尺七寸，古之制也。」的這幾句話有關係。因此，八十一元士之八十一，乃由三乘二十七大夫而來。董仲舒春秋繁露官制象天第二十四，對此一官制，以「聖王所取儀金（於）天之大經，三起而成（按指每三月而成一季），四轉而終（按指四季而成歲。以四季比此官制之四級）」作解釋，恐亦非博士之本意。鄭康成不知道這種官制是出自文帝的博士們的憑空演化，但又於古無徵，所以只好說「此夏制也」，當然鄭說是完全沒有根據的。因此，凡是把秦以前的官制，向三公九卿去比傅，漢人比傅得沒有辦法，又造出三孤之說以爲補綴，皆是曲解歷史。除了增加混亂外，更無半絲半毫意義。

三公的名稱，雖出現得較早，而九卿的名稱，雖出自呂不韋的門客，對秦可以發生影響；但秦的實際官制，並沒有受到這兩個名詞的影響。通典卷二十職官二「秦置丞相，省司徒。」又謂「秦無司空，置御史大夫」，此誤以成帝綏和元年（紀前八年）之改建三公，爲古代所固有。漢承秦制，由西漢有九卿之名而不拘於九卿之數，即可推知秦無九卿之說；凡謂秦有九卿者，皆出自後人之傅會。

三公九卿之名，在西漢頗爲流行。但在綏和元年以前，皆只作象徵性的使用，而未嘗以此作官制的規準。成帝綏和元年，因何武之言，將御史大夫改爲司空，連同原有之丞相及武帝時所設之大司馬，修改丞相制爲三公制。在此以前，太尉並不常設；故史記將相年表於高帝五年、文帝三年、景帝七年、武帝建元二年，皆云罷太尉官，是漢廷從無以太尉爲三公之觀念。而武帝之設大司馬，乃是爲了「以冠將軍之號」（註一五）來寵異衞青及霍去病，亦與三公無涉，甚至與原設的太尉亦無涉；因爲此時之大司馬是虛銜，且直屬於天子；而太尉則係主管軍政的實職，爲丞相的助手。漢書卷八十九循吏傳黃霸薦史高可爲太尉：「天子（宣帝）使尚書召問霸，太尉官罷久矣，丞相兼之，所以偃武興文也。」按自霍光以大司馬大將軍輔政，卒於地節二年（紀前六八年），經張安世、韓增、許延壽，至甘露元年（紀前五十三年）許延壽之死，大司馬未嘗無人。若在綏和元年以前，大司馬係由武帝改太尉而來，則宣帝不會說「太尉官罷久矣」的話。以大司馬作太尉，乃成帝綏和元年改置三公以後的觀念。這一點，漢人也常常弄混淆了。漢官儀謂武帝改太尉曰大司馬，此與元狩四年詔衞青霍去病皆爲大司馬的情形完全不合。且三公的地位是平等的；故綏和元年改三公制時，即「益大司馬大司空（御史大夫）奉（俸）如丞相。」；在此之前，則御史大夫「掌副丞相」，丞相奉錢月六萬，而御史大夫月四萬；是綏和以前由高帝五年至元延四年，凡一百九十三年間，漢無三公的官制，彰彰明甚。然史記卷一〇二張釋之列傳有「三公九卿盡會」之語，卷一百十二平津侯列傳汲黯謂公孫弘「位在三公」，而公孫弘亦自稱「夫以三公爲布被」；此時弘爲御史大夫；又「致位三公」，則弘已爲丞相。卷一二二酷吏列傳張湯自謂「陛下幸致爲三公」，又「杜周初徵爲廷史……及身久任事至三公列。」張湯杜周實皆爲御史大夫。由此可知武帝時並無三公之實，而率稱丞相御史大夫爲三公；可斷言三公一辭，西漢時已在觀念上發生影響，故當時即作象徵性之使用。成哀之後，乃漸趨向現實官制上的使用；至東漢而始在官制上完全確定。

九卿一辭的情形，也和三公一辭的情形一樣。續漢志標明「太常（原名奉常）卿一人」、「光祿勳（原名郎中令）卿一人」、「衞尉卿一人」、「太僕卿一人」、「廷尉卿一人」、「大鴻臚（原名典客）卿一人」、「宗正卿一人」、「大司農（原名治粟內史）卿一人」、「少府卿一人」。以後韋昭辨釋名（註一六），張守節史記正義、通典、通志、通考，皆以此爲兩漢的九卿。而通典特加「九寺大卿」之名，此在兩漢爲無據。然史記卷一百十二平津侯主父列傳公孫弘謂「夫九卿與臣善者無過黯」，時汲黯爲主爵都尉。卷一二〇汲鄭列傳「召（汲黯）以爲主爵都尉，列於九卿。」又同卷鄭莊「至九卿爲右內史」。卷一二二酷吏列傳寧成「徙爲內史，外戚多毀成之短，抵罪髡鉗。是時九卿罪死即死，少被刑，而成極刑。」「楊僕者……稍遷至主爵都尉，列九卿。」卷一二三大宛列傳「軍正趙始成爲光祿大夫，上官桀爲少府，李哆爲上黨太守，軍官吏爲九卿者三人，諸侯相郡守二千石者百餘人。」由上文觀之，少府固爲九卿，光祿大夫秩比二千石，但漢書卷三十六楚元王傳載元帝徵周堪，「拜爲光祿大夫，秩中二千石」，與卿秩相同；是此職之地位，可高可下，故「毗亮論道，獻可替否」（荀綽晉百官表），當時亦可能視爲九卿。漢書卷七十六張敞傳「敞詣公車上書曰：臣前幸得備位九卿，待罪京兆。」又同卷王尊傳，尊爲京兆尹，御史大夫奏尊「不宜備位九卿」。主爵都尉（後改爲右扶風）、內史（後改爲京兆尹）、右內史，在當時皆稱爲九卿，遠非續漢志所舉之九卿可得而範圍。今人求其說而不得，乃有人將「九卿」與「列卿」加以分別（註一七），此似因前有「列於九卿」、

「列九卿」等字句而來。但汲黯爲主爵都尉，稱之爲「列於九卿」；史記卷一二〇記汲黯「過大行李息曰……公列九卿」；按大行令後改爲大鴻臚，正在續漢志九卿之內，亦稱爲「列九卿」。而晉書卷二十四職官志「太常、光祿勳、衞尉、太僕、廷尉、大鴻臚、宗正、大司農、少府、將作大匠、大后三卿大長秋，皆爲列卿。」此處所舉自少府以上，正係一般所謂之九卿；但連同將作大匠等同稱爲列卿，則九卿與列卿之別，是毫無根據的。何況漢書百官公卿表，實際是舉出了十卿。因爲在「中尉、秦官」這一條的下面說「自太常至執金吾（武帝太初元年改中尉爲執金吾），皆中二千名，丞皆千石」；是班氏視執金吾與由太常至少府等九官，皆係同等秩位；由太常至少府等九官是卿，執金吾也當然是卿。漢書卷七十七毋將隆傳，隆爲執金吾，詔卽稱其「位隆九卿」。所以韋昭辨正劉熙釋名謂「執金吾本是中尉，掌徼巡宮外，司執姦奸，至武帝更執金吾爲外卿，不在九列」的說法，認其對西漢而言，是不能成立的。執金吾因「徼巡宮外」，卽爲外卿，則廷尉掌理天下之獄，大司農掌理天下之財，豈非更應列爲外卿嗎？「外卿」之說，爲兩京所無，此亦係求其故而不得，故從而爲之辭。而班固在百官公卿表中，列有奉常（太常）、郎中令（光祿勳）、衞尉、太僕、廷尉、典客（大行令、大鴻臚）、宗正、治粟內史（大司農）、中尉（執金吾）、少府、水衡都尉、主爵都尉（右扶風）、左內史（左馮翊）、右內史（京兆尹），共十四官，皆西京之卿，皆可稱爲九卿。此無他，九卿開始時乃一觀念上之官制；西京對於本不止於九而稱九卿，與本不足爲三而稱三公一樣，乃象徵性之使用，並未嘗爲「九」之數字所拘。成哀而後，直至東漢，始將觀念上之九卿，坐實而爲事實上之九卿。此與三公的情形相同，乃官制上由觀念演向事實的顯著的一例。明乎此，則過去由西漢以上對三公九卿的種種拼七巧板式的說法，皆應廓而清之，不爲其所迷惑。而十二卿（劉熙釋名）十三卿（註一八）之說，皆不如從漢書百官公卿表之爲得其實了。

三、漢代官制的一般特性

由漢所繼承的秦代官制，首先可以看出在設定之初，卽含有一個特性，乃在於以官制中的大部分來表現並維護皇帝的絕對身份，而非出自客觀政治治理上的需要。因此，所以在理論上儘可以說丞相助理萬機，無所不統；太尉統軍，御史大夫掌副丞相監察內外，這一官制的高層構造可以說是相當地合理；但因爲其中堅構造的大部份是爲了維護皇帝的絕對身分，所以一開始便成爲丞相在法理上可以管，而在事實上則丞相不必管，也不能管之局。茲先作一概略觀察如下。

列卿之首的太常掌宗廟禮儀，這可以說是由古代重視祭祀的傳統而來。因其中有太史太醫及博士，這便成爲半宗教半學術的機構。而博士「秩比六百石」，其地位不及太樂太祝太宰等令；但常有參議朝政，巡察地方的機會，這是以「通古今」的知識，得到政治發言權，是專制政治構造中最有意義的部份。

在列卿中地位特殊而組織龐大，在實質上可以說是居列卿的第一位的，無過於由先稱郎中令，後改名爲光祿勳的職位。光祿勳府在宮中，它是爲皇帝看門的。正因爲它是爲皇帝看門，主管安全，並是通向內外的管鑰，所以它的組織龐大，除爲皇帝看門外，並兼盡儲備人材的責任。漢書百官公卿表：「郎中令，秦官，掌宮殿掖門戶。有丞。武帝太初元年（紀前一〇四年）更名光祿勳。屬官有大夫、郎、謁者，皆秦官。又期門、羽林，皆屬焉。大夫掌論議。有太中大夫、中大夫、諫大夫，皆無員，多至數十人。武帝元狩五年（紀前一〇八年），初置諫大夫，秩比八百石。太初元年，更名中大夫爲光祿大夫，秩比二千石。太中大夫秩比千石如故。郎掌守門戶，出充車騎。有議郎、中郎、侍郎、郎中，皆無員，多至千人。議郎、中郎，秩比六百石。侍郎秩比四百石。郎中秩比三百石。中郎有五官、左、右三將，秩皆比二千石。郎中有車、戶、騎三將，秩皆比千石。謁者掌賓贊、受事，員七十人，秩比六百石。有僕射，秩比千石。期門掌執兵送從，武帝建元三年（紀前一三八年）初置，比郎，無員，多至千人。有僕射，秩比千石。平帝元始元年，更名虎賁郎，置中郎將，秩比二千石。羽林掌送從，次期門。武帝太初元年初置。名曰建章營騎，後更名羽林騎。又取從軍死事之子孫養羽林官（館）教以五兵，號曰羽林孤兒。羽林有令丞。宣帝令中郎將騎都尉監羽林，秩比二千石。」

此一龐大機構，是武帝把它發展起來的。它的特點：第一組織龐大，而內部享受高級待遇的，較任何機構爲多。例如丞相府有兩長史，秩千石；武帝元狩五年又加了一個司直，秩比二千石。但光祿勳府則光祿大夫秩比二千石，太中大夫秩比千石；這兩種大夫，可以多到幾十人。中郎五官、左、右三將及騎都尉皆秩比二千石。車、戶、騎三將及謁者僕射，期門僕射，秩皆比千石。諫大夫秩比八百石，這在漢廷官制中可以說是很特出的。秩比六百石的可以多到幾百人。比三百石到四百石的可以多到幾千人。第二，掌議論的三種大夫，可以直接參與朝議。而諫大夫雖秩比八百石，但武帝常用以詰難丞相等大臣，使之折服，以伸張皇帝的意志。若以今日的名詞來說，實際成爲皇帝的智囊團及一批御用學者，以加強皇帝對大臣及政策的控制。第三，幾千個郎的構成分子，最初多選自有功勳的中下級武人；高祖得天下後，爲了安置這一批人，一方面養在這裏，一方面又由這裏選出去充任中央政府及地方政府的各種正式職位；這是軍事復員善後的一種方法，大概是沿自秦始皇。接著選擇才武之士，及二千石以上和有功勳者的子弟爲郎。還有以納貲進入仕途的，及選出的孝廉，乃至由四科所取的士，都要先在這裏爲郎，作更直執戟宿衞諸殿門，出充車騎（註一九）等職務，在這裏熬資歷，等機會。於是這一個皇帝的警備室，又成了吸收人才，儲備人才的總站。其中的議郎常以處特出之士；續漢志說：「議郎不在直中」，卽是說他可以不當班，要算是一種特例。仕進之途，由皇帝的警備室握其咽喉；一切臣工，皆出自皇帝的衞士；這樣才可以保證他的忠誠，這樣才更可以顯出皇帝地位的崇高偉大，以摧抑由知識、人格而來的志氣，使其非先接受這一專制模型的陶範不可。鼎盛期的大一統一人專制的形象，通過光祿勳這一機構而始完全刻畫了出來。這要算是漢武的一大傑作。

衞尉是主管皇帝宮門的衞屯兵的。太僕是掌皇帝的車馬的。主掌全國馬政的職務，也是由漢武的擴充而來。大鴻臚是爲皇帝作司儀。宗正是管皇帝的家譜。少府是皇帝的私賬房；因爲與皇帝更接近，所以其內容的豐富，僅次於光祿勳；而以後在政治上所發生的作用，更爲過之。執金吾是管宮門以外的警衞及維持京師治安的。他出巡時的威風，令光武年少時望而生羨。中二千石的十卿，僅有廷尉是治獄，大司農是理財；不是直接爲皇帝當差。太常可以說是半當差。其餘的都是直接爲皇帝當差的。僅憑爲皇帝當差，卽有政治上的崇高地位；愈與皇帝接近，便愈有政治上的權力；這是由一人專制所必然出現的現象。這是專制政治下的官制演變、政治演變的兩個基本契機。不了解這一點，便不足以言專制政治下的官制問題。而宰相制度的破壞，也只有先把握到這一點，才能了解這是由專制政治內部矛盾所必定循環出現的現象。

四、武帝在官制演變中的關鍵性的地位

宰相一職，最先在劉邦的心目中，只是把它當作一個臨時性的榮譽頭銜，而不一定把它當作實際政治中所不可缺少的重要職位。洪邁謂「漢初諸將所領官，多爲丞相。如韓信初拜大將軍；後爲左丞相擊魏，又拜相國擊齊。周勃以將軍遷太尉，後以相國代樊噲擊燕。樊噲以將軍攻韓王信，遷爲左丞相，以相國擊燕。酈商爲將軍，以右丞相擊陳豨，以丞相擊黥布。尹恢以右丞相備守淮陽。陳涓以丞相定齊地。然百官公卿表皆不載。蓋蕭何已居相位，諸人者未嘗在朝廷。特使假其名以爲重耳。後世使相之官本諸此也。」（註二〇）同時，漢初政治上的猜忌之心，首先是集中到「諸侯王」身上；一直到景帝剪平七國，武帝分封子弟，而專制者心理上的這一重大政治壓力，始大體解除。在官制上，他們的猜嫌心理，則是首先安放在太尉一職之上，因爲這是主管軍事的。高祖六年（紀前二〇一年）以盧綰爲太尉，旋立綰爲燕王，省太尉。十一年以周勃爲太尉，攻代，旋省。惠帝六年（紀前一八九年）復以周勃爲太尉；文帝元年（紀前一七九年），勃遷丞相，灌嬰繼之，至文帝三年省。景帝三年（紀前一五七年），以周亞夫爲太尉，擊吳楚，七年又省。武帝建元元年（紀前一四〇年），以田蚡爲太尉，至二年省（註二一）。可以說在特殊情形下（如用兵）才立太尉；在恢復常態時，即將之罷省。至

於元狩四年（紀前一一九年）。武帝立大司馬以冠大將軍及驃騎將軍之號，如前所述，並不同於將太尉改爲大司馬。因爲此時將軍才是他們的實職，而大司馬則係虛銜；太尉亦係實職。更重要的是太尉乃助理丞相，在丞相這一系統之內；故太尉省時，其經常業務即幷入丞相。而以冠將軍之號的大司馬則直屬於皇帝。漢書卷六十九辛慶忌傳「丞相司直何武上封事曰……是以先帝（按指武帝）建列將之官，近戚主內，異姓距外，故奸軌不得萌動而破滅，誠乃萬世之長策也。」衞青、霍去病等將軍，正是「近戚主內」，加上去的大司馬的頭銜，是跟著將軍走的，與丞相無職務上直接的關係。後來將大司馬與太尉，視爲一官之異名，乃起於成帝綏和元年爲了拚湊成三公之數的原故。

西漢初期，雖視丞相不及太尉的重要，但丞相在法理上的職權，仍不能加以抹煞。陳平答文帝丞相所主何事之問謂「宰相者，上佐天子，理陰陽，順四時；下育萬物之宜，外鎭撫四夷諸侯，內親附百姓，使卿大夫各得其職者也。」（註二三）申屠嘉爲丞相，鄧通以太中大夫得幸於文帝。嘉入朝，「通居上傍，有怠慢之禮……罷朝坐府中，嘉爲檄召鄧通詣丞相府，不來，且斬通……通至丞相府……通頓首，首盡出血，不解；文帝度丞相已困通，使使者持節召通而謝丞相曰：此吾弄臣，君釋之。」（註二三）此固由文帝之能忍，然亦可見相權之尙尊。丞相府的組織，也相當龐大。漢舊儀卷上「丞相典天下誅討賜奪，吏勞職煩，故吏衆。」「丞相初制吏員十五人，皆六百石，分爲東西曹。東曹九人出督州爲刺史。西曹六人，其五人往來白事東廂爲侍中。一人留府曰西曹，領百官奏事。」「武帝元狩六年，丞相吏員三百八十二人。史二十人，秩四百石。少史八十人，秩三百石。屬百人，秩二百石。屬史百六十二人，秩百石。」正因爲如此，漢初用相，除陳平一開始以護軍中尉爲漢高作軍中特務，出計爲其剪除功臣(註二四)，而又濟以陰柔之術，得爲丞相，並以善終外，此外皆自其故鄉與其有特深私人關係，並椎魯無能之人，亦卽史公所謂「鄙樸人」。蕭何之功，在劉邦未得天下以前。劉邦得天下以後，則救死惟恐不暇，且幾不免於死，此在史記蕭相國世家中記之甚詳。曹參則一事不作，一士不舉(註二五)，竟爲漢名相。史記卷九十六張丞相列傳「自漢興，至孝文二十餘年，會天下初定，將相公卿皆軍吏。」王陵以戇免；周勃「爲人木彊敦厚，高帝以爲可屬大事」，且有安劉、迎立之大功，但終「知獄吏之貴」。其子亞夫以「欲反地下」的理由，下獄歐血死(註二六)。申屠嘉以鼂錯之故，亦歐血死。鼂錯則以其才銳陗直刻深死於東市(註二七)。申屠嘉死之後，繼其爲相者益不堪。史記卷九十六張丞相列傳「自申屠嘉死之後，景帝時，開封侯陶青、桃侯劉舍爲丞相。及今上(武帝)時，栢至侯許昌、平棘侯薛澤、武彊侯莊青翟、高陵侯趙周等爲丞相，皆以列侯繼嗣，娖娖廉謹，爲丞相備員而已，無所能發明功名，有著於當世者。」文景武三世，正漢室盛時，獨對丞相及副丞相的御史大夫，中間除張蒼明律曆外，皆特選無能之輩。蓋專制主的內心，欲以無能者對特別恩遇的感激，換取居此種職位者的忠誠；並以無能來抵消、抑制此一重大職位所能發生的作用，藉得減輕內心的疑忌。

由秦皇所建立的大一統的一人專制，順此一政制的基本性格，至漢武而發展完成。他發揮了大一統的一人專制下的很大效能，也暴露出大一統的一人專制下的殘酷黑暗。他之所以能如此，一方面是他憑藉了七十年安定中社會所滋生的力量；一方面也是憑藉了他個人強大的慾望與生命力。在學術與人才方面，他一方面阻滯了社會上的自由發展；但一方面也可以說是牢籠萬有，而又緣飾以儒術。史記卷一百二十八龜策列傳「至今上卽位，博開藝文之路，悉延百端之學。通一伎之士，咸得自效。超奇者爲右，無所阿私。」這反映出了當時一方面的情況。史記卷一一二平津侯列傳「於是天子察其（公孫弘）行敦厚，辯論有餘，習文法吏事，而又緣飾以儒術，上大悅之。」武帝喜悅公孫弘能緣飾以儒術，正因他自己喜緣飾以儒術。漢書卷五十八公孫弘卜式兒寬傳贊，備稱武帝得人之盛，雖有所誇張掩飾，要亦可以窺知當時多方吸引的情形。至其征討四夷，特以將相不得其人，得不償失（註二八），然痛苦在一時，而功效特著於昭宣元成之世。至其開闢交通水利；提倡農器技術上的改良；這都可以說是發揮了效能的一方面。

但由大一統的一人專制所很易引起個人的窮奢極欲，漢武較之秦皇，有過之而無不及。在這種窮奢極欲的發展中，直接影響到官制上的，是與皇帝有直接關係的職位及後宮，作了大量的擴充。續漢志「及至武帝，多所改作，然而奢廣，民用匱乏。」這郎可作概略性的說明。漢書卷七十五眭兩夏侯京翼李傳，記宣帝初卽位，「欲褒先帝（武帝）」，想爲其立廟樂。「長信少府勝（夏侯勝）獨曰，武帝雖有攘四夷，廣土斥境之功，然多殺士衆，竭民財力，奢泰無度，天下虛耗，百姓流離，物故者過半，蝗蟲大起，赤地數千里，或人民相食，畜積至今未復，亡德澤於民，不宜爲立廟樂。」這是冒大不韙的重要批評。但我在這裏要特別指出的是，武力與刑罰，是一人專制政治的兩大骨幹；此兩大骨幹，到武帝特別得到了高度的發展。關於武帝是以刑爲治，及刑法在他手上的發展，我們只要讀史記的酷吏列傳及漢書的刑法志，已經很淸楚。而在官制上，據漢舊儀卷上「武帝時，御史中丞督司隸，司隸督司直，司直督刺史二千石以下至墨綬。」建立一套嚴酷的督責系統。關於武力方面，他首先是在官制上把軍事脫離宰相的系統，使其直屬於他自己。再便是在當時由徵召制度而來的軍事力量外，擴充他周圍的常備性的武力。據漢書百官志，武帝除在光祿勳內增設期門（平帝元始元年改虎賁郎），羽林及羽林孤兒外，更增設城門校尉及中壘、屯騎、步兵、越騎、長水、胡騎、射聲、虎賁等八校尉。並把不常設的將軍，到他手上，多成爲常設的官職；如大將軍、驃騎將軍、衞將軍、前後左右將軍等，且提高他們的地位。這些可以說是武帝政治措施上的另一面。而與上述這些發展密切關連在一起，並影響到以後的政治最大的，無過於對宰相制度作進一步的破壞。而這種破壞，乃是順著高祖以來對宰相一職如前所述的態度而來的發展，也卽是一人專制自身所必然有的發展。

五、武帝對宰相制度的破壞

武帝卽位的建元元年（紀前一四〇年）六月竇嬰爲丞相，這是立有大功而又相當賢能的外戚；到二年十月免。更因田蚡說他「日夜招集天下豪傑壯士與論議」，棄市於渭城。繼竇嬰爲相的是高祖功臣許溫之孫的許昌，至六年六月免，這是史公所說的「娖娖廉謹」之一。接著是武帝的母舅田蚡爲相；「蚡以肺腑爲京師相，非痛折節以禮詘之（註二九），天下不肅。當是時，丞相入奏事，坐語移日，所言皆聽。薦人或起家至二千石，權移主上。上乃曰：君除吏已盡未？吾亦欲除吏」（註三〇）。好像田蚡做了眞宰相；但這是因爲他具有三個條件：一、他是武帝的舅父，有武帝的母親全力支持。故史公謂：「上自魏其（竇嬰）時，不直武安，特爲太后故耳。」二、武帝要藉他來折詘諸侯王以尊朝廷。三、他「所好音樂狗馬田宅，所愛倡優巧匠之屬」（註三一）。可以減少武帝的猜嫌。但在他執行宰相職權時，武帝已不能忍耐。他死後（死於元光四年三月）九年，因淮南王安之事，武帝曰：「使武安侯在者，族矣。」繼田蚡爲相的是與許昌同出身、同類型的薛澤，一直到元朔五年（紀前一二三年）

十一月，公孫弘爲丞相。公孫弘於元光五年（紀前一三〇年）徵文學爲博士，其爲人「恢奇多聞……每朝會議，開陳其端，令人主自擇，不肯面折庭爭。於是天子察其行敦厚，辯論有餘，習文法吏事，而又緣飾以儒術，上大悅之」（註三二）。七年之間，起布衣爲宰相，這是他多聞而面諛，行文法而飾儒術，太適合了武帝誇大自尊的心理。他的性格是叔孫通這一類型的。元狩二年（紀前一二一年）三月公孫弘卒，李蔡以從大將軍衞青有功封侯爲丞相，至五年（紀前一一八年）因罪自殺；以與許昌同出身同類型的莊青翟爲丞相；此時「丞相取充位，天下事皆決於湯（張湯）」（註三三）。但至元鼎二年（紀前一一五年）三月，又因罪自殺；以與許昌同類型的趙周爲丞相，至五年（紀前一一二年）下獄死。三年之間，殺了三個宰相。大概武帝覺得不好意思起來，便特選「上問車中幾馬，慶以策數馬畢，舉手曰六馬」的石慶爲丞相。「是時漢方南誅兩越，東擊朝鮮，北逐匈奴，西伐大宛，中國多事，天子巡狩海內，修上古神祠，封禪，興禮樂，公家用少。桑弘羊等致利，王溫舒之屬峻法，兒寬等推文學至九卿，更進用事，事不關決於丞相，丞相醇謹而已。在位九歲，無能有所匡言。嘗欲請治上近臣所忠、九卿咸宣罪，不能服，反受其過，贖罪」（註三四）。連朝廷有大事要開廷議時，也不使他參與，石慶慙愧要歸丞相侯印，武帝罵他「君欲安歸難乎」；石慶只好挨到大初二年（紀前一〇三年）死去，武帝才失掉了這一可以玩弄而又可以信賴的工具。繼石慶當丞相的是公孫賀。他是胡種義渠人。武帝爲太子時，他曾經爲舍人，他的妻是衞皇后之姊，所以「由是有寵」；「七爲將軍，出擊匈奴，無大功，而再侯。」但他由太僕「引拜爲丞相，不受印綬；頓首涕泣曰：臣本邊鄙，以鞍馬騎射爲官，材誠不任宰相。上與左右見賀悲哀，感動下泣曰：扶起丞相。賀不肯起，上乃起去。賀不得已，拜出。左右問其故，賀曰：主上賢明，臣不足以稱，恐負重責，從是殆矣」（註三五）。由此可知作武帝的宰相，是如何的危險。公孫賀雖以臨深履薄的心情來做他所不願做的丞相，但終於征和二年（紀前九十一年）四月下獄死，且以滅其族。公孫賀死後，於是年五月，以宗室劉屈氂由涿郡太守爲丞相，於次年（三年）遇巫蠱之變，屈氂秉將與太子戰長安中，死者數萬人。六月，以其妻有詛祝事，腰斬，妻子梟首華陽街；年餘無相。四年（紀前八十九年），高寢郎（師古曰：高廟衞寢之郎）車千秋上急變訟太子寃，立拜爲大鴻臚，六月拜爲丞相（註三六）。再過二十個月，是後元二年（紀前八十七年）二月，武帝死了，他這一代的宰相的悲劇，暫告一結束。

本來執法監察之權，是歸御史大夫的。但武帝在剝奪丞相職權的過程中，突於元狩五年，增設一比二千石的司直，名爲佐丞相舉不法，實際乃所以偵伺丞相；故丞相多死於陰私的瑣事。又據前引衞宏漢舊儀，丞相有侍中五人。但到了漢武帝，則改爲加官之一，脫離了丞相，入侍禁中，分掌乘輿服物，「掌侍左右，贊導衆事，顧問應對。」至東漢遂改隸少府。又據前引漢舊儀，出督州爲刺史，乃丞相府東曹所主管。但到元封五年，分十三州刺史，假印綬，便把丞相對郡縣的監督權剝奪了。此種官屬系統及職務的改變，卽意味著丞相實權的縮小。

武帝不僅從人事的選擇，及以常情之外的嚴刑峻罰，來使宰相的職位，歸於名存實亡；更從任用的程序上，壓低丞相在傳統官制中的地位。按御史大夫，位列諸卿之上，爲上卿，掌副丞相。故秦漢相承，率以御史大夫進爲丞相，蓋亦所以確定丞相總領百官的地位，不是僥倖越級可以獵取。所以漢書卷八十三朱博傳，載朱博奏請復置御史大夫疏中有謂「故事，選郡國守相高第爲中二千石。選中二千石爲御史大夫。任職者爲丞相。位次有序，所以尊聖德，重國相也。今中二千石未更（經歷）御史大夫，而爲丞相，權輕，非所以重國政也。」按郡守爲二千石，列卿爲中（中乃足之義）二千石；御史大夫則月奉四萬，丞相六萬。武帝早期用相，猶按朱博所述程序。但到了晚期，則公孫賀以太僕爲相，太僕是中二千石，未更御史大夫。公孫賀下獄死後，劉屈氂以涿郡太守爲相，且未更中二千石。劉屈氂腰斬後，車千秋以大約是三百石郎立拜爲中二千石的大鴻臚；更由大鴻臚拜爲丞相。一人專制者的心理，卽使是自己所建立、所承認的客觀性的官制乃至任何制度，皆可由他一時的便宜而棄之如遺。而武帝所以要破壞秦漢相承的拜相的程序，其目的卽在使宰相的權輕，使宰相成爲無足輕重的職位。

武帝所以要破壞宰相制度，一方面是出於由一人專制自然而然所產生的猜嫌心理。一人專制，需要有人分擔他的權力，但又最害怕有人分擔他的權力。這便使宰相首遭其殃。另一方面，則是出於由一人專制自然而然所產生的狂妄心理；以爲自己的地位既是君臨於兆民之上，便幻想著自己的才智也是超出於兆人之上。這種無可倫比地才智自我陶醉的幻想，便要求他突破一切制度的限制，作直接地自我表現。限制一人專制者作直接自我表現的便是宰相制度。他向自我表現的這一方向突進，因即破壞了宰相制度，大體可以分作三個階段的發展。第一階段是把當時具有縱橫才智口辯之士，收羅在他的大門房裏——光祿勳裏，挾「天子賓客」之勢，奉天子之命，詰難大臣，折服大臣，使大臣通過這種詰難、折服，而感到皇帝的允文允武，不可測度，只有澈底地服從，在政策上完全處於被動的地位；同時皇帝即可直接地掌握政策。漢書卷六十四嚴朱吾丘主父徐嚴終王賈傳嚴助傳：

「郡舉賢良對策百餘人（在建元元年），武帝善助對，由是獨擢助爲中大夫。後得朱買臣、吾丘壽王、司馬相如、主父偃、徐樂、嚴安、東方朔、枚皋、膠倉、終軍、嚴葱奇等，並在左右。是時征伐四夷，開置邊部，軍旅數發。內改制度，朝廷多事。婁（屢）舉賢良文學之士。公孫弘起徒步，數年至丞相，開東閣，延賢人與謀議。朝覲奏事，因言國家便宜。上令助等與大臣辯論，中外相應以義理之文，大臣數詘。」

武帝當時最強的意志，是指向征伐四夷；而引起天下窮困騷動，因而引起當時最大反感的也是征伐四夷；所以武帝利用他們房裏的賓客，主要是指向這一方面。建元三年（紀前一三八年）閩越舉兵圍東甌，東甌告急於漢，故太尉田蚡反對派兵前往救援，於是「助（嚴助）詰問田蚡；上曰：「田蚡不足與計」，迺遣助以節發兵會稽。淮南王安上書諫伐閩越，又遣嚴助前往諭意，於是淮南王謝曰：「雖湯伐桀，文王伐崇，誠不過此。」」「是時方築朔方，丞相公孫弘數諫。於是天子乃使朱買臣等難弘，置朔方之便發十策，弘不得一；弘乃謝曰：山東鄙人，不知其便若是」（註三七）。公孫弘奏民不得挾弓矢，吾丘壽王對以為「大不便，書奏上，以難丞相弘，弘詘服焉。」朱買臣難公孫弘，乃主父偃之計；大臣皆畏主父偃一張嘴的利害，「賂遺累千金」。博士徐偃使行風俗，接受人民的要求「使膠東魯國鼓鑄鹽鐵」，御史大夫張湯欲治以矯制之罪，徐偃援「春秋之義，大夫出疆，有可以安社稷、存萬民，顓之可也」的話作辯護，湯「不能詘其義」。於是「詔終軍加以詰問」，「使偃窮詘服罪」。「上善其詰，有詔示御史大夫。」蜀長老及大臣多反對通西南夷，有名的司馬相如難蜀父老書，即為此而發，以竟武帝通西南夷之功，也正是此一風氣下的作品。其中惟徐樂與嚴安，守正不阿，沒有作這一類的詰難工作，所以在這批賓客中最為淹滯。

上面這些受意詰難詘抑大臣的人，一面是有縱橫才辯，一面是有皇帝在後面作護符。但武帝只是一時利用他們；而在利用之中，要他們以縱橫之術箝制公卿，卻嫌忌他們可能用這一套來對付自己。所以制詔嚴助，要他「具以春秋對，毋以蘇秦縱橫。」並且嚴助、朱買臣、吾丘壽王，主父偃等皆以誅死或族滅。司馬相如之得以善終，乃得力於他「常稱疾避事」。並且他知道死後武帝必不放心他的著作，乃遺札言封禪事，我以為這是他為了保全妻子之計。終軍之得以善終，因為他二十多歲的時候就死了。班固在漢書公孫弘卜式兒寬傳贊中極言武帝得人之盛，實則其中除外戚佞倖以外，多係廣為收羅，巧為利用，而終之以屠戮。這是生命力較強，野心較大的一人專制者對人才處理的一套公式。

武帝為了貫澈他的主張，直接處理重要的問題，又特別提出了一種加官制度。漢書百官公卿表「侍中、左右曹、諸吏、散騎、中常侍，皆加官。所加或列侯、將軍、卿大夫、將、都尉、尚書、太醫、太官令，至郎中，亡員。」所加各官，皆內庭為皇帝執役的小臣。把小臣的官銜，加在地位高的官員身上，使其有與皇帝接近的機會，因而增加了他們的權力，這便完全是以由私人關係所發生的權力，代替由客觀官制所發生的權力。所加各官，為武帝以前所固有。但把它作加官之用，乃始於武帝。

宰相制度破壞的第二階段，是尚書的抬頭，乃至中尚書的出現。此一階段，若在時間上來說，尚書的抬頭，應當和第一階段相權的抑制，是同時開始的。第三階段則由武帝臨死時對霍光們的遺詔輔政而開啓了「中朝」專政的變局。相權被剝奪、廢棄的總結果，則是外戚、宦官、藩鎮（註三八）三者成爲中國兩千年一人專制中必然無可避免的循環倚伏的災禍。

六、尚書、中書的問題

應劭漢官儀「初秦代少府，遣吏四；一在殿中主發書，故號尚書。尚猶主也。」沈約宋書卷三十九百官志「漢初有尚冠、尚衣、尚食、尚浴、尚席、尚書，謂之六尚。」故尚書的本職，用現代的語言說，只是主管收發文書並保管文書的人。漢官解詁「尚書出納詔令，齊衆口舌。」漢官儀「凡制書皆稱璽封，尚書令重封。」這依然保有早期收發文書職務的痕跡。在漢武帝以前，不僅沒有尚書參與政治的情影，並且在記載上也沒有出現尚書的官名。因爲官職微末，無可記載的原故。所以史記一書中，除三王世家有「三月乙亥，御史臣光，守尚書令奏未央宮，制曰：下御史。六年三月戊申朔乙亥，御史臣光守尚書令丞非，下御史書到，言。」及魏其武安侯列傳提到尚書外，此外全書恐未曾提到尚書一職。上面提到尚書的，皆武帝時代。但霍光以大司馬受遺詔輔政，則必以「與金日磾、上官桀共領尚書事」爲一重要條件，可知此時尚書在政治上已居於極重要的地位。按立三子爲王，乃元狩六年，即西紀前一一七年。霍光受遺詔輔政爲後元二年，即西紀前八十七年。在三王世家中之御史，當爲御史中丞所領之侍御史，此時受公卿奏事，仍在侍御史（註三九）；尙書令及尙書令丞，其職權仍依附於御史。但由霍光們受遺詔輔政，共領尙書事的情形來說，卽可證明尙書已掌握到政治的樞要。

由元狩六年到後元二年，經過了三十年；在這三十年中，尙書職權的伸張，卽是相權的被剝奪。

衞宏漢舊儀卷上：「尙書四人爲四曹。常侍曹尙書，主丞相御史事。二千石曹尙書，主刺史二千石事。民曹尙書，主庶民上書事。主客曹尙書，主外國四夷事。成帝初，置尙書五人，有三公曹主斷獄事」（註四〇）。應劭漢官儀卷上「尙書四員，武帝置。成帝加一爲五。有侍曹尙書，主丞相御史事。二千石尙書，主刺史二千石事。戶曹尙書，主人庶上書事。主客尙書，主外國四夷事。成帝加三公尙書，主斷獄事。」兩者文字小有出入；漢舊儀之民曹，在漢官儀爲戶曹。按續百官志太尉下有戶曹，但所掌不同，似應以漢舊儀爲正。而四人分曹辦事，應自武帝時已然。北堂書鈔設官部，太平御覽職官部又引漢官儀「尙書郎四人，一人主匈奴單于營部，一人主羌夷吏民，一人主天下戶口土田墾作，一人主錢帛貢納委輸。」此條亦見漢舊儀，與前引漢舊儀及漢官儀，又有出入。按大司農、少府之官職，迄少變更，尙書似無「主錢帛貢納委輸」之必要；故北堂書鈔所引，似鈔錄時由簡略而誤。

續漢志「尙書令一人，千石。」「尙書僕射一人，六百石。」「尙書六人，六百石。」本注曰：「成帝初，置尙書四人，分爲四曹。常侍曹尙書，主公卿事。二千石曹尙書，主郡國二千石事。民曹尙書，主民吏上書事。客曹尚書，主外國夷狄事。世祖承遵。後分二千石曹，又分客曹爲南主客曹，北主客曹，凡六曹。」按續漢志出自司馬彪之續漢書。劉昭注補序謂「百官就乎故簿」，而所謂故簿，乃「世祖（光武）節約之制，宜爲常憲，故依其官簿」，（註四二）乃東漢的官簿。「本注」乃劉昭以前之舊注。上面所說的尚書六人，乃光武時代承成帝五人而來的發展。本注所說的「成帝初置尚書四人」，未上溯到武帝，故不能推翻漢官儀武帝置尚書四人，成帝加一爲五的說法。由武帝的置尚書四人，分四曹辦事，則尚書已由公文的收發機關，進而爲公文的處理機關，甚爲明顯。尚書處理公文的結果，並不經過丞相，而係直接送到皇帝。但皇帝怎能對尚書的處理加以審核呢？漢書百官公卿表「皆加官」下「晉灼曰：漢儀注，諸吏、給事中，日上朝謁，平尚書奏事，分爲左右曹。」這卽是百官公卿表所說的「諸曹受尚書事」。漢書補注引「沈欽韓曰：漢官儀，左右曹日上朝請，案武帝後始見。亦如尚書五曹，而總於領尚書事者。」又漢舊儀卷上「詔書以朱鈎施行。詔書下，有違法令，施行之不便，曹吏白封還尚書，對不便狀。」按漢書卷十九百官公卿表「侍中，左右曹、諸吏、散騎、中常侍皆加官……諸吏得舉法……給事中亦加官……掌顧問應對。」由此可知，開始是由在皇帝左右的加官，代皇帝看尚書所處理的公事，並得由曹吏加以封駁的。上引漢舊儀「曹史白封還詔書」的「曹史」，應係「曹吏」之誤，指的卽是加官中的左右曹與諸吏。而由漢書卷六十八霍光傳霍光死後，「

時霍山自若領尚書，上（宣帝）令吏民得奏封事，不關尚書。」這是爲了要剝奪霍氏的權柄。可知在一般情況下，一切封奏事，都要經過尚書的。由上所述，軍國大事，都是通過尚書這一關卡以上達於皇帝，下達於吏民；僅有加官在皇帝左右的顧問，可以參加一點意見。漢官儀卷上「尚書令主贊奏，總典紀綱，無所不統，秩千石，故公爲之。」這說的雖是東漢時的情形，但實已具體而微的開始於武帝之世。所謂「故公爲之」，乃是說尚書的「無所不統」的職務，本來是由三公負責的；就西漢說，本來是宰相做的。但在武帝時，已宰相其名，而尚書其實了。

然則武帝何以要把處理政務的實權，由宰相轉移到尚書手上呢？除了由猜防宰相，必須剝奪相權的基本原因外，尚可分爲四點。第一，尚書收發、保管文書，便會熟習日常政治處理的情形，及熟習各種政治問題的來龍去脈與慣例；所以武帝認爲這種人，有處理實際政治的能力。第二，因爲他們地位很低，可以減輕盜權竊柄的顧慮；並容易貫徹自己的主張，不致受到宰相的牽制。第三，漢代對宰相還保持有一番禮貌。漢舊儀「皇帝在道，丞相迎謁，謁者贊稱曰：皇帝爲丞相下輿；立，乃升車。皇帝見丞相起，謁者贊稱曰：皇帝爲丞相起；立，乃坐。」所以皇帝和丞相見面是一件很麻煩的事；見尚書，便沒有這種麻煩。後來東漢的光武、明帝，還常常動手打尚書。第四，尚書屬少府，與皇帝的日常生活較爲接近。上述四種原因中，當然以第二種最爲主要。

這中間又插出中書的問題，對以後官制的影響很大。先把有關的材料錄在下面。漢舊儀卷上：

「尚書令主贊奏封下書。僕射主閉封。……漢置中書官，領尚書事。中書謁者令一人。成帝建始四年罷中書官，以中書爲中謁者令。」

又漢舊儀補遺：

「中書令領贊尚書，出入奏事，秩千石。」

「中書掌詔誥答表，皆機密之事。」

漢書卷十九百官公卿表少府下：

「又中書謁者……七官令丞。」

續漢志：

「尚書令一人，千石。本注曰：承秦所置。武帝用宦者，更爲中書謁者令。成帝用士人，復故。掌凡選署及奏下尚書文書衆事。」

沈約宋書卷四十百官志下：

「漢武帝遊宴後廷，始使宦者典尚書事，謂之中書謁者，置令、僕射。元帝時，令弘恭、僕射石顯，乘勢用事，權傾中外。成帝改中書謁者令曰中謁者令，罷謁者。漢東京省中謁者令，而有中宮謁令，非其職也。」

晉書卷二十四職官志：

「案尚書本漢承秦置。及武帝遊宴後廷，始用宦者主中書，以司馬遷爲之。中間遂罷其官，以爲中書之職。」

「案漢武帝遊宴後廷，始使宦者典事尚書，謂之中書謁者，置令、僕射。成帝改中書謁者令曰中謁者令，罷僕射。」

引了上面的材料，先應對名詞加以解釋。漢書卷九十三佞倖傳：

「石顯……弘恭……皆少坐法腐刑爲中黃門，以選爲中尚書。宣帝時，任中尚書官（註四二）。恭明習法令故事，善爲奏請，能稱其職，恭爲令，顯爲僕射。」

按上文，石顯弘恭之爲中尚書，似在宣帝以前；到了宣帝時，始一爲令，一爲僕射。因爲他兩人是宦官，原來的官職是中黃門，即是內黃門，「中」即是「內」，所以他兩人選爲尚書，即稱中尚書。他們是在皇帝左右辦事的尚書，對原有的尚書而言，他們是供職後廷的中尚書，亦即是內尚書。由此可以了解，「中尚書」是全稱；所有僅稱「中書」的皆是簡稱。武帝遊宴後廷，懶於在平日正式聽政治事的地方，受由加官所平的尚書呈進的公文，所以使用可以出入後廷的宦官，執行尚書職務，這即所謂中尚書。中尚書依然是尚書。它之所以加一個「中」字，只是因爲由侍奉皇帝左右的宦官所擔任。等於趙高以宦官爲丞相而稱「中丞相」；並非於官制中的丞相之外，另有一種「中丞相」，完全是一樣的道理。至於所謂「中書謁者」，全稱應爲「中尚書謁者」。謁者的官，屬於光祿勳；中黃門屬內廷，而謁者不一定屬內廷。中黃門用宦官，謁者並不用宦官。所以弘恭石顯，都是由中黃門選中尚書，而非由謁者選中尚書。我的推測，武帝從宦官中選用了中尚書——可以由中黃門來，可以不從中黃門來——便又加上一個「謁者」的官銜；謁者「掌賓贊受事」；有了這個兼差，就便於和朝廷其他有關的人作公務上的連絡。因此，中書、中書令是本職，而中書謁者，中書謁者令，是把兼差連在一起的稱呼。故「謁者」可以省掉，而中書不能省掉。司馬遷、石顯、弘恭，便都只稱中書令，而不必稱中書謁者令。

其次是尚書與中書的辦公處所，是一處還是二處的問題。五禮通考卷二百十七設官分職：

「『馬氏端臨曰，中書尚書之名始於漢。通典言漢武帝遊宴後廷，始令宦者典事尚書，謂之中書謁者；則中書尚書，只是一所。』然考霍光傳，光薨，霍山以奉車都尉領尚書事。故事，諸上書者皆爲二封，署其一曰副，領尚書者先發之。所言不善，屛去不奏。魏相請去副封以防壅蔽。而光夫人顯，及禹山雲等言，上書者益黠，盡奏封事，輒下中書令出取之，不關尚書，則其時中書尙書，似已分而爲二。」

按馬端臨以中書尙書辦公的地方只是一所，固然錯誤。五禮通考著者秦蕙田的說法，也有些模糊。原因是續漢志「武帝用宦者，更爲中書謁者令」的「更」字，若讀平聲，則作「改」字解，其意遂成「改爲中書謁者令」；晉書的著者由此而遂誤以爲有中書之後，遂罷掉了尙書（見前引「中間遂罷其官」）。更由此遂以爲有中書卽無尙書，中書便在尙書的原地辦公。而通典卷二十一職官三「因武帝遊宴後廷，始以宦者典事尙書，謂之中書謁者」的說法，也容易引起此種誤解；這便自然而然地認爲中書尙書辦公的地方只是一所。實則前引漢舊儀「漢置中書官，領尙書事」，又「中書令領贊尙書」，說得淸淸楚楚。在武帝未設中書以前，是由左右曹、諸吏，平尙書奏事（見前）。左右曹、諸吏，是加官，被加這種官的人，雖然成爲內臣，但究不若宦官之可以隨侍皇帝遊宴的方便；於是設中書官，代替了左右曹、諸吏的任務，使尙書的贊奏，直接由中書到皇帝手上；皇帝太忙或精神不濟時，便由中書代皇帝處理了；這是左右曹、諸吏所作不到的。中書是直接於皇帝的尙書；而原來的尙書未嘗不存在。所以續漢志「更爲中書謁者令」的「更」字，應讀去聲；卽是說在尙書令之外，再（更）設一個中書令，這實際上是一種疊床架屋的官職。漢書卷七十五眭兩夏侯京翼李傳載「是時中書令石顯顓權，顯友人五鹿充宗爲尙書令」，兩令同時並存，其政治地位本是相等；但中書令是直接於皇帝的，所以「中書官領尚書事。」霍光以大將軍領尚書事，不過在形式上是把中書令所領的接過來；而一直到成帝建始四年（紀前二十九年），中書、中書令之存在如故。把上面這種情形弄清楚了，則中書與尚書，官職是一，而擔任者的身分不同，因而有內外之分；其辦公地方並非一所，又何待言。這裏附帶要一提的是，漢書卷七十八蕭望之傳「望之以爲中書政本，宜以賢明之選。自武帝遊宴後廷，故用宦者，非國舊制……。」卷九十三佞倖傳也載有望之的同一內容的話，而將「中書政本」，記爲「尚書百官之本」；後來引這段話的人，有的根據前者稱「中書」，有的根據後者稱「尚書」。其實，望之的話，是反對用刑餘的宦官，「中書」是由用宦官而來的名稱，所以蕭望之不會說「中書政本」這種話。佞倖傳稱「尚書百官之本」是對的。同時望之此時是以前將軍領尚書事；但石顯爲中書令，所領的也是尚書事；因他是直接於皇帝，這便使望之的領尚書事是有名無實。由此我們可以了解，尚書、中書，除了生活上與皇帝有遠近不同之外，實際是由武帝一時的方便所形成的疊床架屋的官職。漢書卷九十三佞倖傳「是時元帝被疾，不親政事，方隆好於音樂。以顯（中書令石顯）久典事，中人無外黨，精專可信任，遂委以政。事無小大，因顯白決；貴倖傾朝。」這不僅說明了元帝的心理，也說明了所有一人專制者的心理。中書之所以出現，所以繼續發展，皆由此而可以得到解答。與一人專制不可分的宦官之禍，也由此而可以得到解答。

此處更想附帶解決一個兩千年的疑案。漢舊儀補遺卷上：

「太史公，武帝置，位在丞相上。天下計書先上太史公，副上丞相；序事如古春秋。司馬遷死後，宣帝以其官為令，行太史文書而已。」

按上面這段話，無一語合事實。漢書百官公卿表奉常下「屬官有太樂、太祝、太宰、太史、太卜、太醫六令丞。」故史記自序「卒三歲而遷為太史令」。由此可知武帝時無「太史公」之稱。而太史令之非由宣帝「以其官為令」可知。太史令係奉常的屬官，不能位在丞相上。史公自序「太史公既掌天官，不治民」，則可知無天下計書先上太史公之事。漢代太史屬太常，不著史，故司馬遷著書，只能「成一家之言」。班固為蘭臺令史，秩百石，屬少府，不屬太常。漢官儀謂「掌書劾奏」，即學鈔錄之事。也不著史。班固繼父業而修漢書，乃著手於蘭臺令史之前，其本傳記之甚明。今人猶有謂「班氏父子，世為史官」云云，乃望文生義。漢世著史者，無一出自太史，自無所謂「序事如春秋」。這一段記載，我的推測，是因司馬遷本為太史令，後又為中書令，因而傳寫有所訛奪。若把「太史公」改成中書令，而把後人由太史令所發生的聯想去掉，大體上便可以說通了。

七、中（內）朝問題的澄清

這裏便要談到中朝，或稱內朝的問題。按禮記玉藻「朝服以日視朝於內朝」注「天子諸侯皆三朝」。然三朝之說，率多牽附。惟國語魯語下公父文伯之母的一段話，說得比較明白。原文是「天子及諸侯，合民事於外朝，合神事於內朝。自卿以下，合官職於外朝，合家事於內朝」。內外朝之分，或古已有之，而爲秦漢所因襲。然聽政必於外朝，外朝卽一般之所謂朝廷。而內朝乃燕私之地，故其稱不顯。但漢代之所謂中朝或內朝，有下述幾個特點。第一、漢代中朝之所以爲中朝，並非指的是管宮廷以內的事；也非指的僅是參加議論的事；更不同於「燕朝」。而指的是政治決策與執行的事。第二、中朝是由中臣，或稱內臣、近臣所構成的（註四三）。但並非有中臣、內臣卽有此種中朝、內朝。甚至「中朝臣」「內朝臣」，有時亦僅爲習慣性，或帶政治運用性之稱呼，並非卽因此而可斷定有實際中朝之存在。第三、皇帝自己處理政治，不能說這是中朝。第四、西漢的尚書決不是中臣、內臣（見後），所以尚書的活動不是代表中朝的活動。第五、凡宰相能實行其職權時，固然無所謂中朝；若內臣而可完全置宰相於不顧，逕行以皇帝之名專政時，亦無所謂中朝。故東漢多爲內臣專政之局，但東漢無中朝之稱。所以總結上面的觀點，漢代所謂中朝之出現，乃出於霍光爲了把持權勢所特別製造出來的；霍光以後，只是因皇帝或有勢力的中臣，一時運用的便利；或者小人藉辭挑撥，臨時擺出來以抑壓宰相的權位；並沒有一種固定的組織與經常的政治活動。而站在官制的立場，宰相在理論上可以，並且也應當統轄中臣、內臣的。今人勞幹在「論漢代的內朝與外朝」一文（註四四）中，已犯有重大的錯誤。而在「漢代的政制」（註四五）一文中，把「內朝」一章，放在宰相一章的前面，這便把漢代經常的官制，更完全弄亂了。其錯誤的根本原因，在於把西漢的尚書列在內臣、中臣裏面去，誤把尚書在政治上的經常工作，當作內朝在政治上的經常工作。下面將逐步加以論究。

漢書卷六十八霍光傳載霍光將廢昌邑王賀時，「王入朝太后，還乘輦欲歸溫室……王入，門閉，昌邑羣臣不得入……令故昭帝侍中中臣侍守王。」補注：「錢大昭曰：侍中爲中朝官，故稱中臣。朱一新曰：臣當作常。先謙曰：云守王，不須言侍字。中臣二字，史亦罕見。據百官表，侍中中常侍皆加官得入禁中，則朱說是也。」按此時皇太后尚未正式宣佈廢立，昌邑王還是皇帝，則王先謙謂「守王不須言侍」是錯誤的。漢舊儀卷上「中官私官尚食，用白銀釦器。」又「中官小兒官及門戶四尚中黃門，持兵三百人侍宿。」又「中臣在省中皆白請。其宦者不白請。尚書郎宿留臺，中官給青縑白綾被……。」漢官儀卷上「侍中……輿（當作與）中官俱止禁中。」則「中臣」、「中官」乃當時常辭，不得謂爲「史亦罕見」。所以朱一新的說法，並不可信。在關涉到政治時，始稱「中朝臣」。可以說「中臣」是常稱，他們是在內廷日常生活上當差，及當皇帝侍從的大小臣工。「中朝臣」是特稱。指的是在內廷處理政治的一般人。而錢大昭及有不少的人，一見到「中臣」「中官」，立即認定是中朝臣、中朝官，這也是容易引起混亂的。所謂中臣中官，最低限度，隨專制政治之成立，即已存在；而加官中的中臣中官的本官，錢大昕亦認爲其中有的漢初已有（註四六）；中朝、外朝之分，錢大昕亦認爲漢初所未有（見後）。東漢之有中臣中官如故，而東漢則很少見有中朝內朝之名。則後世注史家必將中臣、內臣，與中朝、內朝連在一起，於是以爲凡是中臣內臣，即與聞政事，我覺得是應當澄清的。

漢書卷七十七劉輔傳，成帝欲立趙倢伃爲后，劉輔上書極諫。「書奏，上使侍御史收縛輔，繫掖庭祕獄，羣臣莫知其故。於是中朝左將軍辛慶忌、右將軍廉褒、光祿勳師丹、大中大夫谷永，俱上書……」注：

「孟康曰：中朝，內朝也。大司馬、左右前後將軍、侍中、常侍、散騎、諸吏，爲中朝。丞相以下至六百石爲外朝也。補注：劉奉世曰：案文，則丹永皆中朝臣也，蓋時爲給事中，侍中、諸吏之類。錢大昕曰：漢書稱中朝官或稱中朝者，其文非一，唯孟康此注，最爲分明。蕭望之傳，詔遣中朝大司馬車騎將軍韓增、諸吏富平侯張延壽、光祿勳楊惲，太僕戴長樂問望之計策。王嘉傳，事下將軍中朝者光祿大夫孔光、左將軍公孫祿、右將軍王安、光祿勳馬宮、光祿大夫龔勝（龔勝傳又有司隸鮑宣）。光祿大夫非內朝官，而孔光龔勝得與議者，加給事中故也。此傳太中大夫谷永，亦以給事中故得與朝者之列，則給事中亦中朝官，孟康所舉，不無遺漏矣。光祿勳掌宮殿掖門戶，在九卿中最爲親近。昭宣以後，張安世、蕭望之、馮奉世、辛慶忌皆以列將軍兼領光祿勳。而楊惲爲光祿勳，亦加諸吏，故其與孫會宗書，自稱與聞政事也。然中外朝之分，漢初蓋未之有。武帝始以嚴助主父偃輩入直承明，與參謀議，而其秩尙卑。衞靑霍去病雖貴幸，亦未干丞相御史職事。至昭宣之世，大將軍權兼中外，又置前後左右將軍，在內朝預聞政事，而由庶僚加侍中給事者，皆自託爲腹心之臣矣。此西京朝局之變，史家未明言之，讀者可推驗而得也。」

按錢氏上面的一段話，是認爲中朝臣與聞政事，實始於昭宣之世。但勞榦在論漢代的內朝與外朝一文中說：

「中朝的起源，是見於漢書嚴助傳說：『擢助爲中大夫……上令助等與大臣辯論，中外相應以義理之文，大臣數詘。』注師古曰：『中謂天子之賓客，若嚴助之輩是也。外謂公卿大夫也。』……這便是漢代內朝與外朝的起源。漢書司馬遷傳報任安書：『鄉者僕亦嘗廁下大夫之列，陪外廷末議。』所謂外廷，也就是外朝。可見武帝時候不惟有此事實，而且有此稱謂了。」（註四七）

據我的看法，武帝使他的左右詰難公卿，乃以內臣干預外庭政治之萌芽，但不能稱爲中朝的起源；因爲這種詰難，並非把公卿召集到中朝來詰難，而係到外廷去詰難。更重要的是：他們止於詰難，使公卿能符合武帝的意旨；但處理之權，仍是在公卿手上，而不在這般中臣、內臣手上。所以說「中外相應以義理之文」，並未直接干涉到行政權。因而此處的中外，乃中臣、外臣之意。若如勞氏之說，當時內朝已經存在，並有此稱謂，則司馬遷以宦人爲中書令，應當是「陪內廷末議」，爲什麼他仍然是「陪外廷末議」呢？他之所謂外廷，乃與宮禁相對而言。不應由此望文生義。

中朝之起，乃起於武帝臨死前的遺詔輔政。漢書卷六十八霍光傳：

「是時上（武帝）年老，寵姬鉤弋趙倢伃有男，上心欲以爲嗣，命大臣輔之。察羣臣唯光（霍光）任大重，可屬社稷。上乃使黃門畫者畫周公負成王朝諸侯以賜光。後元二年春，上遊五柞宮，病篤……以光爲大司馬大將軍，日磾爲車騎將軍，及太僕上官桀爲左將軍，搜粟都尉桑弘羊爲御史大夫，皆拜臥內床下，受遺詔輔少主。明日武帝崩，太子上尊號，是爲孝昭皇帝。帝年八歲，政事壹決於光。」

在武帝所設立的將軍，皆直屬於他自己，而脫離了宰相的系統，故此後卽謂之中臣或內臣。此時田千秋爲宰相。受武帝遺詔的人，據霍光傳，在宰相系統中的僅有御史大夫；這便把宰相放置在政治核心之外，自然由霍光以大司馬大將軍專政（田千秋傳中列有田千秋名，但次序在御史大夫桑弘羊之下，此殆後來因顧慮體制所補記，非當時之實）。但和後來不同的是，後來若由大將軍這一職位的人專政，他的地位便會擺在宰相或三公的上面，有如東漢的大將軍竇憲、梁商、梁冀等皆是。這樣便由內治外，沒有內外的對立，所以也不出現中朝外朝的問題。但霍光雖然專政，法理上的地位依然是在丞相之下，於是形成名與實的對立，也卽形成中外朝的對立，而中朝外朝之分，在對立中特顯。霍光以後，無不如此（註四八）。故中朝實由霍光而始出現；在霍光以後，才時時發生作用。

按霍光傳贊，謂「光不學無術」，而實則他爲了鞏固自己的權力，乃是一個不學而有術的人。他的成功，乃在於「承孝武奢侈餘敝，師旅之後，海內虛耗，戶口減半；光知時務之要，輕繇薄賦，與民休息。」他之所以被漢人歌頌，因爲援立宣帝於士庶之中，宣帝又是一個比較賢明的皇帝。但他對於自己權力的安排，却用盡了各種手段。昌邑之廢，主要原因是因爲昌邑卽位後沒有表示對他的信任，而只信任昌邑的舊人。二十七日而被舉發昌邑的過失凡「千一百二十七事」，善讀史者不難看出絕對多數是出於誣妄。武帝留下的丞相車千秋，其地位本出自偶然，當然完全成爲霍光的傀儡。漢書六十六車千秋傳「昭帝初卽位，未任聽政，政事一決大將軍光。千秋居丞相位，謹厚有重德。每公卿朝會，光謂千秋曰：始與君侯俱受先帝遺詔（註四九），今光治內，君侯治外，宜有以教督，使光無負天下。千秋曰：唯將軍留意，卽天下幸甚。終不肯有所言。」這裏所說的「治內」、「治外」，才眞正指的是內廷（朝）外廷（朝）。所謂治內，是治理政事於內朝。霍光本是由內朝總攝朝政；但在名分上，仍不能不承認丞相爲「百僚首」的傳統地位，所以勉強作此劃分，以敷衍丞相的面子。實則從正常的官制上說，只有所謂「朝廷」的一個系統，有什麼內朝外朝可言呢？並且等到丞相眞正要以外朝相抗時，霍光便顧不得這種假面子了。漢書卷六十杜周傳載千秋想爲侯史吳之獄講話，「恐光不聽，千秋卽召中二千石、博士，會公車門議問吳法……明日，千秋封上衆議。光於是以千秋擅召中二千石以下，外內異言，遂下廷尉平少府仁獄，朝廷皆恐丞相坐之。延年（杜延年）乃奏記光爭……而不以及丞相。」車千秋以丞相召集會議，這是政治運行上的常軌，但幾以此喪命。故中朝之出現，一方面固說明仍爲丞相留有餘地，實則是對正常官制職權的一種篡奪。不過因爲丞相傳統的地位還存，所以當蔡義爲相，「議者或言光置宰相不選賢，苟用可顓制者。光聞之，謂侍中左右及官屬曰……此語不可使天下聞也。」這說明他還存有若干顧慮。宰相所代表的是整個的「朝廷」。霍光因掩飾其篡奪，乃強爲中朝外朝之分。現在把霍光死後所出現的若干有關中朝的材料，簡錄在下面：

宣帝時：

漢書卷六十六楊惲傳：「又中書謁者令宣，持單于使者語，視諸將軍、中朝二千石。」

成帝時：

漢書卷八十二王商傳：「太中大夫蜀郡張匡，其人巧佞，上書願將近臣陳日蝕咎，下朝者（孟康曰：中朝臣也。）左將軍丹等問匡。對曰：竊見丞相商，作威作福，從外制中，取必於上。」

漢書卷八十四翟方進傳：「司隸校尉涓勳奏言，春秋之義，王人微者，序乎諸侯之上，尊王命也。臣幸得奉使以督察公卿以下爲職。今丞相宣（薛宣）請遣掾史以宰士（宰相之士）督察天子奉使命大夫，甚誖逆順之理……願下中朝特進列侯將軍以下，正國法度。議者以爲丞相掾不宜移書督趣司隸。」

哀帝時：

漢書卷七十二兩龔傳：「後歲餘，丞相王嘉上書荐故廷尉梁相等。尚書劾奏嘉言事恣意迷國，罔上不道，下將軍中朝者議。」

又卷八十六王嘉傳：「後二十餘日，嘉封還益董賢戶事，上迺發怒，召嘉詣尚書責問……嘉免官謝罪，事下將軍中朝者。」

把上面的材料加以檢討，宣帝時的一條，不關政治。成帝時張匡的一條，是張匡想用「從外制中」這種話，卽是說丞相王商，想由丞相的外朝地位控制中朝，並揑造王商一些陰私和危言聳聽的事情以構陷王商。「上素重商，知匡言多險，制曰弗治。」因王鳳與王商爭權而力爭，才免其爵位。在此一故事中，只能看出「中朝」成爲構陷丞相的藉口，並看不出中朝是一個有組織性的政治活動的官制系統。而王商的免除爵位，也根本與「從外制中」這一點無關。

成帝時的第二個故事，涓勳把丞相和皇帝的關係，比之於周代封建的諸侯與王室的關係，而自比於王人，這可以說是荒謬。他之「願下中朝……」，這也是挾中朝之名以爲在政治上構陷丞相的藉口；在此一故事中，也看不出中朝是一個有組織性的政治活動的官制系統。並且此一故事繼續發展下去，便是翟方進以丞相司直的身份，奏免了這位以「王人」自居的涓勳的司隸校尉職位；這證明只要丞相這一系統能振作起來，而不受皇帝的打擊，依然可以發揮朝廷官制上的正常作用。

哀帝時的兩個故事，實際是一個故事分寫在兩處，起源於哀帝對於丞相王嘉封還了益封他的嬖臣董賢的戶邑，惹起了他的脾氣，但不好直接開口，所以便授意給在他左右的「中朝者」加以陷害。陷害的目的雖然達到了；但由此一陷害，也可以證明這些「中朝者」只能由皇帝授意作一番議論，而不是一個經常執行政務的一羣人或機構。

中朝臣只是聚在皇帝左右臨時聽用的一羣人，他們可以和皇帝直接發生關係。它在政治的運行上發生經常作用，乃來自霍光打出「中朝」的招牌以簒奪宰相的權力。「中朝」並不是官制中有組織的政治運行機構，所以自霍光後，在政治經常地運行上，斷無所謂中朝制度。元帝時，先後由中書令弘恭石顯竊政，中書令當然是中朝臣。但不可因此便謂元帝時代所行的是中朝政治；因爲弘恭石顯也和東漢的十常侍一樣，乃是憑藉皇帝的名義以發揮他們的權力，並非像霍光一樣，憑藉中朝的名義以發揮權力。他們所憑藉的皇帝，是朝廷的總發動機。因爲中朝本不是經常政治運行的機構；在經常政治運行之內的官制，必然是以宰相爲首；所以宰相所代表的乃是整個的朝廷而不是什麼外朝。如後所述，東漢的相權削弱殆盡，宦官氣焰特別高張。但只要有一人守正，宰相在制度上的權力，即可使平日假中臣內臣近臣以自重的，也不能不加以承認。後漢書卷五十四楊震列傳：

「秉（楊震之中子）因奏覽（中常侍侯覽）及中常侍具瑗（皆宦官）曰『臣按國舊典，宦豎之官，本在給使省闥，司昏守夜。而今猥受過寵，執政操權……居法王公，富擬國家……臣愚以爲不宜復見親近……』書奏，尙書召對秉掾屬曰：『公府外職，而奏劾近官，經典漢制，有故事乎？』秉使對曰：『春秋趙鞅，以晉陽之甲，逐君側之惡……鄧通懈慢，申屠嘉召通詰責，文帝從而請之。漢世故事，三公之職，無所不統。』尙書不能詰，帝不得已，竟免覽官而削瑗國。」

八、尙書在西漢非內朝臣

中朝擅權，乃由破壞宰相制度而來的政治變局，並非官制之常。勞榦竟承認它是政治運行中的經常官制，可謂爲霍光所欺，而未嘗深求其故。

勞氏的上述錯誤，我推測是由他對尚書看法的錯誤而來。他在論漢代的內朝與外朝一文中，把「內朝官屬於近臣一類的」舉出七種，而將尚書列爲第七種。他在「內、尚書」條下說：

「尚書一職，孟康未曾提到，實在尚書也應屬於內朝的。史記三王世家，霍去病請封王子奏，以御史臣光，守尚書令奏未央宮，制乃下御史，並及丞相。昭宣以來，有領尚書事的人，臣下奏事分爲二封，領尚書事的發其副封，不善者不進奏（原注：霍光傳及魏相傳）。大致說來，用人和行政，定於禁中，宰相奉行而已（原注：見張安世傳）。」

假定上面勞氏的話可以成立，則自武帝開始，已把宰相的職權轉移到尚書手上，尚書成爲經常處理政務的樞機之地；尚書既是內朝臣，內朝自然是經常處理政務的樞機之地。但第一、尚書地位的提高，乃是剝奪宰相的職權，以直屬於皇帝。四尚書曹及五尚書曹各曹所直接處理的文書，不是內臣可以直接到手的。若尚書是內臣，則這些政務的文書，是經過如何的經路，而能到達尚書手上的呢？第二、漢書百官公卿表「侍中、左右曹、諸吏、散騎、中常侍，皆加官，所加或列侯將軍卿大夫將都尉尚書太醫太官令主郎中，亡員。」上列各官，必加官後始得出入禁內而爲內臣。若尚書是內臣，則何待加官？第三、若尚書是內臣，則何以晉灼引漢儀注「諸吏、給事中，日上朝謁，平尚書奏事」？而武帝又何必設中尚書？漢書卷六十八霍光傳記霍山領尚書事，上書對他不利的，「不奏其書。後上書者益黠，盡奏封事，輒使中書令出取之，不關尚書。」則中書是內，而尚書是外，其事甚明。第四、漢官儀「尚書郎奏事光明殿……尚書郎含鷄舌香，伏其下奏事，黃門侍郎對揖跪受。」據此，則奏事時須由黃門侍郎轉達，其非內臣甚明。第五、勞氏所引各例，皆不能證明尚書為內朝臣。1.「御史臣光守尚書令奏未央宮」，未央宮乃漢室皇帝正式涖朝聽政之地，不可謂為內朝。漢官儀「尚書令主贊奏」，所以奏未央宮，乃實行他的職務。在朝堂之上，絕無由內臣主贊奏之事。2.魏相傳「又故事諸上書者皆為二封，署其一曰副，領尚書者先發副封。所言不善，屏去不奏。相復因許伯白去副封，以防壅蔽。」而霍光傳復言「使中書出取」。若尚書係內臣，則副本到尚書，不能為壅蔽；而亦無中書出取之必要。3.張安世之所以能與宣帝決定用人行政於禁中，他不是以尚書的資格，而是以「大司馬車騎將軍領尚書事」的資格。正如前引孟康注，大司馬是內臣、內官。後來罷張安世的車騎將軍為衞將軍，而未言罷大司馬，蓋此時大司馬雖為虛銜，惟承衞青之後，地位之隆，與皇帝關係之密，正可以資宣帝的倚俾。但若不領尚書事，則無由直接關與政治。以大司馬的內臣而兼領尚書事，才有資格做到「內外無隔」（本傳語）。正式領尚書事的人，自己並不是尚書，這是再明顯不過的事情。同時，西漢尚書與皇帝的關係，遠不及東漢尚書與皇帝關係的切近，不可把東漢尚書與皇帝的切近關係，隨意推論到西漢的尚書身上去。且即使東漢光武、明帝時代的尚書，直接於皇帝，也不可稱為內朝臣；因爲這是皇帝直接處理政治，而尙書向其負責，也和宰相向其負責一樣。不可謂皇帝是屬於內朝。張安世在禁中與宣帝「每定大計，已決，輒移病出。聞有詔令，乃驚，使吏之丞相府問焉。自朝廷大臣，莫知其與議也。」他有資格仿霍光「我主內」的作法，亦卽是打出中朝、內朝的招牌，置宰相於不顧。他之所以讓丞相維持一個面子，一方面固然是出自他的謙退；同時也證明在官制上並沒有可以與宰相平分內外的中朝或內朝。由中臣、內臣而出現的所謂中朝、內朝，完全出於霍光要達到不居皇帝之名，卻以皇帝之實來專政所強壓出來的。這是政制中的私生子；而且以後，只有運用它以剝奪相權，肆行昏暴時，才發生作用的私生子。而今人言官制者，多受勞氏兩文的影響，動輒把中朝與外朝對立起來，殊爲可笑，所以我特表而出之。

九、武帝以後的宰相地位，與三公在官制中之出現

宣帝起自民間，霍光死後親政，厲精爲治，五日一聽治，並常到宣室齋居而決事；信賞必罰，號爲中興。懲「大將軍」專政之禍，政權在形式上從大將軍這類的內臣，又轉回到宰相手上。魏相丙吉，和他私人有特深關係，先後爲相。史稱丙吉：「寬大好禮讓，不親小事，時人以爲知大體。」這實際是他兩人的共同特點。他們只有如此，才好讓宣帝多發揮親政以後的統治力。所以漢書七十四卷魏

相傳「及霍氏……伏誅，宣帝始親萬機，勵精爲治，練羣臣，核名實，而相總領衆職，甚稱上意。」又同傳贊謂「近觀漢相，高祖開基，蕭曹爲冠。孝宣中興，丙魏有聲。是時黜陟有序，衆職修理，公卿多稱其位，海內興於禮讓。覽其行事，豈虛乎哉。」這裏我要指出的是：宣帝在政治上最大成就之一，是把武帝和霍光破壞了的官制中的宰相體制，在進用的程序及行政的系統上，大體恢復了正常。前引張安世以大司馬領尙書事參與宣帝的決策，但仍在表面上維持宰相的體制，這實際是了不起的一件事。但宣帝的內心，並不信任宰相，因而有下述三種發展：

一、漢書卷七十四魏相丙吉傳：「及霍氏誅，上（宣帝）躬親政，省（察）尙書事」；這樣一來，霍光時代的尙書向大將軍負責，現則向皇帝負責。漢書卷八十九循吏傳載黃霸爲丞相，薦史高爲太尉，「天子使尙書召問霸」；「尙書令受丞相對，霸免冠謝罪。」所謂「召問」，實際是「責問」。尙書所以能責問丞相，是因爲尙書此時直屬於皇帝，乃以前所未有。此例一開，等於把尙書的地位，高壓在丞相的上面，使相權受到很大的損害。漢書卷七十二兩龔傳「丞相王嘉上書薦故廷尉梁相等，尙書劾嘉言事恣意迷國，罔上不道。」王嘉卒以此致死。又漢書卷八十三朱博傳，朱博爲丞相，與御史大夫趙玄奏請免何武傅喜爵土，「上（哀帝）知傅太后素常怨喜，疑博玄承旨，卽召玄詣尙書問狀」，結果趙玄減死罪三等，而朱亦以此自殺。到了東漢，尙書責問公卿，遂成常例。後漢書卷六十一左周黃列傳「是時大司農劉据，以職事被譴，召詣尚書，傳呼促步，又加以捶撲。」，這可以說是冠履倒置，朝廷之體制掃地無餘；而皆自宣帝發其端。又漢書卷七十六張敞傳「敞到膠東，吏追捕有功。上召尚書，調補縣令者數十人。」是宣帝時詮選之任，亦歸尚書，這也是貶損宰相的實權，開東漢事歸臺閣之漸。

二、在上面提到宣帝使尚書召問黃霸的一段話中，宣帝對宰相職權的說明是「夫宣明教化，通達幽隱，使獄無寃刑，邑無盜賊，君之職也。」把宣帝心目中的相權，與前引陳平口裏的相權兩相比較，已經大大地加以局限。

三、漢書卷七十八蕭望之傳：「初宣帝不甚從儒術，任用法律，而中書宦官用事。中書令弘恭石顯久典樞機，明習文法，亦與車騎將軍高（史高）為表裏。」漢書卷三十六楚元王傳，元帝時，「四人（蕭望之、周堪、劉向、金敞）同心輔政，苦患外戚許史在位放縱，而中書宦官弘恭石顯弄權。」欲加以抑制。結果遂使蕭望之自殺，周堪劉更生（向）廢錮，太中大夫張猛自殺於公車，魏郡太守京房及待詔賈捐之棄市，御史中丞陳咸抵辠為城旦，鄭令蘇建以事論死。「自是公卿以下畏顯，重足一跡。」（註五〇）其端皆發自宣帝。漢書補注於霍光傳宣帝輒使中書令出取封事下引何焯曰：「使中書令出取，不關尚書，一時以防權臣壅蔽。然自此浸任宦豎矣。成帝以後，政出外家，有太后為之內主，故宦豎不得撓。不然，霍顯之後，必有五侯十常侍之禍。」這種看法是很對的。

總之，宣帝因懲霍光以大將軍專政，稍加矯正，頗存宰相制度的體統。但雖以魏相丙吉等皆心腹之寄，仍不能信任宰相制度之自身，而依然從實質上去加以削弱；這樣便更加強了尚書的地位，並醞釀宦官外戚之禍。

元帝時代的政權，在中書令石顯手上。漢書卷三十六楚元王傳，元帝徵周堪「拜爲光祿大夫，秩中二千石，領尚書事。」但「顯幹（師古曰：幹與管同。）尚書事（事字依官本補）；尚書五人，皆其黨也，堪希得見，常因顯白事，事決顯口」；所以周堪雖領尚書事而無實權。成帝卽位，「以元舅侍中衞尉陽平侯王鳳爲大司馬大將軍領尚書事，」正式進入到外戚專政的階段。中間雖有哀帝時董賢的插曲，但此一格局，一直發展到王莽的篡漢。蕭望之、劉向們，在元帝時代，曾經以全力反對尚書用宦官，換言之，要取消由武帝所設的中書；不僅未能做到，而且以此賈禍。但到了建始四年（紀前二十九年）「罷中書宦者，初置尚書員五人。」必罷中書宦者，王鳳的領尚書事乃有其實。增加一個三公曹主斷刑獄，把廷尉對刑獄的最高審議權也轉移到尚書了。尚書職權的擴大，卽王鳳職權的擴大。此乃在外戚專政情形下的演變。資治通鑑卷三十在這一年下記著「是時上委政王鳳」，是完全正確的。此時張禹以師傅舊恩，與王鳳並領尚書事；但張禹內不自安，常心存退避。河平四年（紀前二十五年）

六月，以張禹爲丞相，反得以自安；這是因爲丞相此時已有名無實，所以與王鳳可不發生權力上的矛盾。

但終西漢之世，丞相在法理上始終保持總領百僚的地位。漢書卷六十八霍光傳記廢昌邑王時，「羣臣連名奏王」的位次是「丞相臣敞、大司馬大將軍臣光、車騎將軍臣安世、度遼將軍臣明友、前將軍臣增、後將軍臣充國、御史大夫臣誼……。」在此一位次中，御史大夫副丞相的正常地位受到了侵奪，但丞相的地位依然要安放在當時大權在握的大司馬大將軍的前面。成帝時，王音以從舅越親用事，「上（成帝）以音自御史大夫入爲將軍，不獲宰相之封，六月乙巳，封音爲安陽侯」（註五一）。按王音此時以大司馬車騎將軍輔政，而成帝惜其不獲宰相之封，可知此時的丞相地位，猶在將軍之上。因爲宰相的此一崇高地位，除了非常時機，有如霍光專政，石顯專權這類的情形以外，若遇見振奮有爲的丞相，依然可以發揮統領百僚的功用。成帝時雖外戚當政，然翟方進爲相，踔厲奮發，與張禹爲相的情形大不相同；因爲成帝時翟方進是憑藉著宰相在官制中的崇高地位。但此一丞相的崇高地位，因爲何武進言改爲三公而開始動搖，遂下開東漢三公徒擁虛名之漸。漢書卷八十三薛宣朱博傳：

「初漢興襲秦官，置丞相、御史大夫、太尉。至武帝罷太尉，始置大司馬，以冠將軍之號，非有印綬官屬也。及成帝時，何武爲九卿，建言古者民樸事約，國之輔佐，必得賢聖。然猶則天三光，備三公官，各有分職。今末俗文弊，政事煩多；宰相之材，不能及古；而丞相獨兼三公事，所以久廢而不治也。宜建三公官，定卿大夫之任。分職授政，以考功效。其後上以問師安昌侯張禹，禹以爲然。時曲陽侯王根爲大司馬驃騎將軍，而何武爲御史大夫；於是上賜曲陽侯根大司馬印綬，置官屬。罷票騎將軍官。以御史大夫何武爲大司空，封列侯。皆增奉如丞相，以備三公官焉。議者多以爲古今異制。漢自天子之號，下至佐史，皆不同於古，而獨改三公，職事難分明，無益於治亂。」

何武的建議，除了他所說的表面理由外，可能並非僅爲了要藉此提高自己御史大夫的地位，而係想把當時以大司馬的官銜實際輔政的大司馬，納在三公之內，在三公名義之下，可以「分職授政」，反使丞相與御史大夫能分擔到一分職權。不然，丞相的「久廢而不治」的擺在眼面前的原因，何武豈有不知之理？但何武不能從皇帝應當尊重正常的官制的地方來糾正「久廢而不治」；卻藉辭以破壞宰相統領百僚的地位來糾正久廢而不治。殊不知官職的治與廢，首先是決定於皇帝的意向，及宰相的風格。皇帝向着宦官，向着外戚，則把宰相的地位向下拉平後，連表面上的體統也沒有了，其廢也更甚。資治通鑑把改宰相爲三公，繫於綏和元年（紀前八年）。過了兩年多，爲哀帝建平二年，因朱博的話，又恢復大司空爲御史大夫。漢書卷八十三朱博傳：

「後二歲餘，朱博爲大司空，奏言帝王之道，不必相襲，各繇時務。高皇帝以聖德受命，建立鴻業，置御史大夫，位次丞相，典正法度，以職相參，總領百官，上下相監臨，歷載二百年，天下安寧。今更爲大司空，與丞相同位，未獲嘉祐。故事，選郡國守相高第爲中二千石。選中二千石爲御史大夫；任職爲丞相。位次有序；所以尊聖德，重國相也。今中二千石未更（經過）御史大夫而爲丞相，權輕，非所以重國政也。臣愚以爲大司空官可罷，復置御史大夫，爲百僚率。哀帝從之。」

朱博上面的話，有兩大要點。一、他反對改御史大夫爲大司空，與丞相同位，實際更反對當時由外戚而來的大司馬與丞相同位。二、他指出中二千石未經過御史大夫而爲丞相，實際指的是當時的大司馬，皆不是通過進升的正常途徑，而僅憑外戚關係得來，更不可使其與丞相同位。其目的則在尊相權以尊國政；這才把握到當時與政制關連在一起的政治根本問題。哀帝雖然暫時聽了朱博的話，但不僅實際的政權先是操在外戚丁、傅手上，後操在佞倖董賢手上；並且他爲了提高董賢的地位，終於元壽二年（紀前一年）「五月甲子，正三公官分職。大司馬衞將軍董賢爲大司馬，丞相孔光爲大司徒，彭宣爲大司空」（註五二）。不久又在上面加太師太傅太保，而專制政治中較爲合理的丞相制度，更由多頭制的混亂而破壞以盡；東漢遂承此弊制，而與外戚宦官相終始。由丞相改爲三公的利害，後漢書卷四十九仲長統列傳簡撮其所著昌言中的法誡篇說：

「周禮六典，冢宰貳王而理天下。春秋之時，諸侯明德者皆一卿爲政。爰及戰國，皆亦然也。秦兼天下，則置丞相而貳之以御史大夫。自高帝逮於孝成，因而不改，多終其身；漢之隆盛，是惟在焉（註五三）。夫任一人則政專，任數人則相倚。政專則和諧，相倚則違戾。和諧則太平之所興也，違戾則荒亂之所起也。」

仲長統主要是指東漢以立論，而其端實開於西漢之成帝；這是相權的一大演變。

成帝時的另一大演變，爲以災異逼翟方進自殺。天以災異顯示其譴責的意志，因而引起人君的警惕；此一事實，當然可以推到遠古。但由周初開始的人文精神，逐漸發達，這種以災異見天意的影響便日益稀薄。自董仲舒上天人三策，以爲「天人相與之際，甚可畏也。」於是以此爲一轉捩點，通過災異以表現有意志的天，重新壓在大一統的一人專制的皇帝頭上，常常引起他們由惶恐而求直言極諫，並選舉賢良方正等舉措。及成帝時，「劉向以王氏權位太盛，而上（成帝）方嚮詩書古文，向乃因尚書洪範，集上古以來歷春秋戰國至秦漢符瑞災異之記，推及行事，連傅禍福，著其占驗，比類相從，各有條目，凡十一篇，號曰洪範五行傳，論奏之。天子心知向忠精，故爲鳳（王鳳）兄弟起此論也」（註五四）。在洪範五行傳中，把皇帝的一舉一動，都與天緊密關連着，一點也不放鬆。這樣一來，皇帝的精神負擔，自然更加重了。但到了綏和二年（紀前七年），熒惑守心，善爲甘石之學的郎官賁麗，「言大臣宜當之。上乃召見方進，還歸，未及引決，上遂賜册責讓，以政事不治，災害並臻，百姓窮困，曰：欲退君位，尙未忍，使尙書令賜君上尊酒十石，養牛一，君審處焉。方進卽日自殺」（註五五）。這是把董仲舒劉向們所苦心經營出的一套控制皇帝的辦法，輕輕地轉移到丞相身上去了，開爾後以災異免三公之局，三公彷彿是專爲皇帝作代罪羔羊而設，而宰相的功用，更減削以盡。

十、光武對宰相制度進一步的破壞及爾後在專制下官制演變的格局

立國的基礎，關係於開國的規模；而開國的規模，與開國者的識量，又有密切地關係。光武中興，他的長處，後漢書卷一下光武帝紀第一下有謂：

「初帝在兵間久，厭武事。且知天下疲耗，思樂息肩。自隴蜀平後，非儆急，未嘗復言軍旅。……每旦視朝，日側乃罷。數引公卿郎將，講論經理，夜分乃寐……雖身濟大業，兢兢如不及。故能明愼政體，總攬權綱。量時度力，舉無過事……。」

又卷七十六循吏列傳敍：

「初光武長於民間，頗達情僞。見稼穡艱難，百姓病害。至天下已定，務用安靜。解王莽之繁密，還漢世之輕法。」

但他是一個非常猜忌嚴刻的人。後漢書卷十七賈復列傳：「復爲人剛毅方直，多大節。既還私第，闔門養威重。朱祐等薦復宜爲宰相。帝方以吏事責三公，故功臣並不用。」卷十八吳漢列傳：「論曰：吳漢以建武世常居上公之位，終始倚愛之親，諒由質簡而彊力也。……昔陳平智有餘以見疑，周勃質朴忠而見信。夫仁義不足以相懷，則智者以有餘爲疑，而朴者以不足取信矣。」卷十九耿弇列傳：「論曰……弇決策河北，定計南陽，亦見光武之業成矣。然弇自克拔全齊，而無復尺寸功；夫豈不懷，將時之度數不足以相容乎。」他在創業時已不敢用耿弇而只敢用質樸的吳漢，更不敢用有宰相才的賈復；范蔚宗的論贊，可謂能推見至隱。所以他在官制上，一方面是減汰由武帝而來的繁冗，使歸簡約。續漢志謂「世祖中興，務從節約，並官省職，費減億計。」這是很對的。另一方面則是盡量降低三公的地位，奪其實權，並不惜加以摧折。三公中大司馬列第一位。自建武元年到建武二十年，皆由吳漢爲大司馬，這只是名義上的推崇。哀帝改丞相爲大司徒。大司徒應當爲三公的重心。建武三年，以大司徒司直（二千石）伏湛爲大司徒。五年以尚書令（千石）侯霸爲大司徒。十三年以沛郡太守韓歆爲大司徒。十五年以汝南大守歐陽歙爲大司徒。二十年以廣漢太守蔡茂爲大司徒。二十三年以陳留太守玉況爲大司徒。由二千石登進爲丞相，在武帝時乃偶一見之，至光武則成爲常例；這是由登進的程序來壓低三公的地位。到了建武二十七年因朱祜之奏，三公並去「大」名。又因光武於更始元年(西紀二十四年)行大司馬事，又可能是因王莽以大司馬簒漢，所以又將大司馬改爲太尉，爾後遂常以太尉爲三公的首揆。西漢自公孫弘入相封爲平津侯，遂成漢家故事。但自戴涉、蔡茂爲大司徒，始皆不封侯，這都是爲了壓低三公地位而來的作法。

但三公地位壓低以後，他和漢武帝對丞相一樣，既不讓他們任事，又不輕輕放過他們，遂使三公成爲仕途中的畏途。後漢書卷二十六侯霸列傳：「以沛郡太守韓歆代霸（侯霸）爲大司徒……以從攻伐有功，封扶陽侯。好直言無隱諱，帝每不能容……歆又證歲將饑凶，指天畫地，言甚剛切。坐免歸田里。帝猶不釋，復遣使宣詔責之……歆及子嬰竟自殺。歆素有重名，死非其罪，衆多不厭。……後千乘歐陽歙，清河戴涉，相代爲大司徒，坐事下獄死，自是大臣難居相位。」又同卷馮勤列傳：「司徒侯霸，薦前梁令閻楊。楊素有譏議，帝常嫌之。既見霸奏，疑其有奸，大怒，賜霸璽書曰：崇山幽都何可偶，黃鉞一下無處所。欲以身試法耶？將殺身以成仁耶？使勤（馮勤）奉策至司徒府。勤還，陳霸本意，申釋事理，帝意稍解。……三歲，遷司徒（馮勤）。先是三公多見罪退，帝賢勤，欲令以善自終，乃因讌見，從容戒之曰：朱浮上不忠於君，下陵轢同列，竟以中傷至今，死生吉凶未可知，豈不惜哉。人臣放逐受誅，雖復追加賞賜、賻祭，不足以償不訾之身……。」總之是告訴馮勤，為三公的人要保全性命，第一是不要直言指斥人君的眞面目；第二是只管小事，莫管大事。所以侯霸的未被誅戮，是偶然的。卷二十三朱浮列傳：「帝時明察，不復委任三府，而權歸刺舉之吏。浮復上疏諫曰：『竊見陛下疾往者上威不行，下專國命。卽位以來，不用舊典；信刺舉之官，黜鼎輔之任；至於有所劾奏，便加退免。覆案不關三府，罪譴不蒙澄察。陛下以使者為腹心，而使者以從事為耳目；是為尙書之平，決於百石之吏。故羣下苛刻，各自為能……故有罪者心不厭服，無咎者坐被空文……』。」朱浮是出死力抗拒彭寵以保全河北的人，光武因其好直言恨他，隨時想把他殺掉，卻不好意思動手。到了明帝，便不明不白地賜死了。范蔚宗在朱浮列傳後論曰：「……光武明帝，躬好吏事，亦以課覈三公。其人或失，而其禮稍薄，至有誅斥詰辱之累。任職責過，一至於此。追感賈生之論，不亦篤乎。朱浮議諷苛察欲速之弊，然矣。焉得長者之言哉。」總之，光武在官制方面，主要是摧抑三公，獨申己志，而將尙書增為六人，使政務的重心全歸尙書。西漢尙書處理政務，是通過「平尙書事」的人以屬於皇帝；至光武，則尙書直屬於自己。而他對尙書的態度，據後漢書卷二十九申屠剛列傳謂：「時內外羣臣，多帝自選舉。加以法理嚴察，職事過苦。尙書近臣，至乃捶撲牽曳於前，羣臣莫敢正言。剛每輒極諫……帝並不聽。」

明帝對三公及羣臣的方式，完全繼承光武。歷史上的滑稽現象是：光武明帝之所以要如此，是爲了便於自己主政，以預防由大臣權重而來的禍患。但章帝以後，和帝卽位時年十歲，殤帝生百餘日，安帝卽位時年十三歲，順帝卽位時年十一歲，沖帝年二歲，質帝年八歲，桓帝卽位年十五歲，靈帝卽位年十二歲，獻帝卽位年九歲。先不問這些皇帝的智愚賢不肖，只問在年齡上，由外戚宦官所安排的這些兒皇帝，不先後由外戚宦官專權，還有其他的路可走嗎？這是光武所能想像得到的嗎？所以光武防閑外戚，甚爲周到；而由安帝到桓帝延熹二年（西紀一五九年），一直是外戚專政。延熹二年以後，便一直是宦官專政（註五六）。到了宦豎以中常侍而把持生殺予奪的大權，便完全無官制可言，無政治可言；而生民及生民中的智識分子，勢非大受屠僇不可。此時還談什麼宰相制度。但自安帝永初元年九月，因災異策免太尉徐防，三公以災異免自防始（註五七），後來遂成定例。無與職位相應的實權，卻要代替外戚宦官負實際的責任，這也應算作歷史的大滑稽。對於上述情形，後漢書卷四十六陳忠列傳，有下面的記述：

「時三府任輕，機事專委尚書。而災眚變咎，輒切免公臺。忠（陳忠）以爲非國舊體，上疏諫曰：『……漢典舊事，丞相所請，靡有不聽。今之三公，雖當其名，而無其實。選舉誅賞，一由尚書。尚書見任，重於三公。……今者災異，復欲切讓三公。昔孝成皇帝，以妖星守心，移咎丞相……卒不蒙上天之福，徒乖宋景之誠，故知是非之分，較然有歸矣。』」

尚書何以任重，因為他直屬於皇帝。皇帝幼弱昏愚，則自然直屬於外戚宦官。前引仲長統昌言法誡篇繼主張宰相應任一人之後，接著說：

「光武皇帝愠數世之失權，忿彊臣之竊命，矯枉過直，政不任下；雖置三公，事歸臺閣。自此以來，三公之職，備員而已。然政有不理，猶加譴責。而權移外戚之家，寵被近習之豎……怨氣並作，陰陽失和……此皆戚宦之臣，所致然也。反以責讓三公，至於死免，乃足為叫呼蒼天，號咷泣血者也。又中世之選三公也，務於清慤謹慎，循常習故者，是婦女之檢柙，鄉曲之常人耳，惡足以居斯位耶……昔文帝之於鄧通，可謂至愛，而猶展申屠嘉之志。夫見任如此，則何患於左右小臣哉……光武奪三公之重，至今而加甚；不假后黨以權，數世而不行（註五八），蓋親疏之勢異也。……或曰，政在一人（按指宰相），權甚重也。曰，人實難得，何重之嫌……今夫國家漏神明於媟近，輸權重於婦黨……不此之罪而彼之疑，何其詭耶。」

專制中所謂英斷之主，常與宰相制度不相容，必加以破壞而後快。但埋葬此一朝代的因素，也即孕育於此。清華湛恩在其後漢三公年表序中，也看出了這一點。

「……光武中興，賢主也。其不任三公，政歸臺閣，欲使權不下移，政由上出也。迨至再傳而後，禍起於貴戚，極於宦官，而漢以不振。吾嘗反覆其故，而嘆光武之貽禍烈也。夫天下之大權，人主不能以一人獨操之明矣，必與人共操之。故重臣之權尊，則人主安坐於上，而權不患其旁落。苟人主舉不信之臣而欲獨操之，則正人日以遠，而小人日以近，必有起而竊之者……非同姓，卽外戚耳。夫同姓外戚……因以竊國者比比也。……人主欲起而誅之，而無一二重臣以爲倚賴，……勢必與左右之近臣謀之……于是近臣遂以得志……其所爲必多不法，必與外廷之臣爲仇……而外廷之臣受禍愈慘。于是忠臣烈士……奮不顧身，以與左右之臣爲難。夫人主方與左右之臣爲一，而舉天下與之爲難，則人主亦不能以獨全，遂至於潰敗滅裂，不可得救……。」

官制是權力與義務的一種分配和組織。但古今專制者的心理，因爲把天下當作自己私人的產業，覺得政治是網羅天下的人力物力以向他的安富尊榮負責，而不感到他是應當對天下（人民）負責；於是便總是從權力方面去看官制，而決不從義務方面去看官制。既是只從權力方面去看官制，於是官制的客觀化，感到卽是權力的客觀化。權力的客觀化，感到卽是權力離開了他（專制者），而使他感到危險。所以破壞官制的客觀化，破壞官制能客觀地發揮作用，這是古今專制者所不知不覺地採取的共同路線。形成官制的首腦與骨幹的是宰相。宰相一職，在事實上是不可無；但一旦成爲制度，卽賦予了若干的客觀存在的意義。因此，通過二千多年的專制，都是循環地破壞宰相在制度上的客觀地位，而以皇帝身旁的地位低微的人去執行宰相的實權。執行久了，原來在地位上本是與宰相懸隔的，也慢慢被承認其爲宰相，因而取得官制上的若干客觀地位；於是後起的專制者又把它虛懸起來，重新使低微的近臣代替。和田清在支那官制發達史上的特色一文（註五九）中，對於這種情形，有扼要的陳述。茲譯介如下：

「除了現在西洋化的最近期，從來舊支那制度發達的過程，有幾種顯著地特色。第一應當舉的，或者可稱爲支那官制的波紋式的循環發生。天子私人側近的微臣，漸次得到權力，壓倒站在表層的大官。到了不久，取而代之的時候，在他的裏面，又生出私的實權者，發達而成爲表層的大官；不斷地反復著。例如秦漢之際，宰相總攬庶政，或曰丞相，或曰相國。……但其中，尙書、中書這種東西出現，漸漸簒奪了宰相的權力。尙書……初不過是在殿中主管發書的微官，由擔任天子的秘書（註六〇）而漸次加重權力。……隨尙書權力的漸次增加，也具備了令、僕射、尙書等職位，而獨立成爲尙書省。尙書令僕是天下的宰相，尙書省代替了過去的丞相府。」

「中書，乃中官尙書之義。這是武帝遊宴後庭，任命宦者所擔任的尙書……到了由宦者出身的曹魏，中書長官的監令，掌握了宰相的實權。門下省的長官侍中，本是侍奉天子左右的侍者；但尙書、中書漸漸居於表層的地位時，侍中便代居機要，漸握實權，從住在宮中黃門之下的地方，而開始有門下省之名。北魏時的黃門侍中稱爲小宰相。從南北朝時，尙書、中書、門下，並稱三省，以及於隋唐，而成爲表層的政府。」

「其中，中書宣奉詔命，門下駁議，尙書將確定了的詔命施行於天下；所以尙書省是站在最表層的官署。但它僅是形式，並無實權，實權漸移於內面的中書、門下。尙書省曰南省，在外；在內者僅有中書、門下，組織政事堂，議定大事。中書、門下，漸成表層時，也漸失掉了實權，天子更自選親信，加以『同中書門下三品』或『同中書門下平章事』等，使參與其事。同中書門下云云，正如其名稱一樣，不過是中書門下的暫時代理；但因有天子的信任，實權便漸移到他們手上。……同中書門下平章事，也漸成爲表層，唐末便由天子的顧問翰林學士院代之，有內相之稱。還有由宦官構成的樞密使，也好像漸取得實力。但以後變爲主兵權的武官。」

「宋太祖抑權臣，張天子獨裁的紀綱；但不久，中書省與樞密院爲重而稱爲二府，同平章事握宰相的實權。元的行政府也是中書省，其長官曰丞相。明太祖洪武十三年廢中書省，罷宰相，使六部尙書直屬於天子。……不久，到了他的子孫的時代，內廷顧問之官，握得宰相的實權。六部尙書，官正二品，而內閣大學士不過是正五品的微官；但因居於備天子顧問的地位，便漸增加實權，後遂以大學士當宰相之任。淸的內閣制度，全由此而來；但後來，內閣也站到表層了，與內廷疏闊，於是選拔內閣中特爲親信者爲軍機處大臣，使在隆宗門內的軍機處決定大事。……這是中央的顯官，大概都爲內部之微臣所取代的歷史。」

總之，宰相在官制中的地位，一帶有客觀的性質，專制者便覺得和他離得太遠了，不可信任了，須以側近的微臣取其實權。這是漢武帝、光武順著一人專制的要求所開下的一條路，後百世而不能改。但西漢亡於外戚。東漢亡於宦官，這正是一人專制的自身所造出的無法克服的矛盾。

十一、光武對地方軍制的破壞及其嚴重後果

秦併吞列國，廢封建爲郡縣，而郡縣的政治組織，仍多少受到戰國時的獨立王國的影響。其所賦予於郡守縣令長的職權既相當強大；政治的機能，也是相當完備而合理，容易發揮地方政治上的效能。漢武帝使六百石的刺史監察二千石的郡守，雖然有人稱讚它的好處；但設刺史的基本用心，還是與使側近微臣去詰難公卿的用心是一致的，在制度上，依然是對地方官制的客觀性的破壞，此處暫不深入去討論。這裏要特爲提出的是光武以忌刻之私，削弱地方官制所及於爾後民族發展的巨大影響。

後漢書卷一下光武帝紀第一下「是歲（建武六年，西紀三十年）初罷郡國都尉。」又建武七年「三月丁酉，詔曰：今國有衆軍，並多精勇，宜且罷輕車、騎士、材官、樓船士及軍假吏，令還復民

伍。」應劭補充說「每有劇賊，郡臨時置都尉。事迄罷之。」按漢書卷十九上百官公卿表「郡尉，秦官，掌佐守典武職甲卒，秩比二千石；有丞，秩皆（王先謙曰：皆字衍。）六百石。景帝中二年更名都尉。」都尉之設，與漢的兵制密切相關。衞宏漢舊儀卷下「民年二十三爲正，一歲，而以爲衞士。一歲爲材官騎士，習射御騎馳戰陣。八月，太守都尉令長相丞尉，會都試課殿最。水處爲樓船，亦習戰射行船。」又「年五十六，老衰，乃得免爲庶民，就田里，民應令選爲亭長。」「亭長課射游徼，徼循尉（按此語之意，似爲游徼順承縣尉）。游徼亭長皆習設備五兵。五兵，弓弩、戟、盾、刀劍、甲鎧。」「鼓武吏，赤幘大冠，行縢帶劍佩刀持盾被甲，設矛戟習射。」（註六一）從上面的材料看，民男子二十三爲正卒，雖有踐更過更（註六二），但大體上是行的義務兵役制度。平日負一郡督、教、調派之責者爲郡都尉。都尉以下有縣尉；鄉官。與整個社會，皆帶有濃厚地武裝組織的意味。光武起兵民間，內心害怕這種社會性的武裝，所以在建武六年廢都尉，而武備之教因以廢弛。建武七年又罷輕車騎士材官樓船，而民間的武裝組織更因以瓦解。在他的詔書裏是說「國有衆軍，並多精勇」，可以不事民間徵發，所以也不需要民間保持武裝組織。但後漢書卷三十一杜詩列傳「初禁網尚簡，但以璽書發兵，未有虎符之信。詩（杜詩）上疏曰：……舊制發兵皆以虎符。其餘徵調，竹使而已。符策合會，取爲大信。……間者發兵，但用璽書，或以詔。如有奸人作僞，無由知覺。愚以爲軍旅尙興，賊虜未殄，徵兵郡國，宜有重愼。可立虎符以絕奸端……書奏，從之。」按杜詩以建武七年爲南陽太守，以建武十四年病卒。此奏敍述於建武八年上書乞避功德奏請之後，計時當在建武八年以後，十四年以前。是光武詔罷輕車材官之時，並未停止對郡縣的徵發。則其所以罷都尉，罷輕車材官，乃出於猜防人民的心理，昭然可見。其後頗以招募及弛刑成軍；如馬援列傳，建武二十四年武陵五溪蠻反，援將十二郡募士及弛刑四萬餘人擊之者卽是。但徵發之制依然存在。後漢書卷五孝安帝紀永初五年（西紀一一一年）「戊戌（閏三月）詔曰……寇賊縱橫，夷狄猾夏，戎事不息，百姓匱乏，疲於發徵。」卽其明證。但平時無敎戰之吏，戰時便無可用的將帥之才。所以同紀永初五年「七月己巳，詔三公特進九卿校尉，舉列將子孫，明曉戰陳，任將帥者。」建光元年（西紀一二一年）十一月癸卯又詔「舉武猛堪將帥者各五人。」卷六順帝紀永和三年（西紀一三八年）「九月丙戌，令大將軍三公各舉故刺史二千石及見令長郎謁者四府掾屬，剛毅武猛，有謀謨任將帥者各二人，特進卿校尉各一人。」漢安元年（西紀一四二年）「十一月癸卯，詔大將軍三公選武猛試用有效驗，任爲將校者各一人。」卽其明驗。有事則徵發未敎之民，正如孔子所說「以不敎民戰，是謂棄之。」所以應劭漢官儀卷上有謂：

「蓋天生五材，民並用之，廢一不可，誰能去兵。兵之設尙矣……自郡國罷材官騎士之後，官無警備，實啓寇心。一方有難，三面救之，興發雷震，煙蒸電激，一切取辦。黔首囂然，不及講其射御，用其戒誓。一旦驅之以卽強敵，猶鳩鵲捕鷹鸇，豚羊弋豺虎。是以每戰常負，王旅不振。張角懷挾妖僞，遐爾搖蕩；八州並發，煙炎絳天。牧守梟裂，流血成川。爾乃遠徵三邊殊俗之兵，非我族類，忿鷙縱橫，多僵良善，以爲己功。財貨糞土。哀夫民氓，遷流之咎，見出在茲。不教民戰，是爲棄之。跡其禍敗，豈虛也哉。」

光武爲了防止人民造反而廢棄社會的武裝；但人民在活不下去時，依然會起來造反；遂乃不惜引異類以賊殺同胞；應劭上面的話，可以說是指陳痛切。陳元粹所作錢文子補漢兵志序，以爲錢文子見宋代聚兵京師，易世之後，「老弱者難汰，虛籍者難覈。安坐無事則驕，驕則難用。久聚而法弛則悍，悍則難制……不閑臨陣決戰之術則怯，怯則棄甲曳兵而走……嗚呼，此先生所以拳拳有意於漢家之遺制也。」而漢家兵制之壞，實始自光武；其動機，只是爲了一人一家專制之私。

東漢最大的邊患在諸羌。中葉以後，把歸順的羌人，遷居三輔，這種處置是有意義的。但一方面因吏治敗壞，對羌人只騷擾而無撫輯之功。另一方面，則羌人有自衞能力而漢人則沒有；以至羌人所至，漢人多逃避流徙。由此我們可以想像得到，五胡之所以亂華，根本原因之一，卽在五胡能打仗而華民不能打仗。推原禍始，皆自光武專制之私發之。順著此一方向發展，歷代地方的政治機能，愈來愈弱，胥吏可憑地方政治的機能以作惡，而長令很難在地方政治的機能上，發揮兩漢能吏循吏所能發揮的效果。於是宋明清的地方政治，完全成爲胥吏政治。地方弱，國家豈能強。窮源究委，乃一人專制下的必然結果。

附註

註一 宰相制度，在秦稱丞相與相國。山東諸國的魏趙燕，皆有丞相。秦則悼武王二年始置丞相。

註二 論語陽貨。

註三 管子此篇之時間，我以爲不會出現在呂氏春秋之前。

註四 見史記始皇本紀及李斯列傳。

註五 見甲骨文字集釋二・二三〇六。

註六 屈萬里氏著尚書釋義附錄三頁一八八，即以此爲眞古文周官之文。

註七 見皮錫瑞鄭志疏證四。

註八 見春秋公羊傳隱二年「紀子伯者何，無聞焉耳」傳注。

註九 詳見拙著老子其人其書的再考查。收入人性論史先秦篇附錄。

註一〇 史記律書「數始於一，終於十，成於三。」故古人好以「三」稱物。

註一一 服虔左傳注「三者天地人之數」，此說在戰國初期即盛行。

註一二　左桓六年：「宋以武公廢司空」，杜注：「武公名司空，廢爲司城」。是宋之司城卽司空。

註一三　見左襄九年及十年。

註一四　關於現行禮記中之王制，淸今文學家另立異說，但絕對不能成立，將另文討論。

註一五　按漢書百官公卿表謂「元狩四年（紀前一一九年）初置大司馬，以冠將軍之號」，是說在衛靑的大將軍及霍去病的票騎將軍上面，各加一大司馬的頭銜。將軍是實職，而大司馬是榮銜。但大陸雜誌三八卷一期鄭君欽仁譯鎌田重雄著漢代的尙書一文中有「大司馬原爲太尉的官，武帝時設置，冠以將軍號。」這便由一字的顚倒而成與原來意思的顚倒：不知是否係鄭君誤譯。「大司馬原爲太尉的官」亦謬。

註一六　見太平御覽卷二百二十八職官部二十六。宋徐天麟西漢會要卷三十一職官所引略同。

註一七　中華文化出版事業委員會出版之中國政治思想與制度史論集中有曾繁康中國歷代官制一文頁十五「三、九卿之官（列卿附）」以執金吾、典屬國，與水衡都尉等爲列卿。

註一八　五禮通考卷二百十七之說。

註一九　見續漢志。

註二〇　容齋續筆卷十「漢初諸將」條。

註二一　參閱萬斯同漢將相大臣年表。收入開明二十五史補編第二冊。

註二二　史記卷五十六陳丞相世家。

註二三　史記卷九十六張丞相列傳。

註二四　劉邦僞遊雲夢欺騙韓信之計，固出於陳平。又史記陳丞相世家「呂嬃常以前陳平爲高帝謀執樊噲。」以此推之，其計率多此類。故史公謂「奇計或頗祕，世莫能聞也。」而陳平亦自謂「我多陰謀。」

註二五　容齋續筆卷第十有曹參不薦士條。

註二六　皆見史記卷五十七絳侯周勃世家。

註二七　殺鼂錯之不足以止七國之兵，景帝豈不知之？蓋亦藉此以除心中之所忌耳。細讀史記鼂錯列傳自知之。

註二八　史記匈奴列傳贊特深刻的指出此點。

註二九　索隱對此語之解釋謂爲「欲令士折節屈下於己」，非是。上文有「又以爲諸侯王多長，上初卽位，富於春秋，蚡以肺腑爲京師相。」則知蚡所痛折節以禮詘之者，乃指諸侯王而言。

註三〇　皆見史記卷一百七魏其武安侯列傳。

註三一　同上。

註三二　史記卷一百十二平津侯列傳。

註三三　史記卷一百二十二酷吏列傳。

註三四　皆見史記卷一百三萬石張叔列傳。

註三五　以上參閱史記卷一百一十一衞將軍及驃騎列傳及漢書六十六公孫賀傳。

註三六　以上皆見漢書卷六十六劉屈氂車千秋傳。

註三七　此段皆取材於漢書六十四卷嚴朱吾丘主父徐嚴終王賈傳。惟此處朱買臣難公孫弘，係取材於史記卷一百十二平津侯列傳

註三八　我在此處對藩鎭一辭，係作廣義地使用，凡以武力爲政治資本者皆包括在內。

註三九　參閱漢書十九卷公卿百官表御史大夫條下。

註四〇　此篇所引漢舊儀及漢宮儀，皆用中華書局四部備要漢官六種孫星衍校本。

註四一　續漢志。

註四二　依宋祁「中」字下補「尙」字。

註四三　此等處之「中」字卽作「內」字解。故中朝亦稱內朝；中臣亦稱內臣。

註四四　見中央研究院歷史語言研究所集刊第十三本。

註四五　見中華文化出版事業委員會出版之中國政治思想史與制度史論集。

註四六　漢書百官公卿表侍中左右曹條下補注引錢大昕謂「是漢初已有侍中」。侍中乃中臣或中官。但錢氏認爲其他加官的官名，則出於武帝之後。實則賈山至言，已提到常侍，諸吏；由此推之，加官的本官，，早爲秦漢所有。特以地位微末，有的未入記載。

註四七　歷史語言研究所集刊第十三本頁二三〇——二三一。

註四八　以上可參閱萬斯同西漢將相年表、東漢將相年表。

註四九　按霍光此語甚妙。對車千秋而言，本未受遺詔，而亦謂其受遺詔，這是給他的顏面。而主要則係挾遺詔以自重。

註五〇　俱見漢書九十三佞倖傳。

註五一　見資治通鑑卷三十一孝成皇帝上之下。

註五二　資治通鑑卷三十五孝哀皇帝下。

註五三　按西漢人立論，多將三代理想化；而東漢人則常將西漢理想化，此亦其一例，不可泥看。

註五四　資治通鑑卷三十孝成皇帝上之上。

註五五　同上卷三十三孝成皇帝下。

註五六　光武建武二十八年十月癸酉，詔死罪繫囚，皆一切募下蠶室。此後即成爲常例。由此一措置而宦官之數量可不斷增加，此亦或爲能形成宮廷內之鉅大勢力的原因之一。

註五七　後漢書卷四十四徐防列傳及資治通鑑卷四十九孝安皇帝上。

註五八　章懷注「光武不假后黨權威，數代遂不遵行。」

註五九　此文收在和田清著的東亞史論藪內，由生活社發行。

註六〇　實際只是擔任公文收發的人員。

註六一　按以上又見於續漢志補注引漢官儀，而略有異同。

註六二　漢書昭紀元鳳四年如淳曰：「……貧者欲得顧更錢者，次直者出錢顧之，月二千，是爲踐更也。天下人皆直戍邊三日……諸不行者出錢三百入官，官以給戍者，是爲過更也。」

西漢知識分子對專制政治的壓力感

一、

一切知識分子所擔當的文化思想，都可以說是他們所生存的時代的反映。在近三百年，時代中最鉅大最顯著的力量是經濟。但在我國，一直在鴉片戰爭以前，甚至於一直到現在，各時代中最鉅大最顯著的力量都是政治。每一個知識分子，在對文化的某一方面希望有所成就，對政治社會希望取得發言權而想有所貢獻時，首先常會表現自身的志趣與所生存的時代，尤其是與時代中最大力量的政治，乃處於一種摩擦狀態；而這種摩擦狀態，對知識分子的精神，常感受其爲難於忍受的壓力。並且由對這種壓力感受性的深淺，而可以看出一個知識份子自己的精神、人格成長的高低；並決定他在文化思想上眞誠努力的程度。由各個人的秉賦、生活環境、及學問上的機緣，各有不同，對這種「壓力感」的反應也各有不同，因而形成文化上不同的努力方向。但政治問題，不能不成爲中國知識份子長期的共同問題。完全缺乏這種感受的人，便缺乏追求文化思想的動機，便不可能在思想文化上有所成就，甚至發生反文化思想的作用。

西漢與先秦相去不遠。先秦諸子百家，在七雄併立中的自由活動，及在自由活動中所強調的人生、社會、政治的各種理想，與漢代所繼承，所鞏固的大一統的一人專制政治的情形，極容易引起鮮明地對照。例如在戰國策齊策「齊宣王見顏斶曰斶前。斶亦曰、王前」的一個故事中，顏斶竟說出「生王之頭，曾不若死士之壟」的話，而使齊王「願請受為弟子」。這雖是比較極端的一例，但當時王與士的距離比較近，是可以想見的。進入到大一統的一人專制以後的情形，便完全改變了。漢文帝時賈山至言中謂「雷霆之所擊，無不摧折者。萬鈞之所壓，無不糜滅者。今人主之威，非特雷霆也。勢重非特萬鈞也。」這與戰國時，士對人君的覺感，可以說是天壤懸隔。因而西漢知識分子對由大一統的一人專制政治而來的壓力感也特為強烈。東漢知識份子與西漢知識分子在這一點上，如說有所不同，則西漢知識分子的壓力感，多來自專制政治的自身，是全面性的感受。而東漢知識分子，則多來自專制政治中最黑暗的某些現象，有如外戚、宦官之類；這是對專制政治自身已經讓步以後的壓力感，是政治上局部性的壓力感。兩漢知識分子的人格形態，及兩漢的文化思想的發展方向，與其基本性格，都是在這種壓力感之下所推動、所形成的。當然還應加上其他的因素。有如兩漢像樣子的知識分子，幾乎沒有不反對法家的，這可以說是由思想而來的壓力感。但兩漢知識分子所以普遍而深刻的反法家，乃是法家思想，通過秦長期的吸收、實現，最後已成為專制政治的骨幹，而被漢所繼承了下來，以加強專制政治的殘酷性。所以反法家實際是反漢代專制政治中的骨幹，這依然是由政治而來的壓力感。至於西漢知識分子幾乎無不反秦；而反秦實際上卽是反漢，更不待論。我覺得若不能首先把握到兩漢知識分子的這種壓力感，便等於不了解兩漢的知識分子。若不對這種壓力感的根源——大一統的一人專制政治及在此種政治下的社會——作一確切的解析、透視，則兩漢知識分子的行為與言論，將成為脫離了時間空間的飄浮無根之物，不可能看出它有任何確切意義。

各種不合理的東西，隨時間之經過，因人性中對外來壓力所發生的自我保存與適應的作用，及生活中因慣性而對現實任何存在，容易與以惰性承認的情形，也漸漸忘記那些事物是不合理的。古今中外，政治上的大奸大猾，都是朝向這一弱點上投下他們的野心與賭注。大一統的一人專制政治的自身，也正是如此。這便可使由此種政治而來的壓力感，漸歸於痲痺，而其他的壓力感居於主導地位；這是了解我國知識分子性格隨歷史演變而演變的大關鍵。雖然如此，中國兩千多年的大一統的一人專制政治對知識分子的壓力，事實上是在不斷地積累中更為深刻化。儘管後來的知識分子，對此只能作局部性的感受而不能作全面性的感受；但這一不斷深刻化的壓力，對知識分子而言，還是於不知不覺中有決定性的作用。所以對兩漢知識分子的時代壓力感，若能加以把握，及進一步的加以研究，或許對兩千多年知識分子的了解，也可能提供若干幫助。許多具有這種壓力感的人，不必皆見之於文字。

下面我將提出若干已見之文字，而又留傳到今的，以作顯明的例證。

二、

離騷在漢代文學中所以能發生鉅大地影響，一方面固然是因爲出身於豐沛的政治集團，特別喜歡「楚聲」（註一），而不斷加以提倡。另一方面的更大原因，乃是當時的知識分子，以屈原的「信而見疑，忠而被謗，能無怨乎」（註二）的「怨」，象徵著他們自身的「怨」；以屈原的「懷石遂自投汨羅以死」（註三）的悲劇命運，象徵著他們自身的命運。開其端者厥爲賈誼。賈誼作弔屈原賦，是痛恨於「鸞鳳伏竄兮，鴟鴞翱翔。闒茸尊顯兮，讒諛得志。賢聖逆曳兮，方正倒植」。而希望屈原能夠，實際是希望自己能夠「歷九州而相其君兮，何必懷此都也！鳳凰翔於千仞兮，覽德輝而下之。見細德之險危兮，遙繫而去之」（註四），卽是希望在政治上能作自由的選擇。但這在屈原列國並立的時代，尙有此可能；而在賈誼大一統的時代，便已沒有這種可能了。所以他在鵩賦中，只有想「釋智遺形，超然自喪」，要在莊子思想中來逃避這一黑白倒置而又沒有「選擇之自由」的政治情勢，所給於他精神上的壓力。他在弔屈原賦中悲痛地說「使麒麟可係而羈兮，豈云異夫犬羊。」在惜誓中又悲痛地說，「使麒麟可得羈而係兮，又何以異乎犬羊。」他這種「何以異乎犬羊」的壓力感，才逼使他痛哭流涕地上了論時政疏（註五）以求對於給他以重大壓力的當時政治，能作長治久安的改變。但正如賈山至言中所說，「士修之於家，而壞之於天子之廷」；天子之廷，正是埋葬士人志節的墳墓。賈誼既不能逃避掉天子之廷，又忍受不了這種由天子之廷而來的對他的埋葬，於是他只好涕泣夭折以死了。

梁園賓客（註六），多以文學著稱。他們也有同樣的壓力感。嚴忌的哀時命中說「哀時命之不及古人兮，夫何余生之不遘時……志憾恨而不逞兮，抒中情而屬詩……身既不容於濁世兮，不知進退之宜當」（註七）。他並不曾因遊娛而減輕了他的壓力感。而鄒陽在仕吳王濞時，獄中上書自明，猶謂「今欲使天下寥廓之士，籠於威重之權，脅於位勢之貴，回面汙行，以事諂諛之人，而求親近於左右，則士有伏死堀穴巖藪之中耳」（註八）。

以「正其誼不謀其利，明其道不計其功」見稱的董仲舒，我們未嘗不可從另一角度去了解他「三年不窺園」（註九）的意義。他在士不遇賦中說「屈意從人，非吾徒矣……皇皇不寧，祇增辱矣。努力觸藩，徒摧角矣。不出戶庭，庶無過矣。生不丁三代之聖隆兮，而丁三季之末俗。……雖日三省於吾身兮，猶懷進退之惟谷……出門則不可以偕往兮，藏器又嗤其不容。退洗心而自訟兮，亦未知其所從也」（註一〇）。在這種強烈地壓力感下，他既獻了天人三策，要求以德代刑；以教化之官，代執法之吏；想轉換當時大一統的一人專制的政治內容。而最後的歸宿，也只有「孰若返身於素業兮，莫隨世而輪轉」（註一一）。他的「爲儒者宗」（註一二）的大業，正是在此種壓力感下的成就。

至於司馬遷的報任少卿書，把他對這種壓力的感憤，可以說是盡情的宣洩了。不僅一部史記，正是此一感憤的產物。並根據他的意見，一切聖賢的著作，「皆意有所鬱結，不得通其道也；故述往事，思來者」（註一三）。即是他認爲所有的思想文化上的成就，都是由時代的壓力感而來的。

三、

我這裏應特別提到東方朔的答客難。答客難的特殊意義，在於一方面他很明顯地把大一統的一人專制政治下的知識分子的情形，和戰國時代的知識分子的情形，作了強烈地對比；在此一對比中，說明了在有政治選擇自由，與沒有政治選擇自由的兩種情況下，對知識分子的運命，給與以完全不同性質的影響；因而把大一統的一人專制政治對知識分子的束縛性，更淸楚地刻劃了出來。當時知識分子對時代的壓力感的根源，可因此而得到明白地解釋。另一方面，他在文學上創造了此一獨特的體裁，成爲後來許多發抒此種壓力感的強有力的文學形式，有如揚雄的解嘲，班固的答賓戲，張衡的應間，崔寔的客譏，蔡邕的釋誨，一直到韓愈的進學解，都是一脈相承的發展。現在我試把答客難鈔一段在下面：

「客難東方朔曰，蘇秦張儀，一當萬乘之主，而都卿相之位，澤及後世。今子大夫脩先王之術，慕聖人之義，諷誦詩書百家之言……以事聖帝，曠日持久，官不過侍郎，位不過執戟，意者尙有遺行邪……東方先生喟然長息，仰而應之曰，是固非子之能備知也。彼一時也，此一時也，豈可同哉。夫蘇秦張儀之時，周室大壞，諸侯不朝；力政爭權，相擒以兵。並爲十二國，未有雌雄；得士者強，失士者亡，故談說行焉。今則不然。聖帝流德，天下震懾，諸侯賓服……天下平均，合爲一家；動發舉事，猶運之掌，賢不肖何以異哉。……故綏之則安，動之則苦；尊之則爲將，卑之則爲虜。抗之則在青雲之上，抑之則在深泉之下。用之則爲虎，不用則爲鼠。雖欲盡節效情，安知前後。……使蘇秦張儀，與僕並生於今日之世，曾不得掌故，安敢望常侍郎乎。故曰時異事異」（註一四）。

「彼一時」，乃有政治自由選擇之時；「此一時」，乃無政治自由選擇之時。「時異事異」，豈僅關係於一個人的功名，實也通於專制下的一切文化學術的活動。

在志趣與學問的成就上，東方朔皆不能望揚雄的項背。但揚雄的解嘲，對兩種不同的政治情況，及由此對知識分子所發生的兩種不同的命運，卻與東方朔的答客難，是同符共契的。不過東方朔把他的壓力感消解於滑稽玩世之中，而揚雄則轉向到「默然獨守吾太玄」（註一五）的著書立說之上。對壓力感的反應不同，而對壓力感的根源的把握，則並無二致。解嘲說：

「……往者周網解結，羣鹿爭逸。離爲十二，合爲六七。四分五剖，並爲戰國。士無常君，國無定臣。得士者富，失士者貧。矯翼厲翮，恣意所存……是故鄒衍以頡亢而取世資，孟軻雖連蹇猶爲萬乘師。今大漢左東海，右渠搜；前番禺，後陶塗；東南一尉，西北一侯。徽以糾墨，製以鑕鐵。散以禮樂，風以詩書；當塗者入青雲，失路者委溝渠。……夫上世之士，或解縛而相，或釋褐而傅；或倚夷門而笑，或橫江湖而漁；或七十說而不遇，或立談間而封侯……是以頗得信其舌而奮其筆，窒隙蹈瑕而無所詘也。當今縣令不請士，郡守不迎師；羣卿不揖客，將相不俯眉。言奇者見疑，行殊者得辟（刑辟也）。是以欲談者宛（同捲）舌而固聲；欲行者擬足而投跡。鄉使上世之士處乎今，策非甲科，行非孝廉，舉非方正，獨可抗疏時道是非，高得待詔，下觸聞罷；又安得青紫……有建婁敬之策於成周之世，則繆矣。有談范蔡之說於金張許史之間，則狂矣……唯其人之贍知哉，亦會其時之可爲也。……」（註一六）

四、

班固的思想，當然受到他父親班彪的影響。班彪的王命論，附會神話，誇張事實，以證明天下之必重歸於劉氏。這種想法，乃西漢思想家所少見，而象徵了大一統專制的家天下，開始在知識分子的心目中，漸漸取得了合理的地位。然班彪的說法，雖然已表現知識分子對政治在歷史時間中的惰性，恐亦與其家世有關。班彪的祖父班況，有女爲成帝的倢伃；於是班彪的父輩，「出與王許子弟爲羣，在綺糯紈袴之間」(註一七)，也算是漢室的外戚。班彪的壓力感，來自「此世所以多亂臣賊子，」(註一八)而要回到大一統專制政治的家天下，以求得解決，這是兩漢政治思想轉換的大標誌(註十九)。以他父子在學術上的努力，更乘王莽狂悖亂政，天下殘破的創鉅痛深之餘，更助長了王命論這種思想型態的發展，於是知識分子對大一統專制的全面性的壓力感，便由緩和而趨向痲木。班固的答賓戲，正有此一轉變過渡期的意義。

班固自謂「又感東方朔揚雄，自諭以不遭蘇張范蔡之時，曾不折之以正道，明君子之所守，故聊復應焉」(註二〇)。他的所謂正道，是承認漢家大一統專制的絕對權威，知識分子只宜委心任命於其下，而不要動其他的腦筋。他說漢室的政權是：

「基隆於羲農，規廣於黃唐。其君天下也，炎之如日，威之如神；涵之如海，養之如春。是以六合之內，莫不同源共流，沐浴玄德；稟仰太龢，枝附葉著。譬猶草木之植山林，鳥魚之毓川澤。得氣者蕃滋，失時者零落。參天地而施化，豈云人事之厚薄哉。今吾子處皇代而論戰國，曜所聞而疑所覿……亦未至也」（註二一）。

班固把知識分子生活在大一統專制政治之下的情況，比譬爲「譬猶草木之殖木林，鳥魚之毓川澤」，是各得其所，各得其宜，並無人事厚薄之可言，因而應當像草木鳥獸樣，不應有半分的壓力感。他之所以從事著述，僅來自「要（求）沒世不朽」（註二二）的一念。身與草木同朽，這也是一種壓力感。但班氏父子由此一壓力感所寫成的漢書，在史學的基本精神上，便比史記後退了不知多少。而班固本人，並未能像山林中的草木，川澤中的魚鳥，可以自由自在的生長。因爲他曾是竇憲的賓幕；竇憲被誅，他被洛陽令种兢以私怨捕繫，死於獄中了（註二三）。至於大一統專制政治對知識分子所發生的摧殘腐朽作用，在東漢已經是非常嚴重。仲長統生當東漢王綱解紐，言論稍可自由之時，在他所著的昌言理亂篇中，對於這一點有痛憤的敍述：

「……及繼體之時，民心定矣。普天之下，賴我（按指大一統專制之皇帝。下同）而得生育，由我而得富貴……天下晏然，皆歸心於我矣。豪傑之心既絕，士民之志已定；貴有常家（按指皇室），尊在一人。當此之時，雖下愚之材居之，猶能使恩同天地，威侔鬼神。暴風疾霆，不足以方其怒。陽春時雨，不足以喻其澤。周孔數千，無所復角其聖。賁育百萬，無所復奮其勇矣。彼後嗣之愚主，見天下莫敢與之違，自謂若天地之不可亡也，乃奔其私嗜，騁其邪欲；君臣宣淫，上下同惡……睇眄則人從其目之所視，喜怒則人隨其心之所慮。此皆公侯之廣樂，君長之厚實也。苟運智詐者，則得之焉。苟能得之者，人不以爲罪焉……求士之舍榮樂而居窮苦，棄放逸而赴束縛，夫誰肯爲之者耶？夫亂世長而化世短，亂世則小人貴寵，君子困賤。當君子困賤之時，跼高天，蹐厚地，猶恐有鎭壓之禍也。……是使姦人擅無窮之福利，而善士掛不赦之罪辜。苟目能辨色，耳能辨聲，口能辨味，體能辨寒溫者，皆以修潔爲諱惡，設智巧以避之焉。況肯有安而樂之者耶？斯下世人主一切之愆也」（註二四）。

趙壹對於被專制政治荼毒下的知識份子的變態情形，在刺世疾邪賦中，也作了集中的描寫：

「春秋時禍敗之始，戰國愈復增其荼毒。秦漢無以相踰越，乃更加其怨酷。寧計生民之命，惟利已而自足。於茲迄今，情僞萬方。佞諂日熾，剛正消亡。舐痔結駟（言舐痔者可以富貴），正色徒行（言正色者貧賤）。嫗㛏（相親狎）名勢，撫拍（謂慰卹也）豪強。偃蹇反俗，立致咎殃。……邪夫顯進，直士幽藏。原斯瘼之攸興，實執政而匪賢……所好則鑽皮出其毛羽，所惡則洗垢求其瘢痕。雖欲竭誠而盡忠，路絕嶮而靡緣：安危亡於旦夕，肆嗜欲於目前。奚異涉海之失柂，積薪而待燃。……故法禁屈撓於勢族，恩澤不逮於單門。」（註二五）

專制政體不變，專制政體的精神猶存，則趙壹上面對專制政體下的知識分子的描寫，可以說將永遠有其歷史的眞實性。這種知識分子當然沒有所謂時代的壓力感，而大量發揮反文化、反思想的效用，以迎合專制主之所好。

但若所有的知識分子都如趙壹所描寫的一樣，這將會使一個民族的歷史歸於終結。東漢的知識分子，所以在歷史中能佔一很重要的地位，乃是另有一部分置生死貧富貴賤安危於不顧，繩繩相繼，在政治的極端黑暗中，作出各種抗爭不屈的節義、名節之士。一直到黨錮禍起，這些抗爭不屈的節義、名節之士，才與東漢同歸於盡。東漢的節義、名節之士的所以形成，所以有時趨於矯激，乃是來自專制下外戚、宦官，及在外戚宦官宰割下變節爲下流卑賤地知識分子的雙重壓力感。這一點，將另有專文討論。

當然在四百三十餘年（包括新莽與更始）中，知識分子的壓力感，可以是來自多方面的。但以由大一統的一人專制政治而來的壓力，才是根源地壓力，是主要地壓力。因此，對此種大一統的一人專制政治的徹底把握，應當是了解兩漢思想史的前提條件。甚至也是了解兩漢以後的思想史的前提條件。

附註

註一　漢書卷二十二禮樂志第二「高祖樂楚聲，故房中樂楚聲也。」

註二　史記卷八十四屈原賈生列傳。

註三　同上。

註四　以上皆見賈長沙集弔屈原賦。

註五　漢書卷四十八賈誼傳賈誼論時政疏，一開始便說「臣惟事勢，可爲痛哭者一，可爲流涕者二，可爲長太息者六」。

註六　漢書卷五十一鄒陽傳「漢興，諸侯王皆自治民聘賢」。卷四十七梁孝王傳，孝王「築東苑方三百餘里……招延四方豪傑」，而其中特多文學之士。

註七　全漢文卷十九。

註八　全漢文卷十九。

註九　皆見漢書卷五十六董仲舒傳。

註一〇　董膠西集。

註一一　董膠西集士不遇賦。

註一二　漢書卷二十七上五行志第七下。

註一三　史記自敍。

註一四　漢書卷六十五東方朔傳。

註一五　揚雄解嘲。

註一六　漢書卷八十七揚雄傳。

註一七　見班固漢書敍傳上。王乃成帝母家，許則成帝之后家。

註一八　班彪王命論。

註一九　西漢思想家之反專制，反家天下，將另有專文陳述。

註二〇　班固漢書敍傳上。

註二一　班固答賓戲。

註二二　班固幽通賦。

註二三　後漢書卷三十下班固列傳。

註二四　後漢書卷三十九仲長統列傳。

註二五　後漢書卷七十下文苑列傳趙壹列傳。

中國姓氏的演變與社會形式的形成

一、引　言

我這裡之所謂「形式」，係指對複雜的內容，有一種統一、包括作用的機能而言。社會，都是以各種身分、地位、職業，及由此所產生的大小集團，作爲它的具體內容的。但中國傳統的社會，卻由血統關係所形成的組織——宗族，及順着血統關係的組織所形成的諸文化價值觀念，來統一、包括社會的各具體內容的，這就是我所說的「社會形式」。而這種社會形式，是通過姓氏的演變所逐漸形成的。有時社會形式很突出而掩蓋了其他內容，此時的形式卽是內容。但更多的時候，社會的營運，都是各具體社會內容的營運；社會形式，彷彿是在睡眠狀態之中，與內容並無直接關係。但在下述幾點上，要了解我國傳統的社會文化的特性，便首須了解此一社會形式。

一、此一社會形式未演變完成以前，它的本身固然是政治性的，階級性的，有如「政治地宗法制度」。但當它演變完成，而成爲一「社會地形式」時，則在理念上它便成爲各種社會內容的普遍地基礎，以包含、貫通於各社會內容之中，成爲各社會內容的共同出發點與歸宿點，無形中鞏固了各社會內容的地位，因而也加強了各個人在全般社會中的地位與力量。

二、由此一社會形式所形成的價值系統，亦即傳統之所謂人倫、倫理，實貫注於每一社會內容之中，以規整各社會內容的共同方向，及成爲團結各社會內容的精神力量。至於由此對全盤社會所發生的是推進的或制約的作用，那是另一問題。在研究上應當另作處理。

三、每當歷史發生大變動時，社會各種內容的活力，常在危機中受到震撼乃至破壞、瓦解；此時常退縮在由姓氏而來的宗族組織的社會形式之內，形成保護最低生存的堡壘。這與我國民族突破許多大天災、大人禍，而依然能繼續生存發展，有密切的關係。

四、此一社會形式，如後所述，對我國歷史上環繞在周圍的異族而言，乃我民族所獨有；這是把握我國文化社會特性的關鍵之一。更主要的是，在歷史中我們民族同化力之大，至足驚人。過去對此種歷史事實的說明，皆嫌空泛。經過我這次的研究，發現它的主要原因是來自此由姓氏所形成的社會形式。

此種社會形式，是長期演變所漸漸形成的。大約經過西漢兩百年的時間，才達到初步完成的階段。演變的實際內容，是通過氏姓觀念的發展而實現。過去紀錄氏姓的典籍，自世本以下，在數目上可說不少。但有的是爲了特殊目的，如元和姓纂，是爲了作政治上官吏登庸的參考；而諸家的族譜，因地望的觀念，對其先世的叙述，每多流於傅會，難資取信（註一）。從學術上把氏姓加以研究處理的，在今日也可以看到不少的著作；但因缺乏「演變」「發展」的觀念，常執一時的現象以貫通古今；所以立說愈多，而淆亂彌甚。本文乃針對此種情形，溯本探源，以明其演變、發展之跡，開闢研究我國社會史的新途徑。

二、氏義探原

我想先從文字學上澄清若干有關的誤解。並先從氏字開始。

說文十二下氏：「巴蜀名山岸脅之自旁箸欲落墒者曰氏。氏崩聲聞數百里，象形。凡氏之屬皆从氏。楊雄賦，響若氏隤。」段注墨守許義。並謂「古經傳『氏』與『是』多通用。大戴禮昆吾者衞氏也。以下六氏字，皆『是』字之假借。而漢書漢碑，假氏爲是，不可勝數。故知姓氏之字本當作『是』，假借氏字爲之，人第習而不察耳……」按許說之不能成立，乃在於若不能證明初造氏字之人，出自蜀產，則何能援巴蜀之特殊地形以造此字。且只要從小篆追溯上去，即可發現氏字之原形，與許氏所說的山岸欲墮的情形渺不相應。段玉裁以姓氏之氏的本字當作「是」，不能於先秦典籍中舉證，遽以漢書漢碑中偶有以是爲氏的情形，抹煞先秦典籍中之無數氏字；他未想到由隸釋以窺漢碑，其中所寫的氏字不可勝數。偶有以「氏」爲「是」，只能視爲別字，何可援爲證驗。

朱駿聲說文通訓定聲氏字下「按許說此字非是。因小篆橫視似隸書山而附會之耳。本訓當爲木本；轉注當爲姓氏，蓋取水源木本之誼」。朱氏之說，已較段說爲進步。但其立說，乃援引「汗簡引石經作𠂢」之字形作根據，與金文契文氏字之形皆不合，則其由象形所立之義，已被氏字之原形所推翻。此外，說文系統諸家之說，要不出段朱兩氏之範圍，可置而不論。

由金文編所能看到的二十多個氏字，大約以頌敦的𠂆爲初文，其他𠂆（頌壺芮公鬲）等形，則係工師隨手變化的一點花樣，在表形的基本意義上不變。

契文氏形作ㄔ（前七、三九、二）或作𠂆（後、下、二一、六）。金文字形，承此而沒有什麼大變化。西安半坡的仰韶文化，發現有三十種符號，其中有兩種符號作ㄒ丅（註二），雖然不能確定契文的氏，與此二符號有何關連；但由形狀相似，也未嘗不是一個很有趣的現象。按郭沫若金文餘釋之餘，釋氏謂「氏者余謂乃匙之初文。說文，『匙匕也，从匕是聲』。段注云「方言曰『匕謂之匙』……今江蘇人所謂搽匙湯匙也……古氏字形與匕近似；以聲而言，則氏匙相同；是氏乃匙之初文矣。卜辭有从氏之字可證。[glyph]（前、二七、一）『甲子王卜貞田𥁕往來無𡿧』[glyph]（同上第二片『田𥁕無𡿧』）『[glyph]（同六、四一、七）『弜田𥁕其每』』此等字乃象皿中插氏之形……雖文乃地名，義不可知，而氏之用途則如匕也」（註三）。按郭氏之說，其謬有三。匙既「从七、是聲」，則七乃匙之初文；後因七多作匕首之匕用，故另作「匙」字以別之，何得以氏爲匙之初文；此其一。匕形契文作〈或〉，其下端向左或向右彎曲者，所以便於在皿中取物。氏契文作亻或𠂆，不論與匕形並不相似；而下端乃垂直之形，將何以取物。此其二。既明知⿱氏皿乃地名，絕無以匕向皿取物之意，何以能以此證氏乃匙之初文。且以金文證契文，並由金文以釋契文，乃解讀契文的重要方法之一。郭氏不援引金文中許多氏字以證成其義，乃引一不相關涉之⿱氏皿字以立證，安知⿱氏皿字非从氏得聲之形聲字；或可另作解釋，（見後），此其三。這種顯明的謬說，乃李孝定卻以此爲「發千古之覆，誠屬確不可易」。又引契文中「⿰女各氏」後、下、二一、六二字，既認「則氏當爲姓氏字」；復以其爲「單辭孤證，則此辭氏字亦未可必其爲姓氏字也」（註四）。不知氏爲姓氏之氏，在契文中是否僅此孤證，尚待研究；據丁山「卜辭又有族氏連稱者」（註五），其言必有所據。而郭氏之說，則在契文中卽孤證而亦無之。且此孤證若與直承契文之金文中之氏字相印證，卽可稱爲鐵證。

然則氏之本義爲何，應先略及族字之本義。

說文七上「族矢鏠也，束之族族也。从㫃从矢」。按許說對「从㫃」之義不明，故段注據韵會集韵類篇，補「㫃所以標衆，衆矢之所集」十字，而以「韵會集韵類篇等之「一曰从」三字爲衍文，遂以此十字爲許書所固有；但如段氏之說，則上下文不相蒙。鈕樹玉之段氏說文注訂及徐承慶之說文解字注匡謬，皆以「一曰从」三字爲韵會等書所固有；而段氏所增十字，爲許書所本無。許書十四上金部收有鏃字，此乃「矢鋒」之本字，且先秦已極通行，則許氏以鋒矢之釋族爲未審，已不待論。說文通訓定聲「或說族字當訓大旗。古軍中弓矢之兵，聚于旗下，故從㫃从矢會意。矢鋒當爲鏃字之本義」。已開始訂許氏之失，惟其義未澈。俞樾兒笘錄「族者軍中部族也。从㫃者所以指揮也；从矢者所以自衞也」，爲族義開一新的途徑。丁山謂「字从㫃从矢，矢所以殺敵，㫃所以標衆，其本義應是軍旅的組織」，並以清人之八旗爲證（註六），實俞說的引伸。惟俞樾與丁山，爲「从矢」所拘，皆將族釋爲軍事組織。而不知族之原義，乃部族之意。㫃乃部族所用以相別異並聚合之標誌，矢乃部族自衞能力之象徵。每一部族皆須有自衞能力而始能生存，故从矢。此在平時戰時皆然，不應專指爲軍旅的組織。卜辭中有「多子族」「五族」「旅族」等辭，族乃部族之通稱；「多子」「五」「旅」，乃某一部族之特稱；每一部族，必有一特稱。引伸而爲連屬之屬；凡以血統關係而互相連屬以成爲自治體之一羣，卽稱之爲族。族係集團之通名，無大小之固定界限。此一部族，若由特定之姓爲代表，則稱「族姓」（註七）；若以氏爲代表，則稱「氏族」。氏與族，單言之，則氏亦可爲族，族亦可爲氏。在周以前，氏族無別。惟族乃指其整個團體而言。氏則指其團體中之權力代表者而言。以契金文中之氏字字形意推之，古代氏族之長，多屬其氏族中的長老；長老手中常持杖；氏或本係像長老手中所持之杖之形，同時卽長老權力的標誌。或者遠古一般老人，並不持杖，故契文金文中，旣無杖字，亦無作爲杖之本字的丈字，而只有代表氏族中有權力之長老所持之杖，此杖字乃今日所見之氏字。因後起之丈字杖字流行，而氏字本爲杖之象形的意義，因而隱沒。因此郭氏前引契文中之兩「𥁰」字，依我的推測，還是以供給器皿爲主的一個氏族，𥁰便是他所得的氏的特定名稱。從卜辭看，殷王兩次卜問到𥁰氏去狩獵，而卜兆表示是「亡災」的。我想，這是氏的原始意義。

丁山甲骨文所見氏族及其制度一文，謂「示卽氏字」，及以氏爲圖騰之說，固不可信。但該文中「八，氏族的粗記」，「將武丁時代所有的貞卜例外刻辭歸納起來，就立見殷商王朝氏族之盛」。他說「就現在已經刊佈的甲骨文材料看，我們確知商代的氏族，至少有二百個以上。……殷商後半期的國家組織，確以氏族爲基礎」。這大體是可信的。我更進一步的說，古代的氏，不同於周初以後的氏，更不同於後來一般所謂姓氏的氏；而係大小部落的名稱。周以前的王朝及其中較大的方伯，皆係由部落聯合而成；其中武力最強大者便被推或自立爲諸部落的共主。丁山的研究，實已開出了解古代國家情形的途轍，惜其尚未深徹下去。

三、姓義探源

甲骨文字集釋第十二冊三五八九頁收有「王⧄姓⧄」（前、六、二八、二、）及「⧄姓冥娩⧄」（前、六、二八、三），此兩片卜辭殘缺，李孝定認爲第二片之姓「仍爲女字，非姓氏之姓」。日人殷邦男所編殷墟卜辭綜類一四四頁上二收有五個姓字。京二〇〇九，後下一七、一〇兩片，僅殘存兩字，且姓之上一字未能認出。寧一、二三之「卽于弜中姓」，意義亦不明。前，六、四九、三，及續四、二八、三，皆爲「帚（婦）姓子死」（註八）。今日甲骨文家多以姓爲婦的名字。惟按先秦許多姓字訓生之例，亦似應釋爲「婦生子死」，此處之姓，似不應解爲婦人之名。張秉權有甲骨文中所見人地同名考一文，我的推測，某氏族生活於某地，於是卽以地名爲其氏族的名稱。某氏族的支配者，卽以其氏族的名稱爲其支配權之記號。此觀於本文後文所引資料，是有其可能的。因此，我以爲甲骨文中出現之姓字，可能乃代表由血緣而來的部落的通稱（註九）。其所以从女从生，此種血緣部族之起源，應遙溯到民知有母而不知有父的母系氏族社會時代。卽使此義不能成立，但血緣部族之有標誌、符號，則決無可疑。而契文中姓字的本義，應仍在未定之列。

說文十二下「姓，人所生也。古之神聖母，感天而生子，故稱天子。从女从生，生亦聲。春秋傳曰，天子因生以賜姓」。徐鍇說文繫傳在「神聖」下多一「人」字，在「故稱天子」下多「因生以爲姓」五字。段注及王筠句讀從之。

按齊魯韓三家詩及春秋公羊傳，皆謂聖人皆無父，感天而生。左氏則謂聖人皆有父。此問題在今日無討論之必要。惟許氏引此，乃解釋「姓」字何以从女之故。因感天而生子，當然沒有父，而只有母，所以姓字只好从女。如此，則繫傳所多出之六字，皆係不了解許氏原意所妄增。許氏引「春秋傳曰」，則爲說明其非因感天而生者之姓的來源。此在許氏的立場，爲姓字得以成立之第二義。說文中的姓字，其意義若係承契文中之姓字而來，而我上面對契文中姓字意義的說法可以成立，則姓字之所以从女，應當推到母系社會時代；當時民知有母而不知有父，故其部族之標誌，自然是來自女性。若此姓字的意義，是出自西周初年，則其从女，恐係與同姓不婚，有密切關係。說文詁林姓字下引席記「按古人立姓之始，皆爲昏婚起見，故从女」。在周代封建制度中，貴族的男子不稱姓，而女子則稱姓，似可爲此說之證。

但在文字學中，不可能解答姓字的原始意義的問題。姓字的原始意義，應在歷史的文獻資料中去探索。

國語晉語四；

「司空季子曰，同姓爲兄弟。黃帝之子二十五人，其同姓者二人而已。唯靑陽與夷鼓，皆爲已姓。……凡黃帝之子二十五宗，共得姓者十四人，爲十二姓。姬、酉、祁、己、滕、箴、任、荀、嬉、姞、儇、依、是也。惟靑陽（一作玄囂）與蒼林氏，同族於黃帝，故皆爲姬姓……昔少典娶於有蟜氏，生黃帝炎帝。黃帝以姬水成，炎帝以姜水成；成而異德，故黃帝爲姬，炎帝爲姜……」

上面這段傳說性的史料值得注意之點有二：一是同以黃帝爲父，但除二人與父同姓外，其餘並不與父同姓。二是兄弟二十五人，但得姓者僅十四人，其餘則並沒有姓。上述兩點，不是以後世所謂姓的觀念所能解釋的。蓋遠古之時，人本無姓。血統蕃衍，聚居於某水涯山麓，自成部落。其中有統治才能的人，或被推，或受更大部落酋長者的賜與，成爲某一部落的統治者，即以其聚居的地名或其他與其祖先降生有關事物之傳說，作爲此一部落的符號。惟此符號，僅能由其統治者的一人所代表，故符號即含有政治權力的意義，不是被統治的人民所得而有。黃帝得到姬水部落的統治權，故即以姬水爲其部落的符號——亦即是所謂姓；炎帝得到姜水部落的統治權，故即以姜水爲其部落的符號，亦即是所謂姓。黃帝之子二十五人，只有十四人得到了部落的統治權；而其他十一人沒有得到，所以僅十四人有姓。其中兩人分治黃帝的姬水部落，故得同爲姬姓。此外的酉、祁等十一姓，乃由統治者不同聚落所聚居的不同地名而來。國語這段傳說，若認爲是確指歷史中某些眞實的個人而言，便不易使人置信。若把它當作「姓」的起源的一般情況而言，便有很大的意義，因爲由此而可以解釋此後的許多有關問題。顧亭林日知錄卷二十三氏族相傳之訛條引「路史曰，余嘗考之，古之得姓者，未有不本於始封者也」；猶能彷彿於姓的起源之義。

國語周語記太子晉諫壅穀水的一段話中謂禹與四嶽有功，「克厭帝心，皇天嘉之，祚以天下，賜姓曰姒，氏曰有夏……祚四嶽國，命以侯伯，賜姓曰姜，氏曰有呂……唯有嘉功，以命受祀（注：祀或爲氏）」。這段話裡面的姓字與氏字同舉，姓是代表血統關係的符號，而氏則是代表政權的符號。當時血統與政權是不可分的，並且政權是以血統爲基礎。姓與氏單舉可以互涵，對舉則所指的各偏向一面。並且有的僅係由一個血統集團所成的政權，即姓等於氏。甲骨文中所出現的許多氏字，當屬於這種意義。這裡的有夏氏，有呂氏，還是這種意義。但也有包涵許多血統集團的政權，更有由一個血統集團的政權，進而爲包涵許多血統集團的政權，此時仍以原來的政權符號稱之。此時的氏乃大於姓。一般史家所說的陶唐氏、有虞氏，及禹得天下以後而仍稱爲有夏氏，都是屬於這種意義。尚書堯典上的所謂「平章百姓」，及古代的所謂百姓，皆表示由許多血統集團所組成的政治集團。各姓皆有代表參與朝廷，於是百姓有時指的是百官。古代姓與氏的關係，在左隱八年衆仲的兩句話裏，也說得很清楚。他說「天子建國，因生以賜姓，胙之土而命之氏」。因其生之所自出而賜之姓，這分明指的是姓係血統的符號；此符號代表血統的一面。氏則由賜土而來，這分明指的是氏乃係國土的符號，此符號代表政治權力的一面。所以劉文淇春秋左氏傳舊注疏證在此處說，「諸侯之氏，則國名是也」。劉師培氏族原始論：「古之所謂有國者，不稱部而稱氏。孝經緯云，古之所謂國者，氏卽國也。吾卽此語，推而闡之，知古帝所標之氏，乃指國名。非係號名。如盤古氏，卽盤古之國。陶唐爲帝堯之國，故曰陶唐氏。有虞爲帝舜之國，故曰有虞氏。夏爲大禹之國，故曰夏后氏。若夫共工氏、防風氏、則乃諸侯之有國者也。可知古之所謂氏者，氏卽國也。左傳言，胙之土而命之氏，此氏字最古之義。無土釐無氏矣」。這裡說得更清楚。由此可以了解，在西周以前之所謂氏，與由周初起之所謂氏，其意義是完全不同的。

四、周初姓氏內容的演變

姓氏的關係，鑲入到周初所建立的宗法制度中而情形便有很大的變化。宗法制度，是憑血統關係，把周室的基本力量，分封到當時的要害地區；並憑血統的「親親」之義，將分封出去的諸侯，團結在王室的周圍，以加強中央政治控制力量的方法。這是把宗法中的親屬系統變爲政治中的統治系統。宗法中的大宗，卽是政治中的各國的人君；而周王則爲各大宗的所自出；現時，可以方便稱之爲

「統宗」。所以王室所在的豐鎬，便稱爲「宗周」。此時的姬姓的姬，乃包括以前的姓與氏的雙重意義，成爲此一以血統集團爲中心的政治權力的符號，此符號只有周王始能代表。將血統中的伯叔兄弟及姻婭分封出去爲一國之君時，賜他們的土，同時也就賜他們的姓。賜姓是把作爲血統集團的政治權力的符號賜給他，使他能代表此種符號的一部份。所以姓不是同一個血統中的一般人所能使用的。國語周語周襄王拒絕晉文公請隧的理由是：

「叔父若能光裕大德，更姓名物，以創制天下，自顯庸也。而縮取備物，以鎭撫百姓，……何辭之有焉。若由（猶）是姬姓也，尚將列爲公侯，以復先王之職，大物其未可改也」。

這裡很明顯的說出，晉文公若能另外創立一個統治系統，便須要「更姓」。若依然以姬爲姓，則姬姓的政治符號只能由周室之王來代表，而晉國依然要回到「公侯」的地位。

左昭九年晉史趙謂「胡公不淫，故周賜之姓，使祀虞帝」。史記陳世家「昔舜爲庶人時，堯妻之二女，居於嬀汭，其後因爲氏姓，姓嬀氏」。梁玉繩史記志疑「案帝舜姓姚，至周封胡公，乃賜姓嬀。史謂胡公之前已姓嬀，不但乖舛無徵，且與下文言及胡公周賜之姓相違反，孔仲達鄭漁仲皆辯其誣矣」。此蓋諸人不了解古人之姓氏，可隨世代而易；故舜以姚爲姓，亦不妨「其後」以嬀「爲氏姓」。姓乃血統集團權力之符號，必待賜而始可使用，故胡公之先人雖姓嬀，而胡公仍有待於周王之賜，乃可以姓嬀。此與前引衆仲之言正合。諸人不明此義，所以橫加疑難。春秋所記之賜姓，似僅此一事。然分封建國時，賜土卽同時賜姓；卽同屬周之宗室，亦不例外。此則與其宗法制度有不可分的關係。把姓氏改變爲宗法制度的重要環節，甚至可以說，以姓氏形成宗法制度的骨幹，這是姓氏在歷史上的重大演變。

周室宗法制度，可簡單以禮記大傳下面幾句話作代表：

「別子爲祖；繼別爲宗。繼禰者爲小宗。有百世不遷之宗；有五世則遷之宗。百世不遷者別子之後也。宗其別子者，百世不遷者也。宗其繼高祖者，五世則遷者也」。

周之嫡長子爲王，這是總的大宗，亦卽是我前面所稱的「統宗」。泰伯去吳武王便等於是文王的嫡長子。周公對武王而言，則是文王的別子。周公之子伯禽代周公封於魯爲魯公。爲魯之始祖，這是「別子爲祖」。魯公之嫡長子繼魯公而爲大宗，此大宗由歷代的嫡長子一脈相傳，這是百代不改之宗。周王爲諸國的統宗，同時卽是姬姓的最高代表者。各分封的同宗弟兄，爲各國的百世不改大宗，便在封建之初，賜與以姬姓在分封內的代表權。鄭玄駁五經異義「姓者所以統繫百世，使不別也」；此卽百世不改之宗；而姓卽成爲百世不改之宗的標誌；同時也卽成爲一國政權的標誌。左襄十一年「秋七月，同盟於亳……載書曰……或間茲命羣神羣祀，先王先公，七姓十二國之祖 注：十二國共七姓 明神殛之，俾失其民，隊命亡氏，按指與會之卿大夫 踣其國家」。這裡是把國與姓說在一起。左昭四年，「九州之險也，是不一姓」。是不一姓，卽「是不一國」。姓由大宗代表，大宗各有其國。異姓亦是如此。

關於氏的問題，應依然回到前面已略爲提到的左隱八年的一段話。「無駭卒。羽父請諡與族。公問族於衆仲。衆仲對曰，天子建德，因生以賜姓。胙之土以命之氏。諸侯以字爲氏（註一〇），因以爲族。官有世功，則有官族。邑亦如之。公命以字爲展氏」。按「胙之土以命之氏」的「氏」，乃承周以前的傳統觀念，氏卽是國。「諸侯以字爲氏」的「氏」，乃周初以來的新觀念，僅代表族而不代表國。諸侯以字爲氏，是指諸侯對其同姓的卿大夫的命氏方法而言。杜注「諸公之子稱公子。公子之子稱公孫。公孫之子，以王父字爲氏。無駭、公子展之孫也，故爲展氏」。此處所謂「公之子」，乃公之庶子（對嫡長子而言）；公之孫，乃公之庶孫。嫡長子爲一脈相傳之大宗，以其先人受賜之姓爲姓。庶子乃「繼禰者爲小宗」的小宗，五世而遷。大宗之姓爲「正姓」，乃由始祖以來相承之姓。小宗雖以姬爲姓，但僅稱之爲「庶姓」或「子姓」（註一一），庶姓乃庶出之姓，子姓乃指庶出之子孫，皆所以別於大宗之正姓；正姓乃此姓之代表，小宗無此資格。小宗之子稱爲「公子」，他與大宗之關係，視其稱呼而卽可明瞭。小宗之孫稱爲「公孫」，他與大宗之關係，視其稱呼而亦可明瞭。小宗之孫與大宗爲四世。曾孫與大宗爲五世。故曾孫若仍冠以「公」，則小宗五世而遷，其所謂「公」者，亦茫昧而不知所指，於是當曾孫死的時候，請之於時君，以其王父之字爲其氏，使其死後的子孫，一面仍得因其王父之字而得知其氏之所自出；同時亦因此而許其另開一枝，以團結其族人，而自相滋演。我懷疑周初由諸侯的賜氏，一方面是與宗法密切相關，同時也是所以濟「五世而遷」的宗法制度之窮。其原始形態，大抵是如此。這是周初的所謂氏，與周以前的所謂氏，截然不同的地方。朱駿聲說文通訓定聲姓字下謂「凡小宗又別爲氏」，這句話只說對了一部份。但因賜氏而得有其族，因而成爲此族之長，即成爲一部分政治權力之所在，於是賜氏的規定，亦有所變遷。這在後面還要談到。但有一點必須特別指明的，賜氏之制，乃由於當時所謂姓，與後世之所謂姓，有本質上的不同。因姓只能由大宗，由天子、諸侯，所代表；此外的同姓貴族，只好賜氏使其代表姓中的一枝。故氏者乃姓的分枝。姓乃所以統氏。天子的庶子而未得分封的，其子曰王子，孫曰王孫；故春秋有王子瑕、王孫滿等，其由天子賜氏的情形，亦當與諸侯同。

衆仲所說的「官有世功，則有官族。邑亦如之」，這是指諸侯賜異姓者之氏而言。官是仕於朝廷。邑是仕於都邑。諸侯對異姓者的賜氏，不能按照宗法的身分制度，而改用以勳勞爲標準的制度。我們要注意「世功」兩字。世功，是世世代代有功。世世代代有功，則世代相傳下來，必定子孫衆多。但若不賜之以氏，則此世代有功之人，並沒有代表這些衆多子孫的資格而自成一族，以成爲以血統爲內容的固定政治勢力。爲了酬庸報功，便賜以他世代所作之官，所宰之邑的名稱，以作爲他的氏的名稱，使他的衆多子孫，團結於所賜的氏名之下而成爲一族；而他爲之長。

無駭是公子展之孫，公子展是魯君之庶子字展，亦是無駭的王父。所以魯隱公便以公子展的展，爲無駭的氏，而稱爲展氏。至是而「五世而遷」的小宗，才算正式立了一個門戶而自爲一族。這裡應特別注意的是，西周以前，姓氏兩個名詞，常常可以互用。自周初始，則姓以標國，氏以標族。有氏始有族，否則在小宗五世之後，只能算是無所繫屬的孤單的一人一家；此時雖可上追溯於他的姓。但姓只能由大宗、國君代表，他人不能稱用。等於沒有姓。所以「春秋隱桓之間，魯有無駭、柔、挾，鄭有宛、詹、秦楚多稱人」(註一二)；既未賜氏，又不敢稱姓，故僅稱名。如在國外，既不能稱姓而又無氏，則在名上冠以國名；如宋之公子朝，在國外則稱宋朝。衞之公孫鞅，在秦則稱衞鞅者是。由此可知，賜氏是一件大事。

周初姓氏的另一演變，是周以前姓不變，則氏亦不變。而周則「姓一定而不易，氏遞出而不窮。以三桓言之，仲孫氏之後，又分而爲南宮氏。子服氏。叔孫之後，又分而爲叔仲氏。季孫氏之後，又分而爲公鉏氏，公輔氏」(註一三)。姓一定而不易，這與「有百世不遷之大宗」連在一起，姓是團結的標誌，這主要是政治的理由。但此外，還有婚姻上之理由。禮記大傳「四世而緦，服之窮也。五世祖免，殺同姓也。六世親屬絕矣；其庶姓別於上，而戚單彈於下，昏姻可以通乎？繫之以姓而弗別，綴之以食而弗殊，雖百世而昏姻不通者，周道然也」。這段話裡面的所謂庶姓別於上，指小宗五世而賜氏說的。戚單彈於下，指喪服至四世而已是「服之窮」，五世則無服。自六世起，由各小宗所出之氏，既不相同，而以喪服表示親屬的關係，又已斷絕。此在周以前，是可以通昏的。但周道則氏雖別，而氏上繫之以姓，則別於氏依然同於姓。即各氏仍皆為姓所統屬，以直屬於姓的代表者——王或國君。王或國君，猶行收族合宗之禮，以維繫他的庶姓、氏族，這是出於政治的理由。「百世而昏姻不通」，禮記郊特牲謂「取於異姓，所以附遠厚別也」。這依然是政治的理由；「附遠」是通過昏姻以為勢力擴張的手段。「厚別」則所以防止亂源。但國語晉語「同姓不昏，惧不殖也」。左僖二十三年叔詹謂「男女同姓，其生不蕃」。左昭元年子產告訴叔向謂「內官不及同姓。美先盡矣，則相生疾。」這是由長期經驗而來的優生學上的理由。因此，氏同而姓異者可以為昏。其姓同而氏異者則不可。齊國的崔與東郭，其氏不同。崔抒欲娶於東郭偃，而偃以『君出自丁，臣出自桓』，欲加以拒絕（註一四）。一直到春秋時代，貴族的男子，有姓而不稱姓，所以別於大宗，所以別於人君。貴族的女子則稱姓，所以「遠禽獸，別婚姻」（註一五）。若姓氏之「姓」字，不能追溯到母系社會時代，而係周初所賦予之新義，則說文詁林姓字下引席記「按古人立姓之始，專為婚姻起見，故从女」的說法，可以接受其中一小部份的觀點。

這裏應當再談談族的問題。如前所述，族是以血統爲中心的政治集團；王及諸侯代表姓，姓卽爲國之符號。若王或國君對諸貴族之氏而言，則直屬於王或諸侯之子姓，卽可稱王族或君族。國語「在中軍，王族也」。左僖二十八年「原軫郤溱以中軍公族橫擊之」。中軍是當時軍事組織的骨幹。而王族或公族，又是中軍組成的骨幹。韋昭在上引國語「在中軍，王族也」下注曰「唐云，親族同姓也。昭謂：族，部屬也」；韋昭是不以「親族同姓」釋「王族」爲然，而另釋之爲「部屬」；實則各僅得其一端。應當說「王族，乃由王之親族同姓所組成之部屬」。

但春秋時代，以「氏族」連稱者爲最多。左隱八年「胙土而命之氏」疏「氏族一也，所從言之異耳」。顧亭林日知錄卷二十三氏族條有謂「氏族對文爲別，散則通也」。「氏族對文爲別」，乃因族字間或有廣義的用法。實則無氏卽無族；氏乃族的標誌，賜氏乃可聚其小宗以下之子孫而成爲一族；被賜氏的人，卽握有一族的統轄權。未賜氏，卽無由聚合其血統以爲一族。所以左隱八年魯隱公「問族於衆仲」，公所問者是族，衆仲所答者是氏，結果「公命以字爲展氏」；蓋有「展氏」的標誌，便有「展氏」標誌下的族。所以應當了解「賜氏」卽是賜與了一個血統集團的權力。

五、氏在春秋時代的演變

日知錄卷六，卿不書族條「春秋隱桓之時，卿大夫賜氏者尚少；故無駭卒而羽父爲之請族。如挾如柔如溺，皆未有氏族者也。莊閔以下，則不復見於經，其時無不賜氏者矣」。按顧氏之言，已知其變，但未深究其所以變之故。

隱桓之世，政治權力還多在國君手上；賜氏不賜氏，要算人君一種控制貴族的權力。隱桓以下，政權逐漸由人君手上，向貴族下移，其勢不能不「無不賜氏」，以承認其既成的勢力。此其一。其次，則人口蕃衍，不賜氏以統帥之，即散漫無所繫屬。此其二。以情理推之，春秋之世，氏的產生，大概經歷了四個階段的演變。第一階段，以賜氏爲特典。第二階段，以賜氏爲照例的政治行爲。第三階段，爲不待賜而自行命氏。第一第二階段的賜氏，率按宗法的規定行之。即是以王父的字爲氏。到了第三階段，卽是到了春秋中期以後，既有貴族降爲庶民；亦有庶民升入貴族的行列，甚至有「陪臣執國政」的事情，則其自行命氏，本無宗法統系可言，其命氏之方，自不能按照宗法的規定，於是有以父之字爲氏的，如國僑之類；有及身而自爲氏的，如仲遂之類是（註一六）。更由此推演，而有自以邑爲氏，自以官爲氏。此一演變，使氏的成立，脫離了宗法制度的關係。此第三階段演變的意義非常重大。因爲在此演變之前，小宗統於大宗，同時卽是氏統於姓，氏乃姓之分支；姓乃氏的宗主。經此演變之後，氏的成立，離開了宗法制度，亦卽離開了大宗與小宗的關連，同時卽離開了氏乃繫屬於姓的關連，氏成爲離姓而獨立的某一血統集團的標誌。再加以周室陵夷，早不能發揮爲天下「統宗」的作用。而春秋之末，戰國之初，由周胙土賜姓的諸侯，亦多沒落以至夷滅；如三家分晉，田氏篡齊；大宗的意義，已蕩然無存，由姓所象徵的政治權力，亦撕毀以盡。於是與氏的獨立性相俟，而姓與氏乃居於同等地位，成爲同一性質。

在春秋之末及戰國之初，貴族的氏，許多夷爲平民的氏；而平民血統集團中，有強者出，爲其集團所依附，而亦自立其氏，於是而又有以職業爲氏，以居地爲氏的情形出現。在此一階段的特點，在於氏不僅不由宗法制度而來，且亦與政治權力無特殊的關係，而成爲社會性的血統組織。這是氏的第四階段的演變。至此一階段，姓與氏已完全失其原有的特殊政治意義，姓更失去了它對氏的優越性；在戰國時代，姓與氏，已成爲二名而一實的東西；僅因傳統習慣，而依然保持這兩個名稱。日知錄卷二十三氏族條謂「姓氏之稱，自太史公始混而爲一」，又全祖望謂「太史公承秦漢喪亂之餘，姓學已紊，故混書曰姓某氏，儒者譏之」。皆非探源之論。史記有僅書其姓的，蓋其先本無氏。其書「姓某氏」乃先有氏而其後卽以氏爲姓。此義不明，蓋二千年矣。

王充論衡詰術篇

「古者有本姓，有氏姓。陶氏田氏，事之氏姓也。上官氏，司馬氏，吏之氏姓也。孟氏仲氏，王父字之氏姓也。氏姓有三，事乎，吏乎，王父字乎？以本姓則用所生，以氏姓則用事、吏、王父字」。

王符潛夫論志氏姓第三十五：

「昔者帝王觀象於乾坤，考度於神明，探命歷之去就，省羣臣之德業，而賜姓命氏，因彰功德。……故或傳本姓，或氏於邑（衍文）諡，或氏於國，或氏於爵，或氏於官，或氏於字，或氏於事，或氏於居，或氏於志。若夫五帝、三王之世，所謂號也。文、武、昭、景、成、宣、戴、桓，所謂諡也。齊、魯、吳、楚、秦、晉、燕、趙，所謂國也。王氏、侯氏、王孫、公孫，所謂爵也。司馬、司徒、中行、下軍，所謂官也。伯有、孟孫、子服、叔子，所謂字也。巫氏、匠氏、陶氏，所謂事也。東門、西門、南宮、東郭、北郭，所謂居也。三鳥、五鹿、青牛、白馬，所謂志也。凡此姓氏，皆出屬（出當作此）而不可勝紀也」。

按王符之言，較王充爲詳備；但皆雜揉古今以爲言，而不能深探演變之跡，以明姓氏在歷史各階段中的特殊意義；後人言姓氏之學者，多屬此一類型。

六、古代平民的姓氏問題

這裏我再特別提出古代人民的姓氏問題。這裏的所謂平民，是上對貴族而言。由春秋時代上推至周初，我們可以判斷當時的人民，除了一部份奴隸以外，大概可分爲兩種。一種是住在都邑裏面及其附近的「國人」；一種是四郊以外，以農耕爲業的「庶人」或「野人」（註一七）。庶人和封建統治集團沒有血統關係，亦即在統治集團的大宗小宗的系列之外，其無姓無氏，固不待言。「國人」開始雖在宗法範圍之內，但姓由王與諸侯代表，氏由貴族代表，僅在王或諸侯合宗收族時，承認其爲庶姓、子姓；平日則如前所述，貴族且不敢自有其姓，國人當然更沒有資格自有其姓。這種情形，隨合宗收族之禮廢，及人口的增加，國人與野人的界線漸漸接近，所以國人只是屬於某姓某氏之下，而自己並無姓無氏。亭林文集卷一原姓篇「男子稱氏，女子稱姓。氏一再傳而可變，姓千萬年而不變。最貴者國君，國君無氏，不稱氏稱國……次則公子。公子無氏，不稱氏稱公子……最下者庶人，庶人無氏，不稱氏稱名」。按顧氏這段話，說的是宗法制度下的姓氏情形。他已看出這種現象，而未能深究姓與氏在當時皆代表一種政治權力；庶人國人，無此政治權力，故不僅無氏，亦且無姓。左傳中以其年爲「四百有四十五甲子矣」而引起注意的絳縣老人，無姓無氏無名。以牛十二犒秦師，因而救鄭的弦高，有名而無姓無氏。其謂平民無氏而有姓的，實係莫大的錯誤。查平民無姓無氏，故平民亦無族。禮記祭法，「庶士庶人無廟」。王制「庶人祭於寢」。無族即無廟；無廟便只好祭於寢。及春秋之末，戰國之初，「國人」分散而爲遊士，而爲各種性質之平民，國人與野人之分，不復存在，故除由貴族沒落爲平民，及平民中的特出者外，一般平民，皆無姓無氏。

自春秋中期開始，貴族覆滅的情況日劇；左昭三年晉叔向謂「欒、郤、胥、原、狐、續、慶、伯，降在皂隸」，此僅其一例。這裏的所謂皂隸，只指其貧賤而言，不一定便是奴隸。由此例推之，平民中用其先人之氏以爲姓氏者當不少。孔子即是如此。所以左昭三十二年史墨謂「三后之姓，於今爲庶」。若把史記仲尼弟子列傳稍加分析，即可概略發現正處在由春秋到戰國的轉換期的這批人，在姓氏上也表現出轉換期的形態。後人有的實係以這批人中的某些人的名字爲姓；但在其本人則僅有名而無姓。如仲由（子路）、仲弓，都是出身微賤的人，仲並不是姓而只是由兄弟的行輩構成名字的一部份。伯虔、叔仲會，恐亦係如此。有若的「有」，恐非其姓，而係連「若」以爲名。「言」在詩經中常作發語詞用，所以言偃之言，恐亦非姓，言偃等於在今日稱爲阿偃。冉耕、冉雍、冉求、冉孺、冉季五人的冉字，在當時恐亦非姓，而係把柔弱溫厚之意（註一八）加在名字的上面，以併爲一名，表示父母愛憐之意。還有公冶長、公晳哀、公伯繚、公西赤、公孫龍、公祖句茲、公良孺、公夏首、公肩定、公西輿、公西箴等十一人，內除公孫龍的公孫，係沿襲「公之孫爲公孫」，後因以爲氏以外，恐亦係泛稱而非出自一系的姓氏。顏無繇、顏回，係父子二人；但顏高、顏祖、顏噲、顏何，決非一姓所出。說文九上「顏，眉目之間也」，是否當時有種習俗，以眉目之間的地方的特徵，即今日之所謂天庭地方的特徵，作取名的一種方式，而後來因以爲姓呢？秦祖、秦冉、秦商、秦非、曹卹、鄭國、燕伋、狄黑，在後世認爲這是以國爲姓；在當時恐怕因他們遠來列於孔子的門牆，因而他們把本國的國名加在自己的名字上面。等於前面提到的宋朝衞歜一樣。漆彫開、漆彫哆、漆彫徒父，恐怕是把自己家裏的職業加在自己名字的上面，因以爲姓。卜商、巫馬施、商瞿，係以其家庭職業爲姓；司馬耕係因其兄桓魋爲宋司馬，遂以其兄的官名爲自己的姓，而不以兄的「桓」氏爲自己的姓。這是他及身而自己加上去的。七十七弟子中，有許多怪異的名字，大抵是他們進入孔子之門，由社會的低層而初接觸到文化，在自己的名字上加上一個字以爲姓，但這和前面所說的第一第二兩階段的得氏的情形完全不同。這可以反映出社會平民在當時有的還沒有姓，有的是及身加上去的，並非他們的家族先有了姓。

這一點，由「百姓」一詞含義的演變，也可以看得出來。尚書堯典「平章百姓」傳「百姓，百官也」。詩小雅天保「羣黎百姓，徧爲爾德」傳「百官族姓」。此爲「百姓」一詞之本義。古代之官，來自各氏族、諸侯，故稱爲百姓。及春秋中葉以降，始稱人民爲百姓。閻百詩四書釋地又續「百姓義有二。有指百官言者，書百姓與黎民對；禮大傳，百姓與庶民對是也。有指小民言者，不必後代。自唐虞之時，百姓不親……是也。」按閻氏把百姓之二義，平列起來看，這是過去學者缺少歷史演變觀念之一例。堯典「契，百姓不親……」，與上面的「棄，黎民阻飢……」相對成文；故此百姓仍應釋爲「百官族姓」。百姓一詞內容的演變，正說明人民由無姓而開始有姓的這一歷史事實。

七、姓氏向平民的普及

戰國時代，遊士商賈，皆極活躍，非氏姓無以自標誌，所以平民的姓氏，當更爲擴充。漢書敍傳「班氏之先，與楚同姓，令尹子文之後也。子文初生，棄於夢（雲夢）澤中，而虎乳之。楚謂乳穀，謂虎於檡，故名穀於檡，字子文。楚人謂虎班，其子以爲號。秦之滅楚，遷晉代之間，因氏焉」。據此，則班氏之得姓，乃在秦楚之際。卽其一例。同時，春秋時代，貴族以其氏姓的久長，當作是生命的延續，由此而得到「死而不朽」的安慰（註一九），此一觀念，延續兩千餘年之久，可以說中國人是以姓氏的延續，代替了一部份的宗教要求「永生」的作用。同時，姓氏本皆由賜錫而來，其本身原是一種權力的符號。由此推演，而覺得一個人的姓氏歷史，足以影響他的身份地位；或因有光榮的姓氏歷史而發生一種傳承的責任感。司馬遷在史記自序中所表現的，正係此種觀念的反映。此種觀念，亦延續兩千年之久，而形成漢魏六朝及唐代的門第觀念；及譜牒對祖先的攀附誇張。上述兩種觀念，到戰國而興起譜牒之學。史記三代世表序「稽其曆譜牒」，十二諸侯年表序「太史公讀春秋曆譜牒」，曆譜牒率皆出自戰國時代。雖其內容，曆乃紀帝王諸侯的年月，譜牒記其世（系）謚，與後人之所謂譜牒不同，要係緣姓氏而來，為後來私譜之先河。而相傳為左邱明所著的世本中有氏姓篇，又有相傳為荀況所著之血脈譜（註二〇）尤為彰明較著。但一直到西漢之初，許多平民還是沒有姓氏。史記刺客列傳記荆軻在衞，人謂之慶軻；在燕，人謂之荆軻（註二一）；可知他本無姓氏。錢大昕十駕齋養新錄卷十二姓氏「漢高帝起於布衣，太公以上，名字且無可考，況能知其族姓所出耶。……媪姁為皇后，亦不言何姓。以氏為姓，遂為一代之制」。按錢氏昧於姓氏在演變中，早已混而為一；又昧於當時平民無姓，誤以為「當時編戶，知有氏不知有姓」。但劉邦的姓劉，可能卽始於劉邦，所以他簡直沒有族屬。而其母的無姓，則是很清楚的。故史記高祖本紀只好說「母曰劉媪」；劉媪者，猶今日之所謂劉太太。史記平準書「為吏者長子孫，居官者以為姓號」；可知當時有初居官而無姓號的。平民的姓，多係自己隨意取定，而其祖先並無姓氏，因之，此時有的姓，並未與祖宗的血統有密切的關連，所以姓的浮遊性很大。如英布曾受黥刑，史記卽稱之為黥布。田千秋年老乘小車入朝，漢書卽稱之為車千秋。灌夫之父張孟，因嘗充灌嬰舍人，得灌嬰之助，官至二千石，遂蒙灌氏姓為灌孟。(註二二)漢書酷吏傳「周陽由，其父趙兼，以淮南王舅，侯周陽，因氏焉」。師古注「遂改趙姓而為周陽也」。衛青之父鄭季，因與平陽侯妾衛媼通而生青，因「冒姓為衛氏」(註二三)。這些現象，都不是春秋前期以前，及西漢以後，對姓的觀念所能解釋的。正說明姓氏向社會擴大而尚未完成的過渡期的現象。

這裏應提出另外一個問題來討論一下。姓氏之由來，已略如上述。這完全是我國歷史進程中的產物。乃西漢出現有吹律定姓名之說。白虎通姓名篇：

古者聖人吹律定姓，以紀其族。人含五常而生，正聲有五轉而相親，五五二十五；轉生四時，異氣殊音，故姓有百也。

按白虎通這裏所說的，實始於西漢。蓋由陰陽五行的宇宙觀所繁衍而出。御覽十六引孝經援神契曰「聖王吹律定姓」。又三百六十二引易是類謀曰，「黃帝吹律以定姓」。漢書京房傳，「房本姓李，推律自定為京氏」，卽其一例。這種說法，完全違反歷史的事實，王充論衡詰術篇，王符潛夫論卜列篇，援史實以糾彈其荒誕，這是當然的。但此種荒誕說法的出現，亦必有其在歷史中的現實要求。西漢完成大一統帝國之後，有二百年比較安定的時間。二百年間的社會，雖在武帝窮邊黷武時期，受到了挫折；但從大體上說，依然是發展向上的過程。漢書高惠文功臣年表「漢興，大城名都，民人散亡，戶口可得而數，裁十二三。及至文景四五世間，流民旣歸，戶口亦息。」漢書地理志所錄元始二年的人口數是「民戶千二百二十三萬三千零六十二；口五千九百五十九萬四千七百九十八」；但實際的人口數，恐怕要達到八千萬左右(註二四)。姓氏對於人的重要性，已擴大及於社會，於是人民將紛紛要取得與自己有關的血統的姓氏。能推古氏姓以爲姓的，只是知識分子中的極少數，如屈原司馬遷者是。由職業官職得姓的，其範圍亦非常狹隘。於是苟且便宜，自定姓氏的，應該佔平民的多數。所以在兩漢可以考見的姓名，複姓特多，且不少希奇古怪的名稱。宋洪邁容齋三筆有「漢人希姓」一條，略加列舉，可見一般。定下自己有關血統的姓氏，是一件大事，甚至可以說是一種神聖之事。有些新起的知識分子，旣不能附會出光榮的祖先，又不甘出之以苟且便宜的方式，便在當時陰陽五行之說大行的時候，倡爲吹律定姓之說，以把自己姓氏的來源，推之於陰陽五行的氣化，以代替帝王聖賢歷史的統系，這樣一來，便可表現自己的姓氏，是直稟於天，決不比「帝高陽之苗裔兮」爲減色。這正反映出當時「平地一聲雷」式的新定姓氏的要求。王符說「今俗人不能推紀本祖，而反欲以聲音著語定五行，誤莫大焉」，說出了一部份眞象。

八、姓氏普及後社會結構的變化

日本昭和十年(西一九三四年)牧野選博士在漢學會雜誌三卷一期刊出漢代家族之大小一文之後，引起日本學術界對漢代家族形態的研究，盛極一時(註二五)。他們雖然「家族」連稱，但日本一般所說的家族，實際說的只是家而不及族。他們對於漢代的家的形態，有若干爭論；這些爭論中最重要的，一是由牧野博士所代表的，主張漢代一家的平均人口爲五人前後。另一是由宇都宮清吉氏自己第二次修正的，主張家是包含父母妻子兄弟的三族制。三族制形態的家，其人數當然不止五人。兩說爭論的關鍵，是父母生存時，兄弟分居不分居的問題。每家五口的說法，首見於漢書食貨志所引李悝爲魏文侯作盡地利之教中有「一夫挾五口」的話。後來鼂錯說文帝令民入粟受爵疏又有「今農夫五口之家，其服役者不下二人」的話。何休公羊傳宣十五年「一夫一婦，受田百畝，以養父母妻子，五口爲一家」。晉范寧穀梁傳宣公十五年傳注「一夫一婦，佃百畝，以共五口，父母妻子也」。五口之家的特點，是未曾把兄弟包括在裏面。本來一家的人口，是不斷變化的。年歲的豐凶、政治的治亂、家長的能力、性情，風俗的純漓厚薄，都影響到一個家庭所能團聚的人數。但這中間有由血統而來的自然感情，及由生產而來的自然制約；儒家的倫理道德，皆順應人情之自然以設教。家庭人口，雖變動不居，但在人情的自然，而環境又比較平穩的情形之下，在變態中亦未常沒有常態。「五口之家」，不能代表這種常態。父母死後兄弟才分居，這是倫理與人情的共同要求，現實上縱然未必完全是如此，但父母未死，兄弟之間，必維持到不能維持時始行分居，乃是一般家庭的常態。在兄弟未分居以前，一家決不止五口。史記陳丞相世家「少時家貧，……有田三十畝，獨與兄伯居。」蘇秦列傳「兄弟嫂妹妻妾，竊皆笑之。」漢書東方朔傳「臣朔少失父母，長養兄嫂。」後漢書循吏列傳第五訪「……少孤貧，常傭耕以養兄嫂。」這卽是兄弟同居的例子。孟子對梁惠王說「彼奪其民時，使不得耕耨，以養其父母，父母凍餓，兄弟妻子離散」，這也是把兄弟視爲家庭構成的基本分子。並且五口之家，乃以僅生子女一人計算；若夫妻二人而僅生子女一人，則人類將漸歸滅絕。當父母未死，而生有子女二人三人，亦社會上的常態。這樣計算，一家也不止五口。在李悝之後約八十年的孟子，兩次說「八口之家」（註二六）八口之家，是正常的家庭人口。李悝說「一夫挾五口」，未說明此五口的構成份子；這可能是戰國初期的人口約數；鼂錯習法家之言，可能是以李悝的話爲典故而說出的。何休范寧們，更以鼂錯之言爲典故，轉相傳述；而不是出自調查統計的結果。

更重要的是，日本學術界有關漢代家庭形態的研究，並不足以發現漢代社會的特色。因爲一個家庭單位，除了商鞅以耕與戰的目的，特別主張小家庭制以外，順人情的自然所形成的家庭，漢與戰國時代相去不會太遠。漢代對先秦的最大特色，乃在繼戰國平民立姓之後，繼續發展，完成了平民的姓氏，卽是大體上到了西漢宣、元、成、時代，天下比較安定，每人皆有其姓氏。無姓則有家而無族，有姓則每人皆有族。無族之家，孤寒單薄，易於摧折沉埋。有族之家，則族成爲家的郛郭，成爲堅韌的自治體，增加了家與個人在患難中的捍衞及爭生存的力量。因此，在春秋末期以前，中國社會，是以貴族的氏族爲骨幹。自春秋末期開始，而始出現平民的「族姓」，至西漢而發展完成。西漢稱族姓爲「宗族」或簡稱爲「宗」；按此仍沿宗法制度之餘響。於是概略的說，從西漢起，中國開始以平民的宗族，形成社會的骨幹。這是歷史演進中的大關鍵，也是研究我國社會史的大關鍵。

上述情形，試將秦楚之際，豪傑蠭起的情形；與新莽之際，豪傑蠭起的情形，作一比較，卽可明瞭。

秦滅六國，對齊用兵較少，而齊又後亡，且距關中特遠，故當羣雄並起時，僅田儋田榮田橫兄弟尙有彊宗可資憑藉（註二七）。此外，則陳勝吳廣憑戍卒；項梁項籍憑江東子弟。陳嬰憑東陽少年。劉邦憑徒卒十餘人。彭越憑澤閒少年。黥布憑江中羣盜。酈商憑高陽少年。餘皆隻身依附他人，沒有憑宗族起來的。蕭相國世家劉邦謂「且諸君獨以身隨我，多者兩三人。今蕭何舉宗數十人皆隨我」；以此定功的高下；實則蕭何有宗，而他人並沒有宗。並且蕭何的宗，也不過數十人。史記荆燕世家「

荊王劉賈者，諸劉。不知其何屬」。「荊王劉澤者，諸劉遠屬也」。是劉邦除兄弟四人外，亦未有宗族。

及羣雄並起而亡王莽時，情形爲之一變。起義亡王莽的，可分爲兩大類；一爲並無政治野心的飢民。這些飢民與秦楚之際的少年，完全不同；秦楚之際，是「欲立嬰便爲王」（註二八）的少年；而王莽時的飢民，則「衆萬數，亶（擅）稱巨人、從事、三老、祭酒，不敢略有城邑，轉掠求食，日闋而已」（註二九）。另一爲草澤間的野心家，他們所憑藉起事的，多是宗族、賓客。例如漢光武劉秀起事時的情形是「初諸家子弟恐懼，皆亡逃自匿曰，伯升（劉秀之兄）殺我。及見光武絳衣大冠……乃稍自安」。「軍中分財物不均，衆恚恨，欲反攻諸劉；光武斂宗人所得物，悉以與之，衆乃悅」。（註三〇）把上面兩段材料合在一起看，則所謂「諸家子弟」，說的是劉秀宗族的子弟。又「昌城人劉植，宋子人耿純，各率宗親子弟，據其縣邑，以奉光武」（註三一）。後漢書陰識列傳，「陰識字次伯……及劉伯升起義兵，識時遊學長安，聞之，委質而歸，率子弟宗族賓客千餘人，往詣伯升」。岑彭列傳，「彭因言韓歆南陽大人，可以爲用」。註「大人，謂大家豪右」。又耿純列傳「純與從兄弟訴、宿、植，共率宗族賓客二千餘人……奉迎（迎光武）於育」。上述情形，與漢自景帝以後，由土地集中而產生了大地主；這些大地主，反抗王莽的王田政策，當然有關係；但這僅可以解釋此時期出現在社會各地的「賓客」的力量，因爲大地主有力量，也有需要養賓客。但不能解釋他們何以能憑藉宗族的力量。他們所以能憑藉宗族的力量，是因爲姓氏的普及而把血統的關係延續、擴大，且納入在一套社會制度之中的原故。

上面引的，不能僅算是特例，而應算是宗族在社會上發生了廣大力量的反映，試看下面的後漢書中的材料。

「時三輔大饑……白骨蔽野，遺人往往聚爲營保。」劉玄劉盆子列傳

「時赤眉延岑，暴亂三輔。郡縣大姓，各擁兵衆，大司徒鄧禹不能定。」馮異列傳

「諸營保守附岑（延岑）者皆來降歸異（馮異）。」同上

「還擊破呂晌，營保降者甚衆。」同上

「諸將或欲爭其功，帝患之，乃下璽書曰……北地營保，按兵觀望……」同上

「時高縣（在今德州西北）五姓共逐守長，據城而反。」吳漢列傳

「五校（在河北纛起中的一支）引退入漁陽，所過虜掠。俊（陳俊）言於光武曰，宜令輕騎出賊前，使百姓各自堅守壁，以絕其食……光武然之，遣俊……視人壁堅完者使固守」陳俊列傳

「是時太行山豪桀多擁衆與張步連兵。」同上

「八年（建武）從上（光武）隴。明年，與中郎將來歙分部徇安定北地諸營保，皆下之。」耿弇列傳

「時檀鄉五樓賊入繁陽內黃，又魏郡大姓數反覆。」銚期列傳

「及至鄗，世祖止傳舍。鄗大姓蘇公反，城開門納王郎。」耿純列傳

當時老百姓立營保自衞，都是以宗族爲骨幹所形成；這也是在戰國以迄秦楚之際，所不能出現的；因爲當時還有許多人沒有姓，有姓的也因得姓不久而宗族的勢力不強，社會上不能產生這種由血統而來的團結的力量。並且自東漢以後，幾乎成爲喪亂時期，人民以宗族爲骨幹所運用的自衞的基本方式。先師王季湘先生，著有「蘄黃四十八寨紀事」。我的故鄉浠水縣，環繞我村子周圍十五公里以內，便有四望山寨，添福寺寨、野鶴山寨、英武山寨、小靈山寨，大崎山寨等，按照山的形勢，累石爲壘，成爲環繞山峰的山城。每一寨由山周圍的幾個宗族合作築成使用，推其中最大的宗族爲寨主。四望山寨，便推徐姓爲寨主。

九、以孝為中心的倫理觀念的普及與宗族的功能

家的精神鈕帶是孝，由家推至族的精神鈕帶更是孝。前面已經說過，春秋末期，是平民開始有

姓，也即是平民開始有族的時代。孔子以平民設教於社會，同時即把孝由貴族推向社會。論語一書，即以孝爲人的基本德性。因姓而族的發展繼續加強，所以自戰國中期以後，諸子百家，幾乎都從各種角度談到孝的問題。孟子一書，孝的份量遠較論語爲重。孝經一書，乃成立於孟子以後，呂氏春秋以前之書，已爲呂氏春秋及陸賈新語所稱引。這是戰國中期以後，由一位今日無法知道其姓名的儒生，所編的一部適應當時社會需要的通俗教孝之書。管子是出自齊魯地區的一部政治叢書。除其中有管子治齊的資料外，主要成書於戰國中期以後，下迄西漢之初；全書中皆強調孝弟與農事，給西漢初年的政治，以莫大的影響（註三二）。漢代自文帝起，特別強調孝悌，有政治的意義，也有社會的意義。政治的意義，乃在漢初剷除異姓王侯之後，大封同姓爲王侯，欲藉孝的觀念加以團結；自惠帝起，皆加一孝字以爲謚，如孝惠、孝文、孝景之類。社會的意義，所以適應由姓的普及而宗族亦因之普及，須要孝的觀念以爲宗族的精神紐帶。武帝時，祁侯繒它與楊王孫書，稱引孝經；是孝經在此時已漸通行於社會，爲人所尊重，故得援引之以爲說服他人之典據。自此以後，孝經的地位，逐漸提高到與論語相等；至東漢，乃與論語及詩、書、易、禮、春秋並稱爲七經；這決不是偶然的。

平民的宗族普及到社會後，對宗族的功能，白虎通宗族篇，有理想性的敍述：

「宗者何也？宗者尊也。爲先祖主者宗人之所尊也。古者所以必有宗，何也？所以長和睦也。大宗能率小宗，小宗能率羣弟，通其有無，所以紀理族人者也」。

「族者何也？族者湊也，聚也。謂恩愛相流湊也。上湊高祖，下至玄孫，一家有吉，百家聚之。合而爲親。生相親愛，死相哀痛，有會聚之道，故謂之族。」

上面對宗的敍述的前一部分，說的是古代的宗法制度，與政治統治相配合的情形，自春秋時代，已日趨破壞，至春秋末期，已破壞無餘。由春秋末期起，宗法中「敬宗收族」的精神，因平民宗族的興起，轉化而保存若干於平民宗族之中，以構成平民宗族組織與活動的局格；但隨典型宗法制度之崩壞，而姓與氏早已不分，故宗族內部之組織，與典型宗法組織中之大宗小宗的相對關係，早不存在。白虎通由經生集議而成，按照典型宗法制度以言漢代當時宗族的組織，這是非常不適當的。在典型宗法制度之下，是以宗爲主，有宗而後有姓有氏，而後有族。典型宗法制度崩壞以後，姓氏不分，以姓爲主，有姓而後有族。但並沒有所謂大宗小宗。除非在承襲爵位時始確認嫡長子的地位。但這也與大宗小宗的內容不同。漢代之所謂宗，實無大宗小宗這類的意義（見後），這是不可以隨便混同的。隸釋卷三孫叔敖碑陰，敍述孫姓宗族雲礽蕃衍的情形，中有云：

「……會平哀之間，爲賊所殺。世伯、孝伯、世信缺各遺一子，財八九歲，微弱不能仕學。世伯子字子仲，治產於績（續）虛，有六男一女……此續宗六父也。孝伯子字文缺亦不仕學，治產於材虛，亦有六男一女……此材宗六父也。世信一子相承……孫氏宗族，別缺諡紀也」

按碑陰所敍孫氏蕃衍及分支情形，毫無大宗小宗的痕跡。所謂績虛六父，乃因孫子仲治產業於績虛，生有六子，六子分為六支，又各有蕃衍，故追稱六支之祖為六父，等於我們故鄉族譜中所稱的「六房」。在各子中，並無大宗小宗之別。一個宗族中的族長，也不是由嫡長子的世傳而來，而是由各種因素所形成，由族人所推定，並且是可以變更的。這在我的故鄉，稱為「護人」；護人並沒有特別支配權力。所以凡是經生本五經中有關的宗法制度以解釋春秋以後的宗族組織的，都是莫大的錯誤。

但是我們不能因白虎通以典型宗法制度解釋漢代宗族的錯誤，而忽視了「所以長和睦」，「通其有無」，「一家有吉，百家聚之，合而為親，生相親愛，死相哀痛，有會聚之道」的這些話的意義。即是平民宗族出現以後，成為以血統為中心的社會互助，甚至是自治的團體。白虎通的敍述，雖帶有理想性，並亦未完全離開了事實。這類材料雖然流傳得不多，但並非完全沒有。後漢書樊宏列傳：

樊宏字靡卿，南陽湖陽人也。世祖之舅。……為鄉里著姓。父重，字君雲，世善農稼……三世共財，子孫朝夕敬禮，常若公家。……貲至鉅萬，而賑贍宗族，恩加鄉里……」

這是對宗族的救濟。隸釋卷十五金廣延母徐氏紀產碑釋：

「……徐氏自言少入金氏門，夫婦勤苦，積入成家。又云，季本（徐氏之夫）平生以奴婢田地分與季子雍直，各有企域。繼云，蓄積消滅，債負奔亡；依附宗家，得以蘇。」是雍直因得宗族的救濟而得活。又卷一孟郁修堯廟碑「仲氏宗家，共作大殿……仲氏宗家，並受福賜」。成陽靈臺碑「於是故廷尉仲定……復阯羣宗，貧富相均，共慕石碑」。靈臺碑陰釋「右靈臺碑陰，治黃屋者二十八，作碑者十五人，凡諸仲三十一人，異姓者四人。其中稱美仲阿東（「年在玄冠」），代羣從出錢數十言」。是堯廟碑及堯之母成陽靈臺碑，皆得仲姓宗族之力，始得以聚事。隸釋卷九漢故民吳仲山碑「諸宗邂逅，連有所得」；這也是對宗族的救濟。卷十孫根碑陰釋「右孫根碑陰可辯者凡二百四十四人，異姓纔十之一爾」。這也是因孫氏宗族而得以成事。卷十二先生郭輔碑「是以宗親歸懷，鄉黨高尚」。李翊夫人碑「育理家道，羣宗爲軒」。卷二十四孔子廟置卒史碑「選年四十以上，經通一藝，雜試能奉弘先聖之禮，爲羣宗所歸者……」。這都足以表示個人與宗族，是密切的關連着。漢代宗族中之互助，係通過何種方式實行，我現在還不很明瞭。惟東漢在墓側已出現「祠堂」（註三三），後來逐漸發展，祠堂除爲各族祭祀合宗之用外，亦爲宗族之自治機關。並處理祠產與救濟等事。我任師範學校時，因家中窮困，便由瑺祖祠每年幫助稻穀約二百斤。這也未嘗不可以作理解問題之一助。

十、專制政治對宗族勢力的摧殘

由上面的陳述，平民在沒有宗族以前，和有了宗族以後，可以說是兩種情況；一是無所依恃，因而很難發生積極的力量，除非有其他的機會，以其他的方式團結了起來。一是有所依恃，因而不論平時與變時，都能發生相當的力量。並且社會由此而成爲以許多宗族爲單元所構成的社會，這比以平民一家一家爲單元所構成的社會，當然也比較有力量。專制的統治階級，最害怕的是有力量的社會。自商鞅起，他們追求以小耕農爲基礎的小家庭單位的社會。戰國末期，強有力的社會單元，不是農民而是工商業者。秦國的重農，不僅是提倡生產的問題，而且也認爲農民是最容易統治的。呂氏春秋卷二十六上農：

「古先聖王之所以導其民者，先務於農。民農，非徒爲地利也，貴其志也。民農則樸，樸則易用，易用則邊境安，主位尊。民農則重，重則少私義。少私義則公法立，力專一。民農則其產復（厚）。其產復，則重徙，重徙則死處。」

秦始皇爲摧毀社會中有力的組成分子，當二十六年統一六國後，即「徙天下豪富於咸陽十二萬戶」（註三四）。由史記貨殖列傳中所記被秦所遷的卓氏、程鄭、孔氏等推之，被徙的豪富中，除了六國的殘餘貴族外，恐多係工商業中的巨子。漢得天下後，用劉敬之策，徙齊諸田，楚昭、屈、景、燕、趙、韓、魏後，及豪桀名家十餘萬口居關中（註三五）。此後發展而成爲「徙陵」的制度，據史記游俠列傳，郭解徙茂陵，「家貧不中訾」，索隱「按貲不滿三百萬已上爲不中」。郭解不中訾而仍須徙陵，是因爲他有財富以外的社會力量。並且到武帝時候，天下太平已七十餘年，平民族姓蕃衍，也成爲統治者所感到的由社會來的威脅力量。所以此後列在徙陵中的，便有彊宗右族的領袖人物。元朔二年「徙郡國豪傑及訾三百石以上於茂陵」（漢書武帝紀）這中的所謂豪傑，實係強宗右族中的領導人物。除此以外，無所謂豪桀。太始元年「徙郡國吏民豪桀於茂陵雲陵」（同上）；說明武帝末年，已無三百萬訾的富人。元康元年「徙丞相將軍列侯吏二千石，訾百萬者，杜陵」（漢書宣帝紀），這是政治防閑的擴大。元帝初元三年詔曰：

「安土重遷，黎民之性。骨肉相附，人情所願也。……徙郡國民以奉園陵，令百姓遠棄先祖墳墓，破業失產，親戚別離，人懷思慕之心，家有不安之意；非久長之策也。……今所爲初陵者，勿置縣邑，使天下咸安土樂業，亡有動搖之心。」

從上面的詔書看，被徙的人，即是和他的宗族隔絕的人。元帝的渭陵是沒有徙陵的；但過了三十多年，成帝鴻嘉二年夏，聽陳湯的話，又「徙郡國豪桀，訾五百萬以上，五千戶於昌陵」。（以上皆見漢書成帝紀）。所以漢書地理志說「漢興立都長安，徙齊諸田，楚昭、屈、景，及諸功臣家於長陵。後世世徙吏二千石、高訾富人，及豪桀並兼之家於諸陵。蓋亦以強幹弱枝，非獨為奉山園也」。

但漢代為了防制由平民宗族所形成的社會勢力，一貫的採取了更殘酷的辦法。後漢書酷史列傳敍論：

「漢承戰國餘烈，多豪猾之民……故臨民之職，專事威斷。族滅奸軌，先行後聞。肆情剛烈，成其不撓之志。違衆用已，表其難測之智。至於重文橫入，為窮怒之所遷及者，亦何可勝言。故乃積骸滿穽，漂血十里；致溫舒有虎冠之吏，延年受屠伯之名，豈虛也哉」。

在范蔚宗上面的一段文章中，實揭穿了漢代政治中的一大秘密。原來為了摧毀平民宗族的社會勢力，可先加以「族滅」，然後奏聞，不經過任何法律上的手續。族滅的方法，只是「重文橫入」，即是把嚴重的罪名（重文），隨便加到他們身上（「橫入」），以掩飾耳目。由此更進一步，可以了解漢武帝元封五年初置刺史的主要目的，便在於摧毀平民宗族的社會勢力。漢官典職儀記「刺史以六條問事。其第二第三第四第五第六條，雖在整筋官箴、吏治，並直接伺察地方官吏，為皇帝作耳目外；但最毒辣的是第一條「強宗豪右，田宅踰制，以強凌弱，以衆暴寡」（註三六）。漢代董仲舒限制名田之議，未見實行。師丹們限田之制，旋即破壞。田宅如何是「踰制」，並無明白規定；此一罪名是可隨便加上去的。族大則力強勢衆，這是自然如此。干犯刑律，皆有科條可循，何能作統括性的預斷。這分明是以強宗右族的本身爲罪刑的對象。「一人有罪，舉宗拘繫」（註三七）的殘酷現象，決非偶然的。

漢書酷吏傳：

「濟南瞯氏，宗人三百餘家，豪猾，二千石莫能制。於是景帝拜都（郅都）爲濟南守，至則誅瞯氏首惡，餘皆股栗。」

瞯氏如干犯律令科條，二千石當本律令科條治罪；當時二千石手握兵符，斷無敢抗拒之理。如其中有家訾至三百萬，卽可令其徙入關中奉陵。兩者皆不具備，徒以宗有三百餘家，遂使景帝視爲眼中之釘，特派郅都爲守，戮其長者，而加以空泛的「豪猾」兩字，此正所謂「重文横入」。又

「義縱，河東人也。少年時嘗與張次公俱攻剽爲羣盜。……遷爲河內都尉，至則族滅其豪穰氏之屬。」

「王溫舒，陽陵人也。少時椎埋爲盜。……遷爲河內太守……捕郡中豪猾，相連坐千餘家，上書請大者至族，小者乃死。家盡沒入償臧（贓）。奏行不過二日，得可事論報至，流血十餘里。」

「尹齊……所誅滅淮陽甚多。」

「田延年……誅鋤豪強。」

「嚴延年……爲涿郡太守……大姓西高氏東高氏，自郡吏以下，皆畏避之……遣吏分考兩高，窮究其奸，誅殺各數十人。」

後漢書酷吏列傳：

「董宣……累遷北海相，到官，以大姓公孫丹爲五官掾。丹新造居宅，而卜工以爲當有死者。丹乃令其子殺道行人……宣知，卽收丹父子殺之。丹宗族親黨三十餘人操兵詣府稱寃叫號……使門下書佐水丘岑盡殺之。」

「樊曄……遷東都尉……及至郡，誅討大姓馬適匡等。」

「李章……拜平陽令。時趙魏豪右，往往屯聚。淸河大姓趙綱，遂於縣界起塢壁……章到，乃設饗會而延謁綱……章與對飮。有頃，手劍斬綱，伏兵亦悉殺其從者。因馳詣塢壁掩擊，破之。」

「黃昌……後拜宛令……一時殺戮，大姓戰懼。」

彊宗右族的橫被誅戮，當然都加上了罪名。但這些罪名，正如范蔚宗在酷吏列傳論中所說，乃由「巧附文理」而成。漢承秦後，刑法本極嚴酷。但酷吏們所殺的，並非死於刑法，而係死於專制者的「與社會爲敵」的政策。對大族的誅滅，不僅酷吏爲然。漢廷對大臣，輒加以族誅，其中也含有這種意味。但東漢之末，受壓迫的人民，不能憑宗族的力量起來反抗，乃改而憑宗教的力量起來反抗。此卽所謂黃巾之亂。所以專制者的用心，總是徒然的。並且宗族這種由血統、倫理、經濟所混融一體的社會單位，它的正常的發展，只能受到專制政治的阻遏，而使其在歷史演變中，有某程度的變形；但並不能因此而使此種歷史的自然發展，受到全面性的摧毀。此觀於兩漢末期及魏晉時代，家族在變亂中所發生的鉅大影響，即可加以證明。

十一、姓氏在對異族同化中的力量

這裏，我應提出另一問題。即是我們民族在歷史中蒙受許多鉅大的天災人禍，而依然能生存發展下來，成爲世界上最壯大的民族，對內而言，與由姓氏而來的宗族團體，發揮抗拒以求生中的韌性，有密切關係。對外而言，則爲來自對異民族所發揮的同化力量，亦即是對異民族於不知不覺之中而「華化」了的事實。同化力量的來源，是多方面的。例如我們文化中的政治思想，是以「天下」爲對象，（註三八）而不是限制於「國家」範圍之內，所以種族的界限不嚴。尤其中國文化中，沒有宗教的排斥性等等。而所謂同化或華化，斷不能如陳垣氏在其元西域人華化考的名著中，以「對中國文化有所表現」（註三九）爲標準。因爲，若果如此，則不僅華化者極爲有限；且中原黎庶，對中國文化而能有表現的實亦無幾，豈可因此而便斥之爲非華嗎？所謂「同化」「華化」，乃指由生活的基本形態與基本意識的融合統一，不復有華夷界域存在之形跡而言。這樣一來，異民族的混合，同時即是中華民族的擴大。這種力量的根源，乃來自中國至兩漢而發展完成的姓氏。

由春秋之末，以迄西漢之世，所發展普及的姓氏，乃中國所獨有，而爲四圍的異族所無。史記匈奴列傳「其俗有名不諱，而無姓字」。王充論衡詰術篇「匈奴之俗，有名無姓字」。後漢書西羌傳「其俗氏族無定，或以父名母姓爲種號」。按「母姓」乃母所屬之部落。他們實無中國式的氏姓，所以氏族無定。宋書傳五十九張暢傳「暢問虜使姓，答曰，我是鮮卑，無姓」。宋鄭樵通志卷二十五氏族略序「三代之前，姓氏分而爲二。男子稱氏，婦人稱姓。氏所以別貴賤，貴者有氏，賤者有名無氏。今南方諸蠻，此道猶存」。鄭氏之言，頗多淆駁。但由此可知南蠻並無姓氏。最可注意的是宋濂鑾坡後集卷七西域蒲氏定姓碑文下面的一段話：

「夫西域諸國，初無氏系，唯隨其部族以爲號。……若吾蒲君，居中夏聲名文物之區者三世；衣被乎詩書，服行乎禮義，而氏名猶存乎舊，無乃不可乎。於是與薦紳先生謀，因其自名而定以蒲爲姓，使世世子孫不敢改易；其深長之思，可謂切矣。昔者代北羣英，隨北魏遷河南者，皆革以華俗，改三字四字姓名爲單詞，而其他遵用夏法。若叱力之爲呂，力代之爲鮑，羽眞之爲高者，又不可一二數也。」

按宋氏上文所說的西域情形，實可上通於中國周代以前的各氏族的情形，及秦漢魏以後環繞中國的異族的情形。凡史書對異族而爲氏姓之稱者，多係隨中國之成例，切取其部族名稱或其個人名稱的第一字以爲姓，此乃方便之稱；實則與我國古代以氏姓爲集團政治勢力之符號者相同，而與一般之所謂姓氏者殊義。

有中國姓氏與無中國姓氏的分別，在元程鉅夫雪樓集卷十五有里氏慶源圖引下面的話，正可與宋濂上面的話，互相發明：

「西北諸公，以名稱相呼，以部落爲屬；傳久而差，失眞尤甚……按里氏世高昌人，其俗大抵與諸國類。又世躡金革，雖豪主大族，能自系其所自出者無幾。惟里氏世仕其國爲大官。自大父撒吉思仗義歸朝，佐定中夏。其後列朝班寄方伯者六十人，亦旣盛矣。而隆禧君大懼世代日益遠，生齒日益衆，無命氏以相別，終亦茫唐杳眇，不可知而已。乃以身事本朝者，實自大父始。而大父之名，從世俗書，有從土從里之文。考若伯考之名，皆有里字；而春秋有里氏，遂自氏曰里氏。又遡而求之，定其可知者，至於今九世，系以爲譜，號曰里氏慶源圖……」。

按上文，「以名稱相呼，以部落相屬」，此實乃有名而無姓。有名而無姓，則雖部屬中的「豪主大族」，可以部落爲氏，但此乃由政治結合而來之氏，並不代表血統宗支的關係；所以「能自系其所自出者無幾」；隨政治的起伏，其部落亦因盛衰而聚散無常。地位低微者更不待論。惟接受中國姓氏的格局，於是宗支蕃衍之跡，釐然可紀，與政治的盛衰聚散無關，而另以社會性的「宗族」，代替了原先的政治性的部落。

無中國式的姓氏，即無中國式的宗族。無中國式的宗族，即無中國式的倫理道德，亦即無中國式的生活意識與形態。賤老而貴壯，父死娶其後母，兄亡則納釐嫂，即其顯例(註四〇)。換言之，有中國式的姓氏，即有中國式的宗族。有中國式的宗族，即自然接受中國式的倫理道德；且進而要求有表徵人生意義的中國式的名與字(註四一)，而形成這一風同的生活意識與形態；於是同化之功，遂以完成。陳垣氏之元西域人華化考卷六禮俗篇「二、西域人喪葬效華俗」。「三、西域人祠祭效華俗」。「四、西域人居處效華俗。」皆可推而廣之，以窺見一般同化的情形。中國的喪葬、祠祭，是從報本返始，敬宗收族的觀念出來的，這都是隨姓氏而宗族，所必然連帶出來的。華僑今日散居異國，而仍自成風氣者，蓋亦姓氏之力。

西漢還在姓氏的普及過程中。景武之世，漢室與匈奴的鬬爭激烈，互相展開誘降工作，匈奴人降漢者，動輒封侯；漢書卷十七功臣表，猶可考見一斑。但這些人，多數還保持他們所屬部落的名稱。惟譯者多用近似中國姓名的文字，史臣亦常切取其部族名稱之第一字，視如中國之姓。究其實，不可謂已改從中國的姓氏。他們的後人，因以其部落譯名的第一字或連帶兩字為姓，這是自然的演變，為後來異族留居中國，其子孫自己改為漢姓的常態。其中可證明及身改為漢姓的，為金日磾。漢書卷六十八金日磾傳贊，「金日磾夷狄亡國，羈虜漢庭。而以篤敬寤主，忠信自著，勤功上將，傳國後嗣，世名忠孝，七世侍內，何其盛也。本以休屠作金人為祭天主，故因賜姓金氏云」。這可以說是最著名的一個「華化」的例子。

東漢之末，異族開始以各種原因進入中國雜居，尤以關中隴右一帶為盛；以後遂演成五胡十六國之亂。其中野心家偽造氏姓淵源以增加他們的地位；如劉淵自稱漢甥；托跋氏謬稱係軒轅之後；風氣所及，由利用中國姓氏而漢化，亦意料中事。一般異族人士，則多於不知不覺之中，為適應習俗，由姓名的漢化而其家族便漢化了。托跋氏起自鮮卑西部，至涉珪都代，建號大魏，已開始傅會他與中國的關係。到了孝文帝，遷都洛陽，力革胡俗，禁胡服，斷胡語，更盡易胡人部落之稱為中國式的姓氏；近人姚薇元有北朝胡姓考一書，言之甚詳，這是異族自身由政治意識而來的大規模的漢化運動。他們的政治勢力衰亡了，但漢化了的胡姓，在社會上又誰知道他本是胡族而加以歧視呢？滿清入關，對八旗子弟，實行與北魏相反的政策，禁止漢化。但清室未亡以前，一般旗人，已開始以其祖若父的名字中的第一字為姓。清社既屋，隨姓氏之完全漢化而滿漢的痕跡，已完全泯沒。可以這樣說，在滿清以前，異族的漢化，多以中國式的姓氏開其端；而滿清則以中國式的姓氏收其果；姓氏成爲中國文化中最有社會性的同化力量，是無可置疑的。

十二、結語

由姓氏所孳生出的宗族，還是農業社會的農民得所憑藉的社會團體。它的正常的功能，也只能發揮於農業社會之內；因爲在農業社會中，還是以男耕女織的自給自足的經濟爲主，一般人們在社會中活動的範圍，及與外界的關涉，是有自然的限制的。歲時春秋二祭，在總、支的祠堂裏，便可達到愼終追遠，聚宗合族的要求。平時如發生特別事故，「打開祠堂門」（註四二），由一族中的耆老會議，或由有糾葛者雙方的辯論，甚至在祠堂裏執行「族規」，而有刑罰這類的制裁；這都可以完成一部分地方自治團體的功用。在以農業爲主的社會裏，城市中的工商業的行會組織，可以較宗族的組織爲突出；但不僅沒有宗族組織的普遍，並且宗族組織是包容了男女老幼的一切人；是妊育着一切的人生情調與價值。不似工商行會，只能包容片斷地職業性與職業意識。尤其是宗族組織，在沒有大小事故時，可以說只有一份溫暖的氣氛，並不感到是有一種組織。只有在發生事故時，才感到有一種組織力量的存在；而這種組織力量的發揮，隨着「宗老」性的人物的智愚賢不肖，有好有壞。但因爲有一種由血統及與血統融合不可分的倫理而來的溫暖氣氛情調，即使壞，也比由冷酷無情的組織力量而來的壞，也會緩和得多。

由以農業爲主的社會，漸漸進入到以工商業爲主的社會，農村經濟的自足性被打破了，宗族的組織性及由組織性而來的作用，也日漸弛緩，以至名存實亡。我十歲前後，聽祖父輩的老人談到宗族中的各種活動時，還是有聲有色。我十歲前後所親自感受到的，已經大大地褪色了。但清明重陽，同支的老少數十百人，還一起到墓地去祭祖，祭完後，在種祖田的人家，大吃一頓。而祠堂的祭祀，及「護人」對糾紛的調解，尚給我以很深的印象。歐戰發生後，機器紡織業興起，消滅了農村婦女的紡織手工業。農村更顯得貧窮，壯丁漸漸向外移動。到了民國十三、四年，較之在我十歲前後所經歷的情形，已恍如隔世。這種農村中的變遷，與五四運動沒有任何關係。由此可知，隨工商業的興起，外國經濟的侵入，瓦解了原來農村經濟的結構；也動搖了農村的原有生活形態及生活意識；而由姓氏來的宗族的意義，也自然淡薄，消退了。但因姓氏、宗族而來的私家譜牒，將各人的宗支蕃衍，及每一人在宗支蕃衍中的名字輩派，一一加以紀錄，遂使每家每人，皆在歷史的時間之流中，佔得一歷史的位置，將過去、現在、未來，皆如一條線貫穿下來，連結爲一氣；每一人之生命，也皆與上下左右，連結爲一體；此乃舉世所無，而爲人類史學發展的極致，其意義則永遠不應加以抹煞。

有許多惡勢力，常以宗族爲憑藉。尤其是東漢中葉以後，漸漸滋生出「門第」這種新階級形式，至魏晉而大盛；迄唐中葉而始衰。在社會上，士族與庶人，成爲地位懸殊的兩種不同的存在。這都是不容否認的事實。但我應指出，社會惡勢力及門第的出現，乃整個政治經濟結構中的產物；沒有宗族，也會以其他的形式而出現；所以不能以這些現象，爲中國姓氏、宗族的社會中所獨有的現象。並且這些現象中的利弊得失，亦非可片面加以斷定。這裏只總結的指出，我國的姓氏，最初乃係落部的名稱，與周圍的異族無異。此時實姓與氏渾而不分。至周初，爲加強中央政治權力的統治機能，將姓與氏分，以形成宗法制度中的骨幹。自春秋中葉，宗法制度開始崩壞，姓與氏又開始合而爲一，而出現社會平民的姓氏；至西漢之末，平民之有姓氏，始大體完成。其他民族，或僅有第一階段的姓氏；或演變有第二階段的貴族姓氏。像中國經過三大演變所形成的姓氏，由姓氏而宗族，在姓氏、宗族基礎之上，塑造成我國三千年的生活形態與意識形態，以構成中國特殊的社會結構，及在民族生存、發展上所發生的功用，此爲論定中國文化、社會特色者所必須承認的基本事實。顧此一事實，百十年來，很少爲學術界所觸及。姓氏之學，初盛於漢。白虎通有宗族篇、姓名篇。王符潛夫論有論「列論氏姓」。應邵風俗通有氏族篇。潁川太守聊氏有氏姓譜。唐承六代門第之後，姓氏之學，尤爲極盛。但正如鄭樵所說，「其書雖多，大槩有三種。一種論地望，一種論聲，一種論字……此皆無預於姓氏」。

（註四三）今日爲世所盛稱的元和姓纂，更無與於姓氏之學。鄭樵曾著有氏族志五十七卷，氏族源氏族韻等書幾七十卷；「載其略」以成通志的氏族略，可謂集前修的大成。他的宏識孤懷，誠可欽佩。他自謂「使千餘年湮源斷緒之典，燦然在目」（註四四），也非過許。但因爲他未能探及源流演變的諸大關鍵，所以混淆錯雜，易迷初學者的耳目。且將氏族的意義，僅歸之於「使貴有常尊，賤有等威」，（註四五）可謂膠固而鄙陋。所以我發憤寫成此文，雖不完不備，且其中當有不少錯誤，然或者由此而爲了開闢歷史，社會這一方面的領域，提供一個鎖鑰。

附註

註一　漢書卷七十五眭弘傳顏注「私謂之文，出於閭巷。家自爲說，事非經典；苟引先賢，妄相假託。無可取信，寧足據乎」。

註二　見西安半坡圖一四一之3、4，圖版一六九之7、10。

註三　見郭氏金文釋餘之餘頁三四—三七。

註四　見李君所編甲骨文字集釋第十二册三七—二八頁。」

註五　見丁山著「甲骨文所見氏族及其制度」三三—三四頁。

註六　仝上。

註　七　書呂刑「官伯族姓」注「族、同族;姓、異姓也」,不可從。

註　八　此皆曾特請中央研究院史語所張秉權先生解讀。

註　九　我對甲骨文毫無研究。此特由姓字之全般情況所建立之假說。以俟專家論定。

註一〇　桂馥說文解字義證「姓」字下「鄭玄駁五經異義,『春秋左傳無駭卒,羽父請謚與族,公問於衆仲,衆仲對曰,…諸侯以字爲氏,因以爲族…』馥按今左傳作『諸侯以字爲謚。』傳寫誤也」。按桂說是。「羽父請謚與族」,亦當作「請氏與族」。

註一一　請參閱禮記大傳「繫之以姓而弗別」;及注喪大記「卿大夫父兄子姓立於東方」注。

註一二　參閱顧亭林日知錄卷四「卿不書族」條。

註一三　此引由日知錄卷六「庶姓別於上」條的顧氏之言;而與此相關連之解釋與顧氏不同。

註一四　見左傳襄公二十五年。

註一五　借用白虎通姓名篇中之語。

註一六　見日知錄集釋卷六庶姓別於上注引「全氏曰」。但全氏仍以此爲「賜氏」者誤。

註一七　請參閱拙著西周政治社會的結構問題一文。又孟子「無野人莫養君子」。

註一八　說文九下冄字段注「柔弱下垂之貌」。文始「其(冄)所孳乳皆有柔弱濡厚之意」。

註一九　見左襄二十四年晉范宣子問於魯穆叔之言。

註二〇　張澍輯風俗通姓氏篇序。

註二一　見史記刺客列傳。

註二二　見史記魏其武安列傳。

註二三　見史記衛將軍列傳。

註二四　漢有口賦及更役，以致人民流亡隱匿的數字相當大。漢書王成傳，王成爲膠東相，勞來不怠，流民自占八萬餘口。卽其一例。

註二五　昭和十四年史林二十四之二刊有宇都宮清吉氏的漢代的家與豪族。昭和三十年弘文堂刊有同氏的漢代社會經濟研究，亦涉及此一問題。昭和十五年滿鐵調查月報二〇之九，刊有淸水盛光氏的支那家族的諸構造；又昭和十七年岩波書店刊有加藤常賢博士的支那古代家族制度研究。昭和十六年史學雜誌五六之二刊有守屋美都雄漢代家族型體的試論，中國古代史研究上又刊有同氏的關於漢代家族形態的再考查。昭和十七年東亞學第四輯五輯刊有牧野巽博士漢代的家族形態。

註二六　孟子梁惠王上及盡心上。

註二七　史記田儋列傳「儋從弟田榮，榮弟田橫，皆豪，宗彊」。

註二八　史記項羽本紀。

註二九　漢書王莽傳下。

註三〇　後漢書光武帝紀。

註三一　仝上。

註三二　孝文帝孝弟力田之社會政策，實出自管子。鼂錯的貴粟五穀而賤金玉的思想，也是出於管子治國及輕重各篇。

註三三　如隸釋卷六從事武梁碑「後設祠堂」。惟此制恐濫觴於西漢之末，待考正。

註三四　史記秦始皇本紀。

註三五　史記劉敬列傳。

註三六　請參閱漢書百官公卿表上敍刺史條下顏師古注。

註三七　見漢書成帝紀鴻嘉四年正月恤民詔中語。

註三八　最顯著的例子如孟子離婁上「人之恆言皆曰天下國家。天下之本在國……」。禮運「天下爲公」。大學「國治而天下平」。

註三九　見陳氏原著卷一頁三。

註四〇　請參閱史記匈奴列傳及後漢書西羌傳。

註四一　請參閱陳垣元西域人華化考卷六禮俗篇一，西域人名氏效華俗。頁九十五—九十九。

註四二　這是我們鄉下遇着有什麼糾紛時所常說的一句話。

註四三　通志氏族略序。

註四四　同上。

註四五　同上。

附錄一

有關周初若干史實的問題

本文原稱「從學術上搶救下一代」，刋於中華雜誌第六卷第九號。寫此文的目的，是想對當代虛浮詐僞的學風，能稍有所補救。二十年來，證明此種學風，既不幸而一旦形成，即必以積累之勢，愈演愈烈，常歷劫而亦未必能改變。所以當時的用心，可以說是完全白費。但其中有涉及周初史實的問題，亦可糾正時流的謬說，故節錄於此。

辛亥舊曆十一月十七日。

引言

知道自己和自己的同輩，乃至比自己長一輩的人，在學問上完全交了白卷以後，自然把期待寄托在下一代。這幾年，我特別留心到許君倬雲，想找他的學術論文看看。七月初，我正着手寫自己的一篇長文時，恰好收到友人寄來中央研究院歷史語言研究所集刊第三十八本，看到裏面有許君周人的興起及周文化的基礎一文，便擱下筆來先看他談「西安半坡」的一段文字，我在給中央研究院王院長世杰的公開信中指出李濟之先生談「西安半坡」所犯的幾個不應當犯的錯誤，在許君的敍述中都沒有了。當下便很高興地寫封簡單的信給那位寄集刊給我的朋友說，「許君的文章寫得不壞」。是日晚飯後休息，又繼續看許君談「客省莊第二期文化」的一段，當時我腦筋裏雖然並沒有客省莊第二期文化的印象，但由許君這段文章的混亂、矛盾，便立刻懷疑到他可能完全弄錯了。再繼續看下去，發現許君治學，走的是一條省力、取巧，以致流於虛浮詐僞的路。他還未養成閱讀古典的能力，所以不曾在基本材料上用功。雜錄時人有關的文章，但不知道進一步重新檢查時人文章的論證；更因爲他不曾把握到基本材料，自然也找不到重新檢證的尺度。更使我驚訝的是，許君在美國得有博士學位，但並沒有受到西方學術中的邏輯訓練，所以不能發現自己雜抄中的相互矛盾。一篇學術性的文章寫出來而要完全沒有錯誤，幾乎是不可能的。但像許君這種全篇找不出幾句妥當話的文章，卻實爲少見。昨天我自己的文章初稿完成了，使我躊躇的是，許君比我年輕得多，他這種文章，值不值得提出來作一公開討論？經再三考慮後，因爲下述三種原因，我覺得不必擺出年老人的架子．而揮汗把我所要討論的拉雜地寫了出來，並以就教於審查許君此文的石璋如，高去尋及史語所其餘各位先生。所謂三種原因是：

1. 有朋友勸我進一步寫篇文章嚴肅地批評李濟之先生的學術成就。我覺得他的幾篇田野報告，在考古學上不應當加以抹煞。除了這幾篇報告以外，他已經是七十多歲的人了，還能希望他什麼？所以我不寫。但許君本來天資很好，現時年事尚輕；假定他以我的批評是對他的一種幫助而引起他自己的反省，則他在學問上還會有成就。若是美國若干漢學家和他的老師們，都說他已經很有學問，因而覺得我的批評對他沒有意義，甚或以為別有用心，則我的批評對其他有治學誠意的青年，也可能發生一點啓發作用。目前在學術圈裏，對青年的哄和騙的風氣太盛了，我願盡一分力量，給這種風氣一點矯正。

2. 許君現擔任臺灣大學歷史學系的系主任兼研究所的所長及中央研究院歷史語言研究所的研究員。有人告訴我，他能一口氣指導歷史研究所的研究生研究幾部古典。假定許君看了我的文章後，知道他自己尚未養成閱讀古典的能力而肯少向學生講些話，學生便可多受到些益處。

3. 據許君文後的附識：「本文係中國上古史稿第三本第一章，審查人為石璋如、高夫尋兩位先生。」這卽是喧傳已久，史語所和美國某一學術基金會合作，由該基金會出錢，史語所出力所寫的中國上古史的一部份。但就我所看到的李濟之先生和許君的這兩篇文章來說，則由我對許君大文所關涉到的，稍微提出來討論一下，或者可以減少若干謬種流傳之害。

當然，我的話講錯了，能由任何人指證出來，對我更有很大的益處。因爲在我未死以前，總希望能有所寸進。　五七、八、十五、誌

一

許君的大文，是從「西安半坡」的陳述開始。雖然我不能明瞭西安半坡和西周文化的基礎」有什麼確定的意義，但許君旣提到此一問題，爲了對以後的討論有幫助起見，我想補抄兩點：

1. 半坡「石製工具所用的岩石，經鑒定的主要有：玄武岩、砂岩、石英岩、輝綠岩、片麻岩、角閃片岩、輝長岩、花岡岩、石英片岩、片岩、蛇紋岩和石炭岩……」（以下述其次的岩石十四種，和使用不多的十四種）。「以上這些岩石，除片麻岩、石英岩、角閃片石、石英角閃片岩、花岡片岩、煌斑岩、砂質片麻岩和綱雲母石英片岩，都產於西安附近的驪華山、臨潼、以及藍田等地外，其餘大部份均產於關中以西地區。換言之，半坡氏族製作石質工具的材料，只有一部份取材於附近地區，大部份由外地輸入。由此可以說明，半坡氏族活動的範圍，以及與其他氏族間的交通，是相當廣泛的。」（西安半坡頁一〇三——四）

2. 「非常有趣的是，從人骨的研究，證明半坡的新石器時代人類，在現代中華民族中，除了具有

一些華北人種的特性外，更接近是華南的人種（顏誾，一九五九年）。這與我們研究的動物羣有符合之處。即半坡新石器時代的動物羣，固然有許多現代華北種，但至少也有竹鼠和獐二種南方的動物。」（同上，頁二六八）

半坡文化的時代，據推測，大約爲紀元前三千年到二千五百年。對於(1)，我希望大家注意當時主要製造石器的岩石是來自「關中以西地區」；對於關中以「西」地區的來往交通，構成了當時在西安附近氏族生活中不可缺少的部份。這與許多人認爲在紀元前一千一、二百年左右，殷商和周人，決不能向關中以西活動的構想，完全是相反的。關於(2)的「人種」問題，雖然在三種可能性中尙不能完全作一斷定；但與南方動物曾在此一地區出現的事實連結起來，沒有理由不承認在半坡文化以前，南方的民族，早有一部份向北向西移動，因而關中地區很早與西南有關涉，這並非神話。因爲顧頡剛們疑古派所作的以翻案爲主要目的的考據，實際都是在「這些典籍上所記載的事情，在紀元前七百年以前，一千年以前，我們的先民不可能作到的」這一前提之下，所傅會出來的。此一陰魂，還深深地纏在某些先生們的身上。我更希望臺灣有人研究考古學，把由考古學所重建的古代中東近東的歷史，介紹給我們的學術界，使大家對於紀元前七、八千年以降的諸古國文物及戰爭等，多有點了解，或者能發生些作用，使若干學人從疑古派的陰魂中解放出來，因而肯對我國的古代史，重新作客觀的研究、批判工作。

補註：最近幾年在甘肅所繼續發現的齊家文化的遺物，證明與山東龍山文化，屬於同一類型。因而也證明新石器文化的末期，中國的東部與西部，已有密切關連。並已出現了紅銅器的使用。

辛亥舊曆十一、十七

二

許君說他的文章，是「把考古資料，文獻史料，與近人的考證，溶合在一起，以敍述周人滅商的史實」（集刊，頁四四八）的。許君的考古資料，除了西安半坡外，便着重在灃西的「客省莊第二期文化」及在「客省莊西南約一公里半的張家坡的文化。」現在把許君對客省莊第二期文化的陳述，摘要抄在下面：

「客省莊第二期文化，事實上是渭河流域的龍山文化，具有地方性，然而也與豫西晉南的龍山文化，有密切的關係。……客省莊第二期文化在渭河流域堆積甚厚，大約一直接續到西周文化出現的時候；客省莊第二期文化與西周文化之間，沒有出現過另外的文化遺存，二者在年代上極可能是啣接的。客省莊第二期文化的晚期部份，可能與河南三里橋的龍山文化同時……遺物中也顯示了模仿金屬器物的現象……因此灃西報告的撰作者認爲，這時在其鄰近地區已經出現了金屬業，至少也已與有了金屬業的地區發生接觸。在中原豫西晉南的龍山文化，可能卽與鄭州早期殷商文化之間，有繼承關係。而鄭州的青銅文化雖然粗糙，卻有人認爲可能是安陽出土銅器的不祧之祖。由此推測，客省莊第二期文化的下限，可能延長到中原已有青銅文化的時候。換句話說，客省莊第二期關中居民的晚近一羣，可能與殷商青銅文化在鄭州的居民聲氣相通了。這時候假如正是西周祖先太王遷入渭河流域的時代，這些移民看見的文化景觀，可能正是客省莊第二期文化遺存所表示的面貌。假如晚期的客省莊第二期文化還晚於太王的時代，那麼在客省莊村北出土的文化遺存，簡直就是西周祖先的手澤。」

在許君上面的頗爲混亂的陳述中，可以理出下面兩個要點：

1. 客省莊第二期文化與三里橋的龍山文化同時；一直延續到西周文化出現的時候；而他所說的西周文化出現的時候，實指的是周太王遷入渭河流域的時候。所以他以周太王遷入渭河流域，正當客省莊第二期文化的晚期，並延續到較太王的時代爲更晚。

2. 他又說客省莊第二期文化的下限，可能延長到中原已有了青銅文化的時候。而所謂中原已有了青銅文化，指的是在鄭州出土的殷商初年的粗糙銅器。換言之，客省莊第二期文化的最晚期（「下限」），約相當於殷商的初年。在許君的敍述中，實際承認了客省莊第二期文化的自身，一直未加入到青銅文化的行列，雖然有一個模仿金屬的器物。

許君的話，都有根據，因爲都是抄來的材料。但在許君所抄的材料中，卻發生一個大問題。客省莊第二期文化的下限，一方面約相當於殷商早期青銅文化——鄭州青銅文化的時代；一方面又可能晚到比周太王進入渭河流域的時候更晚；卽是在太王之子王季及其孫文王的時代，還是客省莊第二期文化的晚期。這樣一來，豈非太王，王季的時代，相當於殷商初年鄭州青銅文化的時代？朱右曾汲冢紀年存眞記有季歷爲商王紂（受）的父親文丁所殺；記有自盤庚徙殷至于紂之滅，凡「二百七十三年」。又記有「自成湯滅夏以至於受二十九王，用歲四百九十六年。」把周太王王季的時代，拉得與殷商早期在安陽青銅器以前的鄭州銅器時代相同；亦卽是拉到盤庚尙未遷到安陽殷虛以前的時代相同，這是可能的嗎？又從許君抄的材料看，客省莊第二期文化的晚期自身，並未正式進入到青銅文化時代；則太王王季們所用的武器，到底用的是什麼呢？同時，從許君的文章看，似乎也忽視了太王進入渭河流域，乃是「至于岐下」，這是由西安西去約百餘公里的岐山縣；而客省莊則屬於文王死前一年所徙都的「灃」，在今爲鄠縣；太王曾否到過這裏，都大有問題，僅從地緣上說，許君所拉的灃西客省莊第二期文化與太王的關係，已經有點牽強了。

為了稍稍清理由許君文章所造成的混亂，我便把我所能看到的一點資料稍加對勘，才知道許君雖然可以有機會看到較完備的資料，但他看得並不認眞，於是把一九五五年在灃河西岸客省莊所發掘的「客省莊西周文化遺存」，及在此一「遺存」下面的所謂「客省莊第二期文化」——亦即所謂「陝西龍山文化」，混淆在一起，而將「客省莊西周文化遺存」硬性地淘汰掉了，只留下「客省莊第二期文化」。再憑他自己的想像（在他說這是「推論」），把很可能不曾到過灃西的太王，塡充進去，再拉長到比太王更晚；這就把屬於兩個年代懸殊，性格各異的文化層，拼成個拼盤，而沒有想到在這個拼盤中，顚倒了目前大概可以了解的歷史年代的順序。為了對上述混亂的澄淸，下面只好補作一點簡略的抄錄工作。

三

分佈在黃河中下游的新石器文化，主要有兩種，一種是仰韶文化（西安半坡屬之），另一種是晚于仰韶文化的龍山文化（中國的考古收穫，頁七）。

目前的考古知識，可以將龍山文化分為⑴廟底溝第二期文化。⑵后岡第二期文化，即「河南龍山文化」。⑶客省莊第二期文化，又稱「陝西龍山文化」。⑷典型龍山文化等四類型（同上，頁十五）。

客省莊第二期文化和后岡第二期文化，都較晚於廟底溝第二期文化；二者是否都導源於廟底溝文化，目前尚無定論；但四個類型的龍山文化，所代表的社會發展階段，大體相同。在農業方面，農業工具方面（木製耒已出現），陶器的製造等，都較仰韶文化爲進步。可能是由母權社會過渡到父權社會的階段（同上，頁二〇——二一）。

河南龍山文化，是新石器時代晚期的文化，已是父系氏族社會；與有關夏代社會的傳說，頗爲接近。還有介在於商代早期文化與河南龍山文化之間的洛達廟類型的遺存，這是一九五六年在鄭州洛達廟發現的。特別值得注意的是，其中有數量很少的青銅小刀，還帶有灼焦的卜骨；有的以爲這就是夏文化；有的則以爲這是殷商早期文化；較這更早的河南龍山文化，才是夏文化（同上，頁四四）。

在我可以看到的材料中，沒有很明顯的說出「客省莊第二期文化」的下限；但它與河南龍山文化，都是屬于較晚期的龍山文化；在它的遺物中，沒有許君所說的「模仿金屬器的現象」，並且也沒有作爲工具進步之一的蚌製工具；則把「客省莊第二期文化」的下限放在夏末商初，大概不太離譜吧（可能還要早些）。假使許君承認三千年來傳統的說法，周本是西方的氏族，而公劉遷豳的時代，馬瑞辰們根據史記劉敬列傳中劉敬的說法，認爲約爲夏桀之世；所遷的豳，依然保留在今日的陝西，則公劉們是可以看到此一「文化的景觀」的。可惜許君接受了錢穆先生的新說，認爲周本是晉地汾水一帶的氏族；太王遷岐，是從晉地遷到岐下的。此時乃殷商青銅文化的盛期，他所能看到的文化景觀，只能是殷代青銅文化的景觀。假定太王具備了史語所的考古學知識，他對在他以前約四、五百年的客省莊第二期文化，也只能在馬上想像一番了。

四

然則，「客省莊的西周文化遺存」的情形是怎樣的呢？先得說明一句，這是和一九五六——七年在客省莊附近所發掘的「張家坡」，大體上是屬於相同時代的。兩遺址延續的時期很長，早晚期的居住遺存和陶器形式，都有顯著的不同。根據遺址的堆積及其與墓葬的地層關係，可以進行分期工作；推測它早期屬於成康以前，晚期則在穆王以後，直至西周末年（中國的考古收穫，頁五一）。

在陝西境內，直接壓在「西周遺存」下面的是「陝西龍山文化」，亦卽「客省莊第二期文化」。陝西龍山文化，在文化的面貌上，與西周文化，亦卽與「客省莊的西周文化遺存」，有較大的區別（同上，頁五二）。

在這兩個積層之間，的確如許君所說，沒有夾上其他文化層。但任常識上，我不能不接受高去尋先生「直接壓在另一層文化層上的文化，與下層之間，未必是直接啣接」的意見。（見許君大文註十所引）。灃西乃周文王晚年擴展到這裏，經武王、成王所繼續經營的地區，亦即所謂豐、鎬地區。「客省莊的西周文化遺存」，即由此而來。考古學上，在兩種層積之間，因人口的聚散和新人口的移入，而在層積中間保存了一片空白，因而兩層積間並無直接傳承的關係，這是很尋常的現象。要把兩個層積不同的文化連接起來，只有在遺存實物上找證據。許君不僅沒有這樣作，並且對「客省莊的西周文化遺存」的實況，一字不提。我所以不贊成跳過殷商文化，直接跳到龍山文化上去找西周文化基礎的作法，因為這樣便抹煞了歷史文化的傳承關係，因而也抹煞了歷史演進的眞正內容。「西安半坡」的編者說「在黃河中下游的古文化遺存中，有規律的呈現着仰韶、龍山、和殷周三個不同文化堆積的先後壓疊。」（西安半坡，頁二三一）。由此可知龍山與殷商的文化堆積，可以分別得清清楚楚，而周文化則是繼承殷文化下來的；這只要看「客省莊的西周文化遺存」便可明瞭。所以詳細點說，歷史的發展順序，應當是仰韶→龍山（夏）→殷商→周。即使要把「周文化的基礎」追到陝西龍山文化上去，許君也沒有此一資格。因為許君主張周是晉地的氏族，到文王的祖父太王才由晉遷陝；在太王以前，陝西龍山文化對周人的祖先而言，可以說是無此緣分。

客省莊西周遺存，和張家坡西周遺存，所顯示的西周農業生產水平，看來和殷代沒有什麼顯著的不同。周人很可能像文獻所記載的那樣，原是比殷人後進的民族（我不贊成用「民族」，而應當用「

氏族」較妥）。農業生產工具，都和殷代大體相同、只是發現的刀和鐮，多爲蚌製，用石製的較少，這是西周生產工具的一特點。在客省莊附近的馬王村，發現過一些鑄造青銅容器的陶範；從陶範的結構和西周銅器上的鑄造痕跡觀察，鑄造方法與殷代略同。陶器以輪製爲主。在客省莊、張家坡，發現有二百多座西周墓葬，葬俗都與殷代基本相同。早期墓葬品較豐富，常有銅器玉器；在墓地發現的四座馬車坑中，也各在車後有一個殉葬的御者；這些情況，都與安陽大司空村殷代墓地一致。其他西周早期墓葬所出銅器，也往往不易與殷代區別；某些葬俗又常相同。可能和西周禮制多承襲殷代有關（中國的考古收穫，頁五三——五四）。

由以上所抄的近十多年來考古學上的發現，證明了孔子所說的「周因於殷禮」的說法（論語，爲政）；也證明了我在「中國人性論史先秦篇」第二章中，周初文化，是殷文化的一支的斷定。許君抄了「客省莊第二期文化」，但不抄「彌補考古學上空白」（同上，頁五一）的「客省莊的西周文化遺存」。雖對張家坡抄了七小段，在最後一小段的墓葬一條的後面，卻說「但凡此只說明了西周王朝文化與殷商文化間的血緣。在時間上說，這些遺存（按許君是指張家坡墓葬中的遺存），已越出了本文的範圍」（集刊，頁四三九）。這就更使人驚奇了。許君敘述了在西周前十五世紀——二十世紀的西安半坡；又敘述了在西周前約四世紀——五世紀的陝西龍山文化——客省莊第二期文化，不想到在時題上「越出了本文的範圍」。從張家坡遺存中發現了殷周文化的血緣關係，可以說這才是「周文化的基礎」，這才抄上了正題，卻又一筆蕩開，摒除於「周文化的基礎」的論題之外；許君的這種取捨判斷，不是稍有常識的人所能了解的。大概許君因為這些遺存是「早期屬於成康以前」，只注意到「成康」兩字，而忽視了「以前」兩字。我的判斷，客省莊西周遺存，不能早到文王以前，因為在文王以前，周人還未發展到這裏。

至於許君抄資料的能力，可以把他所抄的「客省莊第二期文化」作一例證。他主要是抄發掘出的房子的材料，把「都是半地穴式的建築」（中國的考古收穫，頁十七），抄成「都是半地穴式的土窰」，卻不知道用了木柱草頂的，不能稱為「土窰」。他抄張家坡的也是如此。把「有單室和雙室兩種」（同上），不抄單室的一種，只抄雙室一種，使讀者誤認這裏只有雙室的。「內室或圓或方」，這是抄對了。但是，只有內外室皆是方形的「房屋的平面呈『呂』字形」，並特以九八號房子為例（同上）。但許君抄成「房屋一般內外兩室而成呂字」。把內室圓而外室方的不成「呂」字的房子漏掉了。原來的半地穴式的建築，許君抄成了「土窰」。原來的建築有單有雙，許君抄成了有雙無單。原來只有內外兩室皆方的平面才成「呂」字形，許君抄成了內室圓而外室方的平面，也成了「呂」字形。許君所抄的材料，大率類此。

使我最不了解的是，史語所係採分工分段方式來寫中國上古古；許君在自己分擔的周初題目上，對周初許多重要史料不去研究，卻要從新石器時代寫起；此之謂「舍其田而耘人之田」，不是有史學常識的人所能了解的；此無他，因爲不肯在基本材料自身上用功，不把基本材料的內容了解清楚，卻急於要擺出一套空架子，以騙美國的「漢學家」及初入大學的年輕人，而不考慮到他自己完全走脫了學術研究的基線。

五

現在進入到許君所說的「文獻史料與近人的考證」部份。就治學的常識來說，「文獻史料」，必須作者直接做了若干研究批評的工作，然後才有資格參考「近人的考證」，才有資格拿起筆來寫文章。使我感到詫異的是，許君對於「文獻史料」，不僅沒有做過直接研究工作，並且對於他的論題所必須憑藉的基本史料，有如尚書中無可置疑的周初文獻，詩經中的豳風小雅周頌，及左傳國語中有關周初開國的史料，或者根本不曾過目，或者只從間接資料中引用幾句話，或者抄上了一段，但對其內容卻全不了解；而只是把近人的有關說法，橫拼直湊地雜抄一頓。用這種方法寫成的文章，使人一看，附註一大堆，引用書目一大堆，滿可以騙倒外國的漢學家及初入大學的年輕人，但怎能騙倒對本國歷史稍有常識的中國人呢？許君要知道，雜抄了一百個「近人的考證」，但若與一條可信的基本史料發生矛盾，則任何人的考證，都成廢話。同時，當許君抄錄「近人的考證」時，我發現他不僅未能把近人考證的要點摘要的抄出來；而且常常抄得牛頭不對馬嘴。有的我就手邊的資料略加校正；有的我手邊沒有原文，只好就許君所抄的當作許君自己的說法來加以討論。因爲經過許君贊同的，便可以由許君負責。

許君在「二、周人的祖先」一節中，當然從后稷說起。許君對后稷本人的說法是「一位半神半人的人物，在他幼年的時候……逃過了牛羊的踐踏，逃過了森林中的迷途。更在冰上也凍不死」。「后稷兩字譯成白話，卽是『稷之神』或『稷之君王』。「尊稱變成了私名，也可以說明這位人物歷史性的不足徵考。」許君並在注二二抄了詩經大雅生民及魯頌閟宮兩詩。

后稷誕生的情形是一個神話。在解釋上，環繞此一神話的異說很多，我覺得以馬瑞辰「無夫而生子」（毛詩傳箋通釋二十五）的說法最爲明確；並反映出這還在母系氏族社會的時代。這與傳說他是活動在唐虞時代，似乎可以交相印合。神話降生的人，並不等於卽是半神半人的人；更不能因此斷定其「歷史性的不足徵考」。世界各民族、氏族的一世祖，多半是神話式的誕生；若因此而斷定其歷史性不足徵考，則是各民族氏族都沒有一世祖。按生民詩的內容，后稷降生後被棄的情形，乃他受胎神話的延續。除此以外，雖然經過詩人的誇張，但在什麼地方誇張到了「半神」的性格呢？許君能在生民閟宮的詩中舉出證明嗎？閟宮詩說神對后稷「降之宏福」，正證明后稷本人不是神。齊思和在周初地理考（燕京學報三十期）中說后稷的「稷」，乃是周氏族的圖騰。他根本不了解凡作爲圖騰的東西，除非萬不得已，都是不能拿來食用的；而「稷」正是周氏族經常食用的食物。生民詩「誕置之隘巷，牛羊腓字之」，史公周本紀譯爲「牛馬過去，皆辟（避）不踐」；許君則說成「逃過了牛羊的踐踏」，「逃過」的「逃」，只能是后稷自己。被棄的嬰兒他能逃嗎？（許君把初生嬰兒稱爲「幼年」，也是文義不通）並且依傳、箋，也說掉了「字」字。「誕置之平林，會伐平林」，史公連下兩句譯爲「徙置之林中，適會山林多人，遷之而棄渠中冰上，飛鳥以其翼覆薦之」。許君對這兩句則說成「逃過了森林中的迷途」，被棄的嬰兒，如何「逃過」？在詩的語句中，如何能看出半絲半毫「逃過了森林中的迷途」的意味？「誕置之寒冰，鳥覆翼之」兩句，只說明因鳥來覆翼才不被凍死，並不是說「在冰上也凍不死。」所以詩人接著說「鳥乃去矣，后稷呱矣」后稷之呱，是凍得呱的。許君「在冰上也凍不死，有飛鳥來庇護他」的兩句話中間，缺少「因爲」兩個字，下一句便成爲一種副帶的情形，也與詩原意不合。至於許君說上述的神話「只是證實了后稷的天命」，大概許君根本不了解周初及其以前的所謂「天命」，乃謂天把王位命於某人而言，所以天命即是某人得到了統治天下的王權、王位。

周人皆以文王是受命之君；天命兩個字，怎能亂用到后稷身上去。許君說「后稷」一詞譯成白話是「稷之神」。后稷死了以後被祀爲稷神，與一切「先王先公」死後被祀爲神，及左昭二十九年，晉蔡墨所述木正勾芒等死後被祀爲木神無異。但若就「后稷」一詞的本身而論，如何譯得出「神」的意味？把「后稷」譯成「稷之王」，也是望文生義。細按許君上述二說，皆以「五穀之長」（說文七上）的「稷」來釋「后稷」之「稷」。后稷之稷，雖由「五穀之長」的稷而來，但根本不應作「五穀之長」的稷解。左昭二十九年晉蔡墨謂「稷，田正也。有烈山氏之子曰柱爲稷，自夏以上祀之。周棄亦爲稷，自商以來祀之。」可知稷是一種官職的名稱。又按「后」與「後」古多通用。說文九上「后，繼體君也」，「繼體君」亦「後君」之意；則所謂「后稷」者，乃指周棄後於柱以爲稷官。自此以後，或稱后稷，或稱稷，皆指「田正之官」而言。漢書百官公卿表上「棄作后稷」應劭注「后，主也，爲此稷官之主也」；此與韋昭以君釋后，恐皆係傅會之詞。國語周語上虢文公諫宣王不藉千畝而陳述藉禮的情形，是「太史告稷曰，自今至於初吉……稷以告……王乃使司徒咸戒公卿百吏庶民……命農大夫咸戒農用……及籍后稷監之……其后稷省功，大史監之……稷則徧戒百姓……乃命其旅曰，徇。農師一之；農正再之，（韋注：農正，后稷佐）后稷三之……宗伯九之，王則大徇。」據此，則稷與后稷之爲田正，可謂皎然明白。沒有如許君所說的「尊號」的意義在裏面。至於許君說把后稷的「尊號變成了『私名』」，此說亦爲可異。周人奉爲始祖的后稷，其私名是「棄」。詩經裏有關后稷的詩，是爲了紀念他的始祖，有的則是祭祀時，爲了頌神而作，這樣便不好直稱「棄」的私名，而只好稱他的官銜「后稷」以作他的「代名」。代名用久了，成了習慣，於是大家一提到代名，便知道所指的卽是作后稷之官的棄。「私名」除了有偶然的同名者以外，他人是不能通用的。據國語周語，「我先王不窋用失其官」，可見未失官以前，都是后稷。由前面所引虢文公的話中，更證明西周還有旁人在作后稷的官而稱爲后稷。國語魯語上展禽說「夫聖王之制祀也，法施於民則祀之，以死勤事則祀之……昔烈山之有天下也，其子曰柱，能殖百穀百蔬。夏之興也，周棄繼之，故祀以爲稷。」這不是把周一世祖后稷的私名說得清清楚楚嗎？

上面一段瑣細的批評，是在指出許君進入到文獻史料的第一段話中，對於他所關涉到的史料，根本不曾作過研究，根本沒有清楚地了解，所以每句話都有問題；這不是受過學術訓練的人所應當有的現象。許君全文都是如此，但我不能像這樣詳細地批評下去，我僅以此一段話作一例證，也便夠引起許君的反省了。後面只以問題爲中心，提出討論。

六

周由始祖后稷到周文王的世系問題：史記周本紀「后稷卒，子不窋立」，與他上面「后稷之興，在陶唐虞夏之際，皆有令德」的話，也自相矛盾，其爲錯誤，前人多已指出。而由后稷到文王只有十五世，其爲不可信，也早經多人指出。許君於此事存疑，是對的。但許君說「國語只說到后稷不窋，是先世先王，中間別無世代的說明」；國語周語上第一頁確是如此。但周語下，靈王二十二年太子晉曾謂「自后稷之始基靖民，十五王而文始平之。」敬王十年衞彪傒曾謂「后稷勤周，十有五世而興」，韋注：「自后稷至文王十五世也」。可見許君只看國語第一頁，便替國語作了結論。許君又來一句「高圉太于，也似是一人」；左昭七年傳，國語魯語，史記周本紀，國語韋注及一切傳注，皆作「高圉亞圉」，無一作「太于」的。是否許君另有所出？許君說他們父子倆「似是一人」，若如此，則如何能數成十五世？雷學淇竹書紀年義證卷十三盤庚十九年「命邠侯亞圉」。卷十八成王「立高圉廟」，這證明高圉、亞圉之非一人，已經夠了。

許君所看到的國語是宋「天聖明道本」（據許君注二四）：按宋仁宗天聖共九年，明道僅二年。國語有天聖本，也有明道本；許君所看到的不知是否從天聖年始刊，到明道年完成，因而稱爲「天聖明道本」？此本現藏何處而爲許君所見？希望許君告訴我，以廣見聞。假定許君看到了宋天聖本的國語，便應當注意到通行國語本周語上第一頁的「昔我先世后稷」一語，戴震在毛鄭詩考正中說宋天聖本國語，此語卻多一「王」字，而成爲「昔我先王世后稷」，其意便成爲「昔我先王世代爲后稷之官」；於是由后稷至文王十五世，可以解釋爲指周先人的最後一任后稷，而不是指的名「棄」的后稷。史記劉敬列傳劉敬對高帝謂「周之先自后稷，堯封之邰，積德累善，十有餘世，公劉避桀居豳，」這就可以解釋爲由周棄到公劉，中歷十餘世。由此可以補救史記載記之失。這是淸人研究此一問題所得的概略結論。（請參閱馬瑞辰毛詩箋通釋十六豳風，及胡承珙毛詩箋二十四公劉）。此一結論，也可以說是由版本的校勘所引發出來的。我不能斷定這些說法是否可靠，但可以斷定在一篇學術性的研究論文中，不能抹煞這些經學家所作的辛勤工作。

七

公劉的問題：許君根據詩經大雅公劉和孟子梁惠王下的兩種材料來敍述公劉，而得出三要點：⑴「史記的記載也不過由此（指上面兩種材料）望文生義。」⑵公劉是一個殖民領袖。⑶遷豳「而且有了芮和密兩個附屬於周的國家。」因此我便要請教許君三點：⑴何謂「望文生義」，史記根據上面兩種材料以敍述公劉，凡五十八字，在什麼地方是「望文生義」？史記敍述的缺點，正如日人中井積德所說，漏掉了公劉徙豳的一件大事。但這是遺失漏失，而不是望文生義。許君所以對中國史學完全不能沾上邊，大概就是因爲這種輕浮的態度。⑵何謂「殖民」？鄭箋以公劉爲「夏之始衰，見迫逐遷於豳」，而譜以公劉當太康之世。劉敬則以爲公劉係避桀居豳。清經學家多採劉說。如二說有一說可信，則公劉是被逼迫而遷徙，說不上是殖民，固不待論。即上面所說的皆不足信，按傳統的說法，公劉的祖父不窋失后稷之官「而犇戎狄之間」，則其流徙以擇水土之宜，亦不能稱之爲殖民。夏商遷都者數矣，可稱之爲殖民嗎？我不反對用新名詞以解釋古代的情況和觀念，但要用得謹愼；用得不謹愼，即造成混亂。許君是受過西方教育的；「下定義」是西方學術中的優良傳統；現代的所謂殖民，皆指由其本國本土，澎漲伸展到異國（族）異土而言。如英國殖民，是以本國英倫三島爲根據、爲後援的。公劉向豳殖民，他的本國本土保存在何處呢？⑶許君說公劉「有了芮和密兩個附屬於周的國家，」這是根據公劉詩最後兩句「止旅乃密，芮鞫之卽」而來的。自來的注釋家，對此處「密」字或作「安」解，或作「繁密」解。「芮鞫」或從韓詩作「汭泦」，乃雍州的川名；或從鄭箋作「水涯」解。文王伐密，密是國名；「虞芮質厥成」，芮也是國名。但對公劉而言，時間懸隔，空間也有問題，上下文義更是杆格而不通。這才是由許君不通文義，並由忘記歷史時間而來的望文生義。

八

太王遷豳的有關問題：許君根據詩經大雅緜和孟子梁惠王下寫太王的史跡，在他的文學性的描寫中，夾雜些文學家的想像。描寫的文字不去管它，想像的部份稍微討論一下：

(1)「而逼迫太王遷徙的敵人，一般都認爲卽是殷末著名的鬼方。」（集刊，頁四四。）在註三一舉出了徐中舒殷周之際史蹟之檢討作根據。按鬼方之說凡四。有泛指遠方者，如詩大雅蕩「覃及鬼方」，毛傳「鬼方，遠方也」卽是。有謂在西方者，後漢書西羌傳「至於武丁征西戎鬼方，三年乃克。」竹書紀年，武乙三十五年「周王季代西落鬼戎」者是。有謂在北方者。易「高宗伐鬼方」干寶注「鬼方，北方國也。」者是。山海經內北經「鬼國在貳負之尸北」；史記五帝本紀，「北逐葷粥」，索隱以爲「殷曰鬼方」。釋文：「夏曰獯鬻，商曰鬼方。」此皆以鬼方在北方。有以爲在南方者，竹書紀年武丁三十二年，「伐鬼方，次于荆」。故惠棟以爲「商之鬼方，周荆楚之地。」我未看到徐中舒氏的文章。徐文除非能證明當時在北方在西方的外族，皆是鬼方，否則許君信錢穆之說，以爲公劉自邰遷豳，是受北方鬼方的逼迫；但我在後面證明錢說不能成立，公劉的遷徙，依然是在陝西的西部，則此時逼迫太王的應當是來自西方的異族；此西方的異族，依然是鬼方嗎？徐氏的文章寫得再好，許君何以知道「一般認爲」？況且這類有爭論性的問題，許君應舉出徐文中最有力的論證；最低限度，也應舉在附註裏。至於王國維「鬼方昆夷玁狁考」（觀堂集林卷十三）僅用同聲通假的訓詁方法，把殷周時代的外族都說成爲一個民族或氏族，文章寫得很巧妙，但把當時複雜的民族問題，在訓詁上簡化爲王氏的一元化，大概不能算是適當的治學方法吧。

許君說「自來解經，總把緜的『陶復陶穴，未有家室，』說成太王未遷居以前住在地穴中。」按鄭箋確如許君所說，但正義則已爲其下轉語；而毛傳及直承毛傳的經學家則並非如此。緜的首章是，「緜緜瓜瓞，民之初生，自土沮漆。古公亶父，陶復陶穴，未有家室」。明馮復京（四庫全書總目誤爲馮應京）六家詩名物疏「孔穎達緜詩疏漆沮在豳，（公劉徙居之地），非也。若漆沮在豳，則公劉『于豳斯館』，已有宮室，太王何爲陶復陶穴哉？正以太王初至扶風（岐下）之地，故未有家室耳。」陳啓源毛詩稽古篇「以緜詩首章爲太王居豳事者始於康成耳，毛傳本無是說也。傳於首章即述太王避狄去豳遷岐之事，而繼之曰『陶其土而復之，陶其壤而穴之』，則明以復穴係岐下，爲古公初到之居矣……又三章傳曰『周原，漆沮之間，』合周原與漆沮爲一，是明以首章之居漆沮，卽居此周原矣。公劉居豳，至太王已經十世，安得尚無家室？不獨『于豳斯館』已見公劉篇。再考七月篇所稱『塞向墐戶，入此室處，』『入執宮功』，『亟其乘屋』，『躋彼公堂』諸語，皆有家室之證也……則首章所言，其爲初到岐周，未遑築室事無疑也。」胡承拱毛詩後箋「馮陳二說，辨明首章是言古公初到岐下之事，深合經意。」陳奐詩毛氏傳疏「此陶復陶穴，但述初遷之始。」許君寫文章連極尋常的材料也沒看見，令人費解。

(3)許君自己的新解是「可是我們寧可把半地穴式的居室作爲關中地區普遍的居住方式，同時把這八個字（按指陶復陶穴未有家室）解爲太王遷來這一地帶未建都邑前的一般風光。也許太王挑選這個適當的地方建設都城，而這裏可能本來就有一個以半地穴爲主的聚落，於是詩人詠詩及之。更妥當的看法：太王之世，平民居住半地下室或地下室，仍無妨有貴族居住在茅茨土階的地上宮室。」許君的新解完全出於他不了解文義，及文字上下相關的脈絡，而來一套小說家的想像。第一，「陶復陶穴」不能解釋爲半地穴式的居室；因爲「西安半坡」已經告訴我們，半地穴式的房子，凹入地下的不過是○・四到○・八公尺，而在以坑壁作墻的上面，依然要用木柱架成屋頂。陶復陶穴之陶，毛傳實際是解作掏土之「掏」，鄭箋則實際作「窯」字用，這只是「穴居」，不能推論出這是用木材架構的半地穴式的居室。第二，「陶復陶穴」的上一句是「古公亶父」（太王），所說的是太王自己和他帶來的氏族初到此地的居住情形，看不出這是詩人詠及到原住此地的部落。從此詩的第三章、第四章看，太王是避難而來此墾荒的。第三章「周原膴膴」（毛傳美也）而只有「堇荼如飴；」第四章便是「廼疆廼理」的開荒；第五章便是「俾立家室」及「作廟翼翼」。文義脈絡分明，容不下許君橫扯一套。更奇怪的是，許君寫到此處時，突然把他大文開始所擺出的「西安半坡」的地下考古材料，忘記得乾乾淨淨。在太王一千四百年乃至一千九百年以前的西安半坡，住在那裏的氏族，都有半穴式的房子和地面上建築的房子；除了其中一間特大的房子，是作他們祭祀乃至聚會之用以外，半穴式的建築和地面上的建築都是「茅茨土階」，都是平等的使用著。陝西龍山文化（客省莊第二期文化）所發掘出的十棟房子也是如此。在早太王十代以前的公劉居豳的平民，也是「入此室處」；文獻和地下材料都是互相符合的。難道說到了太王之世，反而大大的退化了嗎？

(4)緜詩的「百堵皆興，鼛鼓弗勝」毛傳以爲係「勸事樂功」，鄭箋以爲「鼛鼓不能使之休息。」兩者稍有出入。但許君「在鼓聲中立門開戶的儀式進行着」的說法是毫無根據的。因爲立門立社，詩人是寫在後面；而古人開戶是否有儀式，其儀式是否是打鼓，尚待許君舉出證據。許君更描寫說「好一幅新建都邑的圖畫，只是由於亘幾千年在這一條河谷，已密集地建立了許多聚落，我們還是寧可假定這一番建築，僅是在於舊有聚落上加上新的宮室城郭，卻不是在一片荒地上平地起樓臺。」由許君這一想像，太王到了這些密集地「聚落」中以後，是在許多原有居民的住屋中再擠進一些新房子；在原有居民的耕地上，再圈上自己氏族的耕地。像美國拓荒者「平地起樓臺」的事，中國在三千年前，地廣人稀的時代，是決不可能的。許君的想像力太豐富了，簡直一發而不可收。但必須許君另外作一首詩出來以作自己想像的根據。現在我們所能看到的「緜」，對於許君的想像，卻找不出半絲半毫痕跡。許君若是根據「關中地區仰韶文化遺址分佈圖」而提出這種想像，那是太沒有考古學上的常識了。

九

周人祖先居地的問題：許君對此問題所提出的要點如下：

(1)根據傅斯年氏姜原一文，考定與殷商關係密切的羌，是在「豫西渭南許謝迤西的山區中。」「如果范曄在羌與春秋諸戎間拉上的關係，不是無的放矢，這些戎族的居民，卽與傅氏指出的姜原甚爲吻合。」並且「董彥堂先生據甲骨卜辭的資料指出殷是與羌人之間，時有戰爭」，「若羌人偏在西部，由安陽（殷都）四周的黃河平原遠征陝北隴石，中間須經過周人居地。……比較合理的假定，是羌人故地，離洹域（安陽）也不遠。若姜原或羌，如傅氏假設，在豫西山地，則各方面皆說得通。」

(2)「如果姜原（按卽羌）在豫西山地，則姬原在汾水（按指山西的汾水）流域的假設，就可以順理成章。……於是我似無妨假定周人祖先在汾域發跡，公劉建國也在晉地。直到太王之世，周人才徙居渭域，並在渭域建都立邑。但是周人的老伙伴諸姜，始終與周爲鄰。只是相對位置，先爲南鄭，後在東南而已」。

按「羌」的問題是歷史上非常複雜的問題。以文字訓詁上的形近音近來解決這種問題，實際是把在歷史中很複雜的具體事物，拿到自己的腦筋中加以單純地抽象化，概念化。所以近數十年有的人走的這條路，在方法論上根本要加以反省。今日言羌的上古史，應當特別重視范蔚宗後漢書的西羌傳；因為他對西羌的古代史，是以竹書紀年為骨幹，再綜合左傳國語上的有關材料寫成的。姜與羌可能原來是一個種族，或二者間原有密切關係。但大家卻把西羌傳一開始的「姜姓之別也」一句話忽略掉。因為進入到西周之後，在可以看到的史料中，與姬姓處於同等地位的姜姓（左傳九年引逸詩，「雖有姬姜」），與當時的所謂姜戎，戎狄等，完全是兩種情況。而傅氏憑自己的想像力，混而同之，這完全違反了治學上的經驗法則。例如左襄十四年姜戎駒支在答復晉范宣子的話中謂「我諸戎飲食衣服，不與華同，贄幣不通」。這和傅氏所援引的姜姓大國的甫與申，可以混同起來嗎？西羌傳記宣王晚年，「戎人滅姜侯之邑」（這應當出於竹書紀年），這是戎與姜可以混同的現象嗎？我們從詩經、左傳、國語諸有關材料看，周人及當時的所有「中國」「華夏」，和戎狄的界線，從精神上到行動上，劃分警惕得這樣清楚、嚴格，如何能夠和詩大雅嵩高篇「維周之幹」的申甫混同在一起？姜戎乃至所有戎狄的居地，因為「所居無常」（西羌傳），對他們只能斷定一個大概的方向或地區；而這種方向或地區，也是隨時代而有變遷，並與中原的政治情勢有關係；這在西羌傳中說得清清楚楚。西羌傳說及平王之末，「周遂陵遲，戎逼諸夏，自隴山以東，及乎伊洛……在春秋時，間在中國，與諸夏盟會……陸渾戎自瓜州遷於伊川，允姓戎遷於渭汭，東及轘轅。在河南山北者，號曰陰戎……」證以左襄十四年晉范宣子親數戎子（姜戎）駒支於朝的話，及駒支答覆的話，西羌傳所述，皆信而有徵。這與傅氏把姜戎，戎狄等，認爲在殷周之際即在豫西山區一帶，在時間上是天壤懸隔，如何能像許君所說的「甚爲吻合」？許君援引董彥堂氏的甲骨研究，以證明傅說的正確，但在甲骨許多殷人對羌的記載中，找不出一條可以證明羌是在豫西山地；並且有一條是「己酉卜，壳，王唯北伐羌」（「前」四、三七、一），由殷墟向豫西伐羌，能稱爲「北伐」嗎？詩采薇及出車，詩序皆以爲是「文王之時，西有昆夷之患，北有玁狁之難，以天子（殷）之命，命將率遣戍役以守衞中國」之詩；采薇專言伐玁狁，出車則兼兩者而言。出車「天子命我，城彼朔方；赫赫南仲，玁狁于襄」。又「赫赫南仲，薄伐西戎」。按此可知玁狁在北而戎在西。春秋時既有「羌戎」，傅氏以姜卽羌，則西戎卽西羌，是周初羌又由北而西。汲冢紀年存眞后桀下「畎夷入居豳岐之間」。武乙「三十五年，周王季伐西落鬼戎，俘二十翟王」（同上），又大丁二年，「周公季伐燕京之戎，周師大敗」（同上）；淮南子墜形訓「汾出燕京」，高誘註以爲「在太原汾陽水所出」；這都可以用豫西山地作解釋嗎？

兩千年來都以周人爲在陝西境內活動的氏族；至錢穆周初地理考（燕京學報十期）之文出，則認爲后稷之部，卽左昭元年子產答晉叔向問之所謂「封諸汾川」之臺駘。公劉遷豳，亦實爲以汾水得名之邠，其地皆在山西太原、聞喜一帶。此爲許君姬原在晉地之所本。但錢說之難令人置信者有三：(1)齊思和西周地理考（燕京學報三十期）中最重要之反證爲詩大雅公劉篇「于豳斯館，涉渭爲亂，取厲取鍛，」若豳係以山西汾水得名，與陝西渭水無涉，則公劉居豳以後，何以往返數百里之勞，涉渭水以取最尋常之工具材料？且觀詩之口氣，亦非遠涉遠取之口氣。(2)汾水區域之詩，在國風爲魏風唐風。唐風係晉國之詩，而魏爲晉獻公所滅；周人何以不將豳風七月之詩編入魏風，卻與豐鎬之詩合編在一起？魏風中曾提到汾水，如汾沮洳篇之「彼汾沮洳」「彼汾一方」「彼汾一曲」者是；而豳風中未曾提及汾水。(3)若周人自后稷公劉，歷唐虞夏商，皆在山西；至殷商之末，始由太王遷入陝西之岐下，則唐叔始封，乃返回其祖先曾經營千載之久的發祥故地，係一件大事；何以自受封以迄晉世，曾無一言及其祖德？此非情理上所應有。且唐叔始封時，「命以唐誥」「啓以夏政」（左定四年）；豈周人祖先經營千餘年之故地，反無流風遺澤，稍値得他的子孫追述嗎？從豫西山地到汾水區域，隔着有黃河、梁山等山川之險；周人的祖先，要越過這些山川之險以經常與他們的「老伙伴」——羌戎發生關係，並非易事。但許君則認爲隔着這些山川之險，周人祖先仍能與這些豫西山地的姜戎、戎狄等成爲老伙件，正足以證明周人祖先之必在晉地的汾水區域；這是把反對票當作贊成票的採證方法。

十

在「三、周人的擴張」一節中，除了重複以前的錯誤外，更想像出「西周的殖民隊伍」向荆楚發展，遇到太多的阻力，乃越過仍在殷商勢力之下的荆楚及黃淮平原；由太伯仲雍率領周人「遠征之師」去經營江南。至於在什麼史料中可以看出太伯仲雍率有一枝「遠征之師」？許君的想像甚爲自由，不必去加以討論。不過我們如相信西安半坡的地下材料，則傳說中太伯仲雍之避地於吳，乃尋常之事，何勞後人另發奇想。

在「四、文王時代的活動」一節裏我只想討論兩個問題：

第一個問題是：

許君根據傅斯年氏的高見，周人是打着「夏代的繼承者，夏代的復仇者」的政治口號，正如劉淵自稱漢裔一樣，在滅商一事上發生了很大的作用。」證據之一是「文王遷都於豐……而且說遷是夏的故土。」這是據詩經大雅文王有聲篇「豐水東注，維禹之績」二語而來的。（原附註六十一）

證據之二是「周人確曾自稱爲夏人。如尙書康誥『惟乃丕顯考文王克明德愼罰……用肇造我區夏，越我一二邦，以修我西土』。又如詩周頌以『時夏』自稱。周之採用夏后故號，當是企圖與晉南夏虞諸國拉攏，而且爲伐殷找一藉口」。

按周頌的作者，最早不能出於成王時代。文王有聲詩序謂爲「武王能廣文王有聲，卒其伐功也」。詩中「維禹之績」，怎能變成出自文王之口？「豐水東注，維禹之績」，從來的注釋家，只對「績」的解釋稍有出入；毛傳以「績」訓「業」，鄭箋訓「功」，馬瑞辰則謂爲「蹟之段借」；惟對「豐水之得東流注渭入河者，夏禹之功業」（正義）的解釋，則略無異辭。禹貢「導渭自鳥鼠同穴，東會於豐，入於河。」我根本不相信禹貢出於戰國時代之說。乃西周時代的史官根據過去的口傳或典冊的資料，編纂而成，此亦其一證。左昭元年，劉定公見洛汭之水曰「美哉禹之功也」。又「子盍亦遠績（蹟）禹功而大庇民乎」。左哀元年「夏禹之績」，口氣皆與詩意相合。當時謂九州（在商頌稱爲「九有」）皆爲禹之故土，豐亦自不例外；但此詩的意思卻只是就當前的豐水而歌詠大禹治水之功，並非強調這「是禹的故土」以自高身價，在文義上是很顯然的。康誥的「區夏」，周頌的「時夏」，除「時夏」之「夏」，鄭箋釋爲樂名外，無不以「中夏」「中國」作解釋，而絕無以「夏朝」作解釋的；因爲上下文的語義，不允作此解釋。由禹治水之功而稱中國爲夏，可以說是其來有自。說文五下「夏，中國之人也」，雖非夏字本義，亦可見以夏稱「中國」的久遠。書舜典：「蠻夷滑夏」；

左閔元年「諸夏親暱」；左襄十三年「以屬諸夏」；二十九年「此之謂夏聲」。左定十年「裔不謀夏。」公羊成十五年「春秋內其國而外諸夏」；則把「區夏」及「時夏」之「夏」釋爲中國，乃極尋常之事。

左襄四年，魏絳引周初虞人之箴曰「芒芒禹迹，畫爲九州」，周人對夏的這類歌頌，也是承自商人。商頌長發「洪水芒芒，禹敷下土方」。殷武「天命多辟（朱傳，諸侯也）設都于禹之績」；則商人實以「九有」（九州）皆爲禹之績。這裏又牽涉到商頌成立的年代的問題。國語魯語下閔馬父謂「昔正考父校商之名頌十二篇於周大師，以那爲首」；詩序因之，應無異說。但史記宋世家史公據韓詩以爲商頌係正考父美宋襄公之詩；史記索隱已指出「正考父佐戴、武、宣，則在襄公前且百許歲，安得述而美之」？是韓詩之誤，已不待論。且在魯隱公三年，左傳美宋宣公引商頌「殷受命咸宜，百祿是何。」國語晉語公孫固對宋襄公引商頌曰「湯降不遲，聖敬日躋」，這都可證明商頌出現在宋襄公之前，尤足證史公引韓詩之誤。然時賢猶有堅持韓詩之說者，蓋內心實以爲殷商時代，不會作出詩來；而不知世界各民族詩歌之起源，遠在有文字之前。所以我這裏引商頌以證明周人對大禹功績的歌頌，實承自商人，決非傅會。若以周人提到夏，是爲了要打倒商人的政治口號；則商人提到夏，又是爲了什麼呢？

周人打出爲夏報仇的口號，必須以商之滅夏爲不當。但恰恰與此相反。周初對於國家的興亡，在原則上，是把天命的基礎安放在民意之上，認爲凡「敬德」「保民」者當興，也必興。「穢德」「虐民」者應亡，也必亡。這可以說是以周公爲中心所出現的新的歷史觀。而在策略上，則是以夏之當亡，證明殷商之當亡；以商之滅夏爲正當，證明周之滅商也是正當。這豈非與傅氏之說，恰好相反。

酒誥「我聞亦惟曰，在今後嗣王（指紂）酣身，厥命罔顯於民……民罔不盡傷心，惟荒腆于酒……誕惟民怨……故天降喪於殷。……古人有言曰，人無於水監，當於民監」。召誥「嗚呼，天亦哀于四方民，其眷命用懋，王其疾敬德。相古先民有夏，天迪從子保，面稽天若；今時既墜厥命。今相有殷，天迪格保，面稽天若；今時既墜厥命。」「王敬所作，不可不敬德。我不可不監于有夏，亦不可不監于有殷。我不敢知曰有夏服天命，惟有歷年；我不敢知曰不其延，惟不敬厥德，乃早墜厥命。我不敢知曰，有殷受天命，惟有歷年，我不敢知曰不其延。惟不敬厥德，乃早墜厥命。」多士「我聞曰，上帝引逸，有夏不適逸，則惟帝降格。嚮於時夏，弗克庸帝，大淫佚有辭；惟對天罔念聞，厥惟廢天命，降致罰，乃命爾先祖成湯革夏，俊民甸四方。」「惟爾知惟殷先人有册有典，殷革夏命。」多方「惟帝降格于夏，有夏誕厥逸，不肯慼言於民，乃大淫昏……乃大降罰崇亂有夏……亦惟有夏之民叨懫，日欽劓割夏邑。天惟時求民主，乃大降顯休命于成湯，刑殄有夏。」「乃惟成湯，克以爾多方，簡代夏作民主，愼厥麗，乃勸厥民，刑用勸，以至於帝乙。」「嗚呼，王若曰，誥爾多方，非天庸釋有夏，非天庸釋有殷……乃惟有夏圖厥政，不集于享，天降時喪，有邦間之。」

像上面這樣多的可信史料不去採用，卻在混亂的文字訓詁上發抒奇想，在消極上給這段歷史塗上黑色的烟幕；在積極上把此一歷史轉變並演進的大關鍵，完全抹殺掉了，這可說是離開了學術的立場。還有「虞夏皆顓頊後，殷周皆帝嚳後，宜殷周爲親」（王國維殷周制度論），這雖是傳說，但傳說也常可反映出歷史的線索。也恰與傅氏之說相反。由商湯之伐桀，至周武之滅商，據竹書紀年，中間已經歷了「二十九王，用歲四百九十六年」。由蜀漢之亡（西紀二六三年），至劉淵之自稱漢王（西紀三〇四年）凡四十一年。忽視夏商周之所出，忽視夏周與漢及劉淵兩者相互間年歲之懸殊，而猥以劉淵之稱漢後，遂想像出周乃爲夏復仇，眞所謂擬于不倫，幻無爲有。

十一

第二個問題是：

許君又根據傅斯年氏認爲「古代之上帝，原爲部落神，周人竟由商借去，其最初目的可能也是爲政治口號」。許君在註六六中說「上帝原是殷商祖先之集合體，天可能是西周自然崇拜的對象」。

在我的記憶中，傅斯年氏是認定「上帝是殷商的祖宗神」；許君這裏引爲「部落神」，大概許君以爲「祖宗神」卽是「部落神」，所以他又說出「上帝原是殷商祖先之集合體」的妙語。殊不知部落神並不一定是祖先神；並且在祖宗神之上，另可以有其部落神。若上帝是殷商的部落神，則殷商成爲四百九十六年的共主，根據一切資料，周人乃其屬族或屬國；屬族屬國，接受共主的領導，在政治與宗教不分的當時，其接受共主所信仰的部落神，說不上是借用。說到祖宗神的情形，則完全兩樣。由詩商頌玄鳥的神話所生的商人一世祖是契；而由大雅生民的神話所生的周人一世祖是棄；兩家的祖宗並不相同。若上帝是商人的祖宗神，則周人信仰上帝，便是以商人的祖宗神爲自己的祖宗神；卽是去掉自己的一世祖棄，而以商人的一世祖契爲自己的祖宗神，扛著商人祖宗神的招牌去剪商。這在古今中外的歷史中，確可稱爲獨一無二的特例。可惜：⑴凡是對甲骨文作過直接研究工作的人，沒有人能發現、證明甲骨中的上帝卽是殷商的祖宗神；相反的，陳夢家在卜辭綜釋中，特別證明了上帝不是殷商的祖宗神。⑵若上帝是殷人的祖宗神，則最有資格稱爲上帝的，當無過於他們的一世祖契，和他們受命爲王的湯。在可以看到的資料中，沒有發現把契或湯稱爲上帝；而凡是稱上帝的內容，也決無法與契和湯發生關連。契是「天命玄鳥」降生的，卽可見契不是天，不是上帝。湯誓中湯稱天命上帝以伐夏，即可見湯不是天，不是上帝。過去在甲骨文中沒有發現天字，我曾經說不能因此而認殷商沒有天的觀念（拙著中國人性論史第二章）。何況甲骨文中並不是沒有天字。契與湯沒有資格稱爲上帝，殷的其他先王先公更有何人具備稱爲上帝的資格？(3)若如許君之說，上帝是殷商祖先的集合體（從宗教史上看，這是不通的說法），則殷人周人，凡是稱到上帝時，即等於稱到殷的先王先公；而稱到殷的先王先公時，即等於稱到上帝；因此，二者的地位不僅在同一層次；並且每一場合，只會稱二者中的一種，或者互稱互見，有如帝與天的情形，使人一見便知其是一而非二的。下面我將舉出例證，以證明歷史的情形，卻完全與此相反。

尚書洪範：「箕子乃言曰，我聞在昔，鯀陻洪水，汨陳其五行；帝乃震怒，不畀洪範九疇……禹乃嗣興，天乃錫禹洪範九疇……」

左傳中有三次引用到洪範，我相信洪範是由夏傳承下來的，所以夏已經有了帝、天的信仰，此信仰決非起源於殷商。但有人卻認洪範是戰國中期以後的贋作，此一材料暫付保留。

湯誓：「有夏多罪，天命殛之……予畏上帝，不敢不正……爾尚輔予一人致天之罰」。

湯口裏的天與上帝，無法解釋爲湯的祖先神；但湯此處未曾與其先王先公並舉，也可以不可算數。

盤庚：「先王有服，恪謹天命。」「今不承于古，罔知天之斷命，矧曰其克從先王之烈。」「天其永我命于茲新邑，紹復先王之大業。」「古我先王，亦惟圖任舊人共政」，「古我先王暨乃祖乃父，胥及逸勤。」「茲予大享于先王，爾祖其從與享之」。「嗚呼，古我前后，罔不惟民之承保。」「汝曷弗念我古后之聞」。「予迓續乃命于天……予念我先神后之勞爾先」；「高后丕降與汝罪疾曰，曷不暨朕幼孫有比，故有爽德」；「乃祖乃父，乃斷棄汝，不救乃死。」「乃祖乃父丕告我先后曰，作丕刑于朕孫，迪高后丕乃崇降弗祥。」「古我先王，將多于前功」。「肆上帝將復我高祖之德。」

假定有人說盤庚不是殷史官所紀錄的「盤庚遷于殷」時告誡臣民之言，則我們無法肯定任何史料。盤庚當殷的中葉，在上面的告誡中，強烈地反映出他們對祖宗神的崇拜；反映出他們的生活行爲乃在祖宗神支配之下：可以與卜辭中的情形互相印證。但祖宗神是祖宗神，天、上帝是天、上帝。二者之間，界線分明。面對這種明確地活生生地史料，上帝是殷商的祖宗神之說，不知有什麼方法可以提出。

若周人借商人作爲祖宗神的上帝，以爲伐商的政治口號，則周人提到上帝時，當然不應另提到殷的先王先公，以免露出馬腳。但事實恰恰相反。

1.康誥：「惟時怙冒聞于上帝，帝休，天乃大命文王。」「往敷求於殷先哲王用保民。」「別求聞由古先哲王，用康保民。」

2.酒誥：「我聞惟曰，在昔殷先哲王……自成湯至于帝乙。」「弗惟德馨香祀，登聞於天」。

3.召誥：「嗚呼，皇天上帝，改厥元子茲大國殷之命」。「天既遐終大邦殷之命，茲殷多先哲王在天」。「王來紹上帝，自服于土中，旦曰，其作大邑，其自時配皇天，毖祀于上下。」

4.多士：「我聞曰，上帝引逸……有夏不適逸，……乃命爾先祖成湯革夏，俊民甸四方。自成湯至於帝乙，罔不明德恤祀」。

5.無逸：「周公曰，嗚呼，我聞曰，昔在殷王中宗……其在高宗……其在祖甲。」

6.君奭：「我亦不敢寧于上帝命。」、「公曰君奭，我聞在昔，成湯既受命……在太甲時……在太戊時……格於上帝……在祖乙時……在武丁時……」「我亦不敢寧于上帝命。」「公曰君奭，在昔上帝割申勸寧王之德」，「乃惟時昭文王，迪見冒，聞于上帝，惟時受有殷命哉。」「惟帝降格于夏……不克終日勸于帝之廸」

7.立政：「周公曰……古之人廸惟有夏，乃有室大競籲俊尊上帝」。「亦越成湯，陟丕釐上帝之耿命，」「用端命于帝皇天。」

在上面簡錄的無可置疑的史料中，不僅天、帝與殷商的祖宗神，不論是個別的，集體的；不論用什麼樣的傅會的方法，也無法混淆爲一；並且：⑴重要的殷先王，周公幾乎都數到了。⑵周公認爲夏朝的興廢，也是由上帝在那裏管事。難說殷的祖宗神，倒管到夏朝去了嗎？⑶天與帝在周是一而非二，這在詩經上也有很多的證明；把帝與天分而爲二，一屬商，一屬周，完全是沒有一毫根據的妄說。

天命由商轉移到文王身上，因此，文王與上帝的關係非常密切，死後並「在帝左右」；這確實是伐商及以後安撫商遺民的重要政治口號。武王周公是把文王和上帝結合在一起，而發生了很大的政治作用的。但此一口號的特別強調，乃文王死後，武王卽位十一年間，作伐商的準備時期的工作。詩書與此有關的陳述，皆出於周公及與周公同時乃至以後之人的口裏。並且也只有文王死後，才好把文王和上帝結合在一起。許君卻分配在「文王活動的時代」，大概有點時間倒錯吧。至於周公們所以能把文王與上帝結合在一起，乃由文王能明德、愼罰，保民、愛民。因爲「文王之德之純」。正因爲文王在個人與政治上樹立了最高標準的行爲，上帝才看中了他，把「命」降落在他身上。他們（周公們）對國家興亡之故，表面上說是決定於上帝，而實際則是決定於統治者的行爲；由此而規定出政治的大方向；並由此而實際以「行爲史觀」代替了「神權史觀」，這是殷周之際的歷史發展的巨大關鍵，當然更非許君所能接觸得到的、這裏我順便對傅斯年氏說幾句話。傅氏才氣縱横，善發奇想。因在學術和政治上雙重的得意太早（傅氏雖未做官，但一直是政治圈裏的紅人），所以向外發抒之日多，沉潛研究之日少。他的考證，十之八九，是很難成立的。但在兩點上，他遠勝胡適之氏。㈠他能把對時代的深切感受轉而爲對學術的深切感受，以改變他對學問的態度，而不爲自己過去護短。他在臺大校長任內，規定孟子和史記爲大一國文教材，這對他來說，是一件了不起的事；即其一例。㈡有人告訴我，在傅氏私人藏書中，可以說網羅了人文學科的各方面；這說明他承認各方面的學問，並常存嚮往之心。胡適之先生到了七十之年，不後悔他所學的一事無成，卻後悔他沒有學自然科學。胡先生對學問的行情、識量，與傅氏相去太遠了。至於傅氏重視民族氣節，重視社會正義，其熱情豪氣，又足以副之，這尤非心靈幽暗，氣象委瑣之徒所能企及於萬一。我對他的評判是，研究之功尚淺，而領導之才足多。他的早死，是臺灣學術界的損失。傅氏的弟子們，應從這種地方去了解自己的老師，繼承自己的老師。若以偷惰之私，地盤之見（不足稱爲「門戶」），不求在學問上有以自立；徒因循於傅氏在學術工作未成熟的意見，今天一個「孟眞師曰」，明天一個「孟眞師曰」，若傅氏死而有知，會使他含恨於九泉的。

十二

在許君的「五、周人滅商」這一節裏，爲了節省筆墨，我也只提出兩件不很重要的和一件相當重要的事來討論。

所謂兩件不很重要的事之一，是指許君所說的武王伐紂的年份問題。許君認爲武王伐紂，戰於牧野之年，是在公元前一一二二年。他在注七十中說「關於牧野的年份，自古推算，其說不一，相當於公元前一一一六，一一一一，一〇七〇，一〇六七，一〇五〇，一〇四七，一〇三〇，一〇二七諸年。董彥堂先生以爲當是公元前一一一一年。參看董作賓武王伐殷年月會考（原注：臺灣大學文史哲學報第三期）……今暫從董說」。但董氏在上文中是怎樣說的呢？「……現在仍然用這一副科學的工具來抉擇十種不同的武王伐紂年．找到了只有一個是眞的。這一個眞的是西元前一一一一年」（臺大文史哲學報三期頁一八二）。董氏在該文的下篇特立「甲、一一二二說」一節，加以討論、駁斥。他說，「把武王伐紂年列在西元前一一二二年，干支紀年乙卯的，可以說不勝枚舉；自然，劉歆的三統世經是首創者；宋代的三部權威史書……都從其說……至於近世各種歷史教科書，各種年表書，也無一不是從一一二二之說……以致將錯就錯，迄今兩千餘年」（同上頁一九九）。董氏主張的一一一一，與三統曆系統的一一二二，兩個末尾數字之差，對董氏來說，實等於香港大馬票的末尾一字之差。因爲董氏爲此寫了一篇長達兩萬多字的文章。許君採用董說，怎可以採用到董氏所最反對的一個說法上去？

像上面高中學生也可以不犯的錯誤，許君何以會犯上了呢？我覺得不應因此說許君連高中學生的程度也沒有。我的推測是許君並沒有看董氏的文章，而僅看陳夢家西周年代考的第一面，但看得又不仔細，所以便出了這樣的笑話。一九五五年十一月商務印書館重印的西周年代考這條記載的形式是這樣的：

(4)紀元前1122年武王即位，1111年武王伐紂，

董作賓，殷曆譜 1945年出版

許君只看到前面的一一二二年，便以爲他已看清楚了。我希望有朋友爲我這一推測向許君求證，也是一件有趣的事情。許君目前在學問上的可悲情況都是由這一取巧、虛僞的態度而來，這也是我動筆寫此文的動機。但爲什麼我說這是一件小事呢？因爲周武王伐紂的年份，只有由「西周積年」問題的解決而始能獲得解決；沒有什麼科學工具能懸空解決歷史上的問題的。但目前的有關研究，尚未達到解決西周積年問題的程度，所以一切說法，都不能超出於「或然率」的範圍。

另一個不很重要的問題是武王伐紂，戰於牧野，許君認爲「紂王七十萬大軍」，這是從史紀周本紀「帝紂聞武王來，亦發兵七十萬人距武王」的紀載來的。史公的記載，必有所本，今日已無法查

考。詩大明言牧野之戰只說「殷商之旅，其會如林」，未言數字。左昭二十四年萇弘引「大誓曰，紂有億兆夷人，亦有離德；余有亂臣十人，同心同德」。「億兆」乃多數的概括乃至誇張之辭。「七十萬人」，則係一具體數字；這只要稍有歷史常識的人，便會想到在當時不可能組成這樣一枝龐大軍隊的。許君在引用書目中列有史記會注考證；考證在此處引有陳子龍對此數字的致疑，而未引起許君的注意，可見許君並不曾看過史記會注考證。

十三

我所謂重要的一件事是牧誓中隨武王伐紂的「庸、蜀、羌、髳微、盧、彭、濮人」的問題。許君謂「自漢唐以來，史家都以爲是來自中國西南部四川雲南各地的蠻夷。但近人考證頗有使人信服的理由，指出這八族可能是漢中以至洛水的若干部族」。許君在注七二裏說「……（引徐中舒說從略，但徐此文較平實），錢穆則以爲蜀在殷都近畿；髳以在陝縣，微在微子啓之國，或在新安，盧在靈寶函谷之南，彭在黽池；濮在延津滑縣；羌在河東近殷，不在西北。按羌之地望已見第二節，據傅孟眞先生考證爲豫西山地。戰國時，四川之蠶叢、開明諸傳說，與中原大殊，恐殷周之際，未必與中原有如此密切的關係，雲南各族更屬山川遙遠。以前文第一節考古資料及第二節姜原所在來說，周人與國，以來自渭南以至伊洛各處者爲比較可能」。

在進入正式討論之前，我應先指出許君在文字上的幾種混亂。許君說「自漢唐以來，史家都以爲是來自中國西南的四川雲南各地的蠻夷。」按傳統的大概說法，若以今地名指陳，應爲甘肅或甘陝連結地帶；及陝西的漢中，四川的川北，與湖北的鄂北一帶。杜預左傳釋例，「建寧郡南有濮夷，無君長總統，各以邑落自聚，故稱百濮，」建寧今雲南東北曲靖西南一帶皆是；杜說本非爲釋牧誓中之濮；因濮類不一，後人有探求牧誓中濮之所在地而偶及杜說者，然不僅孔傳及孔穎達正義中，無濮在雲南之說；卽偶及杜說者，亦無一肯定牧誓中之濮，卽杜說在雲南之濮。許君對傳統說法的概括敍述，過於疏漏混淆。

許君在他的正文中說「這八族可能是漢中以至洛水的若干部族」，在注七二中說「以來自渭南以至伊洛各處者爲比較可能」。我很奇怪許君不感到他上面的兩種說法，是有很大的出入；從渭南到漢中，間隔有秦嶺山脈；所以從來沒有人把漢中包括在「渭南」一詞之內。但許君主要是受錢穆氏的影響則是毫無可疑的。

錢說是否可信，是另一個問題。但若如錢之說，則蜀在殷都近畿，微是微子啓之國，書微子正義「鄭玄以爲微俱在圻（畿）內」。濮在延津滑縣，則亦應在殷王畿之內。許君沒有提到庸，錢實際也以爲庸在殷的近畿。其餘各族，以王畿千里計之，亦皆在殷王畿附近，由此可知紂的畿內及近畿之國，反叛了不少。況且橫過紂之首都安陽，而與周武會師於牧野；可以說未戰之先，紂由他肘腋之下的叛變而已經受到東南西三面的迫近包圍了。許君「信服」錢說，即係承認了紂所處的這種情勢。即使將時代移到戰國以後，在此一情勢之下，紂還有集結七十萬大軍的可能性嗎？許君既認爲紂與周作戰時集結了七十萬大軍，則錢說即使能成立，許君也無資格援用。稍有邏輯訓練的人，只要動用起碼地推理能力，便立刻可以發現二者中的矛盾。所以我常勸喜歡作考據工作的先生們，還是要由思想史的研究以培養自己的思考能力；兩個材料相互間的關係，常有賴於推理的活動。而思考活動即是推理活動；思考的訓練，由嚴格地思想史得來的，比由形式邏輯得來的更切實際。

十四

以下再進入到以錢說爲主的基本討論。錢說主要是以爲與周武王會師於牧野的八國或八族，除羌之外，都位置於函谷關以東。並且不是遠方蠻夷之國。這是討論的基點。

討論我想先從牧誓中八族的族類開始。牧誓：

「時甲子昧爽，王朝至於商郊牧野，乃誓；王左杖黃鉞，右秉白旄以麾曰，逖矣西土之人。王曰，嗟我友邦冢君。御事司徒、司馬、司空、亞旅、師氏、千夫長，百夫長、及庸蜀羌髳微盧彭濮人」。

按上文，武王所誓的實際有三部分。一部份是「我友邦冢君」，這是附隨他的中國諸侯，其詳已不可考，大概是關中及晉東南的若干諸侯。第二部份是「御事……百夫長」，這是武王自己軍隊的各級統御者。第三部份才是庸蜀等八族。說到庸蜀等八族時，用一個「及」字的連詞，以別於上面的兩部份；僅稱之曰「人」，可推測所來的人數不多。由此我們可以先作一斷定，這八族是不同於「友邦」的，更非「御事」以下的直轄軍隊中的統率者；而只能是與周有密切關係的外族。此一「族類」的判定，從來研究此一問題的人都忽略掉了。

其次，應當研究當時的所謂「東與西」的觀念。因為牧誓誓詞的第一句是「逖（遠）矣西土之人」。西土之人，到底指的是什麼？現在從尚書可信的周初文獻中，把有關的材料抄在下面：

1.牧誓：「弗迓克奔，以役西土」。

2.大誥：「曰有大艱於西土，西土之人亦不靜。」「天降威，知我國有疵，民不康，曰予復反（反復也）鄙（同圖，助也）我周邦。」「天休於寧（文）王小邦周。」「王曰嗚呼肆哉，爾庶邦君…」「今天降戾於周邦。」「矧今卜並吉，肆朕誕以爾東征。」（按指征管蔡而言）。

3.金縢：「周公居東二年，則罪人斯得。」（史記周本紀「管蔡武庚等果率淮夷而反，遂誅管叔蔡叔……二年而畢定。」）

4.康誥：「周公初基作新大邑於東國洛，四方民大和會。侯甸……見士於周。」「肆汝小子封在玆東土。」

5.酒誥：「乃穆考文王，肇國在西土。」「王曰封，我西土棐（輔）徂（往）邦君御事小子，尚克用文王教，不腆於酒。」「盡執拘以歸於周，予其殺。」

6.召誥：「王朝步自周，則至于豐。」（史記集解馬融曰「周鎬京也」）「比介于我有周御事」。

7.洛誥：「予乃胤保大相東土，其基作民明辟。」「予齊百工伻（使）從王於周。」

8.多士：「我有周佑命……」「今惟我周王丕靈承帝事。」

9.多方：「惟五月丁亥，王來自奄，至於宗周。」「我有周惟其大介賚爾。」

10康王之誥：「王出在應門之內，太保率西方諸侯入應門左。畢公率東方諸侯入應門右。」（史記燕世家「自陝以西召公主之。自陝以東周公主之。」（集解何晏曰「陝者蓋今弘農陝縣是也。」）

11詩豳風破斧「周公東征；四國是皇。」（毛傳「四國，管、蔡、商、奄也。」）

由上面的材料，應當歸納出下面幾種結論：㈠周初之人自稱則爲「周」「周邦」。若把他自己及其與國包括在一起，則稱「西土」。(二)酒誥「乃穆考文王，肇國在西土」。說文十二上「肁，始開也。」段注：「凡經傳言肇始者，皆肁之假借。肇行而肁廢」。則知所謂文王肇國在西土者，指文王始開啓國運於西土的諸國諸族之間；少數爲其所征服，如密與崇者是。多數則成爲周之與國。不如此，武王便沒有滅商的能力。這證以陝西的仰韶文化和陝西龍山文化與甘肅龍山文化的關係，及周族本是由西向東伸展的情形，則文王在甘陝川鄂的連結地帶，團結了一股龐大的外族力量，無寧可以說是順理成章之事。(三)征管蔡商奄爲「東征」爲「在東」；封康叔於衞曰「在玆東土」；詩邶鄘衞譜，毛傳「邶鄘衞者，商紂畿內方千里之地」。衞爲東土，是殷畿諸國，亦皆屬於「東土」。作洛邑亦稱「大相東土」；是伊洛一帶，在當時皆稱爲「東土」。(四)康王時之「西方諸侯，東方諸侯」，何休謂「東西乃以弘農之陝縣爲界」。周語鄭語「甚得周衆與東土之人」韋注，「周衆，西周之民；東土，陝以東也」。與何說同。惟王應麟詩地理考引「朱氏云，公羊分陝之說，可疑。蓋陝東地廣；陝西只是關中雍州之地，恐不應分得如此不均…公羊釋文曰，陝亦當作郟；王城郟鄏(按卽洛)，余(王應麟)謂作郟爲是」。按王說昧於西周情實；以洛爲「東土」，洛誥有明文；平王東遷洛邑，乃稱爲「東周」，則周初東與西之分，不以洛爲基準明甚。武王大會諸侯於孟津；孟津在潼關山脈之北麓；漢唐之所謂「關東」，亦無不以此爲自然之分界；則周初之東與西，亦係以此爲自然之分界，殆無可疑。牧誓所謂「逖矣西土之人」，乃武王對其麾下的三部分加以總慰勞之辭。而聚集在他麾下聽誓詞的，武王說得清清楚楚地是「西土之人」。汲冢紀年存眞，「王（武王）率西夷諸侯伐殷，敗之於坶野」，與牧誓相合；此尤爲鐵證。若如錢穆之說，則應當是「東土之人」了，並且除髳以外都是友邦冢君了。

我所以先把八族的族類及方位加以確定，是因爲要孤立地解決一族一族的問題，不僅是很困難，而且也是很危險的。古史茫昧，而地名相同者又多。外族之名稱又變易不常。例如就八族中之濮來說吧，衞有城濮，又有宛濮。就髳來說吧，衞有茅氏，郲有茅，晉又有先茅之縣，有茅津，又有攢茅之田，又有茅戎。（請參閱顧棟高春秋大事表第七表）。還都可隨意傅會，以補茫昧的空隙。只有先把他們的族類，大方向的問題解決，在相互關連中，尋求答案，乃不致陷於隨便臆測，爭不出一個所以然來。牧誓中的八族，以庸爲首。左文十六年，有如下的記載，我認爲是進一步解決此一問題的大關鍵，茲簡錄如下：

「楚大飢，戎伐其西南……又伐其東北……庸人率羣蠻以叛楚。麇人率百濮聚於選，將伐楚。於是申息之北門不啓。楚人謀徙於阪高。蔿賈曰不可……不如伐庸。夫麇與百濮，謂我飢不能師，故伐我也。若我出師，必懼而歸。百濮離居，將各去其邑，誰暇謀人？乃出師，旬有五日，百濮乃罷。……使廬戢黎侵庸，（杜注：廬戢黎大夫也。）及庸方城，庸人逐之……又與之遇，七遇皆北……庸人曰，楚不足與戰矣，遂不設備。楚子乘馹，會師於臨品……秦人巴人從之，遂滅庸」。

上面這一材料之可貴，乃在於出現在湖北四川陝西連結地帶的幾個氏族，與秦有密切關係，這即可證明這些氏族與關中地區有密切關係；而又恰恰都是出現在牧誓中的角色。這便可證明牧誓中所說的，除羌蜀之外，大體上是在此一範圍。按杜注：「庸，今上庸縣也」；顧棟高春秋大事表七「今爲湖廣鄖陽府竹山縣。縣東南四十里有上庸故城。」又「麇今爲湖廣鄖陽府治隕縣。據魯莊公二十八年春秋經「冬築郿」下會箋引釋文云『左作郿』，據杜本也。於公穀音義又云『左作麋』，據賈服本也。眉微麋三字同音，古多通假。儀禮士冠禮眉壽，鄭注『古文眉作麋』。少牢饋食禮眉壽，鄭注『古文眉作微』可證」。過去的人，對牧誓八族中的「微」，苦於無線索可尋。現既可證明「麋」「微」「眉」古多通假；則「率百濮集於選」的「麋」，實即牧誓八族中的「微」，可無疑問；因爲這不是孤立的判斷，而是在相互關係中，亦即是在相互證明中所作的判斷。關於八族中的「濮」的問題，竹添光鴻左傳會箋「百濮種族非一，各以邑落自集，故稱百濮；下曰『各走其邑』，是無君長統之也。牧誓彭濮人，孔傳濮在江漢之間，然則其地在楚之西北境也」；正與滅庸之役的情況相合。按國語鄭語，「楚蚡冒於乎始啓濮」，亦可互證。又使「廬戢黎侵庸」之廬，春秋大事表七謂「故廬戎國，伐羅傳所謂羅與盧戎兩軍之（按在左桓十三年）者也；楚滅之爲廬邑。孔疏曰，盧與廬通……在襄陽府南漳縣東五十里」。綜上以觀，牧誓中的八族，在滅庸戰役中，已可確證者有庸，微（麋）、濮、盧五族，此爲考定八族方位的基線。惟因氣候與物產關係，自古外族之移動，自然是自北向南，自西向東。故此五族在殷周之際，以在川陝交接地區之可能性最大。

對「彭」的說法不一。王鳴盛尚書後案「彭者後漢書岑彭傳『征公孫述至武陽，所營地名彭亡……』按今四川眉州彭山縣，即漢武陽縣，蓋彭國故墟，故有彭亡之名」，其說蓋本之東坡書傳，殆出之臆測。雷學淇又指出「成都北九十里之彭縣，志謂即古彭國，與傳疏合。又隕陽房縣，亦有彭水，與庸相接，即桓十二年左傳所云楚師分涉於彭者，未知果孰是也」（竹書紀年義證卷十六）。我也可以補充一項，魯文公二年春秋經「晉侯及秦師戰于彭衙」。史紀秦本紀「武公元年，伐彭戲氏」；正義「戎號也。並同州彭衙故城是也。」以地理的方位說，以房縣之彭水爲近是，但不能斷定有彭水即有彭族或彭國。則牧野中之彭，或即秦武公所伐之彭戲。兩字而單稱一字者，亦所常有。

關於八族中髳的問題，詩小雅角弓「如蠻如髦」。毛傳，「髦，夷髦也」。鄭箋「髦西夷別名。武王伐紂，其髦等八國從焉」，是鄭以「髦」即「髳」。對髳的了解，只能達到這種程度，似不必過事穿鑿。

十五

錢穆氏對牧誓中八族皆在「周之東南」的說法，是採用在歷史上找相同的地名，以塡補歷史空隙的方法所成立的。歷史上相同的地名很多。到現在爲止，周代的曾國發現有三，地理位置，相去遼遠。所以錢氏的說法。無須乎一一討論。但其中對蜀的說法，卻有一條證據；而蜀又是問題最多之地，我藉此機會略加檢討一下。錢說：

「元和姓纂『庸蜀殷時侯國。』詩有孟弋、孟庸。逸周書世俘篇『新方（按應作「新荒」，錢因上文有「宣方」而誤）乙巳，蜀至告禽』五日而往返，明爲商人近畿小國」。（周初地理考，燕京學報十期）

按逸周書原文爲「庚子……新荒命伐蜀。乙巳……新荒蜀……至告禽……艾侯」。朱右曾逸周書集訓校釋謂「艾侯都蜀」。故「禽」字應連下讀。元和姓纂，係唐林寶所著。其「庸蜀殷時侯國」之泛語，並沒有提到這兩國的方位與族類，所以對牧誓中八族不能證明什麼。而錢所說的「孟弋」「孟庸」，乃出自詩鄘風桑中「云誰之思，美孟弋矣」；「云誰之思，美孟庸矣」。指的是兩種漂亮女人，不知錢氏何以會引作牧誓八族中的庸乃「殷侯國」之證。若謂「庸」係因國得姓，則邶鄘衛皆滅殷後所封，「孟庸」之「庸」，分明自邶鄘衞之鄘而來，亦與殷無涉。至於錢氏所引逸周書世俘篇，則不能輕易斷定其不足據。同時，由庚子到乙巳的五日間，便完成了往返一次的戰役，因而推斷蜀是「商人近畿小國」，此一推斷，也是很合理的。錢雖未進一步舉出蜀國的地理位置；但魯成公二年春秋經「十有一月，公會楚公子嬰齊於蜀」。顧棟高謂「今兗州府汶上縣西南四十里有蜀山」；朱右曾謂「泰安府泰安縣西有蜀亭，似可以此當之」。此外，在殷近畿，再發現不出另有蜀國的痕跡。不論上述二處，何處爲當時的蜀國，朱右曾謂「距朝歌俱遠，非五日能往返」。關於這點，不妨解釋爲在今泰安縣西之蜀，當時本爲殷侯國；商紂與周武在牧野會戰時，曾被紂徵調去參加。紂敗而退避於商畿附近，故武王繼續加以掃除。故往返五日而可達到軍事目的。世俘篇中同時被伐之磨與宣方侯國，皆不妨作如此了解，且亦可稱爲商人「近畿小國」。

但是這並不能解決牧誓中「蜀」的問題。因爲世俘篇的蜀，分明是屬於紂的一邊。而牧誓中的蜀，分明是屬於武王的一邊。我們不能想像同一個殷近畿的蜀國，在兩軍決戰時，一方面是在商紂的陣營；另一方面又在周武的陣營。同時，在商紂這一方面的近畿小國，正如錢氏所說，「不是僻遠的蠻夷」。但逸周書王會篇成王大會諸侯，其在「外臺」之四周者皆爲「僻遠的蠻夷」。並且這些蠻夷所列的方位，即代表這些蠻夷所自來的方位。列在臺的東方西向的，從「稷愼」至「會稽」二十國，大體上是從東方或東北、東南來的。列在臺的西方東向的，從「義渠」至「奇幹」二十國，大體上是從西方或西北、西南來的。在此二十國中有「卜盧以紈牛」（孔曰，卜盧人；西北戎也）。「氐羌以鸞鳥」；「蜀人以文翰」（爾雅：鶾、天鷄）；「卜人以丹沙」（盧曰，卽濮也）。此中之蜀，不僅爲西蜀無疑；且牧誓中之八族，此見其四，又方位相屬，皆可稱爲「西土之人」。而其族類又同屬蠻夷。則牧誓中之蜀，必爲王會篇中之蜀，與在魯國境內之蜀，完全是兩不相干的。竹書紀年存眞夷王「二年蜀人來獻瓊玉」。亦當爲西蜀之蜀。夷王乃厲王之父，是蜀與西周的交通，在厲王以前並未斷絕。自厲王以後，因周室與西戎西羌的和平關係完全破裂了，至平王東遷，蜀與周室關係中斷；及戰國時，秦以次平定西戎，蜀人又與秦相接，而卒爲秦所滅。說文十三下：「蜀，葵中蠶也」。此其本義；魯地之蜀，當以產蠶而得名；揚雄蜀王本紀「蜀王之先名蠶叢」，此神話亦與「葵中蠶」有關；則蜀名之偶同，亦非無故。

近年談羌蜀問題的人，根本忘記了不窋「自竄於戎翟之間」（國語周語），周與戎翟本有甚深關係的事實。太王避狄（翟），被迫由陝之西北向東遷岐下，乃一時的衝突。不僅豳地及岐下近接隴蜀；卽文王晚年所都之豐，與武王所都之鎬，皆在今日西安以西，亦近接隴、蜀。文武的移都豐、鎬，乃向渭河中下游擴展的結果，與作爲進一步發展的基點。但若不能先建立毗連隴蜀這一帶氏族的和平關係，便不可能向東方發展。周命秦仲爲大夫，爲西戎所殺。秦襄公初封爲諸侯，至文公寧公之世，皆與西戎爭勝，而後始能立國。由此亦可證明周若不得隴蜀諸族的支持，即不能伐紂。伐紂以後，周室自成王至穆王，皆用兵東方南方，迄無後顧之憂。周室與西方氏族關係的惡化，自穆王征犬戎始。史紀周本紀「王遂征之（犬戎），得四白狼四白鹿以歸，自是荒服者不至」，正指此而言。而西周之亡，乃由申侯連結西夷、犬戎，攻殺幽王於驪山。由此可知周室對其西方各氏族的關係，實其興亡所繫。而今日治史者對此一歷史之大線索，毫不覺察，豈不可怪。

十六

許君的學問所以落得這種地步，若進一步觀察，不外下述三個原因：

第一個原因：許君總是有相當天資的人；入學以後，當然功課很不錯；但沒有遇到負責的老師，肯在愛護中給以學術上的嚴格訓練。尤其是當他提出大學畢業論文和碩士論文時沒有受到有如佛家禪宗之所謂「鉗錘」，使他不知道學問的甘苦，使他不知道學問是要在平實精密中作出來的，而一下子自我陶醉，不知不覺地走上了浮薄虛僞的路。從他的文章看，他不曾深入到中外古典中的任何一部，以作爲自己的立足點；而只是浮光掠影地以爲自己知道的很多。到了現在，他的老師們更是向他恭維之不暇，不敢和許君認眞的討論一個問題。即使討論，許君也不會接受；這從他論文的附注中可以看出來的。目前文化學術界中的風氣，哄騙聰明學生以作自己積極與消極的工具，還是不學有術的中年以上的老師們，爲了維持自己的地位和飯碗的最妙方法。多少良材美質，便在此一方法下糟蹋掉了。許君又學熟了一套虛僞的世故，在他文章的附注中，不斷地對這位「謝謝」，對那位「謝謝」。並且在正文收尾時，寫上「本文草就時，適本所爲李方桂先生慶壽，僅借此篇幅爲長者壽」的話，這一類的話，有的作爲副記而記在文章的前面或後面，我沒有看到寫進正文的；任何文章都有其風格，風格於不知不覺中流露出了一個人的人格；許君今日正在以這種方法來維護他的地位；一直順着這樣發展下去，那便完全不可救藥了。

第二個原因是受了五四學風流弊的影響。五四學風是在求變動的大要求下，「新奇」高於一切的學風。只要有人能提出新奇的說法，不論此說法有無根據，便會在一夜之間得到大名。這在文化發展的過程中是常有的現象，也是沈滯太久後有其必要的現象。但因我們三百年來學術上的落後，當時學術界的根基淺薄，以致聰明的人，爲了獲取聲名，便千方百計地去尋找新奇；尋找新奇之念，遠超過求理解，求眞實之念。於是許多新奇之說，皆建立在一知半解，以偏概全，以想像代替邏輯推理的情況之上。換言之，走上了以新奇代替眞實，掩沒眞實的一條道路。我們只要想到在當時名滿天下的人，多是在具體學問上一無所成的人；最顯著的例子，有如錢玄同，便無法否定我上面的觀察、論斷。當時負聲名而後來在具體學問上有所成就的人，必是因為他生活環境的轉變，而不能不埋頭伏案的人。否則那怕他的聲名能維持到現在，但始終受不起學術尺度的考驗。而在學術某些方面有所成就的人，在當時多半是默默無聞的人。中國學術的進步，是要超越五四的學風，走上在眞實中求新，而不必求奇，乃至寧願守住眞實，放棄社會所要求的新奇之路。但有些人依然想拾五四時代的便宜，不肯順着五四時代風氣中的新奇，去進一步加以檢證；所以許君所採的近人有關的「研究」，多半是在當時所謂新奇，但在學術上卻近於荒誕的「研究」，更因為許君過於偷懶偷巧，所以連抄也抄得不實在。

第三個原因，大概是誤用了美國現時在這一方面的治學方法乃至治學風氣。為了研究問題，必須把有關的資料搜集得越完全越好，這是沒有疑問的。有關某一問題的後人的論文，當然也是資料。但這只能算是參考資料。參考資料，我們雖然應當參考到，但我們首先要了解兩點：第一點，要了解人文學科範圍內的論文，和自然科學方面的論文，在性格上有很大的分別。自然科學，每一篇論文出來，必代表某一方面新的成就；而這種成就是經過實驗演算而來，是可以信賴的。所以繼續研究的人，必以有關的新成就為出發點。在人文學科範圍之內的論文，有許多結論，只是一種蓋然率的，甚至多數是不能算數的。可以說在這一方面是相當的雜亂。一個人的學力、努力，便是要在這些雜亂中，擇出可信率較大的作參考。研究工作，必須建立在問題自身的基本資料的探索、解釋、批評之上。（這包括直接間接的第一手、第二手資料。）參考資料，可以幫助、啓發對基本資料的了解批評；但決定參考資料價值的，還是基本資料。必須在基本資料上下了功力，才能檢別有關的參考資料。若不分青紅皂白地把參考資料擺出來，以炫耀自己涉獵的廣博，便常疏於基本資料的把握，不僅容易陷於雜亂，矇混了問題，妨碍了進一步作精密的研究；並且常常陷於拿着鷄毛當令箭的境地。第二，應了解，不可把中國近百年來在人文學科研究方面的水準，隨便與西方人文學科研究的水準（他們的漢學水準則例外）相提並論。並且中國並不重視刊物的編輯人；一般刊物的編輯人，多半沒有鑑別論文好壞的能力；甚至有的刊物，只問與作者的關係，不問論文的好壞。所以把西方在這一方面論文的可信率，轉用到中國方面，將會上其大當。許君則不僅不在基本資料上用功，以培養自己的判斷力；並且也不在參考資料上用功，而只是模仿美國目前流行的方法（實際只能算是風氣）列出百十條附注和一大堆引用書目；實際許君所列的都與許君是不相干的。

我不能斷定我上面所說的，在客觀上有多少意義，所以我希望中央研究院史語所的先生們肯加以指正。更不知道在大暑中揮汗所寫的這篇文章，能否引起許君及若干青年學人的反省。但為了我們學術命運的前途，總算盡了我所能盡的一點責任。

附錄二

釋「版本」的「本」及士禮居本國語辨名

一

說文六上，「木下曰本。从木，一在其下」。此乃「本」字之本義。「始」「基」等義，皆由此本義引伸而出。首先想到的是，版本之本，是否與其本義也有某種關連？

葉德輝書林清話卷一書之稱本條，「說文解字云，木下曰本。而今人稱書之下邊曰書根。乃知本者，因根而計數之詞」。但古代簡牘，固無所謂因根而計數。即帛書成卷，亦無所謂「因根而計數」。所以葉氏又說「吾謂書本由卷子摺疊而成，卷不如摺本翻閱之便，其制當始於秦漢間……戰國策序高誘注云『……一曰短長書，一曰國本』，蓋以一國為一本……太平御覽學部六百七卷（按當為六百十八卷）正謬誤類引劉向別錄曰『讎校者，一人持本，一人讀析，若怨家相對，故曰讎也。』夫不曰持卷而曰持本，則為摺本可知」。按葉氏將鮑彪注誤為高誘注，將「國本」乃「紀戰國本末」之省文，穿鑿爲書本之本，李洣的書林清話校補已正其失。葉氏又以「晉義熙秘閣書目以下，始云若干帙……所謂帙者，合數卷爲之。則摺疊之制，在晉時已通行。」按帙乃裹卷軸之「書衣」，而非指摺疊之制，屈萬里昌彼得合著圖書版本學要略已詳言之（頁一三——一四）。而佛典之梵夾，雖係摺疊，但亦無稱之爲本者。宋歐陽修歸田錄卷下「唐人藏書，皆作卷軸；其後有葉子，其制似今策子」。「葉子」乃摺疊之制，宋稱策子，或稱旋風葉，或改進爲蝴蝶裝。亦未聞因摺疊而稱爲本的。且劉向所校之書，多爲竹簡，更無「摺本」可言。葉氏對「書之稱本」的解釋，可謂一無是處。

至葉氏「書之稱本」一語，亦不能成立。書之稱本，一爲版本之省稱；一爲書之計數單位，（猶一册兩册）。古今未嘗稱書爲本。最低限度，須「書本」二字連結以成義。且仍係由版本之本而來。欲追尋版本之本的本來意義，仍當求之於劉向別錄。劉向別錄有關讎校的一條，太平御覽六一八卷所記者，與文選卷六魏都賦李善注所引者不同，當以李善注所引者爲正。魏都賦「讎校篆籀」注：「風俗通曰，案劉向別錄，讎校，一人讀書，校其上下，得繆誤爲校。一人持本，一人讀書，若怨家相對」。

按「書」係由動詞成爲名詞；即是「書寫的東西」。劉向校書的情形，今試以荀子爲例：「護左都水使者光祿大夫臣向言。所校讎中孫卿書凡三百二十二篇，以相校除復重二百九十篇，定著三十二篇，皆以定，殺青簡書可繕寫」。

據上文，可知劉向校書，應經過兩次手續。首先要搜集有關一書之簡册，除其重複，釐其次第，作成定本。再則重新加以繕寫，將繕寫者與原所根據之定本相校，以是正字句之訛誤。因此，所謂「一人讀書」，乃讀重新繕寫之書；「一人持本」，乃持繕寫時所根據的定本。其所以稱之爲本，以意推之，乃指繕寫時之所根據，亦卽指繕寫時之所本而言。故此處所用「本」字之原義，實同於後人之所謂「底本」「祖本」。這正是由本字的本義所引伸出來的。

自此以後，凡本於鈔寫的，便稱爲「鈔本」或「寫本」。顏之推顏氏家訓書證篇，提到江南本，河北本，江南舊本，江南古本等名稱，乃是指某一地區的鈔本而言。本於碑上的，便稱「碑本」；碑係以石爲之，故亦稱「石本」。碑本，石本，係由拓而來，故亦稱「拓本」。自中唐發明雕版印刷以後，書乃本於雕版，故稱爲「版本」。版本大爲流行，又常省稱爲本。由此可以斷定，所謂版本，乃說的是「本於雕版」，或「以雕版爲本」而言。版本刻於某時，刻於某地，或刻於某人，卽冠以某時、某地、某人的名稱於「本」之上，以資區別。故版本之本，是由雕版而來；雕版的時間、地點、姓氏，決定版本的名稱，不是可以隨便稱謂的。

二

我在從學術上搶救下一代的一篇文章中，主要是指出許君倬雲在周人的興起及周文化的基礎一文中犯了過多的錯誤。我的文章中有如下的一段：

「許君所看到的國語是『宋天聖明道本』。按宋仁宗天聖共九年，明道僅二年。國語有天聖本，也有明道本。許君所看到的，不知是否從天聖年始刊，到明道年完成，因而稱爲『天聖明道本』？此本現藏何處而爲許君所見？望許君告訴我，以廣見聞。」

在我上面一段文章中，很明顯地懷疑天壤間不會有「天聖明道本國語」。此文發表後，接到史語所張君以仁五七、十、八、的一封信，錄了我上面一段文字後，接着說：

「然據以仁所見，世界書局及藝文印書館影印本扉頁之內，即署有『天聖明道本國語』諸字樣，坊間俯拾可得，不待發諸孔壁，謀之秘府也。該本原開印於天聖七年；至明道二年，得眞本，以天聖印本重刊。黃蕘圃得其初刻，於嘉慶庚申重雕，世又稱士禮居本。……此本流行中外，歷時一百六十餘年。先生涉獵廣博，而稱未見，亦別有說否？又汪遠孫國語明道本考異序云『舊題天聖明道本國語，天聖宋仁宗年號，明道乃仁宗改元。卷末署云天聖七年七月二十日開印，明道二年四月初五日得眞本；凡刋正增減，是明道二年以天聖印本重刋也。』吳曾祺國語韋解補正凡例亦云：『國語一書，古本無傳。世所見者，乃宋仁宗明道二年取天聖印本重刋，謂之天聖明道本』。則稱『天聖明道本』，不特書有明證，且前賢亦有此說，其來有自，其理可通，似非出於許君之浮妄耳」。

我得到張君的信，當時極爲感動。因爲今日肯直接指出他人文章錯誤的人太少了；所以立卽回張君一信，說明我下筆時只就手頭資料及版本常識而懷疑許君所說的不眞實；當時實沒有想到士禮居本國語及其流傳的情形，這是一種不可原諒的疏忽，並致誠懇的謝意。但就張君所鈔示的資料，我依然懷疑士禮居本國語，只能稱爲「明道二年本重雕」，而不應稱爲「天聖明道本」；因爲分明是「明道二年重刋」的。亦猶景祐監本史紀，係就淳化本重修而成；傅增湘在藏園羣書題記續集中謂「與淳化本同觀；乃知此是淳化的嫡子」。然只能稱「宋景祐本史紀」，而不能稱「淳化景祐本史紀」，是同樣的道理。把明道二年本國語稱爲天聖明道本國語，我當時以爲是出於刻書者的誇張，或係黃丕烈（蕘圃）的門客所爲。

隨後把士禮居本國語從圖書館中借出，扉頁是印著「天聖明道本國語」；但錢大昕的序，一開首便謂「國語之存於今者，以宋明道二年槧本爲最古」。段玉裁序謂「常熟錢氏從明道二年刻本影鈔者在其（黃蕘圃）家，顧君千里細意校出……今年（嘉慶五年）用原鈔付梓，以公同好，此書之眞面目始見」。黃丕烈本人「校刊明道本韋氏解國語札記」的跋，亦謂「國語自宋公序取官私十五六本校定爲補音，世盛行之。後來重刻，無不用以爲祖。有未經其手，如此明道二年本者，乃不絕如線而已……丕烈深懼此本之遂亡，用所收影鈔者開雕以餉世」。是在他們正式的文字中，只稱「明道二年本」，而未嘗稱「天聖明道本」。且黃氏所據以重雕者，乃其所收「影鈔」之本；張君所謂「蕘圃得其初刻」者，亦顯屬錯誤。

三

是不是上述國語，既可稱「天聖明道本」，又可稱「明道二年本」呢？若再追查此本之來源，即可發現在黃蕘圃以前，只稱「明道本」或「明道二年本」；決無稱爲「天聖明道本」的。把它稱爲「天聖明道本」，始自黃蕘圃重雕時的扉頁。其原因，據我的推測，是爲了便於轉售取利。因爲玩版本的人，有的和玩其他古董的人一樣，常常是一手買進，一手賣出，以收藏家而兼古董商的。葉昌熾藏書紀事詩卷五在黃丕烈詩注中引瞿中溶古泉山館集題黃堯夫祭書第二圖詩的第三首自注，「時堯夫藏書，已多轉讓他姓。」據沈士元祭書圖說謂「黃君紹甫（丕烈字），家多藏書。自嘉慶辛酉至辛未，歲常祭書於讀未見書齋。後頗止。丙子除夕，又祭於士禮居，前後皆爲之圖」。則瞿中溶所題之第二圖，乃屬於嘉慶六年辛酉之次年（七年）壬戌。黃丕烈生於乾隆二八年癸未，卒於道光五年乙酉；則嘉慶七年壬戌，黃氏尚只三十九歲，而其書多已轉讓他姓，其有販賣行爲可知。由國語明道本的扉欵，蒙混稱爲「天聖明道本」，此非一般收藏者所易察覺；而其價值可因此易於求高。所以黃氏在正式文字中，只稱「明道本」；而在其扉頁，卻刻上「天聖明道本」。此雖出於推測，但可稱爲合理的推測。

潘祖蔭所編之士禮居藏書題跋記卷二「國語二十一卷校宋本」條下記有錢士興在卷首敍後之兩跋。其一謂「宋版國語二本，一摹吾家明道二年刻本，比眞本不差毫髮……一是宋公序補音刻本」。又一謂「明道本周語『單襄公曰……』襄字上應無單字，以公序本爲正。楚語王孫圉，明道本作王孫圉，未審孰是」。按錢牧齋四十八歲時妾朱氏生子孫愛，後名上安。此錢士興不知爲牧齋家之何人？要其所謂「吾家」者，係指牧齋之家而言，殆無疑問。由此可知國語明道本的初刻本，是藏在絳雲樓上，隨庚寅（順治七年）一炬而成爲灰燼。

同條又謂卷首有錢遵王一跋：「吾家所藏國語有二。一從明道二年刻本影鈔。一是宋公序補音南宋槧本。間以二本參閱，明道本國語云『昔我先王世后稷』……而公序本直云『昔我先世后稷』……

僖二十四年秦師將襲鄭，過周國門，『左右皆免胄而下拜』……公序本又失去拜字……」按此，則錢士興所謂「摹書家明道二年刻本」者，蓋即錢牧齋之族曾孫遵王。但遵王小牧齋四十七歲，絳雲樓被焚時，遵王年二十一，則影鈔明道本國語者，恐爲其父錢嗣美。據牧齋族孫嗣美墓誌銘，嗣美亦爲好聚書之一人。

士禮居叢書中有毛扆之汲古閣珍藏秘本書目，列有「國語五本一套」，並注謂「自絳雲樓北宋版影寫，與世本大異。即如首章『昔我先王世后稷』，較世本多一「王」字，此與史記合。他如此類甚多，此特其一耳。六兩」。毛扆乃毛子晉之季子。據此，則錢鈔本應已轉歸毛氏汲古閣。但汲古閣所得之鈔本，究係錢氏之原鈔，亦係毛氏由錢鈔本所轉鈔，尚有問題，留在後面再談。

此一明道國語影鈔本，自毛氏後的流傳情形，據陸心源儀顧堂題跋謂「……此書（明道本國語）從絳雲樓北宋本影寫，原裝五本，見汲古閣秘本書目。後歸潘稼堂太史。乾嘉間爲黃蕘圃所得；黃不能守，歸於汪士鐘。後歸金匱蔡廷相。余番佛百枚得之。毛氏影宋本，尚有精於此者。此則以宋本久亡，世無二本，故尤爲錢竹汀段懋堂諸公所重耳」。陸氏藏書，以十萬元售予日人岩崎氏靜嘉堂文庫，現靜嘉堂秘書志卷五列有國語毛鈔明道本吳韋昭注五本。以上在影鈔宋本國語的流傳中，凡未受到士禮居重雕本扉頁名稱的影響的，沒有稱爲「天聖明道本」的。

除了上述影鈔明道本國語的源流外，在校勘方面，亦略有可述。潘祖蔭所編士禮居藏書題跋記卷二「國語二十一卷校宋本」下記有寫在卷末的葉石君識語。又有陸貽典字敕先的校跋兩條；其一謂「錢遵王印寫錢宗伯的家藏宋刻本，與今本大異；今歸於葉林宗。借勘一過。戊戌夏五月六日常熟陸貽典校畢識」。按戊戌爲順治十五年（西紀一六五八年）。更錄有惠松崖（棟）校跋八條。或稱「影寫本」，或稱「錢氏本」；或稱「明道本」。黃丕烈自乾隆庚戌（五五年。西紀一七九〇年）起，到乾隆乙卯（六十年，西紀一七九五年）八月止，共有校跋六條，其所根據的是宋秋崖臨校惠松崖校本；及陸敕先校本；山東孔氏校刊本；浙人戴石經所臨本；最後始得「影寫明道本，屬余友顧澗蘋正之……而今而後，國語本當以此爲最」。再逾四年而爲嘉慶四年，又寫了現附於其重雕本後之校跋。又逾一年而爲嘉慶五年，將其重雕問世。在上述校跋的系列中，絕未出現「天聖明道本國語」字樣。

據錢泰吉曝書雜記卷下「顧澗蘋所校書」條下稱「爲黃刻國語國策」。宋翔鳳鐵琴銅劍樓藏書目錄序中謂「黃君重刊國語國策，皆顧君澗蘋爲之手定」。然則對黃氏重雕的國語定一適當名稱的，莫如顧氏。在顧氏爲黃丕烈所作百宋一廛賦注中謂「此書（按指剡氏本戰國策影摹重刊本）與予庚申年刊明道本影鈔國語，皆頗行於世」。由顧氏上語推之，則士禮居本國語，只能如郘亭知見傳本書目雜史類稱「黃丕烈仿宋明道二年刊本」；或如繆藝風爲張之洞撰書目答問古史第四稱「黃氏士禮居仿宋刻本」。或如郘園讀書志卷二，稱爲「黃氏士禮居影刊明道本」。或如增訂四庫簡明目錄標注雜史類稱爲「黃氏仿宋明道二年刻本」。斷不能如士禮居本重雕之扉頁稱爲「天聖明道本國語」。此一稱呼，在版本學上是說不通的。

還有文祿堂訪書記卷二「國語十一卷」條錄有章鈺在甲寅（民國三年，西紀一九一四年）孟冬所寫的長跋。章鈺因在海豐吳氏看到陸敕先（貽典）根據錢遵王影寫絳雲樓明道本所作的校本，取以與士禮居本國語相較，而發現兩者大有出入。乃斷定「黃氏所稱影寫明道本，係屬傳錄之本。段序謂用錢氏原鈔付梓之說，亦爲同好叚借之詞」。跋後附有校記一卷。此證以前面所錄陸敕先校跋中謂錢遵王鈔本，「今歸於葉林宗」之語，並未言其歸於毛子晉；他們都是同時的人；則毛氏汲古閣所得者，乃轉鈔自錢氏的鈔本，並非卽是錢氏的自鈔本。故錢士興謂錢鈔本「此與眞本不差毫髮」，而陸心源對由毛氏傳下的鈔本，反有微詞。則由黃氏展轉而流入日本靜嘉堂之所謂錢氏影寫絳雲樓本者，也發生問題了。

我常常說，政治上的錯誤或詐欺，因與社會大衆在利害上的密切關連，常能並世卽可發現。而學術上的錯誤或詐欺，因窮探冥索之不易，常承訛踵謬，至千百年而莫之或覺。所以學術上的良心，較之政治上的良心，更爲重要。

附録三

與陳夢家屈萬里兩先生商討周公旦曾否踐阼稱王的問題

一、現代中國史學的反省

在西紀前一千一百年左右（註一），周武王滅殷六年後死去，其弟周公旦，曾否踐阼稱王七年，然後再把政權交還給武王的元子成王的問題，不僅關係于周初幾篇重要文獻的解釋，並且關係於「通古今之變」的我國古代史自身演變情形的了解。更重要的是，我們可由此對「史學」自身作一深切的反省。

史學，極簡單地說，是由資料，及對資料的解釋，和由解釋所作的「復原性」的編排，所構成的。在這一過程中，都離不開史學工作者或隱或顯地若干觀念，即是一個人衡量事物的看法，或者可稱爲尺度，所發生的重大作用。從理論上說，史學工作者對歷史的觀念，應當是由資料中抽聚而得。此卽是一般所謂很客觀地態度或觀念。但實際上，這幾乎是不可能的。對資料的追求、發現，必受有某種觀念的誘導；與觀念無關的資料，經常是視而不見的。尤其是對資料的解釋，常要憑藉相關的觀念作分析與綜合的鑰匙。任何觀念都沒有的人，也就是對擺在面前的資料完全不能作解釋的人。觀念，實際是由經驗的長期積累而來。經驗的擴充，不僅有賴於聞見的廣博，尤關係於一個人的反省能力與習性；有反省能力與習性的人，可以不斷由新資料修正自己原有的觀念與解釋；此時是憑原有觀念來追求資料，解釋資料；同時也卽憑新資料突破原有觀念，形成切合資料的新觀念；資料與觀念，是相緣而互相增進的。沒有這種反省能力與習性的人，便只能以資料增益他原有的觀念；凡與他原有觀念不合的，只有出於被删除或歪曲之一途。不過，觀念是由經驗而來。突破由個人經驗而來的觀念較易，突破由時代經驗而來的觀念，亦卽是突破籠照一個時代的觀念，便萬分困難。這樣便影響到相關資料的解釋及由解釋所作的對歷史的把握。

治我國古代史，有兩大困難。第一，從資料上說，把文獻和地下的資料總加起來，對當時實際的情況而言，依然只能算是隻鱗片爪；而文獻資料，有許多是經過長期口傳以後，再由一人或數人，在不完全相同的時地中偶然記錄下來的；在口傳中的增益，及記錄者個人與時代的影響，常混在一個故事之中，眞僞先後，雜揉在一起；對此而採取眞則全眞，僞則全僞的態度，尤其是採取後者的態度，便無古史可言；其結果，只有像顧頡剛樣，從字形上斷定禹是一條蟲；日本研究中國古代神話的，還有不少人走這一條路。至於文字訓詁上的困難，是更不待說的。

第二，歷史的演變，常常走的是曲折的路。尤其人自身的智慧與行爲，常不能以簡化的進化觀念來加以推論。假定對於自己所生存的「現代」，把握得並不完全；對於現代事物關連的合理性，把握得非常有限；但却以此爲基點，倒推上去，認爲站在進化的立場，有些事情，在古代是不應出現的；同時，有些事情，又覺得在現在是不合理；所以在古代便不應當存在的；這便不能通古今之變。

上面的兩個觀點，不是完全沒有用處，但也常易冒着很大的危險。

上述的困難，在近代學術已經很發達的國家，正在逐步地克服。而我們近三百年來，學術上局部的前進，遠抵消不了全局的沉滯甚或後退，在史學上更是如此。上述兩大困難，促成我國疑古派的出現。疑古派的意義，在可以引起對傳統史學的反省；由此反省而引起新的努力。但因導引他們的觀念，首先認定中國歷史，不會像傳統說法這樣長久；因而古代史多出於後人虛構；他們的責任，便在揭穿這些虛構，重新建立眞實的古代史。加以作爲他們個人追求的出發點的是在標新中取得個人的聲名，而不是在落實中盡到個人的責任。他們始終浮在資料的上面，以淺薄之知，發而爲鹵莽滅裂的論斷，把史學導向混亂、虛無的境地，乃是必然的現象。假定沒有近幾十年來，尤其是近二十年來，在考古方面的重大發現，則西周及其以前的歷史，會完全看作後人虛構的神話；而由西周共和所開始的歷史，也要被破棄幾分之幾。

想從歷史的虛無主義中脫出，以重新構成中國古代史的，則有以郭沫若爲代表的「模仿史學」。所謂模仿史學，是模仿馬克思、恩格思所說的西方歷史發展的階段，把中國歷史，生硬地套上去，以符合馬、恩心目中的歷史發展的法則。馬、恩提出「生產力」，及生產關係中的階級鬭爭，以作爲人類歷史發展的「鐵則」，在對歷史的解釋上，不應完全否定他的意義。但是，馬、恩不是史學家；對東方的歷史，更是一無所知；他們所說的「亞細亞生產方式」，只能表明他們以極概略的方法，把東方歷史的發展，與西方的歷史發展，檢別出來，這是他們治學態度的謹慎。他們對西方一百年來的史學，不是完全沒有影響；但只是局部的，而不是全面的。是間接的，而很少是直接的。除了制式著作之外，硬要把中國的歷史，套到他們的簡單架子上去，不僅在學術上是傅會，在政治上也看不出有何必要。模仿是人類遇到新鮮事物，而想加以學習時所必經的階段。由模仿階段以進入到獨立研究，不是沒有可能。但中共正在强調以觀念控御資料的時代，要從模仿史學中脫出，恐怕更爲困難。

二、周公問題在歷史中的演變及其重新提出

周公曾否踐阼稱王，在兩漢及其以前的相關資料中，都是肯定的。對尚書有關文獻中的「王」是否是周公，今古文學家，也是肯定的。至王肅及可能是王肅僞造的孔傳，開始提出異說；六朝隋唐的經學，肯定與否定，在交織狀態之中。到了宋代，則一反先秦及漢人遺說，澈底否定周公曾踐阼稱王。對尚書有關文獻中的「王」，都不承認是周公。清代乾嘉學派，因係標擧「漢學」，故對此問題，有的又恢復了兩漢的遺說。有的雖標擧漢學，甚至標擧是今文學派，但在此一問題上，却陷入宋人的藩籬。現時陳夢家及屈萬里兩先生，又重新走上宋人的老路。

先秦及西漢經學家，何以都承認周公曾踐阼稱王的說法呢？因爲當時君臣的關係是相對性的，且有强烈的天下爲公的要求；所以在他們的觀念中，周公曾踐阼稱王，是一個尋常的事情，並且也是應當的事情。自班固父子以後，「家天下」的觀念，已得到一般的承認；然經學傳統未絕，故尚未摒棄西漢經師遺說。王肅好與鄭玄立異；而其政治背景，爲反對曹爽，接近司馬氏；其異說或由此而來。君臣關係，至宋儒而絕對化。宋代諸儒，除程明道、陸象山這一系統外，把君臣之分，當作天經地義的不可踰越。周公踐阼稱王，與他們的觀念絕不相容，所以一反先秦兩漢遺說，而斷言周公無稱王之

事；對尙書中有關文獻的「王」，其無法解釋到成王身上的，便只好說成是武王。如朱子語類卷七十九：

「康誥三篇，此是武王書無疑。其中明明說『王若曰、孟侯朕其弟，小子封』。豈有周公方以成王之命命康叔，而遽述己意而告之乎？決不解如此。五峰吳才老，皆說是武王書……」

「康誥酒誥，是武王命康叔之詞，非成王也」。朱子的學生蔡忱，秉承朱子遺志爲書集傳，當然一守朱子的觀點。清人一面標擧漢學，但君臣大義，更深錮於人心；覺得周公而以人臣稱王，「其將何以爲聖乎」。所以在這一點上，他們是不能了解漢代經師的。到了清代晚年，對君臣關係的觀念漸變，所以晚期漢學家反而多能接上兩漢，尤其是西漢的師承。陳夢家屈萬里兩先生，則以宋人之說，合於他們求新疑古的要求，只好走上宋人的老路。基本資料相同，因觀念的演變而不知不覺的在解釋上發生演變。

我曾看到陳夢家早年出的有關尙書的小册子，正是疑古派的進一步的發揮；此書一時找不到，也不一定値得批評。這些年來，他在甲骨文和金文方面，下了不少工夫，漸趨平實細密。但對周公是否曾稱王的問題，沒有改變態度。兹先將其西周銅器斷代㈠中的有關論點抄錄如下：

一、「作雒篇（逸周書）述伐三監後，『俾康叔宇於殷』；而康侯𣪘曰『王朿伐商邑，征令康侯圖於衞』；是殷卽衞……衞國之稱，當始於康叔之時。」（按世俘篇中已出現衞國之名，故康叔封於衞，仍沿故國之稱）。

二、「據上所述，則周武王滅紂以後，分殷國爲三，卽鄘、邶、殷。及武庚與管蔡叛周，成王周公討之，於是邶入於燕，鄘封微子開爲宋，殷封康叔封爲衞……」。

三、「詩的『東方』，也指齊魯」。「由此可知衞、洛師、商奄、薄姑、淮夷等地，都屬於東土」。

四、「武王滅殷以後的封土，據周本紀所述，有兩類：一類是褒封；一類是封功臣謀士；『封尚父於營丘曰齊，封弟周公旦於曲阜曰魯，封召公奭於燕，封弟叔鮮於管，弟叔度於蔡，餘各以次受封』。但武王所封同姓，應不止此。管蔡世家述武王同母弟十人，除伯邑考早卒，康叔封、冉季載尚幼外，所封者爲管、蔡、魯、曹、成、霍六人」。

五、「康誥曰，『小子封，惟乃丕顯考文王』，與此器（天亡毁）武王之稱其父爲『丕顯考文王』相同。此足證康誥爲武王誥其弟康叔之父（疑當作文）」。

六、康侯毁：『王束（刺）伐商邑，征令康侯圖于衞，……』」「周初攻伐商邑有先後兩次；先是武王伐紂，後是成王伐武庚。但此次刺伐商邑之王，必須是成王；因封康叔於衞，在成王伐武庚之後，諸書記載相同。左傳定四，『分康叔以……命以康誥而封於殷虛』。逸周書作雒篇『殷大震潰，俾康叔宅於殷』。史記衞世家『以武庚餘民封康叔爲衞君，居河淇間商虛』。凡此殷、殷虛、商虛，皆指一地，卽𣪘文『征康侯於衞』之衞。衞所都之地，諸書皆認爲是朝歌……朝歌、殷虛、商虛、沬、妹、衞、舊衞，都是一地。而妹者卽酒誥『明大命於妹邦』……之妹」。「此康侯圖當是康侯封，……西周金文稱康侯、康侯丰；尙書康誥酒誥稱封，史記稱康叔封，左傳定四稱康叔，易晉卦有康侯；康是封衞以前的封地；衞世家索隱云『康，畿內國名』。」「左傳定四記成王封康叔以殷虛而『命以康誥』。今所傳尙書中的康誥、酒誥、梓材三篇，都是命封的；書序以爲成王所作，都有問題。康誥開首（按指『王若曰』以前四十八字）有一段記事，與康誥本文恐無關係，乃它誥錯簡。漢書藝文志說『劉向以中古文校歐陽大小夏侯三家經文』，『脫召誥二簡，率簡二十五字者脫亦二十五字』。康誥開首五十字，本是兩簡，當是三家今文，據中古文本應屬於召誥。如此說，則康誥或是武王將康叔封於康的誥命；故曰『孟侯，朕其弟，小子封』。酒誥和梓材都以『王曰封』開始，不是成王口氣，也是武王所命。這個推測若可成立的話，那末，封於武王時食邑於康；而此康與酒誥的妹邦，或在同一範圍之內，乃是康誥所說的東土」。

屈先生的觀點，可能是受了陳夢家的影響。他在西周史事概述大文「三、西周諸王」的一節中說：

「武王克殷之後不多年便死去了；他的太子誦繼承了王位，就是成王。賈誼新書（修政語下）說成王年六歲卽位；淮南子要略篇，史記魯周公世家，和蒙恬列傳，後漢書桓郁傳，都說成王卽位時還在襁褓之中……鄭玄注尚書金滕篇，說成王年十歲卽位；尚書僞孔傳說武王崩時成王年十二。這些傳說和關于武王年壽的傳說，是互相衝突的。因爲禮記文王世子篇說武王崩時年九十三；這話如果可信，則武王生成王時候，至少是八十一歲，遲則到了九十歲以上。這就人們的生理來說，都是不合理的。但成王卽位時比較年幼，當是事實……不過成王卽位不久，就曾親自東征；足證他的年齡也不會太小。從這些資料來推證，成王卽位時，或者已到二十歲以上。

「由於成王年幼，而有周公攝政權作天子之說。（以下引尸子、韓非子、荀子有關周公權作天子的說法，從略）這一說法，到漢代更爲流行。後世學者，雖有不少人提出反對的意見；但直到現在，在一般人的心目中，還以爲是正確的史實。

「由於先秦有周公攝政稱王的傳說，於是漢以後人就把尚書大誥篇『王若曰』的王，解釋爲周公；其實他就是成王。同樣地，也把康誥篇『王若曰』的王，以爲是周公，其實他是武王。後人習而不察，以爲周公稱王，旣然有明文，自然是史實。……而不知乃是經生解釋之誤。可是由於這一觀念深中於人心，以致有些人持反對意見，如王肅、林之奇、焦循、劉逢祿、宋翔鳳、魏源等，但能够注意而且理解這些議論的人並不多。

「崔述的豐鎬考信錄說武王崩時，『周公蓋以冢宰攝政』，從尙書周誥諸篇所記述的史實看來，這說法是可信的。譬如在尙書的雒誥裡，周公稱成王曰『王』，成王稱周公則曰『公』。在多方裡，有『周公曰』，『王若曰』的句子。這些資料都產生於所謂周公攝政稱王的時代；然而他們所顯示的，都是周公稱公，成王稱王。從這些證據看來，葉夢得和崔述的說法，是符合史實的」。

屈先生大文所採用先秦的資料，雖沒有陳夢家列舉得完備，但範圍也相當廣汎；如左傳，國語，逸周書，竹書紀年等，大抵都用到了。但屈先生治學最大的特點是「擇觀念而固執」。擇定一個觀念，固執起來；合於自己觀念的資料便用，不合於自己觀念的多棄置不用。資料的選用與棄置，都沒有批判性的解釋。先舉一個例子吧，他相信逸周書世俘篇說武王伐紂時，「憝國九十有九國，馘磨億有十萬七千七百七十有九，俘人三億萬有二百三十」（註二）；因爲這一資料與他喜歡新奇的觀念相合（註三）。但逸周書明堂第五十五「是以周公相武王以伐紂，夷定天下；既克紂六年而武王崩，成王嗣，幼弱，未能踐天子之位。周公攝政君天下弭亂，六年而天下大治……七年致政於成王」的材料，則一字不提。我曾把此處所謂明堂的內容，和呂氏春秋十二紀紀首及漢初幾個有關明堂的說法，作過比較，發現這裡之所謂明堂，確是太廟的別稱，大體上猶係周初的舊典（註四）；而「七年致政於成王」，與洛誥「惟周公誕保文武受命惟七年」的記載正合。但因與屈先生的求新的觀念不合，便一字不提。陳夢家倒沒有這種情形。以下試逐一加以討論。

三、武王成王的年齡問題

先從武王及成王的年齡談起。屈先生是以疑古辨偽見稱的。但對禮記文王世子，不懷疑它是出於漢初的某位儒者，僞托文王如何盡世子之道，以教導平地茁起的劉氏子弟的產物；這要算是異事。因爲裡面說文王爲世子的情形，在先秦文獻中，一點也找不出同樣性質的材料，可作互證。裏面談到文王武王的年齡，是一個近於神話性的故事。

「文王謂武王曰，汝何夢矣？武王對曰，夢帝與我九齡。文王曰，汝以爲何也？武王曰，西方有九國焉，君王其撫諸。文王曰非也；古者謂年齡，齒亦齡也。我百，爾九十，吾與爾三焉。文王九十七乃終，武王九十三而終。」

西周初年，還充滿了神話氣氛，不能因爲它是神話性質而即斷其爲僞。但是，沒有西周的材料與它相印證；而「君王」一詞，不僅非宗法制度裏子之所以稱父，且此一名詞，春秋中葉開始流行，專以稱楚國之君，非西周及楚君以外所有；其非史實，固甚顯然。此一故事之形成，可能受了孟子公孫丑所說的「且以文王之德，百年而後崩」的影響。書無逸周公說「文王受命惟中身，厥享國五十年」。周初「受命」一詞，皆指的是受天所加於王者之命，即是由天授以王天下之命；周初文獻，皆以文王爲受命。姑不論文王曾否受紂命爲西伯，或文王是否及身而自稱王（見後），周人的意思，指的是武王所以能伐紂取商而代之的基礎，是由文王所奠定，這是毫無可疑的。文王在中身（年）才開始奠定了取商而代之的基礎；此中身乃在他享國五十年之內；即是他繼承王季，一共當了五十年的諸侯。在當五十年諸侯的最後九年，便奠定了代商爲王的基礎。據竹書紀年，王季爲紂所殺，則文王決非到了五十歲才繼承諸侯之位。所以從上引周公的兩句話，雖然可以推定文王的年齡是相當的高，但亦可斷言從中找不出文王活了九十七，武王活了九十三歲的根據。可是「文王百年而後崩」的傳說，大概是由此傳會出來的。

對武王的年齡，路史發揮引竹書紀年是「王陟，年五十四」。這一條，被林春溥的竹書紀年補證，朱右曾的竹書紀年存眞，王國維的古本竹書紀年輯校，范祥雍的古本竹書紀年輯校訂補等所採用，應當算是重要的資料。尤以朱右曾所加的一段考證特別有意義。

「周書（卽一般所謂之逸周書）明堂曰『旣克紂六年而武王崩』。管子小問篇曰，『武王伐殷克之，七年而崩』。作雒曰，『乃歲十有二月崩鎬』。是武王以十七年冬崩也。度邑曰：『惟天不享于殷，自發之未生，至於今六十年，夷羊在牧，飛鴻在野』。是言六十年前，天降妖孽以警殷，時武王猶未生也。乃漢儒言文王十五而生武王，武王尚有兄伯邑考；武王九十三而終，時成王年僅十三；而尚有母弟叔虞。文王生子何其早，武王生子何其晚？（原註：孔穎達金履祥陳皓，皆疑而辨之）今以竹書推之，則文王卽位十四年而生武王，時文王年六十一矣。（謹按此數字係由誤信文王百年而後崩之說而來）詩言親迎，明是諸侯之禮。言纘女，則太姒爲繼室。（原註：本鄒氏說。）皆的然無疑者。文王崩，武王年三十七卽位，五年而生成王，又七年而克殷，時年四十八。特以克殷後六年而遽崩，故中庸云『末受命』；末猶晚也，非老之謂也」。

屈先生談武王的年齡，對逸周書及竹書紀年的材料，一字不提；因一提到便影響到他立論的基礎。關于武王死時成王的年齡問題，誠如屈先生所指的，有許多異說。但我應特別說明兩點：第一點是，先秦的材料，都只說「成王幼」這類的話，而未說出他具體的歲數。逸周書明堂「成王嗣，幼弱，未能踐天子之位。」藝文類聚卷六引尸子「昔者武王崩，成王少」。荀子儒效篇「武王崩，成王幼」；禮記文王世子「成王幼，不能涖阼」等。這是因爲先秦的人們，只知道成王是幼少，並不知道他確實的年歲。說成王「年六歲」，「在襁褓之中」，「年十五」，「年十歲」，都是漢儒的說法；

這些說法，可以看作一個故事在傳述中的踵事增華；談成王的年齡，遇著這些後起的歧說，應當追上去，還他一個本來的面目，而將這些說法略過。且史記周本紀，管蔡世家，衞康叔世家，皆稱「武王崩，成王少」，僅周公世家在「成王少」的下面，加一句「在襁褓之中」。「少」與在「襁褓之中」，內容並不相同。按漢書王莽傳平帝崩後，王莽「使有司徵孝宣皇帝玄孫二十三人，差度（選擇）宜者，以嗣孝平皇帝之後，玄孫年在襁褓」。王莽托周公以篡漢，則史記說成王「年在襁褓」，很可能是此時所加上去的。第二點，屈先生「成王即位時或者已到二十歲以上」的說法，斷不能成立。過了二十歲的皇帝，而周公召公，仍稱之爲「小子」，「沖子」，「沖人」，此乃必無之事。屈先生引多方「惟五月丁亥，王來自奄，至於宗周」，認爲多方是「成王即位不久，就曾親自東征」，以爲其立說的證據。殊不知此「五月」史記以爲在周公七年反政之後，尙書大傳以爲在周公攝政三年之時。如在周公七年反政之後，則不應以此時的年齡作爲武王死時成王的年齡。如在周公攝政三年之時，則周公載幼主東征，亦爲傳說之一，不必成王年在二十以上。詩破斧分明說「周公東征，四國是皇」。最低限度，武王死後三年的東征，是周公而不是成王，這是不容易翻案的。所以皮錫瑞今文尙書考證，對多方的時間，寧採用史記之說。並謂「奄凡三見伐，武王誅紂伐奄，是其一；周公克殷踐奄，是其一；成王親政奄復叛，而成王踐奄，是其一。」屈先生不能以未經批判的多歧之說，作推論成王年齡的依據。這裏順便要指出一點，史臣對周公的稱呼有二，一是事後追述的稱呼；此種稱呼，以周公返政後一直到死時的身份爲準，而稱之曰「周公」。一是當事時的稱呼，以說話時的身份爲準，而稱之爲「王若曰」、「王曰」、「周公曰」。多方的「周公曰，王若曰」，上是事後的稱呼，下是當事時的稱呼。上面若不用一個「周公曰」而逕用「王若曰」，則順上文的「王來自奄，至於宗周」，會使人以爲下面的話是成王說的。若僅用「周公曰」而下面不加上一個「王若曰」，則周公此時係以王的身份講話的事實不明。「王若曰」者，乃史臣紀錄時記明「王如此說」，以見訓辭是周公的口述，史官所記，而不是周公的手稿。在王若曰的後面，又用「王曰」，可見「王若曰」即等于「王曰」，此不僅多方一篇是如此；我不了解屈先生爲什麼把事後的稱呼，與當事時的稱呼，混同起來？史記高祖本紀中稱「沛公」「漢王」，「上」「陛下」；皆是當事時的稱呼。稱他爲「高祖」，是事後的稱呼。這是一種常例。

若逸周書上有關周公的材料大體可信，則當時的情況應當是這樣的：武王伐商的大業，在軍事上太公望的勳勞最大。在政治上周公的功勞最大。柔武、大開，皆武王向周公請益之言；而小開、酆謀，乃武王與周公商定伐商的大計。寤儆，則周公勵武王敬命明德，以穩定武王在伐商前的驚疑心理。克殷「周公把大鉞，召公把小鉞以夾王」。文物五期概述近年來山東出土的商周青銅器一文中稱山東於一九五五—六年在益都蘇埠屯發掘了兩座大型商代墓，一墓中發現大小銅鉞各一。一九六五年，考古六期有說王一文，謂王字起源於鉞。而大型銅鉞，「是用作王權的象徵」。按大型的黃鉞，一稱大鉞，一稱黃鉞。世俘篇四稱王「秉黃鉞」，則說王一文的說法爲可信。而周公當時已可以代替武王持大鉞的地位。大聚周公告武王以文王治國之道；度邑則武王懔於商之所以亡，而有意將王位傳給周公。「於茲乃今，我兄弟相後。我筮龜其何所，即今用建庶建」。這幾句話只能作如此解釋。武儆「詔周公旦立後嗣，屬小子誦文及寶典」；這幾句話的文字不能完全解釋清楚；大意應當是周公不肯繼承王位後，武王乃正式立長子誦爲太子，並以付託周公。武王克殷六年後便死了，周公秉承武王遺命，應立太子誦爲王。但因成王年幼，天下未定，周公暫居王位執政，成王仍居於「儲君」的地位；金縢「公將不利於孺子」的話，可作兩種解釋：一、指的是周公將謀害成王。二、指的是周公將終身當王，不再讓出來。觀周公還政，成王正式即位以後，周公對之皆稱「孺子王」，而非僅稱「孺子」，可知凡僅稱「孺子」，即可證明成王此時並未即王位（見後）。武王死時成王的年齡，除「少」「幼小」「幼弱」等概括之辭外，不能確定。在各種推測中，由王肅的「年十三」到王充的「年十五」近是；因通行本竹書紀年「秋，王加元服」，與大戴記公符（冠）第七十九「成王冠，周公使祝雍祝王」之說相符；前引朱右曾的推論，可納入於此一範圍內。周公即位稱王後的第七年，成王年在二十左右，所以反政於成王，而仍稱之爲孺子王。屈先生相信文王在生時已自稱王；並承認厲王之後，「共伯和干王位」，曾卽王位十四年，是史實；則先秦所傳的周公因成王年幼而自己踐阼稱王，以平定天下，乃極尋常的事。我們今日沒有宋人「三綱」的成見，似乎不必爲翻新而又不知不覺的墮入到他們的泥沼中去。

四、康誥的問題

周公曾踐阼稱王，在先秦及兩漢從無異說；但陳夢家屈萬里兩先生，可以作無批判性的翻案；則惟有進而在西周有關文獻的自身來求內證。首先應從康誥著手。因爲康誥有「孟侯朕其弟，小子封」的話，封是衞國始封者康叔的名字，他是成王的親叔父，康誥中的「王若曰」「王曰」，怎樣也說不到成王身上去，所以在宋以前，把與康叔有關的康誥、酒誥、梓材中的王，說是周公；宋人則開始都說是武王。陳夢家和屈萬里兩先生，也說康誥中的王是武王。屈先生更說酒誥中的王是成王。讓我們先把康誥中的「王若曰」的王加以決定。

康誥的傳統說法，暫以史記衞世家爲代表，玆錄如下：

「武王已克殷紂，復以殷餘民封紂子武庚祿父，比諸侯，以奉其先祀勿絕。……恐其（武庚）有賊心，乃令其（武王）弟管叔蔡叔傅相武庚……武王既崩，成王少，周公旦代成王治當國，管叔蔡叔疑周公，乃與武庚祿父作亂……周公旦以成（按此字疑係後人所加）王命興師伐殷，殺武庚祿父管叔，放蔡叔；以武庚殷餘民封康叔爲衞君……周公旦懼康叔齒少，乃申告康叔曰……（略引譯康誥之文）。告以紂所以亡者以淫於酒……爲梓材，示君子可法則。故謂之康誥酒誥梓材以命之」。

在史記以前，與這有關的資料：

左傳僖公二十四年，富辰諫周襄王之以狄伐鄭有謂「昔周公弔二叔之不咸，以封建親戚，以藩屏周室。管、蔡、成、霍、魯、衞、毛、聃、郜、雍、曹、滕、畢、原、酆、郇，文之昭也……」

這可證明衞是在殺管叔，放蔡叔以後所封的。

左傳定公四年衞子魚在蕢弘前爭衞蔡先後的地位有謂「昔武王克商，成王定之，選建明德，以藩屛周。故周公相王室以尹天下，於周爲睦。分魯公以大路大旂……命以伯禽，而封於少皞之虛。分康叔以大路少帛……命以康誥而封於殷虛。皆啓以商政，疆以周索。」

殷虛卽朝歌，卽新封之衞。此可證明康誥乃康叔封衞時所命。這些材料，陳夢家皆已列擧，並引有史記管蔡世家「康叔冉季載皆少（武王時）未得封」。根據這些材料，則康誥爲周公平定三監，封康叔於衞時的訓誥之辭，毫無可疑之處；而康誥稱康叔爲「弟」之王，乃周公而非武王，亦無可疑之處。屈先生對這些資料竟一字不提；陳氏提了，未加批判，未加否定，而另作結論。細讀前面陳氏所錄的各種資料，皆可爲他的結論作反面的證明，而陳氏毫不覺察；這都是令人費解的。

他們要把康誥說是武王封康叔於康的訓誥，首先須割掉「王若曰」前面「惟三月哉生魄，周公初基作新大邑于東國洛……周公咸勤，乃洪大誥治」的一段話。這一段話都說的是周公平定三監後，徵召四方人民諸侯開始經營洛邑的情形；若認定下面的「王若曰」是周公，則可以解釋爲周公在經營洛邑開始之同時，封康叔於衞；以與新營的洛邑，成犄角之勢。但這樣一來，怎麼能由周公一下子跳到武王身上去呢？於是從蘇軾起，許多懷疑這是錯簡。但前引陳夢家所說的㈥，引漢書藝文志，斷定這是召誥的錯簡，則在資料援引上有點不太忠實。藝文志是說劉向「以中古文校歐陽大小夏侯三家經文，酒誥脫簡一，召誥脫簡二。率簡二十五字者，脫亦二十五字；簡二十二字者，脫亦二十二字」。據此，則劉向校書時，只酒誥召誥脫簡；而所脫之簡，旣經劉向根據中古文校出，亦當根據中古文補上。簡有二十五字與二十二字之不同，按文字的順序，應當是酒誥一簡二十五字，召誥一簡二十二字；乃陳氏將酒誥脫簡及簡二十二字，皆略去，一似藝文志僅言召誥脫二簡，而召誥每簡爲二十五字，且將康誥前之四十八字，說成是五十字，以求與兩簡共五十字的字數符合，未免牽强了一點。因此，從康誥中去掉這四十八字，雖無關大體；但說出一個理由來去掉，却也相當困難。

其次是康叔的「康」的問題。康叔封於衞，是平定三監以後的事，這是陳屈兩氏所沒有推翻的。康誥是武王所命，則康叔此時受封的不能是衞而是康；這是陳屈兩氏所繼承的宋人以來許多人的說法。史記衞世家索隱「康，畿內國名。宋衷曰，康叔從康徙封衞。畿內之康，不知所在」。馬融王肅僞孔傳，亦以康叔之康，爲其始封的畿內國名。但他們並不以康誥爲封於康國時之誥。鄭康成則以康叔之康爲謚。皮錫瑞今文尙書考證，堅信鄭說。陳屈兩先生，不僅以康叔之康爲康叔始封之國，且以康誥爲康叔始封於康國時之誥。但康誥內「肆汝小子封，在玆東土」，「往敷求于殷先哲王」，「罰蔽殷彝」，「聽朕告汝，乃以殷民世享」等句，怎樣也不能把康解釋爲周的「畿內之國」。陳氏「認爲此康與酒誥的妹邦，或在同一範圍之內，乃是康誥所說的東土」。此康國旣在妹邦同一範圍之內，則當武王封三監於妹邦時，康國是夾在那一個縫隙裏面？在文獻與地下材料中，有無康國的痕跡？陳氏在他的大文中提出了這麼多的資料，但對於康國，毫無辦法提出半絲半毫的證明。假定承認立論必須根據證據，則陳氏之說，只能算是空中樓閣。屈先生在他的大著尙書釋義中謂「傳世銅器中有康侯鼎，銘文曰『康侯丰』云云。近年濬縣出土銅器，有康侯斧及罍、爵、奇形刀等，其銘皆有康侯字，證知其爲康叔之器無疑。以始封於康，故有康叔康侯之稱」。屈先生這段話是由陳氏之說，敷衍而來。但是很難成立的。因爲前引陳夢家之說的㈥，他特別提到了康侯𣪕。康侯𣪕銘文明說「征令康侯圖（封）于衞」，是康叔正式封於衞時仍稱爲「康侯」；則何能以銅器上的康侯兩字而能斷其係封於康時之器。並且當改封之際，被封者卽應以新封之國爲名。例如近年出土的宜侯夨𣪕，夨先封於虔爲虔侯；在改封於「宜」時卽稱爲宜侯。如「王令虔侯曰夨，□侯於宜……宜侯夨揚王休……」。此卽其顯證。準此，則康侯封於衞時，卽應稱衞侯而不應稱康侯。且與康侯有關的銅器，據陳夢家西周銅器斷代㈠所述，計有近年出土的斤、戉、矛、鱓、罍（以上近年出土），乍册齒鼎（有康侯、銘十四字），康侯鼎（有康侯丰、銘六字），康侯鬲（有康侯、銘二字）。據陳夢家說「作器有先後，要皆在成王時期以內」。卽是在封於衞以後之器。若如陳屈兩君之說，康叔在武王時期封於康而稱康侯；爲什麼封於衞以後之器而仍稱康侯呢？他在成王時期封於衞，地位更爲重要，爲什麼不稱爲衞侯而一直稱康侯，且從來沒有發現「衞侯丰」或衞侯的一件銅器呢？這只有一個合理的解釋，康叔之「康」，康侯之「康」，是他的謚而不是他的封國。當時生前卽有謚，如成王卽是生前之謚。這樣他才可以一直被稱爲康叔或康侯；除此以外，不可能找出其他的解釋。史記管蔡世家，「封康叔爲衞君，是爲衞康叔」，這分明是以康爲謚。又史記自序「牧殷餘民，叔封始邑」，分明說康叔封於衞，卽是他始封之邑。在這以前，是因年幼未受封過的。說他先封於康國，根本是出於望文生義的虛構。說康誥卽是武王始封他於康國時之誥，這是從第一虛構中所引出的第二虛構。這是我就銅器的情形，補足江永皮錫瑞兩氏立說之不足。至於有人懷疑康叔的兒子稱康伯，父子不應同謚。文王謚文，周公亦謚文（周文公）；以此例彼，益足證明康之爲謚名而非國名。否則康叔因始封於康而稱康叔、康侯，他的兒子是繼承衞君，爲什麼也稱康伯呢？蔡邕述行賦，「悟衞康之封疆」，是蔡邕亦以康爲謚。所以以康爲謚之說，並非僅始於鄭玄。封康叔於衞，命之以康誥，亦猶命晉文公爲伯，而有文侯之命；「文」是謚，「康」也是謚。

陳夢家與屈先生不同之點，在於他對材料引用得相當的完全。但他不從所引材料的本身抽出結論，却在毫無材料可憑處生出結論，例如他根據材料，承認衞都於朝歌，又認爲朝歌、殷虛、商虛、沬、妹、衞、舊衞，皆是一地；更認爲妹卽是酒誥「明大命於妹邦之妹」（見上引㈥）。這都說對了。據陳所說，則酒誥的「明大命於妹邦」，等於「明大命於朝歌」「於衞」，這分明是康叔封衞以後的事，怎麼可以得出「酒誥梓材，都以『王曰封』開始，不是成王口氣，也是武王所命」的結論？難道說康叔封於妹邦（衞）以後，武王還能從墳裏起來訓誥一番嗎？這卽是以自己的觀念，歪曲、抹煞擺在眼面前的材料的顯證。

屈先生倒注意到上述的問題；在他的尚書釋義大著中說「按妹邦爲紂都所在處；乃武庚或三監所

轄之地。康之封域，當不及此。史記及書序之說近是」。卽承認這是「周公以成王之命誥康叔之辭」；而認爲酒誥的「王若曰」，「其實他就是成王」。但屈先生忽視了兩點。㈠康誥以「聽朕告汝，乃以殷民世享」；若非三監既平之後，以殷餘民封康叔於衞；亦卽若非封康叔於妹邦，則「以殷民世享」的話，有何着落？屈先生因酒誥中的「妹邦」一詞而可斷定酒誥中的王不是武王；爲什麼能根據「以殷民世享」的話而能斷定康誥中的王卽是武王呢？㈡屈先生似乎完全忽略了周代的宗法與封建有不可分的關係。宗法以親親爲主；王對諸侯及命卿而言，一面是君臣關係，同時又是宗法中的親屬關係。在稱呼上，多以親屬關係爲依據。康叔是成王的親叔父，成王不可能把親屬關係置之不顧而直呼其名，這可以說是對當時政治結構的大破壞。最低限度，應稱爲「孟侯」，「康侯」，「康叔」，而不能直呼其名。成王當洛誥的政權交替時，稱周公爲「公」，決不敢稱之曰「旦」或周公旦。詩魯頌閟宮述成王命封伯禽時是「王曰叔父，命爾元子」。康王之誥，稱其大臣爲「今予一二伯父」。呂刑穆王稱其臣爲「伯父伯兄仲叔季弟」。文侯之命，襄王稱晉文公爲「父」。左傳所記，周室對同姓諸侯及命卿無不稱伯父叔父或兄弟，對異姓則稱甥舅。這是沒有一個例外的。所以有資格呼康叔之名的只能是康叔的哥哥周公，而決不能出於他的姪子成王之口。

綜上所述，康誥酒誥梓材三篇中的「王若曰」，「王曰」，不可能是武王，不可能是成王，而只能是踐阼稱王的周公。

五、尚書中康誥以外的有關文獻

現在略談尚書中康誥酒誥以外的有關文獻。

大誥是周公「以爾庶邦于伐殷逋播臣」，即是討伐武庚的誥辭；和其他各篇一樣，先用「王若曰」，以後用「王曰」。此時周公正攝政稱王，此篇之王，皆指的是周公，兩漢今古文家，皆無異說。屈先生在其大著尚書釋義的標題下謂「本篇是否作於周公，雖不能定；而其爲西周初年作品，則無疑義」。在「王若曰」下注，「王謂成王」。按大誥係史臣紀錄周公誥命之言；不是像今人寫成一篇文章在那裏念，所以中間夾著兩個「王曰」。屈先生之所謂「作」，不知何義。若謂不知道紀錄者是何人，則凡是這一類的文獻，實皆無從查考。若謂不知是何人所說，則屈先生既定「王若曰」之王是成王，自係成王所說。以大誥的「王若曰」之王爲成王，第一道關卡通不過的是「義爾邦君，越爾多士尹氏御事綏予曰，無毖于恤，不可不成乃寧考圖功」的這一句話。這句話的意思應當是「宜乎你們大家，這樣的安慰我，叫我不要以憂患爲勞苦（此用僞孔傳之意），不能不完成你（乃）父親文王（寧考）所圖謀的大功」。大誥稱「寧王」者七，「寧王」即是文王，這是沒有爭論的。稱「寧武」

者一，寧武卽是文王武王的合稱。死了的父親稱考，此處的「寧考」，是指死去的父親文王言，也不應當有問題。全篇稱寧王而此處稱寧考，乃出於邦君、多士們向訓誥者進言，所以說「你死去的父親寧王」。這怎能扯到文王的孫子的成王身上去呢？則此訓誥者不是周公，是誰呢？「王若曰」「王曰」，不是周公又是誰呢？

但屈先生在他的大著尙書釋義中對此的解釋是「寧考卽文考，亡父也，乃金文中習見之語；此謂武王」。寧考是武王，訓誥的自然是成王了。按金文有習見的文考，大概沒有出現「寧考」。以文考爲亡父的泛稱，則文考下面，必綴以其考的名字，以示文考某某人。例如衞鼎「衞肇乍厥文考巳中中將鼎」。獻𣪘「乍朕文考光父乙」。魯侯熙鬲「用享䵼厥文考魯公」。利鼎「用乍朕文考□白隩鼎」。匡卣「用乍文考日丁寶彝」。師湯父鼎「師湯父拜稽首乍朕文考毛弔將彝」。周初僅稱「文考」的，則必係文王的諸子稱死去的文王。這和如以「文祖」泛稱已死的祖父，則文祖下必綴祖父的名稱，如師遽方彝「用作文且（祖）它公寶隫彝」；而僅稱「文祖」，則必係文王的孫子稱自己的祖父文王，是同樣的情形。所以康誥「今民將在祗遹乃文考」，洛誥「王命予來承保乃文祖受命民」。「朕昭子刑乃單文祖德」，屈先生對此皆不能不解作文王。逸周書五權周公旦曰：「維在文考」；本典周公曰：「臣聞之文考」，這都指的是文王。大誥稱文王爲寧王，則此「寧考」必係指文王。不論在文獻上，或在金文上，斷乎沒有以「文考」或「寧考」指的是武王之例。何況洛誥周公向成王稱「厥乃先烈考武王」；逸周書大戒，周公答成王之命「於敢稱乃武考之言曰」；本典，成王自稱「嗚呼，朕聞武考」；則成王稱武王爲「武考」，正如文王諸子——武王、周公、康叔等，稱文王爲文考，是完全相同的道理。大誥稱文王爲寧王，而稱寧考却變成了死去的武王，這正是因個人預定的觀念歪曲了史料的顯例之一。聽訓誥者當著「王曰」的王而說「你應完成你死去的父親寧王（寧考）所圖謀的功烈」，則此王一定是文王的兒子；「王若曰」的王，除了周公還能找出第二人嗎？

再進一步可從大誥的稱謂上，略加研究。我發現大誥有兩種顯然不同的稱謂。一種是以「予」字爲主的稱謂，間用我字、朕字。「予惟往求朕悠濟」；「予不敢比」（註五），「寧王遺我大寶龜」；「予翼以于敉寧武圖功」；「我有大事休，朕卜並吉；肆予告我友邦君……曰，予得吉卜，予惟以爾庶邦于伐殷逋播臣」；「予造天役」，「予不敢不極卒寧王圖事」；「肆予大化誘我友邦君」；「予曷其不于前寧人圖功攸終」；「予曷敢不于前寧人攸受休畢」；「若昔朕共逝，朕言艱日思」「肆予曷敢不越卬敉寧王大命」；「予永念曰：若穡夫，予曷敢不終朕畝。」「予曷其極卜敢弗于往」；「肆朕大以爾東征」。上面的「予」、「我」、「朕」，不待說，是「王若曰」的王的第一人稱。

但另有一種稱呼，是以「沖人」「小人」爲主。「洪惟我幼沖人」「已、予惟小子」，「越予小子考」（註六），「越予沖人，不卬自恤」。「已、予爲小子，不敢替上帝命」。這裡的「沖人」，「小子」，指的是什麼人呢？主張「王若曰」的王是成王的人，正好以此爲成王的自稱，以加强他們的論證。上面的沖人小子，若是成王的自稱，則是第一人稱。在尚書中可以確認爲成王所說的話，無如洛誥。洛誥中有關成王的第一人稱是「王若曰，公明保予沖子，公稱丕顯德，以予小子揚文武烈」；「予沖子夙夜毖祀」。「王曰，公、予小子其退卽辟於周，命公後」。第一人稱的「沖子」「小子」，都是「余沖子」「余小子」，沒有例外。君奭，「在今余小子旦，非克有正」。「今余小子旦，若游大川」。這裏的第一人稱也是「予小子」。再推上去，湯誓「非台（我）小子」，這裏的第一人稱也是「予（台）小子」。但大誥，則是「洪惟我幼沖人」，「予惟小子」，在「沖人」「小子」上面多了一個「惟」字。這種句法構造上的顯然不同，有什麼特別意義沒有呢？說文十下「惟，凡思也」，意思是把「常思」「念思」等都包括在內之思。這是惟字的本義。王莽摹擬大洛而作他的大誥，將惟字皆用作思念之意，若此，則「予惟小子」「予惟沖人」，其意乃是「我想到小子」，「我想到沖人」；則此處的「小子」「沖人」，不是第一人稱而係第三人稱。因管叔流言周公將不利於孺子，所以周公在訓誥東征時，一定要提到孺子；「予惟沖人」，是「我想到沖人」；「予惟小子」，是「我想到小子」。至於「越我沖人」，應連同上文一氣讀下，「予造（遭）天役，遺大投艱於朕躬，越（以及）我沖人，不卬自恤」；這話的意思是說我和沖人，都遇着這樣大的困難」。「越予小子考」的越字同樣是「以及」的意思。用「越」字，正是周公把自己和成王關連在一起，以反擊「公將不利於孺」的流言，這不是很自然的嗎？同時，在多士、多方的訓誥中，王決不曾因自謙而自稱「小子」，或「沖人」，亦可證明大誥中的「小子」「沖人」，不是踐阼稱王的周公，而係周公指猶在「儲君」之位的成王而言。至於康誥中的兩個「汝惟小子」的「惟」應與「雖」同義。惟雖通用，這在經傳釋詞中已有說明的。

從稱謂中判斷周公成王地位的變遷，可以洛誥作一個分水嶺。洛誥是史臣紀錄周公把政權交還成王時的情形的。周公開始說「朕復子明辟」，卽是說「我恢復你的明君之位」。中間述成王向周公請求「誨言」，及周公對成王的誨言。周公又重申「予不敢廢汝命（不廢成王的天命卽政權）」，汝往（汝往卽君位）敬哉；茲予其明農哉（退隱於農事）」。接着成王說「予小子其退卽辟於周（退而卽君位於宗周），命公後（策封周公之子）」。並挽留周公不要離開。把這段政權交替的情形敍完後，史臣以「惟周公誕保文武受命惟七年」，作全文的總結，是說明周公踐阼稱王，前後共有七年。此文的脈絡分明，除宋人因被君臣大義所迷，故立曲說外，今人實無寫翻案文章的必要。洛誥以前，成王只是儲君的性質，洛誥時決定「復子明辟」，但尚未卽位，所以周公對成王稱「孺子」，稱「沖子」，稱「小子」。從未稱其爲王。司馬遷及劉歆以召誥爲七年返政時所作，故周公不稱王；而對成王的稱呼，在「今沖子嗣」以後，便一直稱王。無逸，立政，是周公就臣位以後，敎誨成王的；無逸則兩稱「嗣王」；立政一則曰「告嗣天子王矣」，再則曰「孺子王矣」，三則曰「咸告孺子王矣」，四則曰「今文子文孫，孺子王矣」。絕沒有僅稱爲「孺子」之事，更不再稱「沖子」、「沖人」、「小子」。這種稱呼上的變更，難道說不能反映周公曾踐祚稱王七年後，再把王位交回給成王的事實嗎？

還有，自大誥起，康誥酒誥梓材召誥洛誥多士、君奭、多方、立政，皆盛稱文王，而僅偶然一稱武王；無逸則完全不稱武王；洛誥周公面對着成王，一稱「王命予來承保乃文祖受命民」，再稱「朕昭子刑乃單文祖德」，而僅一次提及「越（及）乃光烈考武王」。這種情形，與周初之詩互證，可知武王在周公及一般人心目中，不是什麼了不起的人物；並且可能有許多過失，不足爲訓。但在洛誥及顧命中的成王口中，則必「文武」並稱，絕不例外，因爲他是武王的兒子。這一點也可證明從大誥到多方中的王若曰，王曰，必然是周公而不是成王。

周公若未踐阼稱王，則魯國何以得用天子的禮樂？而「周公在豐，病將歿，曰，必葬我成周，以明吾不敢離（按當作『附離』之離解，卽『比』之意）成王。周公旣卒，成王亦讓，葬周公於畢，從文王；以明予小子不敢臣周公也」（史記魯周公世家）。這將作何解釋。封建諸侯，是王者之事。

左傳僖公二十四年周的富辰謂「昔周公弔二叔之不咸，故封建親戚，以藩屏周室」。周公未居王位，他有什麼資格封建親戚？而封建時，在「文之昭」，「武之穆」外，還有「周公之胤也」。等於把家產分作三大份，文王的後人，武王的後人，及周公的後人，各佔一份，這又說明什麼呢？且從來沒有人注意到周公之周，乃周室之國號。歷代曾有以其本朝的國號為封邑的嗎？周公所代表的卽是周，故卽以周公稱之；這是非常特殊的稱號，不僅因為他的功勳太大，而且他曾稱王七年，而又肯把王位讓出來的特殊地位的關係。

六、尚書以外的兩點討論

屈先生的大文，在史實上，還有兩點應稍作討論。

一是關於棄后稷的問題。棄后稷以後的世次，誠如屈先生所說，是一筆難於清理的陳賬。史記周本紀所說的世次必有脫誤，殆已成定論。但史公說「后稷之興，在陶唐虞夏之際」的這句話，過去的人，大都認為沒有問題。屈先生却引錢穆顧頡剛的新說，而認為「似乎比較合理」，我倒覺得有點奇怪了。屈先生的大文是：

「昭公二十九年左傳蔡墨說『有烈山氏之子曰柱，為稷，自夏以上祀之；周棄亦為稷，自商以來祀之』。顧頡剛和史念海合著的中國疆域沿革史（三四頁）根據這個資料，以爲『苟打破傳統觀念，不以后稷爲虞廷之官』，而依照左傳此一記載，『則知棄本商稷，世數年代，固無不合也』。這一說和錢穆之說相似，而於古有據，似乎比較合理。」

按祭典中之稷，爲穀神而非祖先神。從宗教史的觀點說，一個現世之人，假定他沒有與宗教相關連的某種奇跡，或生者對他存有某種特殊目的，而死後即把他升爲祖宗神以外之神而加以祭祀，這幾乎是不可能的。人的神格化，必須經過一段歷史時間中的演變，在演變中逐漸把作爲「人的形像」昇進而爲「神的形像」。若棄身爲商的稷官，死了商人就奉祀他爲稷神，這是可能的嗎？而他降生的神話，出現於商代，也稍嫌遲了一點。蔡墨的話，只能證明稷是商以前的稷官；但他在農業方面的貢獻，商人實受其賜，所以商人便祀他爲稷神。我常想，顧頡剛是一理解能力與膽量太不相稱的史學家，所以他才可以當疑古派的領袖。

屈先生說「於古有據」，我現在引兩條眞正於古有據的材料在下面。

一、左傳昭公九年「周甘人與晉閻嘉爭閻田，……王使詹桓伯辭（訟）於晉曰，我自夏以后稷。魏駘芮岐畢，吾西土也」。

二、逸周書商誓（哲）第四十三「王曰（武王），在昔后稷，惟（思念）上帝之言，克播百穀，登禹之績。凡在天下之庶民，罔不惟后稷之元穀用蒸享。在商先誓（哲）王，明祀上帝，□□□□亦惟我后稷之元穀，用告和，用胥飲食，肆商先誓（哲）王，維厥故，斯用顯我西土。」上面的材料，是互相符合，且與蔡墨之言，亦可互相印證。並且國語周語「昔我先王世后稷」，即說「世世代代爲后稷」，亦由此而得到證明。近人把周發跡於「西土」的史實，要憑「新奇動衆地觀念」移到北土的太原一帶去，不更完全破產了嗎？

其次，屈先生引論語泰伯孔子說文王，「三分天下有其二，以服事殷」的兩句話，認爲「這是傳統的，人所共知的西周開國史。但早期所記述的史事，却不這樣。詩魯頌閟宮篇說，『后稷之孫，實爲太王；居歧之陽，實始剪商』。後漢書西羌傳注所引的竹書紀年，說周人在武乙和大丁時代，曾伐西落鬼戎，伐燕京之戎，伐無余之戎，伐始呼之戎，伐翳徒之戎，可見季歷開拓疆域的雄心。太平御覽卷八十三所引竹書紀年在帝乙二年且明說周人伐商。從甲骨文的資料看來，殷周的關係，也時好時惡。……文王是纘太王之緒，……詩大雅皇矣篇說文王曾經伐密；尚書西伯戡黎篇說西伯曾經滅黎；尚書大傳說文王曾經伐崇……而且康誥說『天乃大命文王殪戎殷，誕受厥命……』（以下引詩文王受命的資料）』從這些文獻裡，都可以證明文王已經及身稱王，不必等到武王克殷之後再給他追加王號，……因此，文王當時是否作過商的西伯，也是有問題的」。

我讀完屈先生的文章，首先感到的是：屈先生彷佛認為西周的第一手資料，都很完整的傳承了下來，而為屈先生所盡見。孔子以及戰國時人和司馬遷們所讀到的文獻，不會比屈先生多出毫分（註七）。若是常識告訴我們，西周的第一手資料，只能傳十一於千百，則對第二手的，早期的轉述性的資料，必定要採取愼重處理的態度。第二點感到的是，屈先生彷佛以為周代天下統一的情形，及王——天子的地位，和秦以後的一樣；商代天下統一的情形及王的地位，和周代一樣；因而以後代的情形，作古代史實的判斷。實際則是秦及其以後的統一，是中央集權的統一，天子是至高無上而不容稍有異圖的；除非去完全打倒他。周代的統一，是在當時「中國」的範圍之內，以宗法禮制為骨幹的地方分權的統一，王的地位，在宗法禮制的中國範圍之內，是「民無二王」的；在此範圍之外，則楚、越稱王，是無所謂的。齊桓公伐楚，並沒有責讓他不應稱王。到了戰國初期以後，更是惟力是視。商代的統一，乃是自古以來便存在的許多獨立性的氏族國家，承認一個共主的統一；王的支配權，較之西周，受到更多的限制；氏族國家中對共主的叛服無常，是經常的現象。崔述的「古者天子有德則諸侯歸之，無則去之」的話，是說對了的。先把這兩點澄清了，才便於下面的討論。

轉述性史料的可信程度，與轉述者的性格及講話的動機有關係。首先我們應了解孔子是一個「好古敏以求之」，「信而好古」，「多聞闕疑」，「言忠信」，「知之為知之，不知為不知」的人；與顧頡剛的一知半解，誇誇其談的人，在性格上是完全不同的。開始我們得追問，他的「三分天下有其二，以服事殷」的話，能不能找出其他的證明。

左傳襄公四年晉韓獻子謂「文王率殷之叛國以事紂」。左傳襄公三十一年衞北宮文子答衞君之問中有謂「紂囚文王七年，諸侯皆從之囚，紂於是懼而歸之」。逸周書程典第十二「維三月既生魄，文王合六州之侯，奉勤於商。商王用宗讒，震怒無疆，諸侯不娛，逆諸文王，文王弗忍，乃作程典」。三說大體相合。而「合六州之衆」，即是九州的三分之二。又逸周書太子晉第六十四，太子晉說「如文王者，其大道仁，其小道惠；三分天下而有其二，敬人無方，服事如商。既有其衆，而返（反）失其身（被囚），此之謂仁」。通行本竹書紀年「二十三年囚西伯於羑里」，「二十九年釋西伯，諸侯逆西伯歸于程」，與左傳紂囚文王七年之說相合。但大家說它是明人僞編的，所以不算數。

逸周書我曾通讀過幾次，從全書的文字及意味看，似乎與孔門的關係不太深；若謂程典及太子晉的話，都是因受了孔子的話的影響所造出來的，似乎沒有太大地可能。而襄四年韓獻子的話，及三十一年北宮文子的話，則斷然在孔子之前，是可以信賴的。文王若不曾「服事殷」，紂便不得而囚之。文王若不是三分天下有其二，即是有大部分諸侯歸向文王，也不會有「諸侯皆從之囚」；所謂「皆從之囚」，只是表示皆願從之囚，這是向紂抗議的一種方式。文王到底曾否及身稱王，在當時有此可能，但逸周書世俘第三十七「王烈祖自大王大伯王季虞公文王邑考，以列升維告殷罪」。朱右曾釋謂「以列升，謂以王禮祀三王；以侯禮祀大伯虞仲邑考也」。據此則文王並未及身稱王；尚書西伯戡黎首句爲「西伯旣戡黎」此乃殷或周初史臣敍述之詞，是文王生時實爲「西伯」。孟子離婁篇謂「伯夷……聞文王作，興曰，盍歸乎來，吾聞西伯善養老者」，是孟子所承受之傳說，以文王生時爲西伯。呂氏春秋誠廉篇『昔周之將興也，有士亦處於孤竹，曰伯夷叔齊。二人謂曰，吾聞西方有偏伯焉，似將有道者，今吾奚爲處乎此哉』，二子西行如周……」是此傳說亦以文王生時爲「伯」。皆與逸周書相合。而所謂文王受命者，正如傳統的說法，因諸侯的歸向；而周人在伐商的準備中，即宣傳文王已受命。從大誥多方及詩經中周初的篇什看，文王在各諸侯中有很大的聲望與信用，武王伐商，周公平亂以及立敎，都要憑藉著文王的聲望，這是不應懷疑的。但不論文王自己稱王未稱王，與三分天下有其二，以服事殷，不相衝突。未及身稱王，也不是說文王便不會用兵征討。及身稱王，也在他死前的九年。而文王「三分天下有其二，以服事殷」，可以如程典及北宮文子所說，乃在他被囚之前。

屈先生說商周間的關係，是「時好時惡」，這是很對的。這正反映當時的所謂「天下」的結構。由春秋時代所反映的各大國對周王的關係，也是大體如此；不過商王在亡以前，手上還有一股軍事力量。但屈先生引用資料，即使是同一出處而關連密切的，也只引用與自己觀念相合的一部分，把與自己觀念不合的（「以服事殷」）部分，便輕輕抹煞掉了。例如同是太平御覽八十三引竹書紀年，但「三十四年周王季歷來朝，武乙賜地三十里，玉十瑴，馬八匹」。又同是後漢書西羌傳注引竹書紀年，「四年，周人伐余無之戎，克之。周王季命爲殷牧師」。又晉書束皙傳、北堂書鈔、史通疑古篇等引竹書紀年「文丁殺季歷」。這些材料，屈先生都一字不引。太平御覽八十三引的「二年周人伐商」，是緊承「文丁殺季歷」來的。這是文王想爲父報仇。而「以服事殷」，則是文王對殷的和解。把王季與殷的關係，有了比較全面性的了解，則對文王與紂的關係——伐商、戡黎、以服事殷、被囚、受命爲西伯等，豈不是很容易了解而加以承認嗎？——

現在能讀古典的人太少；而對古史的探索，還只算開其端；我希望大家把自己已經得到的結論，只當作反省的基點，以便再向前開擴；而不必早視爲定論。則假使因我這篇文章而能引起更多的討論，或許可爲反省的一助。在討論時，我希望大家努力於資料的蒐集、理解，以資突破既成觀念，從資料的全面而深切地把握中，形成新的觀念，則討論當會更有益處。

一九七二年八月十二日夜于九龍斗室燈下

註一：武王伐紂之年，據屈萬里先生西周史事概述，異說有十種之多，而皆無確證。在這種情形之下，不如暫從傳統劉歆世紀之說，以待將來論定。我這裡只好用「概略數字」。

註二：我這裡是用朱右曾逸周書集訓校釋本，與屈先生所引用之文字小有出入。如「馘磨」屈引作「馘魔（歷）」；「三億」引作二億。屈先生當另有所本。

註三：我對世俘，相信來源甚早，紀錄了當時一部份的眞實情形，而有點原始性的誇張。

註四：見拙著「呂氏春秋及其對兩漢學術政治之影響」。

註五：通行本「予不敢閉于」。今文「閉」作「比」，下文無「于」字。

註六：此從今文訓，意謂三監又是你的小子的父輩，所以當敬之而不可征伐（「翼不可征」）。

註七：屈先生對殷本紀所記紂王的罪惡而下斷語說「太史公這些記載，大部份是根據戰國以來的傳說。拿早期的史料來對勘，知道有些事情是於古無徵……」這口氣當然是語定早期史料都傳了下來而爲屈先生所盡見。

附錄四

有關周公踐阼稱王問題的申復

當我看到屈萬里先生的大著尚書釋義（以後簡稱「釋義」）時，對屈先生的若干意見，即欲寫一文提出討論，因循未果。及讀到屈先生大文西周史事概述（以後簡稱「原文」），這是中央研究院歷史語言所預定的古代史的一部份，屈先生若干意見的影響，將由此而擴大；為使古代史減少一分障蔽，所以在生活流動中，寫了與陳夢家屈萬里兩先生商討周公旦曾否踐阼稱王的問題（以後簡稱「拙文」）一文在東方雜誌復刊第六卷第七期刊出。旋得屈先生賜教，謂將寫一文詳復。前幾天香港中文大學中國文化研究所轉來屈先生所寄東方雜誌七卷七期關於所謂周公旦踐阼稱王問題敬復徐復觀先生（以後簡稱「答文」）的大文，屈先生所預許的詳復，期待了一年，終於能夠讀到，感到十分欣慰。屈先生大文所採用的是「以徐先生之矛，攻徐先生之盾」的方法，這對我的思考訓練，是非常有益的。但拜讀後，更增加我對這位老朋友的悵惘，不能不作申復。

一

在未入正文以前，首先應感謝屈先生答文中指出我引用金文，錯了三個字；這三個字雖然我早經校改了，但經屈先生指出，依然是非常可感的。又拙文引大誥「洪惟我幼沖人」，在解釋時順着「予惟小子」而誤寫作「予惟沖人」，並在事後自己未經校出，雖不至犯上答文中所說的「用了烏有的資料」的大罪，但任何過失，只要經人指出，我便情不容己的十分感謝。

屈先生答文在「一、大誥中之王是否周公的問題」一節中，援引書序、史記、尚書大傳的材料，反駁拙文「周公曾否踐阼稱王，在兩漢及其以前的資料中，都是肯定的；對尚書有關文獻中的『王』是否是周公，今古文學家，也是肯定的」的說法。並認爲周公踐阼稱王之說，乃出於王莽。「東漢以來，才有因襲王莽之說，把大誥中和其他有關各篇中的王字說成周公的。」是屈先生認定東漢以前，並無周公踐阼稱王之說。

首先，我應指出，屈先生的原文與拙文，在這種地方的陳述，可說是完全相同的。在拙文中引用屈先生的原文是：

「由於成王年幼，而有周公攝政權作天子之說（以下引尸子、韓非子、荀子有關周公權作天子的說法，從略）。這一說法，到漢代更爲流行。後世學者，雖有不少人提出反對的意見；但直到現在，在一般人的心目中，還以爲是正確的史實。

「由於先秦有周公攝政稱王的傳說，於是漢以後人就把尙書大誥篇『王若曰』的王，解釋爲周公；其實他就是成王。同樣地，也把康誥篇『王若曰』的王，以爲是周公，其實他是武王。後人習而不察，以爲周公稱王，既然經有明文，自然是史實。……而不知乃是經生解釋之誤。可是由於這一觀念深中於人心，以致有些人持反對意見，如王肅、林之奇、焦循、劉逢祿、宋祥鳳、魏源等，但能够注意而且理解這些議論的人並不多。」

上面一段原文要點㈠先秦周公權作天子之說，「到漢代更爲流行」。㈡先秦「周公攝政稱王」的傳說，由漢的經生家應用到大誥等的解釋上，而被屈先生斥爲「經生解釋之誤」。㈢反對周公曾攝政稱王之說的，乃始於魏晉之際的王肅；可知在王肅以前的皆承認周公曾攝政稱王。這與拙文的說法，在什麼地方不同？屈先生最低限度應在答文中先申明自己在原文中這一段陳述的錯誤，然後可改寫有關的歷史事實來攻擊我對有關歷史敍述的錯誤。隱瞞自己有關的原文，提出與自己原文相反的說法來攻擊我與屈先生原文相同的說法，這不是「以徐先生之矛，攻徐先生之盾」；而是屈先生以自己之矛，攻自己之盾。且屈先生忽略了一點，西漢知識份子多反秦，東漢知識份子多反莽。劉歆王莽們所編的周官所以能售其欺，因爲裡面有許多先秦資料，及迎合了儒家知識分子的要求。若先秦及西漢經生本無周公攝政稱王的說法，則王莽們憑空造爲此說，即不能成爲他的政治野心的有力藉口；更不會被東漢儒生所接受。他造了些讖語和符瑞，東漢儒生接受過一條嗎？尤其是王莽假周公攝政之事以篡漢，東漢儒生認爲上了他的大當。兩漢經學，雖不像清人所强調的師承家法之嚴，要亦傳承有緒，訓詁有方；從學術大勢看，周公攝政稱王，乃始於王莽之說，是屈先生自己先前也不曾想到的。

其次，應就屈先生答文所引作立說證明的文獻略加考查，先從書序說起。這裡附帶說句閒話。拙文中曾說屈先生大著釋義中的若干特出觀點，是由陳夢家氏之說，敷衍而來；屈先生說這是我的「臆測之言，確與事實不合」。按當屈先生寫釋義時，當然不會看到陳氏的西周銅器斷代；但應當看到陳氏早出的尚書通論；此次我淸出約略翻閱，屈先生受了此書很大的影響，似非我的臆測；對書序的看法也是如此。我並應更正我在拙文中對此書所採的輕率態度。我雖不贊成陳氏若干說法，但他用力之勤，援引之博，遠非屈先生與我所能企及，則屈先生受他的影響，也是應當的。

書序的爭論很多，此處只能簡單說，今日看到的書序，並非兩漢書序之舊，而係配合僞孔傳就原文加了一番手脚的。最顯著的證明，即在對有關周公的敍述。屈先生答文中引書序是：

「三監及淮夷畔，周公相成王，將黜殷命，作大誥」。

又康誥書序：

「成王既伐管叔蔡叔，以殷餘民封康叔，作康誥。」

但漢書二十八下地理志第八下：

「河內本殷之舊都。周既滅殷，分其畿內爲三國，詩風邶鄘衞國是也。鄁（邶）以封紂子武庚；庸、管叔尹之，衞、蔡叔尹之，以監殷民，謂之三監。故『書序』曰，武王崩，三監畔，周公誅之，盡以其地封弟康叔，號曰孟侯，以夾輔周室。」

今日所見到的書序，把伐三監及封康叔的事，繫之於成王；所以大誥康誥之王，僞孔傳皆認爲是成王。漢書地理志上所引的書序，把伐三監及封康叔的事繫之周公，則大誥康誥中的王，當然是周公。然則我們是相信今日所通行的聚訟紛紜的書序呢？還是相信地理志中所引的書序呢？如屈先生相信今日通行的書序，則它分明說康誥是康叔封於衞時之誥，屈先生爲什麼一定要堅持是康叔封於康之誥呢？

屈先生引史記尚書大傳的材料，我不知道，還是應當採用全部有關的材料來確定它的意義呢？還是僅憑王觀節取適合於自己要求的幾句話，來決定它的意義？屈先生對史記僅節取「成王命周公誅之」，「周公奉成王命」，「周公乃奉成王命」，「周公旦以成王命」等語句，而斷定「書序作者和太史公的心目中，關於大誥中的王，必然是成王而不是周公」。又引尚書大傳「周公以成王之命殺祿父」一句，而斷定「可見伏生也沒把大誥中的王說成周公」（同上）。但史記「成王少，周初定天下，周公恐諸侯畔，周公乃攝行政當國」（周本紀）「初管蔡畔周，周公討之，三年而定，故初作大誥，次作微子之命，次歸禾，次嘉禾，次康誥酒誥梓材，其事在周公之篇」（同上）。「其後武王既崩，成王少，在强葆之中，周公恐天下聞武王崩而畔，周公乃踐阼代成王攝政當國」（魯周公世家）。「管蔡武庚等，果率淮夷而反，周公乃奉成王命，興師東伐，作大誥。遂誅管叔，殺武庚，放蔡叔，收殷餘民，以封康叔於衞」（同上）。「成王長，能聽政，於是周公乃還政於成王，成王臨朝。周公之代成王，南面倍依以朝諸侯。及七年後，還政成王，北面就臣位（同上）」。「成王既幼，周公攝政當國踐阼，召公疑之」（燕召公世家）。「武王既崩，成王少，周公旦專王室，管叔蔡叔疑周公之爲，不利於成王，乃挾武庚以作亂。周公旦承成王命，伐誅武庚……從而分殷餘民爲二。其一，封微子啓於宋，以續殷祀。其一，封康叔爲衞君，是爲衞康叔」（管蔡世家）。「武王既崩，成王少，周公旦代成王治當國。管叔蔡叔疑周公，乃與武庚祿父作亂，欲攻成周。周公旦以成王命興師伐殷……以武庚殷餘民封康叔爲衞君，居河淇間故殷墟。周公旦懼康叔齒少，乃申告康叔曰……故謂之康誥酒誥梓材以命之」（衞康叔世家）。把上面的材料加以綜合判斷，史公認周公曾踐阼南面主持國政，應毫無疑問。若史公認定大誥爲成王所作，康誥爲武王所作，則必繫之於周本紀，有如太誓牧誓等。上引周本紀，把三年內周公所作的大誥等七篇的次序，說得清清楚楚，而結之以「其事在周公之篇」，「周公之篇」云者，乃指有關周公的紀錄，並非僅指魯周公世家。史公這樣明白的說明大誥康誥等乃周公所作，則其中的王，不是「南面倍依以朝諸侯」的周公，是誰呢？至於「以成王命」這類的語句，只要想到管蔡之畔，係以周公將不利於孺子爲口實，則周公針對此點而有這樣的說法，自然是可以理解的，其中並無矛盾。假定不把通行的大誥和康誥的書序合在一起看，而如屈先生僅抄大誥書序，並看不出它和史記的斷然地區別。

至於尚書大傳，只要把「周公身居位，聽天下爲政，管叔疑周公」；「故魯郊（按天子始可郊祭），成王所以禮周公也」；「周公居攝六年，制禮作樂」；「周公攝政，一年救亂；二年克殷；三年踐奄；四年建侯衞；五年營成周；六年制禮作樂；七年致政成王」，和屈先生所引「周公以成王之命殺祿父」，合在一起看，與史記的情形正同，不必詞費。

這裡順便把屈先生答文「六、踐阼與稱王」一節略加答復。屈先生說，「徐先生把這些踐阼的資料，都當作了稱王的證據，而忽略了踐阼之下，都沒有稱王二字，又忽略了相、假、代、攝等字，於是得到了先秦及兩漢經學家，都承認周公曾踐阼稱王的結論，用徐先生自己的話來說，『這正是因預定的個人觀念歪曲了史料的顯例之一』。」後面又引了召公王莽兩個踐阼而不稱王的例子以作證明。

按：㈠屈先生原文「由於先秦有周公攝政稱王的傳說，於是漢以後人就把尚書大誥篇王若曰的王解釋爲周公……」，屈先生若不以「攝政」「踐阼」卽作爲是「稱王」，上面的話，從何而來？㈡若踐阼下沒有說稱王，踐阼便不等於稱王，則大戴記武王踐阼篇，只說「武王踐阼」而沒有說「武王踐阼稱王」，然則武王是不是稱王？㈢前引史記魯周公世家說「周公南面倍依而朝諸侯」；七年還政後是「北面而就臣位」；北面是臣位，南面當然是王位；周公若以人臣的資格而南面，則名與實相犯，斷無此體制。㈣「天子」一詞，與「王」可以互用。荀子儒效篇「武王崩，成王幼，周公屏成王而及(繼)武王以屬(繫)天下，惡天下之倍周也。履天子之籍(王念孫：籍者位也)……殺管叔，虛殷國……立七十一國，……周公歸周，反籍於成王……北面而朝之。天子也者，不可以少(少頃)當也，不可以假設爲也……鄉有天下，今無天下……故以枝代主，而非越也。以弟誅兄，而非暴也。君臣易位，而非不順也」。荀子對西漢經學影響之大，稍有國學常識的人，應當可以知道的。禮記明堂位「天子負斧依南鄉而立」鄭注：「天子，周公也。明堂位又說「周公踐天子之位以治天下」，旣踐天子之位，卽是踐阼，卽是天子，卽是王。㈤後漢書郎顗列傳「陛下踐阼」。魏志管寧傳「陛下踐阼，纘承洪緒」；是漢人以「踐阼」卽是卽位，這已成一專用名詞。說成王未能踐阼，是說成王未能卽王位；說周公踐阼，卽是說周公卽王位，卽王位，當然可以稱王。㈥屈先生引顧命「太保……由阼階隮」，而說「召公奭雖然踐阼了，但並沒有稱王」，以證明周公踐阼亦不曾稱王。按顧命只說召公「由阼階隮」，並沒有說他「踐阼」。屈先生爲什麼不拿儀禮冠禮「主人玄端爵韠，立於阼階」來比呢？召公在顧命中所演的角色，與周公所演的角色，天壤懸隔，可謂「擬不於倫」（參閱王國維周書顧命考）。㈦「攝政」之攝，作「持」解；「攝位」之「攝」，「攝皇帝」之「攝」，作「代」解。周公與成王，是親叔侄關係；他在武王伐紂時已有「秉大鉞」的地位。他的時代可以兄終弟及；他的用心是把成王教養大了便把王位歸還給他。禮記文王世子的作者，實際認爲周公是把成王作「世子」看待。漢家姓劉，王莽姓王；王莽是自執戟的「郎」，憑外戚關係一步一步的爬上去的。他的時代是「非劉氏而王者，天下共誅之」；他的用心是要有步驟的做眞皇帝，「攝皇帝」是一個步驟。他要僞托周公，難說我們便可把他的置境和周公的置境等同起來嗎？卽使是如此，「攝皇帝」依然不是「安漢公」的「公」，人稱他還是稱攝皇帝而不能再稱安漢公。他是以攝皇帝的地位蒞政，不是以安漢公的地位蒞政。周公踐阼後，還是以「公」的地位蒞政嗎？㈧周公是暫時踐阼稱王，最後還是要歸還給成王的；所以從周公的心理說，歷史家從問題的歸結說，都可以用上「相」（乃輔助之相），「假」，「代」等限定詞，與踐阼稱王的歷史事實不相矛盾。周公的情形，與春秋魯隱公的情形有些相似。隱公「元年春王正月」左氏傳，「不書卽位，攝也」。公羊傳，「公何以不言卽位，成公之志也」。穀梁傳同公羊。魯隱公是攝魯君之位；但他是以君的地位涖政及與各國相交往呢？還是以「公子」的地位涖政與各國相交往呢？以這樣的切例，還不能把問題想通，便眞「吾莫如之何也已」。

其實，全部問題，都早由荀子儒效篇及史記周本紀，作了全面性的明白解答；由王肅開始所引起的紛擾，只能算是無端地紛擾。屈先生原文，對王肅以前問題的陳述，並不算錯；但因他信服陳夢家太過；拿王肅所引起的紛擾，抹煞王肅以前的全部有關史實，這已經十分可怪；而答文又想以自己的觀點，改竄王肅以前的全部有關史實，認兩漢及其以前的有關史實，和自己的觀點是一樣，這種前言不對後語，栽誣許多古人，以爭一時之勝，實在是不應當的。

二

上面實際已經解答了全部的問題；但若不簡單答復屈先生對我的責難，屈先生會以爲我有所逃避。

屈先生答文「二、大誥中『洪惟我幼沖人』及『予惟小子』的解釋問題」一段，是反駁我從大誥句法構造上的不同來研究大誥中的小子沖人，究係何指的。首先我應說明的是，我是抽出兩種相接近而實有所不同的語句，加以比較後，再進行解釋，得出結論的。例如旁的地方稱「予小子」，而大誥則稱「予惟小子」；大誥中有的稱「予」稱「朕」稱「我」，有的又稱「小子」「沖人」等，兩相比較，爲什麼有這種不同？要批評我的解釋，第一，承不承認在文句上有這種不同？第二，若承認，則應解答何以有這種不同？屈先生抹煞我所舉出的兩者不同的對比，而只順著一方面的字句作批評，這是迴避由比較而來的眞正問題，講的是與我的說法毫不相干的話。屈先生堅持大誥中的「洪惟我幼沖人」一句的「洪惟」兩字，是發聲詞；但經傳釋詞只說「洪，發聲也」，王氏並沒有把「洪惟」連在一起也釋爲發聲詞。王氏又說「解者皆訓爲大，失之」，但甚爲楊樹達所推服的曾運乾尚書正讀對此句的解釋是「洪、代也。見爾雅釋詁。……幼沖人，目（指）成王也」。爾雅乃主要由歸納詩書的訓詁而成；是先秦或西漢經師，確實以代釋洪。總之，句中第一字的惟字縱然可以釋作發聲詞，句中第一字的洪字縱然可以釋作發聲詞，但第二字的惟字，恐怕很難釋作發聲詞吧。尚書正義引王肅注以洪爲大，惟爲念。漢書翟義傳「洪維我幼沖孺子」師古注「洪、大也，惟、思也，沖、稚也，大思幼稚孺子……」以此處之惟字作思字解，可以說是通義。屈先生以我對康誥「汝惟小子」之「惟」作「雖」解，而大誥「予惟小子」之惟作思念解，是我隨觀念爲取舍。但在一書中，甚至是在一篇中一句中，同字異解，乃起碼的常識。「予惟小子」，「汝惟小子」，屈先生大概不注意這些主詞「予」和

「汝」的分別。屈先生又引洛誥康王之誥文侯之命中王自稱「予沖子」「予小子」這類的話，反駁我由多士多方中只稱「我」、稱「朕」、稱「予」，以推定大誥中的「小子」「沖人」，不是王若曰的王的自稱。按大誥、多士、多方，周公是以王的身分對「多邦」「商王士」「四國多方」講話，這是君對臣的講話。洛誥中的成王是對「叔父」講話；康王之誥首段是在康王剛在受册命的典禮中所作的答詞；此時他還沒有廟祭。正式即位以後，是面對著「一二伯父」面前講的。文侯之命，是面對著「父義和」的「同姓尊長」所講的。上三者都不是站在君臣的立場來講話，而是站在宗法親親的立場來講話；這一點我在拙文中已有所指陳。對周代的宗法制度沒有一點知識而可以大談周代史，這是學術界中的怪現象！

三

屈先生答文「三、大誥中的寧考是否專指文王的問題」，是堅持「寧考非武王莫屬」的。說大誥出於成王，始於僞孔傳；宋人因「君臣大義」的觀念，秉承了這種說法。僞孔傳因尚書正義的採用而成爲權威。蔡忱書經集傳因八股的採用而成爲官學。但清代在經學上有成就，對尚書有全書注釋的經學家，無不認定大誥的「王若曰」的王是周公。例如江永的尚書集注音疏，王鳴盛的尚書後案，劉逢祿的尚書今古文集解，陳喬樅的今文尚書經說考，孫星衍的今古文注疏，皮錫瑞的今文尚書考證；今人曾運乾的尚書正讀等。他們既認定大誥是出於周公，則大誥中的「寧王」，當然認定是文王，大誥中的「寧考」，當然也認定是指周公的亡父——文王。即使僞孔傳這一系統的人，既都認寧王是文王，便決找不出一個人說「寧考」是武王的。因爲篇中有七次提到寧王都是文王，有一次提到「寧武」，「寧」是文王，「武」是武王；突然把「寧考」說成是武王，這是訓詁的常識所不許的。所以僞孔傳雖然把「王若曰」的王說是成王，但他既把「寧王」說是「安天下之王，謂文王也」；對「寧考」便只好分成兩人，把「寧」說成「寧祖」，成王當然以文王爲祖；把「考」說成「聖考」，這當然是指成王的亡父武王。他何以作此迂曲的解釋呢？因爲既認大誥出於成王，則在世次上不能把寧考釋爲成王的亡父文王。既把寧王釋爲文王，則在訓詁上不能把寧考變成亡父武王。把「寧考」釋爲「武王」，只有陳夢家及秉承陳夢家之說的屈先生。敍述至此，大誥到底是出於周公或出於成王，應當得到了解答。

屈先生說「這些寧字，前人都解釋爲安寧之意」，接著引吳大澂寧是由金文中的「文」字，「有些是從心，和寧字字形相近」，「於是知大誥中這些寧字，都是『文』字之誤」。屈先生的話，說得相當模糊，使人看了以爲釋寧王爲文王，是起於吳大澂。實則把寧王釋爲文王，如前所述，從無異說。所以把寧字解爲安寧之意，乃是解答何以把文王稱爲寧王的問題；這是從字義上來解答此一問題。孫詒讓吳大澂們，則從「形誤」的觀點來解答此一問題；對寧王寧考之爲文王，皆不相涉。並且我對孫、吳兩氏的此一解答，認爲頗有問題；金文中把「文」字左邊加一玉字的，較之加一心字的更多，但典册中沒有發現把文王寫成玟王的；何以金文中出現加心字的「文」字，便在典册中出現由此形誤而來的寧字？難說大誥是先鑄成金文，再由金文錄成典册嗎？即使是如此，則大誥中已有武王的「武」，又如拙文所擧，成王稱自己亡父武王皆稱「武考」，何以在此處突然稱爲「文考」？此乃必無之事。若係字誤，則加心字的「文」字，斷不能誤成「武」字。所以陳夢家以寧考爲武王之說，是站在任何立場都不能成立的，學術界大概只有屈先生加以信服。

接著，屈先生便全力攻擊我「以文考爲亡父的泛稱，則文考下面，必綴以其考的名字，以示文考某某人」的說法。假使屈先生對我這一說法能完全加以推翻，則如上所述，也不能維護陳夢家寧考是武王的謬說。因爲大誥只稱寧考而未稱文考，而金文中只有文考，並沒有發現「寧考」。何況我的說法，在文字上只應加以修正，在原則上決不能加以推翻的。因爲由專名演變而爲通名，這是很普遍的現象。「文考」在周初是專名，也和「武考」是專名一樣。所以拙文說「周初僅稱文考的，則必係文王的諸子稱死去的文王」，接著擧了三個例證。再說武王的兒子成王必稱死去的武王爲「武考」，接著舉了四個例子。這種堅强的論證，屈先生何以繞過而隻字不提？屈先生能在武、成、康時代的文獻和金文中，找出僅稱「文考」而不是指文王的例子嗎？文考演變爲亡父的通稱，最早也不應早於昭王時代。屈先生說僅稱文考而不綴文考名字的「多至不可勝數」，便逼得我非數一數不可。在于省吾雙劍誃吉金文選四百七十八器中（詛楚文石鼓文刀玭銘未入），文考（文祖）下綴有文考之名的凡三十九器。未綴文考（文祖）之名的十六器。在吳闓生吉金文錄四百十四器中，文考（文祖）下綴有文考之名的凡四十器，未綴文考（文祖）之名的凡十器。兩氏所錄之器，多有重複。其共同的特點是這些都是西周昭王以後及東周之器；而未綴文考之名的尤其是多爲東周之器。且多姬姓以外之器。銘文中有作器者之名，所以雖未綴文考（祖）之名，但這是什麼人的文考（祖），還是可以知道得淸淸楚楚，否則等於是孤魂野鬼。在綴有文考（祖）之名的，于錄中有四器未說明係因王、君有所錫而作；餘則均因王、君有所錫而作器的。吳錄中有二器未說明係因王、君所錫而作；餘則均因王、君有所「錫」而作器。在未綴文考（祖）之名的，于錄中有六器係因王、君所錫而作，餘則均係「自作」之器。吳錄中有五器係因王、君有所錫而作，餘則均係「自作」之器。其中師鼎「其作厥文考寶鼎」的口氣是出自「錫師鼎金」的王。概略的說，稱文考（祖）之名的，乃君前臣名之義。不稱名的多出於「自作」，自作則不應稱祖或考之名。其他的可視爲例外，或原因不明。上面的統計，或有遺漏，但大體不差。總的結論可以這樣：㈠文考（祖）由專名演而爲通名，乃西周昭王以後之事。㈡以文考（祖）爲通稱，則必下綴文考（祖）之名，或上有作器者之名；此對西周說，然後可不致與專名之文考相混。對東周以後及異姓說，然後可以使人有所識別。屈先生說「大誥中王若曰之王，既是成王，成王的寧（文）考，當然非武王莫屬了」。可不可以倒轉來說，「大誥中的『寧考』，乃緊承『寧王』而來；寧王既不能不承認是文王，寧考也只好勉强承認是作爲亡父稱的文王。於是王若曰之王，只好是寧考的兒子周公了」。至於屈先生指「文考魯公」並不是其考的名字，等於指出杜甫是一個具體的人，而「杜工部」則是「泛稱」一樣。屈先生又引堯典中的「文祖」來主張什麼，但屈先生早主張堯典是戰國時代作品，難爲「周初」的情形作證；這都可付之不論。

四

屈先生答文「四、康誥中的問題」。首先是屈先生認爲「依召誥洛誥的記載，知成王七年的二月，召公先到洛水一帶相宅，三月間周公也到了那裡，開始經營洛邑……成王三年既封康叔於衞，爲什麼隔了四年之後，到周公營洛時，才給他任命的誥書?……徐先生說『周公在經營洛邑開始之同時，封康叔於衞』，這一觀念，就不知是由什麼『資料中抽聚而得』了」。我先簡單奉答一句，我是從康誥召誥洛誥及有關的資料中抽聚而得的。康誥：

惟三月哉生魄，周公初基作新大邑于東國洛，四方民大和會。……乃洪大誥治」。

召誥：

「惟二月既望。越六日，王朝步自周，則至於豐。惟太保（召公）先周公相宅。越若來三月丙午朏。越三日戊申，太保朝至於洛，卜宅。厥既得卜，則經營。越三日庚戌，太保乃以庶殷攻位于洛汭。越五日甲寅位成。若（及）翼日乙卯，周公朝至于洛，則達觀于新邑營……」

洛誥：

「周公拜手稽首曰……予惟乙卯，朝至於洛師。我卜河朔黎水，我乃卜澗水東，瀍水西，惟洛食（兆）。……」

過去的人，把康誥「初基作新大邑於東國洛」的「新大邑」，和召誥的「相宅」的「宅」混同了，所以在作雒時間上的「四年」「五年」「七年」，也隨之紋繞不清。書大傳「周公攝政，一年救亂，二年伐殷，三年踐奄，四年建侯衞，五年營成周，六年制禮作樂，七年致政成王」。伐殷踐奄，共花了三年時間；四年建侯衞，這是平定殷奄以後，將周的勢力，更向東北、東、東南擴展；封康叔於衞，卽在此年。據周書度邑篇，武王克殷，已有遷移殷之故家大族，使其惟依天室，而要在「自雒汭延於伊汭」，建立一個新政治中心的企圖。周公平定三監，封建侯衞，隨政治勢力的擴展，更須迫切實現武王預定的計劃。於封建侯衞的同時，而開始（基）作新大邑，有何可疑？曾運乾釋召誥的「相宅」謂「蓋前此所經營者（四年的『基作新大邑』）爲城郭溝洫；今玆（召公）所相視者則宮位朝廟之形。辨正方位，體國經野，固不能程功於數月也」。把「作新大邑」與「相宅」的分別弄清楚了，則與第四年封康叔之同時，開始經營一個新的大政治中心的都市，策劃於四年（鄭康成訓基爲謀），實際開工於五年，至七年，而城郭溝洫有了規模，再由召公來看定宮位朝廟的地位以完成此新政治中心的建設，此乃情勢自然的發展，四年五年七年之爭，豈不都解決了嗎？召誥周公「達（通）觀於新邑營」，正說明新邑的建立已大體完成，故周公可以巡視一番。「太保乃以庶殷攻（治）位于洛汭」一句中的「位」，正作雒篇中的「乃位五宮」之位，此其確證。建立這樣一個大規模的重大政治中心，豈能拖延至第七年而始著手；而於七年著手之後，又豈能於兩月左右完功？我不以康誥前面的四十八字爲錯簡，總可以說清楚了吧。

接着屈先生引了一些康叔是先封於康，再徙封於衞；而康誥是康叔先封於康時之誥。我首先說明一點，自漢以來，有以康叔先封於康的一說，但斷無康誥乃康叔封於康國時之誥的說法。此一奇特說法，乃創於陳夢家而繼承於屈先生。所以屈先生所引康叔先封於康的材料，對於他主張康誥是康叔封於康時之誥的結論，完全是不相干的。昔人何以沒有一個人說康誥是康叔封於康國之誥呢？因爲康誥的內容，都是以如何統治「殷餘民」而說的；若康叔首封於周畿內之康，則在康找不出殷的餘民，而康誥全篇成爲瞎說。屈先生爲了彌縫他的謬說，便堅持「康叔故城在潁川」；而「黃河以南，今河南南部地帶的居民，在殷代也是殷王統治下的民衆。那麼康叔封於康，當然可以『乃以殷民世享』了」。換言之，以康叔所封的潁川的人民，也可稱爲殷民。屈先生上面的說法，乃是太缺乏古代史常識的說法。殷周時代，依然是以氏族爲國家的骨幹。屬於殷這一氏族而又在王畿之內的，乃可稱爲「殷民」。所以康誥中的殷民，只能指的是「以武庚殷餘民，封康叔爲衞君」（史記衞世家）的殷餘民。卽是左定四年衞子魚所說的「殷民七族」。微子封於宋，在今商邱，依然是領著一部份殷餘民，所以史記宋世家說「故殷之餘民，甚戴愛之」。周是「率土之濱，莫非王臣」的；但只有周畿之民，才被稱爲周人周民。魯衞鄭晉皆與周爲同姓國，但只稱魯人魯民，衞人衞民，鄭晉亦如此；這在左傳國語等典籍上是班班可考的。漢書地理志河南郡「雒陽，周公遷殷頑民，是爲成周」；又「周旣滅殷，分其畿內爲三國，詩風邶鄘衞是也」。又「遷邶鄘之民於雒邑」。由此可知，雒邑的殷民，是由河北舊殷畿之內遷來的。潁川郡劉注「雒陽東南五百里」；而屈先生說這裡的民也可稱殷民，未免太奇怪了。且康誥內，除屈先生所引「乃以殷民世享」一句外，還有「往敷求於殷先哲王」，「汝丕遠惟商耇成人」「應保殷民」「罰蔽殷彝」「我時其惟殷先哲王德，用康乂民作求」。這是封於畿內之康的口氣嗎？

其實，屈先生的答文中還沒有答復主要的問題：

一、左定公四年衞子魚當著周室的萇弘面前說「周公相成王以尹天下……分康叔以大路、少帛、綪茷、旃旌、大呂、殷民七族，陶氏、施氏、繁氏、錡氏、樊氏、饑氏、終葵氏，封畛土略，自武父以南及圃田之北竟。……聃季授土，陶叔授民，命以康誥，而封於殷墟，皆啓以商政，疆以周索」。這一段明白而無法歪曲的材料，屈先生何以一字不提？

二、康侯毁銘文「征令康侯圖（封）於衞」；照宜侯夨毁之例，若康叔（侯）之康來自先封於康，則改封於衞時，卽應改稱衞侯。何以康叔封衞後，從無稱其爲衞叔衞侯之例？

三、所發現康侯各器，據陳夢家說「作器有先後，要皆在成王時期以內」，卽是皆在康叔封於衞國以後之器。何以封於衞以後，仍稱康侯而不稱衞侯？

五

以上，大概已經把主要的爭論都解答了。現再簡答屈先生「五、周誥中關於周公稱王說的反證」

及「七、餘說的幾個問題」。

多方我依史記定爲周公反政以後對四國誥訓之詞。一開始是「惟五月丁亥，王來自奄，至於宗周。周公曰，王若曰」，我的解釋是「前面若不用一個『周公曰』，則順上文的『王來自奄』，會使人以爲下面的話是成王說的。若僅用『周公曰』而不加上一個『王若曰』，則周公此時係以王的身份講話的事實不明」。王鳴盛尙書後案「愚謂大誥周公身在軍中，故假王自重。此凱還（王來自奄）作誥，當稱王命，而其詞實出周公」。這是解釋爲什麼大誥不在「王若曰」的上面加一個「周公曰」，而此處却要加一個「周公曰」的問題。曾運乾尙書正讀「今按周公稱王若曰，猶言攝王意云然也。此（多方）爲還政以後誥命，嫌仍爲攝王意，故史於王若曰上加周公以明之，言成王之意，周公之辭也」。成王已親政，對外訓誥，猶須假手於周公，則在他未能踐阼以前的有關訓誥，必出於周公，是可以斷定的。周公此時退居臣位，但代成王訓誥時，猶須出之以「王若曰」；則當他攝政時的訓誥，必出之以王若曰，而王若曰之必爲周公，是可以斷定的。這能爲屈先生作反證嗎？多士的情形，與多方相同。我說史臣記事，對某人的職位，有當事時的稱呼，有用其最後職位以作其終身職位的稱呼，這是定論；屈先生不信，也便算了。屈先生引用召誥中召公稱周公爲公，以作反駁，若孤立地看此處文字，屈先生之說是可以成立的。但若把有關的材料，作關連性的考查，即可了解，周公旣是暫時爲王以臨天下，則周召兩人相對之言，乃對內之私言；且此時周公已決定由洛返宗周後，即把王位讓給成王，召公此時稱周公爲公，在事實上是可以解釋的。且「受命」皆指「即位」之年而言。召公說「惟王受命，無疆惟休，亦無疆惟恤。嗚呼，曷其奈何弗敬」。這正是對成王即將正式即位而加以警惕的口氣。由此亦可證明在這七年三月以前，成王並未受命，並未即位。正證明在此以前的王皆是周公。洛誥是史臣紀錄周公與成王政權交替時的情形，成王稱周公爲公，與召公稱公之情形正同，乃對內之辭。而周公稱成王爲孺子，以見成王尚未正式即位；則其以前之未即位可知。

拙文指出在周室宗法制度之下，康叔是成王的叔父，所以成王不能直呼康叔之名—封，由此斷不能如屈先生所說，酒誥之王若曰之王是成王；並舉了幾條證據。我不知道屈先生何以能反駁？要反駁，便應擧出周王對於他的長輩直呼其名的例子。屈先生引金文中有直呼其名的，而得出一結論說「可以考見命書的一般體例，必須著明受命者的名字，這正符合『君前臣名』的禮節」。屈先生想沒有想到，金文中直呼其名之器，必然是王稱他的弟或子侄及更晚這一行輩的。乃至由作器者對王而自稱。在周代文獻中，有那一命書，是王者直呼他的長輩之名的。尚書、詩、左傳、國語俱在，屈先生可以查一查。至屈先生引「君前臣名」，以作在周代人君直呼其臣之名的證據，更使我驚異。曲禮下「君前臣名」鄭注：「對至尊，無大小，皆相名」。疏引左成十六年鄢陵之戰，欒鍼在晉君前呼其父欒書之名爲例；君前臣名，是說在君前對自己的長輩亦應直呼其名，我不知道屈先生何以連這種尋常的訓詁也弄不清楚。至於屈先生引王莽一例，簡直是擬不於倫，不必辯。總結一句，屈先生所擧的，只是爲他自己作反證而已。

其次，屈先生原文是說武王死時成王二十歲以上，拙文是說周公攝政七年時成王應是二十歲以上，中間相差七年時間，所以與屈先生之說並不相合。我沒有辯證武王到底是伐殷後六年死的或七年死的，因爲這不是爭論重點之所在，而六年七年的一年之差，可能來自計算方法的不同，所以朱右曾也不辨；但這怎麽會「影響到我的立論的基礎」呢？我說成王未卽王位前，周公只稱他爲孺子、沖人。卽位以後，周公便稱他爲「孺子王矣」；屈先生說「王作動詞用」；「徐先生把『孺子王』當作一個名詞，我不知道他置『矣』字於何地」？按我是把「孺子王」，當兩個名詞用。「孺子王矣」，我譯作「孺子是王了呀（矣）！」「矣」字有地方安放。王字作動詞用有兩義：一是歸往、朝見；有如詩殷武的「莫敢不來王」。一是無天下而取得天下，此乃指創業之君，有如孟子中之所謂「王天下」。「孺子王矣」之王固不能作「歸往」「朝見」的動詞用；若如此，則變成「孺子歸往了」或「孺子朝見了」。成王乃繼承之君，也不能作爲「取得天下」的動詞用。若如此，則變成「孺子取得天下了」。我不知屈先生對這種淺近辭句的了解，何以都發生問題，並由此而認爲我的「孺子王之說既不能成立，則可知凡僅稱孺子，也絕不可能證明成王此時未卽王位」。

尚書本是難治的書，也是問題最多的書。而屈先生的文章越寫越遠。爲一般人著想，假定要對尚書的了解取得門徑，我願負責推薦曾運乾的尚書正讀。這書是在民國二十五年寫成的。這位爲我過去所完全不知道的湖南學者（死於民國三十四年一月），我讀他這本書，感到正如楊樹達氏所說：「學以濟其思，思以助其學」，「以聲音訓詁辭氣，推求古人立言眞意之所在，其精謹緜密，實事求是，並時承學之士，無與抗手」。當然我不是說他能完全解答尚書中的辭句和問題。

六三、二、七、於九龍

國家圖書館出版品預行編目資料

兩漢思想史 卷一，周秦漢政治社會結構之研究

徐復觀著. – 七版. – 臺北市：臺灣學生，民 79 印刷
面；公分 –(新亞研究所叢刊)

ISBN 978-957-15-0050-8 (平裝)

1. 哲學 – 中國 – 漢(公元前 206 - 公元 220)
2. 政治制度 – 中國 – 先秦(公元前 2698 -公元 221)

112.2 79000671

兩漢思想史 卷一

著作者：徐復觀
出版者：臺灣學生書局有限公司
發行人：楊雲龍
發行所：臺灣學生書局有限公司
臺北市和平東路一段七五巷十一號
郵政劃撥戶：〇〇〇二四六六八號
電話：（〇二）二三九二八一八五
傳真：（〇二）二三九二八一〇五
E-mail：student.book@msa.hinet.net
http://www.studentbook.com.tw
本書局登記證字號：行政院新聞局局版北市業字第玖捌壹號
印刷所：長欣印刷企業社
新北市中和區中正路九八八巷十七號
電話：（〇二）二二二六八八五三

定價：新臺幣四五〇元

一九八五年三月七版（臺六版）
二〇一五年九月七版五刷

11203-1
有著作權・侵害必究
ISBN 978-957-15-0050-8 (平裝)